U1016489

Children

应用型学前教育专业系列教材

丛书主编　蔡迎旗

本书是国家卓越幼儿园教师培养计划改革项目“中澳合作办学——国际性卓越幼儿园教师培养模式探索”的研究成果

幼儿园班级管理

主　编　王　雯

副主编　段晓娅　向　晶

WUHAN UNIVERSITY PRESS

武汉大学出版社

children

应用型学前教育专业系列教材

编写委员会名单

（按姓名音序排列）

丛书主编

蔡迎旗

编委会成员

蔡　艳　江汉艺术职业学院
陈　虹　开明出版社教育与心理分社
段晓娅　邵阳师范高等专科学校
邓霁岚　江汉艺术职业学院
胡福贞　西南大学
黄胜梅　淮南师范学院
姜　华　荆州教育学院
姜　勇　华东师范大学
金晓梅　湖北省幼儿师范高等专科学校
李炳顺　襄阳职业技术学院
李玉鸽　襄阳职业技术学院
刘明华　广西幼儿师范高等专科学校
刘晓红　河南师范大学
龙明慧　长沙师范学院
秦振飙　湖北师范学院
王小英　东北师范大学
王　雯　华中师范大学
王　莹　华中师范大学
汪媛媛　信阳师范学院
肖全民　广西幼儿师范高等专科学校
邢莉莉　沧州师范学院
杨　进　武汉城市职业学院
杨　宁　华南师范大学
张玉娥　江汉艺术职业学院
郑晓边　华中师范大学
赵红霞　荆楚理工学院
周立峰　仙桃职业技术学院
周端云　湖南民族职业学院
朱　楠　华中师范大学教育学院
卓　萍　武汉城市职业学院

总　　序

幼儿教师是幼儿学习与发展的支持者、促进者与引导者。幼儿教师的素质直接决定着我国幼教机构的办学水平，也是保障我国适龄儿童接受基本而有质量的学前教育的关键性因素。而高质量的幼教师资来源于高水平的学前教师教育。为顺应我国学前教育事业发展的迫切需求，2011 年至 2012 年，我国先后颁布了《教师教育课程标准（试行）》和《幼儿园教师专业标准（试行）》，幼儿园教师资格制度和聘任制度也随之进行了系列急剧变革与转型。

我国教师职前教育倡导育人为本，要求准教师们树立正确的儿童观、学生观、教师观与教育观；奉行实践取向，引导未来教师主动建构教育知识，掌握必备的专业知识与技能，发展实践能力，学会发现和解决实际问题，形成个人的教学风格和实践智慧；要求他们终身学习，树立正确的专业理想，养成独立思考和自主学习的习惯，加深专业理解，形成终身学习和应对挑战的能力。

我国学前教师教育课程改革既具有一般教师教育所具有的共性，也具有鲜明的学前教育特色，这彰显了学前儿童的年龄特征和我国独树一帜的学前教师教育的传统与积淀。当前，我国学前教师教育课程已呈现如下五种趋势。

第一，生动多样的师德与理念教育。除必要的公共政治课程以外，国家要求各级各类幼师院校突出师德修养教育，采取多种生动活泼的教育教学方式，提升准幼儿教师的师德修养。如开设幼儿园教师专业特点与道德规范、中国名师风采录、幼儿教师生涯讲座、学前教育政策法规、现代幼儿园教师职业风范与专长成长等课程。

第二，保教相融的课程体系。依据幼儿园教师专业标准，遵循教师培养和发展规律，以加强专业理想、专业基础、实践能力、反思与研究能力为核心，构建保育与教育相融合、幼儿园与家庭和社区教育相结合、幼儿生活与游戏和学习于一体的课程体系，用以培养准幼儿教师的保教一体化的能力。

第三，全面平衡的课程结构。我国正通过幼儿园教师资格制度、聘任制度、评优评先制度等的改革，倒逼各级各类幼师院校与专业，促使其纠正以往过分偏重艺术技能而相对忽视人文科学类课程、教育素养类课程的倾向，注意课程结构中的师德理念、人文素养、科学素养、信息素养、教育素养、艺体素养、科研素养等的协调与平衡。

第四，实践取向的课程内容。为培养准幼儿教师的教育教学能力，许多幼师院校与专业开设了大量务实的实践取向课程。如幼儿园五大领域的活动设计和案例分析类课程、幼儿园环境布置与玩教具制作、动漫画设计技术、音乐、美术、戏剧等方面的课程。

第五，模块式的课程设计。我国各类幼师院校与专业正竭力打破学前教育学、学前心理学、幼儿园各科教学法“老三门”的课程结构体系，开设模块化的、开放的、专题性的学前教育课程。基于学前教育专业各类人才培养目标，合理配置各课程模块，如音乐教育模块、美术教育模块、健康教育模块、特殊教育模块等。通过设先行课，将学生导入不同模块课程，引导学生多样化、有个性地发展。

以上学前教师教育课程改革已对我国原有的传统意义上的大中专学校的教材和教辅资料提出了严峻挑战，要求学前教育同仁务必更新教学资源观、教师教育观和学前教师观，依据我国幼儿园教师专业标准和教师教育课程标准，遴选课程并合理设计教材。

本套基于《教师教育课程标准（试行）》的应用型学前教育专业系列教材，正是应我国学前教师教育改革的时势而生，充分体现了以上提及的学前教师教育课程改革的五种发展趋势。适用于大中专学校的课程与教学，也可作为学前教育爱好者、相关工作人员的专业拓展学习。本丛书涵盖了学前教育大中专学校绝大多数专业课程；内容具有一定的理论性，更具有实践应用的特征；编写规范与设计务实活泼，知识点和案例穿插其中；丛书的编委遍及全国；作者主要来自华中和华南地区的本、专科院校，他们均具有丰富的教学经验和较好的研究基础。

在丛书的编写过程中，我们参阅、借鉴和引用了国内外许多同行的观点与成果。各位同仁的研究奠定了本丛书的学术基础，在此一并感谢。另外，受水平和时间所限，书中难免有疏漏和不当之处，敬请读者批评指正。

最后，我谨代表丛书的所有编委和作者，衷心感谢本丛书的策划者谢群英编辑和武汉大学出版社有关领导。他们对学前教育满腔热情，对丛书的未来充满信心，极度地敬业与审慎。出版丛书虽是一项浩大而艰苦的工作，但有谢群英编辑和武汉大学出版社相伴而行，相信梦想终会成真。

蔡迎旗

2015 年 5 月

武汉桂子山·华中师范大学教育学院

前 言

幼儿园班级是实施幼儿教育的基本单位，班级既是幼儿家外的“家”，也是幼儿教师施展教育才华的舞台。班级有自身的构成要素和运行规律，作为一名准幼儿教师，有必要预先了解幼儿园班级的各种特征，熟悉班级管理的主要内容，学习管理班级的途径和方法。

本书在介绍幼儿园班级的概念、形态、功能的基础上，界定了幼儿园班级管理的要义。基于我国幼儿园管理的实际，揭示出幼儿园各年龄段班级管理的共性要求。深入探讨幼儿园班级的环境管理、安全管理、一日生活管理、教育活动管理、游戏管理、家长工作管理及其班级文化和特色的营造等问题。在讨论这些共性的班级管理模块时，也介绍不同年龄班管理的突出问题，诸如小班幼儿的入园适应、大班幼儿的幼小衔接等问题。目的在于尽可能全面地帮助读者知晓幼儿园班级管理的意义、内容和方法，以便能独当一面，管理好班级。

回溯起来，我国高校学前教育专业开设幼儿园班级管理这门课程的历史不长，基本上是 2010 年之后，部分高校、高职高专先后开设起班级管理课程。能见到最早的相关书籍，是由唐淑和虞永平教授主编的《幼儿园班级管理》，该书属于“21 世纪班主任文库”中的一本。随后几年同名教材逐渐增多。在此之前，自 20 世纪 80 年代后期开始，高校学前教育专业课程中有一门“学前教育管理学”，或称“幼儿园组织与管理”，一直是本科生的专业必修课。当时大学本科毕业生进入幼儿园当教师者较少，少数去幼儿园就职的学生往往也被作为园长后备军来培养，因此学习幼儿园管理势在必形。当前随着本科培养目标的改变，大部分毕业生将入职成为幼儿园一线教师，这提高了对班级管理的学习要求。该课程的教学基本定位于激发幼儿教育专业学生对我国幼儿园班级管理现象的研究兴趣，使其完善专业知识结构，增强实际操作能力，提高毕业后走上工作岗位的适应性。

笔者团队在多年教学和研究学前教育管理学的基础上，结合近几年在高校讲授幼儿园班级管理的教学实践和一线幼儿园班级运行的实际，着眼于学生的实际需求和学科完善的需求，构建了本教材的体系。本书可作为各级高校幼儿教育专业的教材，也可供幼儿园园长、教师和同行研究者使用。本书的特点为：

（1）注重本学科知识的全面性。本书涉及理论和实践两大方面的内容：一是回顾班级和班级管理的含义和理论；二是尽可能全面地揭示我国幼儿园班级管理的实际。对涉及的基本概念、原则和理论源头尽可能阐述清楚；根据当前我国幼儿园班级管理的实际，将班级工作的主要内容，整合为既相对独立又有内在联系的八个部分（第三章至第十章），囊括了班级管理的事务，让学生在实习之前，就能了解到幼儿园班级教师的工作不仅仅是教育教学，还有很多其他事务需要处理好。这为学生入职后快速独当一面地管理班级提供了基础，能避免“摸着石头过河”的经验主义局限。

（2）关注热点和难点问题。在保持教材内容完整性的同时，力图反映当前我国幼儿园班级管理的新动向和国外的相关经验。既保证其作为教材的规范性、实用性，也力争具有前瞻性和生命力，能适应更多受众的阅读需求。

（3）加强教材的可读性。本书保持了教材的写作特点，结构上各章开头有学习目标、名人名言、案例导读与分析，末尾有本章小结、拓展阅读、思考与练习等。在每一章系统介绍知识点的同时，适时提供与内容相关联的阅读材料、图表、案例等资源，加深读者对知识点的理解和记忆，并轻松自然地将理论联系实际，引发探讨和拓展。

本书是集体力量和智慧的结晶。由华中师范大学教育学院学前教育系王雯任主编，汉江师范学院学前教育系段晓娅、华中科技大学附属幼儿园向晶任副主编，江汉艺术职业技术学院学前教育系赵瑞桃参编，华中师范大学教育学院研究生林娜、李丹恒、余倩、白兰、陈攀攀等也参与部分章节的编写，并积极收集资料和校对文字。具体编写分工为：第一章，王雯、林娜；第二章，王雯、李丹恒；第三章，段晓娅、余倩；第四、第五章，段晓娅；第六章，段晓娅、王雯；第七章、第八章，向晶；第九章，王雯、白兰、陈攀攀；第十章，赵瑞桃。全书由主编统稿，教育学院博士生刘师珈参与修改，在此一并感谢！

衷心感谢武汉大学出版社谢群英编辑！因各种原因本教材停留在笔者案头的时间较长，谢编辑的善意、包容和鼓励让人如沐春风，无法放弃。本书在编写过程中，参阅了同行的研究成果，在此真诚地对有关作者表示感谢。尽管很努力地布局谋篇，力求保证教材的质量，然而精力有限，不当之处在所难免，还望得到同行们的批评指正。

目　　录

第一章　班级与幼儿园班级概述

教学目标

1. 了解相关的班级理论，知道班级的产生过程。
2. 熟记班级的定义，了解班级的形态。
3. 掌握幼儿园班级的概念及特点，知道幼儿园班级的实际形态。
4. 熟悉幼儿园班级的功能，并能够与实际相结合。

名人名言

合理安排儿童每天的生活，使之总是忙于有益的事情避免无事生非或虚度时光。

——[捷克]夸美纽斯

案例导读

唐老师是一名工作多年的幼儿园教师，在多年的工作中也曾担任多年的班主任，所以对于幼儿园班主任工作具有很丰富的经验，她在自己的工作体会中曾写到："在一段时期的班级的管理工作中，我总结出了八个字，那就是'真诚、严格、热爱、周到'。在工作中能做到这八个字，班级的管理工作就游刃有余了。班内教师之间配合的是否和谐直接关系到班级管理的好坏。教师相互信任、相互帮助、相互补位是和谐相处的关键。要做到以诚待人、坦诚相待，也就是相处要'真诚'。有人说：夫妻之间有一个磨合期，而班内教师同样也需要一个磨合期。教师刚配班时，有些不适应也是正常的，如果教师都能以诚相待，工作中经常换位思考，相互理解、体谅，那么磨合期就会很快过去，教师之间就会很快适应，就会营造一个宽松、愉悦的工作环境。班主任能够坦诚地对待教师，这样，配班老师就能自愿地服从班主任的领导，班级就有凝聚力、向心力，班级管理工作就会顺畅多了。班主任应组织配班教师共同学习园内的各项规章制度，并要求每个人严格遵守。教育活动前要备好课，做到教具充足，让幼儿能真正从快乐中学、从玩中学。户外活动时，教师要精心设计每一个游戏，让每个幼儿都参与进来，运动起来。此外，全体教师还应共同讨论，制订出班级常规，大家来共同遵守。在班级常规中，要把职责、任务等分解落实到每一个人头上，大家各司其职、各负其责……麻雀虽小，五脏俱全，班级的管理工作也是如此。这就要求班主任要有一颗敏锐而细致的心，洞察一切小事，处理好方方面面的关系，集教师、家长的一切智慧和力量，切实为教师、幼儿和家长营造一个宽松、和谐、安全、卫生、舒适的精神环境和物质环境，为幼儿园建设一个真正的文明的宣传窗口。”

分析：唐老师通过自己多年的实践工作经验，总结出了幼儿园班主任及班级管理工作的八字箴言，体现出幼儿园班级的重要性以及幼儿园班级管理对于幼儿园整体发展、家园关系和谐发展、幼儿身心全面发展的重要作用。

第一节　班级概述与班级理论

班级作为学校中的基本单位，是学校管理的重要组成部分，因此，班级管理也就成为学校管理的重要组成部分。不论是否会成为班级管理者，对于一名教育工作者来说，了解班级的内涵，才能更好地实现教育目标与教育目的。

一、学校中的班级

（一）班级的概念

1. 班级的定义

夸美纽斯在《大教学论》中明确提出了班级的相关概念，他在《大教学论》中提到“国语学校的一切儿童规定在校度过六年，应当分为六个班，如有可能，每班一个教室，以免妨碍其他班次。"①但这里所讲到的班就相当于现在所说的一个年级，"班"与"级"紧密联系在一起。

庞守义对班级的定义为"学校为了实现教育目标，顺利开展各项教育教学活动，将年龄相近、身心发展水平相当、文化水平相同的一定数量的儿童组成一个或多个最基本的教育教学单位。"②

李学农认为"同一年龄段、发展水平相当的一群学生根据学校的安排固定地聚集在一起，形成了'班'"。他从三个角度来给班级下了定义："从教育者为实现一定教育目标所开展的活动看，班级是一定年龄阶段、发展水平相当的一群学生组成的学校教育基层组织；从学习者的学习活动看，班级是一种学习组织；从学习者的社会生活经验学习看，班级也是一种社会关系的存在。"③

白铭欣从以下几个方面来介绍班级："第一，班级是学校中的一个基本单位，学校中大部分活动是以班级为单位开展和进行的；第二，班级是由班主任和其他教师与学生共同组成的，没有特定的教师，就不存在班级。第三，班级学生群体是处在相同的社会背景和情境中，按照一定要求，为实现共同目标而一起学习的。第四，这个群体是有组织，有凝聚力的，其成员之间接触密切，既有竞争的条件，又有取长补短、相互促进、共同发展的氛围。"④

魏国良从教育管理学、教育经济学、教育社会学三种学说层面对班级做出一定的介绍后，给出班级的界说："学校班级是根据学校教育目标组建起来的同龄学生的集合体，这个集体是学校的派出代表——班主任的工作对象，也是各学科教师组织教育教学活动的工作界面。在这个集体中，学生利用一定的教育资源来学习知识技能、学会自主发展，形成为一定社会所需要的各方面素养。"⑤

张作岭对于班级的定义为："班级是学校进行教育和教学工作的基本单位，是教师和学生开展活动、进行信息交流的最基本的组织形式。"⑥

综上所述，可以归纳出班级是学校中为了实现教育目标的基本单位和组织形式，管理者(班主任、教师)、被管理者(学生)是其主要组成部分，班级中的各类要素在不断的互动和交流中构成班级自身系统。

2. 班级的产生与发展

班级的产生经历了很长一段时间。纵观教育发展历程，无论中国或外国的古代学校教育基本都采用个别教学的形式，古罗马教育家昆体良曾提出班级授课的教育思想，但并未发展起来。随着西方经济的迅速发展，个别教育无法满足社会对人才培养的需求，

---

① [捷克]夸美纽斯. 大教学论. 傅任敢译[M]. 北京：人民教育出版社，1984：230.
② 庞守兴. 教育学基础[M]. 北京：北京大学出版社，2015：197.
③ 李学农. 班级管理(第二版)[M]. 北京：高等教育出版社，2010：8.
④ 白铭欣. 班级管理论[M]. 天津：天津教育出版社，2000：2.
⑤ 魏国良. 学校班级教育概论[M]. 上海：华东师范大学出版社，1999：37.
⑥ 张作岭. 班级管理[M]. 北京：清华大学出版社，2010：3.

因此班级也随着班级授课制的发展应运而生。

班级教学最早产生于16世纪的欧洲。班级的最初形态是按年级进行粗略划分，将一个年级作为一个授课单元。1538年，德国斯拉特斯堡市督学斯图谟创立了第一所文科中学，主要培养封建君主国的统治人才，是为贵族、律师、牧师和医师等上层社会子弟所建的学府，学习年限由最初的8年增至10年，在管理方面则设九个年级，并进行了班级教学与管理的尝试。此外，教会创办的学校也进行了班级教学改革。

率先使用“班级”一词的是文艺复兴时期的著名教育家埃拉斯马斯。但人们比较一致地认为17世纪捷克教育家夸美纽斯是“班级”的真正提出者，他在1632年发表的《大教学论》一书中，对班级及其特点、功能等问题，第一次从理论上做了概括性的阐述和论证，从而奠定了班级的理论基础。① 后来，这一教学模式经德国教育家赫尔巴特的发展而基本定型。此后，班级在欧洲许多国家的学校中开始逐步推广，才遍布世界各地。

(1)古代班级形式

古代中国、埃及和希腊的学校大多采用个别教学形式，一个教师只带少量的学生，这样的班级形式反映了当时的生产力状况和个体小手工业生产方式。

在个别教学与班级授课之间存在着一个过渡的形式——集体教学，是班级授课制的基础。这种班级形式使得教师不再面对一两个学生，而是十几个学生，并且由一位教师主讲，还有其他教师辅助讲授。虽然学生在年龄、程度、修业年限及学习进度上参差不齐，但是修业的顺序有一定的计划和安排。

(2)近代班级形式

近代班级形式主要有两种，一种是班级授课制，一种是贝尔-兰喀斯特制。班级授课制是17世纪捷克教育家夸美纽斯提出来的班级形式，它是一种集体教学形式，把一定数量的学生按照年龄或者掌握知识与能力发展的程度编成固定的班级，并且按照固定的周期表和作息时间表上学上课，由教师有计划地向班级成员集体授课。贝尔-兰喀斯特制是18世纪末19世纪初，由英国牧师贝尔(A. Bell)和教师兰喀斯特(J. Lancaster)所创立，也被称作“导生制”。教师以教授年龄较大的学生为主，让其中优秀的学生担任“导生”去教年幼或成绩较差的学生。贝尔-兰喀斯特制对促进班级授课制的发展有着重要作用。

(3)现代班级形式

在现代班级形式中，占主导地位的还是班级授课制，与此同时存在着许多有特色的班级形式，如道尔顿制、耶拿制和协同教学。

①道尔顿制。道尔顿制是帕克赫斯特于1920年在马萨诸塞州的道尔顿市中学实施的一种教学组织形式，以自由与合作为基本原理。他把学生从传统的固定的班级形式中解放出来，废除了班级授课制，把班级打乱，教师不向学生系统地讲授教材，而是为学生分别制订参考书、布置作业，学生独立学完后向教师交作业，通过后再进行下一步的

① 庞守兴. 教育学基础[M]. 北京：北京大学出版社，2015：196.

学习，体现了注重学生个别学习的特征。

②耶拿制。耶拿制是在耶拿大学附属实验学校由彼得森(P. Petersen)主持，在1924年以后实施的。其根本思想是，真正的国民学校必须是人类最高的“生活共同体”的缩影。从这一见解出发，他认为理想的学校既是“作业共同体”，又是“生活共同体”。耶拿制的特色是，废除原来分年级的班级，将全校儿童分成三个团体。亦即，一到三年级为低年级，四到六年级为中年级，七、八年级为高年级。将几个年级合并起来所构成的团体不像传统的班级那样是人为的、机械的团体，而是接近真正生活的团体，可以形成一定的指导与服从的秩序，通过训练成为最好的“社会”。教师不是单纯的教书匠，而是拥有该团体中心地位的指导者，所以师生之间可以进行完全自由的人际交往。像数学、语文一类需反复练习的工具学科仍然保留较传统的班级教学方式，而其他学科的教学则以团体教学为中心实施，这就是耶拿制的特色。①

③协同教学。协同教学是哈佛大学倡导的教学管理组织。设计适应个别差异的教学方式乃是班级教学组织形成以来长期研究的课题。协同教学的重点是，从小学阶段开始就将教师和儿童从固定的班级中解放出来，采取较有弹性的教学组织。将儿童按不同学科分为大组与小组，比如看电影时以150~200人为一大组，而数学课则以10~15人为一小组。通过编制大组，教师才有时间专注于小组教学与教材研究。此外，众多的教师同时担任同一名儿童的指导，有助于准确地发现儿童的需要及其个性特长。这种灵活的班级形式能够避免固定的班级授课，保持班级活力，还可以在满足学生的需要的同时发挥教师的专长。

3. 班级的形式

班级的形式主要有固定的班级与完全不固定的班级两种，完全不固定的班级如美国中学实行的完全走班制。我国由于人口众多，教育资源和师资力量有限，一般实行相对稳定的班级建制形式。学生升入学校后，一般会按照一定班额、男女比例等被分配到相对固定的班级中。关于班额、班级数以及分班形式，在政策文件以及一些新闻报道中有明确表述。

中小学根据教育教学规律和教学要求安排班额，并根据班额组织教学班级。原则上普通中学每班学生45~50人，城市小学40~45人，农村小学酌减，具体标准由各省(区、市)根据实际情况确定。要结合近几年高中、初中、小学各学段入学人口变化情况，综合考虑学校校舍、教师数量等条件适当安排班额和班级数。在入学人口高峰时期可采取过渡办法安排班额，但要采取有力措施解决班额超过55人的现象，遏制部分中小学班额过大的势头。鼓励有条件的地区按照素质教育和教学改革的要求降低标准班额。②

---

① 钟启泉. 班级管理论[M]. 上海：上海教育出版社，2001：13.

② 中华人民共和国教育部. 教育部关于贯彻《国务院办公厅转发中央编办、教育部、财政部关于制订中小学教职工编制标准意见的通知》的实施意见[EB/OL]. [2002-06-26]. http://www.moe.edu.cn/jyb_xxgk/gk_gbgg/moe_0/moe_8/moe_26/tnull_316.html.

从分班形式而言，除了随机分配外，在素质教育实施之前，我国很长一段时间内都曾设置“重点班”、“实验班”等班级，与同一年级组其他普通班级区分开，一般进入这类班级的学生成绩更好，这也是高考竞争带来的后果。而随着素质教育的推进，为了实现教育公平，改善择校择班等现象，大多数学校一般会将学生顺序打乱进行随机分班。

资料链接

沈阳中小学今秋新生阳光分班
普通高中也将实行均衡编班①

今秋新学期开始，沈阳市义务教育阶段学校起始年级新生实施阳光分班。此举意在解决新生入学择班、择师问题。此外，沈阳市普通高中也将在今年秋季新学期开始实行均衡编班。

为有效遏制中小学“择班热”现象，沈阳市教育局按照全省统一要求，一方面对优秀教师进行合理配置，另一方面实行“阳光分班”，推进教育公平。在保证准确采集新生信息的前提下，8月28日(或29日)，沈阳市各区、县(市)将在行风监督员、教育局纪检监察人员、家长代表共同监督下，运用分班软件现场随机编班。“阳光分班”具体操作步骤为：

分班前由学校负责人对学校招生计划、师生概况及如何分班进行说明；随机选取家长代表检查分班软件数据库中是否存在不合理数据，并在技术人员指导下导入学生信息；家长代表当场操作软件编班，并打印分班后的学生名册，编好序号。学生名册一式三份；组织新任的班主任当众抽取分班后学生名册序号，确定任教班级。学生名册由班主任、学校、教育局各执一份，分班过程全程摄像。分班结果于当日在各校显著位置公示，接受监督。

沈阳市教育局要求，中小学校在阳光分班前要确定新一年级班主任和任课教师，人员要均衡配置。新生入学后，沈阳市教育局将检查各校分班情况，对违反要求的相关责任人进行严肃查处。

此外，为进一步规范普通高中办学行为，沈阳市所有公办普通高中和民办省级示范性普通高中，从今年秋季新学期开始实行均衡编班，按成绩平均分班，不设重点班。

据介绍，省级示范性普通高中、省级重点高中及同批次录取学校均衡编班工作与中考录取同步进行，全市统一操作，一步到位。分班依据包括成绩、性别、生源(城乡、初中学校等)、考生类别(体育、艺术特长生)等要素。录取工作结束后，分班结果的数据库，由市招考办报市教育局备案。其余学校均衡编班工作，在学生报到后统一组织实施。

① 中华人民共和国教育部. 沈阳中小学今秋新生阳光分班. [EB/OL]. [2012-07-11]. http://www.moe.gov.cn/jyb_xwfb/s5147/201207/t20120711_139107.html,中国教育报转引至教育部网站.

4. 班级的构成

对于班级的构成要素，不同的研究者都曾做过一定的探讨。

班级是学校中实施教育的基本单位，也可以说是一个社会组织。据此，郭毅提出，班级符合社会组织的三个特征："具有明确的组织目标，具有严密的组织机构，具有严格的组织规范。"①另外，他还讲到，班级不论是社会组织还是社会体系，都具有其共性，"即具必须具有两个以上的人，必须有固定的关系与交互作用"。班级作为一个社会组织，"有其特定的成员、特定的目标、特定的文化、特定的人际交往及特定的功能"。②

有其特定的人员与关系，班级自成系统，有其独立的运行规律。因此，可以去剖析班级系统的结构，以方便班级管理工作的进行。"班级是由班级中教育管理活动的主体(教师、学生)、班级教育管理活动的环境(班级物质环境、班级精神环境)、班级管理过程(班级管理教育目标、班级管理教育内容、班级教育管理方法、班级教育管理方式、班级教育管理评价及班级教育管理氛围)三个维度的众多要素共同构成的动态系统。"③

综上所述，结合班级定义可知，班级的基本构成部分一般为：班级目标、班级环境、班级文化、班级人员(学生与教师)、班级规范(规则)、班级中交往关系及其所形成的各种正式或非正式的结构，如班干部集体、学习小组、非正式小团体等。班级不是教师行使自身管理特权的地方，而是实施教育的微小单位，是学校系统中的子系统。所以了解班级基本的构成部分是必要的，对于班级管理的良好进行也具有一定的促进作用，进而可以为学生提供良好的班级环境，促进教育目标的实现，培养真正优秀的人才。

(二)创新的班级形态

班级至今已存在了几个世纪，尽管班级授课受到诸多指责，认为其具有众多弊端，但在中国班级授课仍然是最普遍和常见的形式，究其原因是其与中国国情和教育现状相符合。当前中国学校，虽然在分班方式上存在不同，但班级形态相对固定。随着新课改的不断推进，我们国家也在不断变更班级形态，并且引进西方先进的班级组织形式，在变革中不断发展。

1. 走班

走班是没有固定的传统形式的上的班级。"走班制教学是在坚持原行政班级的基础上，学生依照学校实际情况和个人能力水平、学习兴趣自主选择符合自身发展的课程套餐，到各自不同类型的学习班级中流动地完成学习任务的一种新的教学形式。"④国外许

① 郭毅. 班级管理学[M]. 北京：人民教育出版社，2002：2.

② 郭毅. 班级管理学[M]. 北京：人民教育出版社，2002：2.

③ 林冬桂. 班级教育管理通论[M]. 广州：广东高等教育出版社，2008：44.

④ 宋立坤. 普通高中实施选修走班制的实践与思考——记青岛九中化学选修走班试验[D]. 济南：山东师范大学，2007.

多国家都实行走班制，按照“分层分科不分班”的形式组织教学，学生没有固定的班级，而每个国家的走班方式又与本国国情联系密切。比如，美国的中学生没有固定班级，学生按照自己选修的课程去相应教室上课，由此而形成流动性的班级。

随着新课改、素质教育以及高考改革政策的推行，我国许多高中也在向国外学习，依据本校优势与特色，实行走班制。

上海和广东地区的一些中学曾实行“分层走班制”。分层走班制是学生根据自己现有的知识水平以及对各学科的学习能力和兴趣去不同层次的班级上课，是一种没有固定班级的流动性的学习模式。如上海市晋元高级中学就实行了“走班制”教学。首先，“走班”的学科和教师固定，学生流动上课，根据专业学科和教学内容层次不同配以固定教室和教师。其次，实行大班和小班上课相结合的教学形式，即讲座式的短线课程实行大班制，研究型的课程实行小班制。通过不同班级和不同年级学生的组合教学，增强了学生的互助合作意识。最后，对课堂以外的学习活动采用小组合作的方式。①

因选课走班、导师制培养模式这种新型学校教育模式备受关注的北京十一中可以说是中国实行走班制学校的佼佼者。

北京十一中把课程改革作为学校顶层设计，以选课制度为运行机制，形成学生自主选课、全员育人的网络结构。学校通过课程运行制度和组织的创新，在现代学校教育制度下展开了整体性、结构性的探索，具有丰富而深远的意义。②

学校为了实现所追求的教育理想和价值，建设出了一套分层、分类、综合、特需的课程体系，包括265门学科课程、30门综合实践课程、75个职业考察课程、272个社团、60个学生管理岗位，供学生自由选择。学生选课，一是选择适合自己的课程模块，二是选择适合自己的学习时段。③

学生走班上课，行政班转变为教学班。通过选课，每一个学生形成了自己的课表，到不同的学科教室上课，在不同的教学班之间流动，学生走班上课。学生的课程选择权真正变为现实，老师们则重点在教学资源开发。传统的行政班也就转变为教学班，教室承载了更多的教育功能，具有了上课、读书、实验、讨论、教研等多种功能；教室更具有了学科特点，因为各种学习资源进入教室，为学生的自主学习提供便利。④ 学生自主选课，教学班取代了行政班。教室的角色发生转变，学生的自主性得到尊重，形成了具有创新意义的学校结构。

看到这里，你是否为这种创新型的人才培养模式所震撼，那么，请思考：北京十一学校这种走班制度可以直接复制吗？

2. 芬兰模式——无班级

芬兰高中经过长时间的改革，形成了独特的芬兰模式。1999年芬兰颁布了《芬兰高

---

① 李彦峰，周先进，曾建国．新课程背景下课堂教学组织形式的建构[J]．教育探索，2009(4)．

② 迟艳杰．北京十一学校课程改革的意义及深化发展的问题[J]．当代教育与文化，2015(7)．

③ 李希贵，等．北京十一学校创新育人模式的探索学校转型[M]．北京：教育科学出版社，2014．

④ 迟艳杰．北京十一学校课程改革的意义及深化发展的问题[J]．当代教育与文化，2015(7)．

中教育法案》，法案中明确规定，所有的芬兰高中都应采纳“无班级授课制”的教学模式。自此，“以‘无班级授课制’为核心、旨在提高学生综合素质和主动学习能力的芬兰高中教育改革体制正式在芬兰全国范围内推广”①。芬兰的“无班级授课制”打破了传统的以班级为单位进行授课的模式，学校不为入学的学生分配班级与教室，学生根据自己的兴趣选择喜欢的课堂，不同学段的学生可以因为选择了共同的课程而成为同学。这与走班制形式下的班级组织形式有一定的相似之处。而在无班级授课的体制下，学校对于班级的管理也要创新，它们采取的方式为“学校建立了对学生的顾问制度、指导员制度、学生自我管理制度，实现了宽松体制下的有效管理”②，成为芬兰教育管理体制改革的一大亮点。“无班级授课制”照顾到每位学生的不同，依据学生的兴趣水平与实际能力促进学生的发展，并且使每位学生可以真正实现自我发展。这种班级组织形式打破了传统的班级的界限，不硬性根据学生年龄编班，摒弃了“端盘子”式的年级晋升制度。

资料链接

芬兰模式下如何管理学生

实施“无班级授课制”以后，学校建立了对学生的顾问制度、指导员制度、学生自我管理制度。

学生顾问制度。每个学校都设有专业的学生顾问，其专职工作就是解答学生学习、生活中遇到的各种问题。学生顾问对学校管理、课程教学、学生学习情况有着全面的了解，其作用突出表现在学年初始，指导学生选修课程、制订适合自己的学习计划和课程表；学习过程中，指导学生掌握适当的学习方法，克服学习中的困难，从容应对学段考试；毕业前指导学生如何圆满完成学业，并对学生未来择业或继续深造等问题提供咨询。学生顾问的工作还远不止于此，它包括了学生生活中可能遇到的几乎所有问题，甚至包括对学生心理问题的咨询。每个学生都有权利就任何学习中的问题或学校里的日常小事约见学生顾问。芬兰各高中学校高度重视学生咨询工作，有些学校的校长和副校长还亲自担任兼职学生顾问。

指导员制度。新生入学伊始，无固定的班级，学生被分为 25 个人左右的不同管理小组，每组有指定的指导员。指导员由学校教师担任，主要负责学生的行政和日常事务，组织每星期一次的例会，向学生传达学校的教学计划，安排集体活动，解决学生日常生活中遇到的问题。指导员行政上接受专业学生顾问的领导，具体执行学校及学生顾问对全校工作做出的计划和安排。

---

① 田友谊. 无班级授课制：芬兰高中教育体制改革透视[J]. 外国中小学教育，2003(12).
② 田友谊. 无班级授课制：芬兰高中教育体制改革透视[J]. 外国中小学教育，2003(12).

学生自我管理制度。一些品学兼优的高年级学生经选拔可担任新生辅导员工作。具体做法为：进入第二学年的学生，可以申请报名担任低年级学生的辅导员，以自身的经验和体会帮助新生尽快适应高中学习生活，增加对"无班级授课制"的了解，指导新生如何选课和制订学习计划，熟悉校园生活，结识新同学等。毕业时，学校向担任过辅导员的学生颁发证明其工作经历的辅导员证书。实践证明，学生辅导员的工作对新生帮助很大，工作针对性很强，有利于学校对学生的有效管理，同时也使有机会担任学生辅导员的学生在组织管理能力、培养责任感和协作精神等诸多方面得到锻炼。学校还有学生自己的学生会组织，学生代表(两名)可以参加校董会和全体教师会议。学校通过上述多种形式，加强了学生与校方管理层的交流与沟通，达到了让学生进行自我管理的目的。①

3. 混龄班

意大利著名教育家蒙台梭利创办了第一所"儿童之家"，之后她提出了混龄教育的理念。随着儿童之家的教育模式的不断成功，混龄教育也被世界各国所接受。美国、德国等国家普遍实施混龄教育。其他国家与中国国情不同，多数国家的幼儿学校幼儿数量不多，幼儿园内班级数目也相应较少，孩子的分班方式多元化，混龄编班也是其常见的班级组织形式。在我国，一般来说，由于幼儿园班集体里的幼儿人数较多，为了便于实施保育教育，几十年来，我国幼儿园里形成了相对稳定的班级建制形式。但是，虽然传统分班是我国幼儿园的普遍分班模式，但在我国也存在一定数量的混龄班。20 世纪 80 年代左右，部分幼儿园实施混龄编班，但是大多是由于园舍有限、师资匮乏、入园人数限制等原因不得已而为之，并没有意识到混龄班的教育作用。另外，实施蒙台梭利教育模式的幼儿园为了课程与教育模式的需要，也会在本园内设置普通班级的同时另设混龄班。农村地区有时由于师资力量有限、幼儿入园人数不稳定等因素会将不同年龄幼儿组织到同一班级中，进行混龄编班。更有研究者指出："农村学前教育的发展不能照搬城市学前教育的发展路径。结合国际学前教育发展趋势和我国农村学前教育的实际，混龄教育是一条适合我国农村学前教育发展的有效路径。"②

混龄班将不同年龄的幼儿按照一定的模式加以组合，安排到同一固定教室中，共同进行活动，以促进幼儿各方面的发展。关于混龄班的规模，曾有研究者提出"混龄班是像'家'一样的班级，老师就像妈妈一样，带着自己大大小小的孩子，在这个温馨的'家'里共同学习共同成长"。这决定了混龄班人数不能过多，否则容易导致诸多问题，如教师难以照顾到所有孩子、孩子之间的冲突增加等。

① 田友谊. 无班级授课制：芬兰高中教育体制改革透视[J]. 外国中小学教育，2003(12).

② 吕武. 张博论学前混龄教育与我国农村教育发展[J]. 教育导刊，2010(7).

拓展资源

混龄教育的价值①

多项实验和行动研究表明混龄班的孩子探究欲望较强，能积极、主动地将多种感官运用到对事物的感知上，而且乐于合作、谦让、助人、分享。当分享、谦让出现问题时，孩子们能在平等竞争的基础上自己找出办法解决问题，形成一种公平竞争基础上的谦让。他们对感兴趣的物体或活动也能持续更长时间，表现出很强的学习兴趣、专注精神与坚持性。具体而言，首先混龄教育对幼儿学习习惯的养成有积极的意义。小班孩子对超过自己能力范围的探索任务，会向中、大班幼儿寻求帮助，他们的互动是互相促进的过程，即混龄班大带小、小促大的氛围能够为小龄幼儿提供更多看、听、模仿的机会，给大龄幼儿提供更多讲解、操作、示范的机会，彼此交流，彼此学习，可以强化孩子们好奇、探索、求知的欲望，促使他们自己主动解决问题、寻求答案的方法。其次，混龄教育有助于幼儿良好交往行为习惯的养成。混龄班给孩子们创设的是一种家庭式的温馨氛围，在其中身心可以得到彻底的放松，减少对老师的依赖，而容易形成孩子之间因为相互信任、关心建立起来的良好同伴关系。混龄班的大孩子常常会以自身的榜样、语言鼓励和动作抚慰，时刻关心和调整小弟弟、小妹妹的言行，这种力量是相当感人的，也是成人无法达成的。同时，孩子们随其年龄和角色地位的变化，可以逐步学会谦让和包容，包括服从、示范、讲解、指导他人、共同协商等，这使得他们的社会交往行为越来越熟练、多样和复杂化。再次，在生活行为习惯养成方面，混龄班的大孩子通常都有较强的榜样意识，在相互学习、相互竞赛的氛围中，他们以哥哥姐姐自居而主动帮助小弟弟、小妹妹，也强化了他们自身的生活自理能力。对小弟弟、小妹妹来说，则更容易通过模仿哥哥、姐姐而掌握相关的生活行为技能，逐渐学会自我服务。

二、班级理论

随着班级授课制的实践与推广，人们开始深入研究班级理论，对班级的理论不断产生新的认识。这里着重介绍以下几种主要的班级理论。

(一)班级集体理论

班级集体理论由苏联的教育学家克鲁普斯卡娅、马卡连柯等人于20世纪20年代提

① 朱丽华. 幼儿园混龄教育的价值与实施[J]. 学前教育研究，2015(12).

出并不断发展起来，是苏联教育社会学的一个重要分支。该理论把班级看作是一个集体，注重研究班级集体的社会特征、组织体系、组织活动、社会环境等问题，研究集体形成于个性发展的和谐一致问题，以及班级群体如何由自在群体向自为集体的转变和飞跃。集体教育是著名教育家马卡连柯教育思想的核心。马卡连柯把班级集体定义为："那些组织起来的，拥有集体机构，以责任关系彼此联结在一起的个人有目的的综合体。"这种集体具有高度的社会倾向性、组织性和社会主体性。20世纪30年代，马卡连柯专门对儿童集体进行了系统的自然实验研究。他在实验中敏锐地发现，学生不能只限于班级课堂教学活动之中，必须通过更大的集体关注集体利益，必须与劳动和生产结合。他还分析了儿童集体形成的三阶段：第一阶段，集体尚未形成，处于分散不团结和无纪律的状态，领导者的主要任务就是把他们集中到一个目标上来；第二阶段，发现和培养积极分子；第三阶段，面向全体成员实施教育，教师和积极分子一起对全体成员进行教育。所以他认为教育工作的主要方式是要形成集体并通过集体来教育学生。后来，著名教育家苏霍姆林斯基等人又在班集体建设和培养的实践中，专门探索班级集体生活中集体形成和个性发展的诸种问题。苏霍姆林斯基明确主张："要有各种各样的集体……要使学生能够发现自己的本领，并自觉地发展自己的天资、能力和才干"，只有在这种情况下"才会有集体精神和个性的和谐一致"①。

（二）班级社会组织理论

班级社会组织理论认为，"班级不仅是以社会化学习为中心的社会关系体系，而且是一种为社会需要培养未来人才的社会组织"。尽管班级具有一些它自己的特点，但它作为"一种社会组织具有各类社会组织所共同的特点"②，并且具有社会组织通常拥有的组织目标和包括职权结构、角色结构和信息沟通结构等在内的组织结构。班级社会组织理论认为，班级这一社会组织区别于其他社会组织的两个重要特性是自功能性和半自治性。③

（三）班级社会体系理论

班级授课并不意味着班级只是传递知识和技能的场所。在西方教育社会学中，班级被视为一种社会体系。将班级看作一种社会体系的理论以美国教育社会学家帕森斯（T. Parsons）为代表。他在《哈佛大学教育评论》上发表题为《作为一种社会体系的班级：它在美国社会中的某些功能》一文中，用社会学的观点阐述班级作为社会体系的概念、特征、功能等问题。帕森斯认为，社会体系是社会行动的单位，即在特定情境中两个以上

---

① [苏]苏霍姆林斯基. 给教师的一百条建议[M]. 周蕖等，译. 天津：天津人民出版社，1981：231，232.

② 鲁洁. 教育社会学[M]. 北京：人民教育出版社，1990：416.

③ 吴康宁. 教育社会学[M]. 北京：人民教育出版社，1998：276-281.

的个体之间存在的具有稳定的相互作用关系的社会行动单位。基于此概念，帕森斯认为，班级是一个相对稳定的人际互动的关系体系。他认为班级具有社会体系的三个特征：①具有生产交互行为的角色组合；②行为者处于同一社会情景；③彼此有认识与规范上的协调一致性。而且作为社会体系的班级具有社会化和筛选两大功能。① 根据帕森斯的观点，班级社会体系具有两个功能：一是社会化功能，即班级要使学生形成胜任未来成人角色所必需的责任感和能力。二是选择的功能。在帕森斯看来，班级是一个"人力"分配的机构，选择过程实际上是一种分化过程。所谓选择功能，就是根据成人社会的角色结构与需要，按照学生本身不同的特点，把他们分配到社会里适当的位置上去。

盖哲尔(J. W. Getzels)与谢伦(H. A. Thelen)的班级社会体系理论认为，学生在班级这个社会体系中的行为，通常是受两种因素的影响：一是制度方面的因素，即制度中的角色期望；二是个人方面的因素，即个人的个性特质与需要倾向。这两种因素还受其他许多因素(包括内在的和外在的)影响。盖哲尔与谢伦认为，班级社会体系理论可以说明学生在教学过程中行为变化的问题。在他们看来，学生行为改变的途径有两种：一种是"个性的社会化"，另一种是"角色的个性化"。学生在这两种途径之间如何求得平衡和协调，取决于教师的领导方式或教育风格。②

以帕森斯的社会体系理论为基础，还有一些社会学家深入探讨了班级教学模式、班级人际互动、个体行为改变等问题。如有的学者基于团体分类法，把班级教学模式划分为教师中心、教材中心、学生中心三种类型；有的学者基于班级社会行为的特点，把班级教学方式区分为三种：注重团体规范的方式、注重个人情意的方式、强调动态的权衡方式。③

以上三种班级理论，分别从不同的角度对班级进行研究：以克鲁普斯卡娅、马卡连柯等人为代表的理论将班级作为集体来分析，探究集体的形成以及如何通过集体进行集体教育的思路；班级社会组织理论将班级视作一种社会组织，并具有不同于其他社会组织的自功能性和半自治性；以帕森斯为代表的理论则将班级视为社会体系。

第二节　幼儿园中的班级

世界范围内来看，因各国适龄幼儿数量存在差异，早期教育机构或幼儿园内部的组织形式有所不同。多数国家因幼儿数量不多，幼儿园内班级数目也相应较少，幼儿的分班方式趋向多元化。中国由于幼儿园班集体里的幼儿人数较多，为了便于实施保育教

---

① [美]塔尔科特·帕森斯. 作为一种社会体系的班级：它在美国社会中的某些功能[A]. 张人杰. 国外教育社会学基本文选. 上海：华东师范大学出版社，1989：506-530.

② 施良方. 中学教育学[M]. 福州：福建教育出版社，2013：296.

③ 郑航. 班级管理与学生指导[M]. 北京：北京师范大学出版社，2011：13.

育，幼儿园里形成了相对稳定的班级建制形式。本节将探讨幼儿园班级的形式、结构、任务和功能等基础性问题，为后续探讨幼儿园班级管理奠定基础。

一、幼儿园班级的概念

幼儿园班级是幼儿园对3~6岁(或7岁)的幼儿进行保教活动的基本组织单位，是教师组织、安排教育活动和生活活动的主要场域，整个幼儿园的工作都是通过各个班级的工作来实现的。幼儿园班级也是幼儿在家之外的又一个“家”，是幼儿在幼儿园所处环境中最具体的生活场所。人们口头上常说的“送孩子上幼儿园”，其实是每个孩子到达幼儿园之后，进入一定的班级，在某个班里度过每一天。

幼儿园中的班级与其他学校教育阶段的班级不同，需要基于考虑每个幼儿的自身需要、特点和发展规律，将社会要求分解为各个具体的目标，以不同的方式渗透于幼儿的一日活动之中。此外，幼儿是班级的主体，其成长和发展直接取决于幼儿园班级保教工作的质量与成效。

(一)幼儿园和班级的关系

基于幼儿园教育目标和招生对象的独特性，需要辨析幼儿园和班级的关系，以进一步理解幼儿园班级的概念。

幼儿园是根据一定教育目标和任务，由若干按年龄阶段划分的小、中、大班或按其他标准划分的班级组建的集合体。幼儿园的保教育工作必须通过班级开展，班级是幼儿园组织结构的细胞体，是幼儿园管理体系的基层组织和有机组成部分。此外，班级的设置、目标、制度和教育教学活动的开展要符合幼儿园的教育目标和发展规划，班级环境的创设离不开幼儿园所提供的物质和精神文化条件。从管理角度看，幼儿园和班级之间是相互依存的关系，班级在幼儿园环境中具有相对独立性。

1. 幼儿园和班级的相互依存性

幼儿园保教工作的实现离不开班级的运转，班级的建设也离不开幼儿园所提供的物质和精神文化条件。

第一，从组织结构角度看，班级是幼儿园的基本单位，而幼儿园是班级的集合体。班级是根据幼儿园的教育目标、教育意图和管理程序建立的，是幼儿园正常运作的基本细胞体。班级规模、组织形式、保教内容和方式以及师资队伍的建设等各方面的发展取决于幼儿园的管理决策。此外，班级的正常运作实质上是在执行幼儿园的教育要求和意图，幼儿园作为班级集合体，其健康发展离不开各个班级的共同努力和进步。

第二，从实现保教目标和任务的角度来看，班级是落实任务和目标的直接场域。在幼儿园逐渐形成的“幼儿园—年级—班级”简化的管理体系中，幼儿园在国家教育政策指导下制订适合本园发展的方针、教育目标和任务，班级是执行的一环；同时，各个班级通过本班保教目标和任务的完成，进行教育意见的反馈，促进幼儿园管理层决策科学化和有效化。

第三，幼儿园为各个班级的良性发展提供物质和精神文化条件。幼儿园为班级的环境提供的物质条件体现在幼儿园的物质设施，如活动材料的设置、空间设置、墙面布置以及桌椅等；同时，幼儿园以园所的文化氛围影响着各个班级的教育风格和方式，为班级教育环境提供教育思想观点、社会生活知识等精神条件。幼儿园也以管理程序、教育目标、教育内容等工作要求对班级有所约束，在给予班级一定自由权的基础上更好地促进幼儿园的全面发展。

2. 班级的相对独立性

班级是幼儿园的基本构成单位，在与幼儿园相互依存的基础上有着相对独立性，在某种意义上是指幼儿园中的班级在管理、保教活动以及外界影响中具有一定范围内的自主权。

第一，幼儿园中的班级在保教活动和管理中有自主权。在幼儿园的教育目标、任务和要求的基础上，各个班级可结合本班教育对象的特殊性和实际性，有针对性地开展活动。幼儿园教育的目标是促进幼儿全面健康成长，其所制订和执行的方针也是围绕这一教育目标展开，因而给予班级自主权也是基于这一目标的实质做法。此外，给予班级的自主权对教师的专业发展也有促进作用，教师需要结合幼儿园的任务要求以及本班幼儿的实际情况制订适宜的活动内容，在不断的生成与创新中发展教师的专业性。

第二，幼儿园中的班级在面对幼儿园和社会的影响时有选择、整合和改造的主动权。幼儿园和社会对于幼儿的影响极大程度上是通过班级的“过滤器”功能间接得到发挥，各个班级在对本班年龄段幼儿发展和认知特点把握的基础上，对外界影响进行选择、改造、整合，以不同的方式渗透于幼儿的一日活动中，从而最大限度地促进幼儿在幼儿园班级教育环境中的全面健康发展。

(二)幼儿园班级的特点

幼儿园的工作性质和幼儿身心发展规律决定了幼儿园班级担负着保育和教育双重任务，同时促使幼儿园班级逐渐形成一些独有的特征：

1. 渐进性

与中小学班级不同，幼儿园班级集体并不是瞬间形成的，是幼儿在一日活动中逐步形成并稳定的。幼儿园班级是由不同的人员结构、组织结构以及目标任务构成的集合体，各要素在集合体中是处于磨合和形成的状态，并且随着幼儿年龄的增长趋向成熟。从幼儿的角度来看，小班幼儿第一次离开家庭进入幼儿园，来到一个陌生的环境，会受到幼儿园常规的约束，需要参与集体教育活动，逐渐与教师和同伴建立社会性联系，逐步适应班级集体生活。幼儿的年龄特点和认知特点决定了这是一个渐进的过程，需要幼儿不断接触、接纳和融合。

2. 互动性

幼儿园的社会性决定了班级的初级社会群体的属性，班级是一个由不同人员构成的群体。幼儿园班级在进行保教育活动过程不仅仅是教师与幼儿之间的互动过程，更是一个复杂的多因素互相作用的过程。幼儿在这一过程中通过与教师、其他幼儿、幼儿园环境以及自身原有的知识经验各方面互动中不断社会化，实现经验的重组和提升。在一定程度上，幼儿园班级活动中互动的质量影响着幼儿班级活动的质量，对幼儿身心健康发展有着重要作用。

3. 规范性

幼儿园班级规范是幼儿掌握社会规范，初步社会化的内容和手段，同时也是促进幼儿园班级良性健康运行的重要保证。与其他教育阶段班级的规范性表现不同之处在于，幼儿园班级的规范性体现在自律性和协调性上，着重强调幼儿的社会化发展，回归到幼儿的教育本体，反映出幼儿园班级的规范并不是指单纯的强制性要求。自律性班级规范体现在幼儿的一日生活中，如对幼儿的盥洗、收拾图书等环节的规范是对幼儿自理能力的培养，入园和离园的问好和道别是培养幼儿对他人的良好态度以及自身的人格品质。协调规范是指对幼儿与幼儿、幼儿与教师、幼儿与集体等之间关系的协调，例如爱护幼儿园班级设施、文明礼貌等，培养幼儿对他人、对集体的良好态度和行为，建设健康的幼儿园班级环境。

4. 权威性

权威性指的是具有使人信服的力量和威望的人与事。由于幼儿年龄较小且缺乏生活经验，在幼儿园里，幼儿心中的权威就是班级里的教师，甚至出现教师的权威性比父母更高的情况，例如幼儿在家发现父母的某种做法与老师的不同，会说："爸爸(妈妈)你做错了，老师是这么教的。"教师的权威性不仅表现在对班级的教育和管理，也在一定程度上表现在对班级家长工作的管理，通过职业的专业素质对家长产生相同的效果。

二、中外幼儿园班级的实际情况

幼儿园教育作为学校教育的基础和奠基部分，需要从全方位、多角度进行探索、改革和完善，才能有效地达成"促进幼儿身心全面和谐发展"的幼儿园教育目标。随着国家幼儿园管理规范的制定，以及一系列针对学前教育事业发展的相关政策的出台，幼儿园需要不断融合教育管理创新的理念进行创新和改革，教学组织形式的改进是重要的一环。此外，幼儿进入幼儿园中的某一班级所参与的每种教学组织形式都对幼儿的全面健康成长具有极其重要的作用。在此基调上，幼儿园在分班工作管理上，探索更具人性化的分班机制，有效优化幼儿园管理是至关重要的课题。

(一)中国幼儿园班级的基本情况

班级是幼儿园的基本组成单位，是幼儿生活和学习的主要场所。为了便于幼儿入园正常参与保教活动，以及教职工顺利组织和开展活动，我国的幼儿园需要根据国家、地区政策法规要求，结合本园实际情况合理编班。此外，幼儿园在编班的基础上需要遵循“计划招生，合理编班”的主导性原则。

1. 幼儿园规模

幼儿园规模决定了招收幼儿的总数，2016 年《幼儿园工作规程》第二章第十一条指出：“幼儿园规模应当有利于幼儿身心健康，便于管理，一般不超过 360 人。”而实际上，多数幼儿园总规模超过规程中规定的人数总额。幼儿园规模应能满足幼儿游戏、学习和活动的需要，便于幼儿园进行管理，适宜的幼儿园规模更能保证幼儿接受基本的且有质量的学前教育。在一定程度上，幼儿园规模取决于幼儿园的园舍设施、人员配备以及玩教具配备。《湖北省学前教育机构办园基本标准(试行)》关于各项条例有明确规定：在计划招生人数时，园长办公室及相关保教负责人需要对整所幼儿园各项设施能容纳的幼儿总数有足够的把握和了解，同时也要衡量园所的教师数量，保证适宜的师生比，让幼儿在园能接受基本的、有质量的学前教育。

2. 编班依据

《幼儿园工作规程》明确指出：“幼儿园可以按年龄分别编班，也可以混合编班。”幼儿园需要在遵循政府的教育政策方针的指导的基础上考虑幼儿的年龄、性别、园所的环境承载力、教师负荷量以及幼儿园的教育理念等因素进行幼儿园编班。此外，幼儿园不能根据幼儿家庭缴费的多少、父母的社会地位的高低等标准对幼儿区别对待。其中，规模较大、计划招生人数较多的幼儿园可以结合实际情况调整每个年级设置平行班的数量。

3. 班级规模

班级规模是幼儿园规模的组成部分，是幼儿园教育意图和目标的实质性体现，适宜的幼儿园班级规模直接影响了保教活动的有效开展，对幼儿教育质量起着至关重要的作用。《幼儿园工作规程》明确指出：“幼儿园每班幼儿人数一般为：小班(3 周岁至 4 周岁)25 人，中班(4 周岁至 5 周岁)30 人，大班(5 周岁至 6 周岁)35 人，混合班 30 人。寄宿制幼儿园每班幼儿人数酌减。”《湖北省学前教育机构办园基本标准(试行)》对“生均面积”、“班级设施设备”有明确的规定，指出“幼儿人均占地面积 12m^2及以上”，“班级配有键盘乐器、电视机、影碟机、收录机、书写板等设备；各班配备适合幼儿年龄特点的图书、玩具材料、自制玩教具等；班级配有防寒、防暑及消毒设备”。

4. 班级保教人员配置

幼儿园教师和保育员是幼儿保教育活动的主要承担者，对幼儿身心健康发展起着直接的重要作用。作为班级工作的直接承担者，幼儿园保教人员的数量、专业素质等直接影响到幼儿园班级工作的有效完成。《幼儿园教职工配备标准(暂行)》明确规定：“幼儿园应根据服务类型、幼儿年龄和班级规模配备数量适宜的专任教师和保育员，使每位幼儿在一日生活、游戏和学习中都能得到成人适当的照顾、帮助和指导。”同时针对幼儿园各年龄班和混龄班的班级规模和专任教师、保育员的配备有明确标准，见表 1-1。

表 1-1　幼儿园班级规模及专任教师和保育员配备标准

<table>
<tr><th rowspan="2">年龄班</th><th rowspan="2">班级规模
（人）</th><th colspan="2">全日制</th><th colspan="2">半日制</th></tr>
<tr><th>专任教师</th><th>保育员</th><th>专任教师</th><th>保育员</th></tr>
<tr><td>小班(3~4 岁)</td><td>20~25</td><td>2</td><td>1</td><td>2</td><td rowspan="4">有条件的应配备 1 名保育员</td></tr>
<tr><td>中班(4~5 岁)</td><td>25~30</td><td>2</td><td>1</td><td>2</td></tr>
<tr><td>大班(5~6 岁)</td><td>30~35</td><td>2</td><td>1</td><td>2</td></tr>
<tr><td>混龄班</td><td>< 30</td><td>2</td><td>1</td><td>2~3</td></tr>
</table>

当前我国幼儿园保教人员的配备大多遵循着“两教一保”的原则，其中“两教”是指主班和副班幼儿园教师，“一保”是指保育员。《幼儿园教职工配备标准(暂行)》指出“寄宿制幼儿园至少应在全日制幼儿园基础上每班增配 1 名专任教师和 1 名保育员”，幼儿园保教人员的灵活配备是基于国家教育政策指导的基础上对幼儿园实际情况的有效配备，遵循全日制幼儿园教职工与幼儿的比例 1∶6~1∶7 以及寄宿制幼儿园教职工与幼儿的比例 1∶4~1∶5。此外，幼儿园需要考虑幼儿园经费等实际运营情况，以及满足各个班级的基本需求，有效进行开展学前教育保教活动。

5. 幼儿园编班形式

(1)按年龄编班

当前我国幼儿园主要以年龄作为划分班级的依据，按照 3~4 岁、4~5 岁、5~6 岁的年龄划分方式分别组成幼儿园小、中、大三个年龄班。此外，在我国农村或偏远地区的部分幼儿园还存在只有一年或两年的学前班，对适龄幼儿进行小学前期教育。由于当前学前教育向 0~3 岁扩展，部分地区幼儿园的招生对象范围扩大，开始招收 3 岁以下的儿童，逐渐出现了幼儿园托班。托班是指在幼儿园设立的为 3 岁以下的婴幼儿提供教养服务的班级，是近年来我国学前教育“托幼一体化”发展趋势的产物。当前幼儿园招收的托班幼儿年龄限制不一，此外，个别幼儿园中的“小小班”、“婴班”等名称的班级也指托班。

幼儿园常规按年龄阶段编班的划分方式有着明显的优缺点。优点在于班级中的幼儿属于同年龄段，年龄特点、能力表现和身心发展水平基本在同一水平上，幼儿与幼儿间的交往相对较平稳。从教师的专业发展看，便于教师把握同年龄段的幼儿年龄特点和发展水平开展保教活动，对幼儿教育目标的熟悉和教育要求的实施相对明确和清晰。相对地，按年龄阶段编班容易导致教师忽略幼儿的个体差异性，在对幼儿提出相同教育目标和发展标准的同时不利于幼儿个性的发展。此外，幼儿园按照年龄编班会人为地把某一个年龄阶段的幼儿与整个儿童群体割裂，一定程度上对幼儿的身心健康发展造成影响。

(2)“混龄编班”

当前我国大城市的一些幼儿园一改传统按年龄编班的做法，率先进行全方位“混龄编班”的尝试，投入资金和时间等因素开展幼儿园“混龄教育”。此外，在我国农村地区也普遍存在“混龄教育”，但农村和城市的开展情况差距很大，农村地区的“混龄教育”迫于地区发展程度更多停留在混合编班的组织形式，而较少关注幼儿教育的质量。“混龄教育”是相对“同龄教育”而言，但不能把“混龄”泛化到“完全不同年龄”，也不能把同龄泛化到“完全相同的年龄”，目前在我国幼儿园中的“混龄编班”形式也是多元化的。

“混龄编班”是指将不同年龄(年龄跨度一年以上或更多)和发展水平的幼儿按照一定的模式加以组合，在每一学年结束时，一部分年长的幼儿升入高一年级，一部分小龄儿童仍然在原有的班内接受教育，而新的幼儿加入原有的集体，使幼儿有机会与一位教师或多位教师在机构中共同活动一年以上的时间。“混龄编班”主要有两种形式：连续“混龄”分班和间断性“混龄”分班。其中连续“混龄”是指让幼儿从入园开始就连续接受“混龄教育”，间断性“混龄”则是指幼儿只在每天或一周的某个或某些时段接受“混龄教育”，其余时间仍然接受非“混龄教育”。总的来说，“混龄”班级的主要目的是通过促进不同发展水平幼儿之间的互动来促进幼儿认知和社会性等方面的发展。

20 世纪 80 年代美国 NAYEC(全美幼教协会)制订的《适宜于 3～8 岁儿童的课程内容与评价指南》中第十六条指出：混合编班形式有利于培养儿童社会交往能力，提高语言能力，促进儿童发展。国外有关“混龄教育”的研究相对国内更为成熟，在借鉴国外“混龄教育”的优秀教育经验的基础上，结合我国教育的实际情况，我国学者也开展了众多研究。目前研究成果表明，“混龄编班”有利于幼儿社会性的发展，通过把不同年龄幼儿混合编班，扩大幼儿的交往接触面，班级如小型社会，能帮助幼儿形成与人交往的正确态度与技能，促进幼儿个性的健康发展。“混龄编班”有利于幼儿德智体全面发展，年龄大和年龄小的幼儿在班级中共同活动时，年龄大的幼儿往往扮演哥哥姐姐的角色，在帮助年龄小的幼儿的同时对自身的责任感、自控能力、语言和运动能力都有所提高，年龄较小的幼儿也在此过程中获得交流的愉快体验，在模仿年龄大的幼儿的基础上自然而然促进身心健康的发展。通过“混龄”班级中的“以大带小”的模式充分发挥幼儿的主动积极性，以不同的形式回归幼儿教育的本质。同时，“混龄编班”进行教育对“混龄”班级的幼儿人数、教师的专业素质、保教人员的配备、课程的设置以及教育环境的创设都会有所要求。

(3)特殊需要幼儿的编班

《幼儿园工作规程》明确指出“对体弱或有残疾的幼儿予以特殊照顾”。《国家中长期教育规划(2010—2020)》指出，各级各类学校要积极创造条件接收残疾人入学，不断扩大随班就读和普通学校特教班的规模。在各国大力推动“全纳教育”思潮的发展趋势下，我国学者周念丽提出把有特殊教育需要的幼儿安置在普通托幼机构中，让他们与正常幼儿一起接受保育和教育的融合保教理念。我国随班就读始于 20 世纪 80 年代，经过几十年的发展，随班就读现在已成为“全纳教育”的主要形式以及我国特殊教育的重要办学形式。学前教育是学校教育的奠基阶段，有特殊需要的幼儿能进入普通班级就读是他们融入社会的基本渠道，在不受歧视的前提下，让不同学习风格、不同背景和学习能力的幼儿能获得不同程度且有质量的学前教育。此外，特殊需要幼儿的随班就读，不仅能让有需要的幼儿获得比较好的教育服务，也能让健全的幼儿获得生命的教育以及尊重他人的教育。实际上，当前我国幼儿园开展有特殊需要儿童随班就读的实践存在教育教学质量与水平的矛盾，需要加大和完善随班就读支持保障体系的建设，在今后实践中不断对随班就读发展策略进行调整与改进。

根据《幼儿园教职工配备标准(暂行)》、《关于开展残疾儿童少年随班就读工作的试行办法》等相关规定，在有特殊需要幼儿随班就读的班级，为了保证教育质量，班级规模、保教人员的配备和随班就读的特殊儿童人数等方面应有弹性地进行调整。幼儿园在安排特殊幼儿入园时需要考虑随班就读班级的基本情况，尤其需要关注安全问题。针对有特别情况的幼儿，建议家长结合特殊教育专门机构进行科学的干预和指导，并从幼儿园教育的角度给予专业指导和热心支持。

(4)幼儿园“走班制”形式的编班

“走班制”是我国许多高中推行的新型教学模式，是指班级日常管理仍在一个固定的班级，但由学生自由选择上课内容和学习的教室。在幼儿园试行的“走班制”打破了原来固定不变的幼儿只能在本班活动的模式，幼儿可以根据自己现有经验和活动兴趣去选择适合自身发展水平的班级进行对应的活动。成都市金牛区机关三幼对“走班”、“选课”开展了尝试，对中、大班幼儿推出了 12 门选修课，如木工、剪纸、打毛线、西点、绘画等。在技术方面，幼儿园专门编制了选课软件，让幼儿提前了解课程，在知道选课时间就告诉父母。在“走班”时间设置上，该幼儿园在 2017 年 3 月开始每周一下午大班幼儿“走班”学习，每周二下午中班幼儿“走班”学习。幼儿园“走班制”的实践打破了班级的界限，让幼儿能结合自己的兴趣去选择感兴趣的活动，在一定程度上能促进幼儿在活动中深度学习。

始于兴趣的教育活动能让幼儿全身心投入其中，真正赋予幼儿一定的自主权，鼓励幼儿在活动中积极解决问题，对幼儿的自主性和社会性的培养有促进的作用。另外，幼儿园“走班制”对教师专业发展也有一定程度上的促进作用，“走班制”活动的开展，促进班级间的教育活动资源实现共享，有利于减轻教师负担，减少不必要的重复劳动，从而教师有更多的时间和精力去组织、指导活动，以及进行评价与反思。

(二)国外幼儿园的班级组织形式

国内幼儿园按照不同的标准划分班级，有按年龄划分的班级、有混龄班、走班、平行班等。国外幼儿园也有其分班的特色，下面主要介绍德国、美国、法国以及日本的幼儿园班级组织形式。

1. 德国的幼儿园班级组织形式

在德国，全国范围内绝大多数幼儿园中都实施混龄编班，即将不同年龄组的儿童编在一个班级(德国称之为小组)，班级布置如图 1-1 所示。幼儿园中的所有游戏、生活和学习都是按照这样的小组进行的。德国混龄班的年龄跨度非常大，他们最早是研究 3~6 岁儿童之间的混龄编班，并进行实践，而后逐渐往两头延伸为 0~12 岁的混龄编班，目前一般以3~6岁混龄为主。德国学前教育机构的混龄教育体现了“自由发展”、“自我教育”的特点，日常教学活动主要采用个别教学、小组活动，基本不组织全班性集体活动。

图1-1　德国华德福幼儿园班级布置

2. 美国的幼儿园班级组织形式

美国的幼儿园一般是指5~6岁幼儿受教育的地方(相当于学前班)，教育费用由政府承担，属于义务教育的范畴，而3~5岁幼儿接受教育的机构被称为学前教育机构。在这里我们将美国的幼儿园和学前教育机构统称为幼儿园。美国幼儿园依据不同需要存在着多样的班级组织形式，按照年龄分为婴儿班、幼儿班和学前班，婴儿班满三个月即可入园。受蒙台梭利教育理念的影响，美国也存在很多混龄班的幼儿园。

3. 法国的幼儿园班级组织形式

在法国，政府于1990年颁布了关于建立初等教育3年制学习阶段改革计划的法令，进行打破传统的年级概念的改革尝试。其做法是：将2~11岁儿童的教育分为3个阶段，每个阶段一般由3个学年组成。第一个阶段称为初步学习阶段，包括幼儿学校的小班和中班，儿童年龄为2~5岁；第二阶段称为基础学习阶段，包括幼儿学校的大班和小学前2个年级，儿童年龄为5~8岁；第三个阶段称为深入学习阶段，包括小学的后3个年级，学龄为8~11岁。法国的幼儿园面向的是2~6岁的儿童，分为小班、中班和大班三个年龄层次，小班2~4岁，中班4~5岁，大班5~6岁，不留级。由于法国幼儿入园较早，有少数儿童5岁就直接进入小学学习。

4. 日本的幼儿园班级组织形式

在日本的幼儿园和保育所中，有采用横向教育形式的，也有采用纵向教育形式的，还有横向、纵向相结合的形式。近年来，许多幼儿园和保育所已开始采用横向教育和纵向教育交错进行的教育形式进行幼儿教育。

所谓横向教育，是指将年龄大致相同的幼儿组合成一个班而进行的教育，类似于按年龄划分班级，如将5岁幼儿分在一个班。纵向教育则是指将不同年龄的儿童组成一个班而进行的教育，如将3~5岁的幼儿分在一个班，类似于混龄班。但由于纵向教育的难度较大，一般只针对3岁以上的幼儿进行。横向教育的优点是幼儿的年龄相近，保教人员可以根据幼儿的年龄特点，进行有的放矢的教育。幼儿年龄相仿，认知发展水平相当，便于互相交往，建立起较深厚的友谊。纵向教育的优点是通过不同年龄幼儿的交往，年长幼儿可以获得自信并懂得如何帮助年幼的幼儿，年幼的幼儿则可以从年长幼儿那里学到从同龄幼儿那里学不到的东西。此外，无论是年长幼儿还是年幼幼儿都可以学会如何与自己年龄不同的幼儿交往，获得与人交往的经验，发展人际交往能力。而横向教育和纵向教育交错进行的教育形式有利于充分发挥两者的优势，不失为一种有利于幼儿学习与发展的选择。

除了上述四个国家主要的幼儿园组织形式，还存在着比如瑞吉欧教育的“集体学习”和“小组合作”相结合的班级组织形式，蒙台梭利提倡的把不同年龄的幼儿分组形成的“混龄班”以及华德福学校不按照年龄分班的班级形式等。通过了解不同国家的幼儿园组织形式，可以对改进我国幼儿园的班级组织形式提供一定的参考。

三、我国幼儿园班级的功能

幼儿园教育是学校教育的基本组成部分，而班级是幼儿园基层的有机构成单位，其直接承担着实现幼儿园教育目标的任务。幼儿园班级是对3~6岁(或7岁)的幼儿进行保教活动的基本组织单位，其最根本的目的和功能在于促进幼儿身心健康成长，同时对幼儿家庭、社区提供一定的服务。

(一)生活保障功能

这是指幼儿园班级对幼儿的身心发展提供最基本的生活保障，主要包括以下三个方面：

1. 一日生活引导功能

与小学不同，幼儿园保教活动的开展基础是幼儿的一日生活，一日活动包括幼儿入园后所进行的生活活动、游戏活动以及教育活动，例如来园、晨检、早操、游戏、体育、午睡、盥洗、餐点、劳动、娱乐、户外活动、自由活动、离园等。当前我国幼儿园班级编班是以年龄阶段为依据划分的，班级成了幼儿活动的组织活动形式。在幼儿园班级群体中，对幼儿一日生活的组织引导是指对幼儿园班级每天所进行的各项活动以班集体、小组或者个体等不同形式进行有序、合理的安排，促使幼儿在园一日生活有规律、有节奏，从而使整个幼儿园生活、学习保持正常、稳定的节奏，是促进幼儿身体健康的重要保证。

教师是幼儿园班级的直接组织者和管理者，在一日生活引导方面需要把握幼儿的年龄特点和兴趣等方面，同时也需要掌握有关教育教学的引导技巧。例如在组织幼儿排队活动时，可以融入游戏的环节：“小猫脚步轻轻的，一个跟着一个走”；在进行了大运动量的体育活动后，回到班级时教师可以安排一些相对安静的活动，例如提供积木、雪花片、拼图等活动材料让幼儿操作。总之，教师需要结合本班幼儿的特点，有针对性地有效引导一日生活各个环节，保障幼儿的生活和教育的需求。

2. 卫生保健实施功能

《托儿所幼儿园卫生保健管理办法》第三条规定：“托幼机构应当贯彻保教结合、预防为主的方针，认真做好卫生保健工作。”《幼儿园教育指导纲要（试行）》明确指出幼儿健康领域目标为：“①身体健康，在集体生活中情绪安定、愉快；②生活、卫生习惯良好，有基本的生活自理能力；③知道必要的安全保健常识，学会保护自己；④喜欢参加体育活动，动作协调、灵活。”幼儿园班级是对幼儿进行卫生保健保教活动的直接场域，为了培养体格强健、卫生习惯良好的幼儿，需要合理安排好幼儿一日生活、饮食睡眠；卫生习惯的建立与培养；安全教育与活动游戏；各种传染病的预防；五官保健等教育。除此之外，还包括计划免疫、体育锻炼、卫生宣传等内容。

《幼儿园教育指导纲要（试行）》指出，要“树立正确的健康观念，在重视幼儿身体健康的同时，要高度重视幼儿的心理健康”。幼儿园班级对幼儿实施保健教育，应注重从幼儿的身心两个方面进行保教活动。幼儿园教师应该教给幼儿简单的卫生保健常识，培养幼儿良好的清洁卫生习惯；为幼儿在一日生活中创设健康的心理教育环境，让幼儿在幼儿园班级中培养良好的个性品质。

3. 身体锻炼功能

幼儿身体锻炼是按照幼儿的身心发展规律，维持和促进幼儿的生命健康，使幼儿获得初步的全面发展的重要条件。幼儿园班级组织和指导幼儿进行身体锻炼活动是卫生保健、发展动作技能和提高幼儿身体素质三者有机结合的过程，需要把握科学性原则，遵循人体生理机能变化的规律和人体机能适应性规律。幼儿园班级需要根据幼儿的年龄及生理特点，有组织有计划地开展各种形式的体格锻炼，掌握适度的运动强度，保证幼儿每日所需的运动量，增强幼儿的体质。

《托儿所幼儿园卫生保健工作规范》的第三部分基于科学性和健康性原则，对幼儿的体格锻炼提出了相关的保教活动指导要求，如“保证儿童室内外运动场地和运动器械的清洁、卫生、安全；利用日光、空气、水和器械，有计划地进行儿童体格锻炼；全面了解儿童健康状况，患病儿童停止锻炼等”。幼儿身体锻炼最根本的目的在于保障幼儿的生命健康，提高幼儿的体质，而坚持完整的健康观对幼儿进行保教结合的身体锻炼来说是基础的环节。

（二）教育功能

我国幼儿教育的任务在于“实行保育与教育相结合的原则，对幼儿实施体、智、德、美诸方面全面发展的教育，促进其身心和谐发展”。教育性是幼儿园开展保教活动的首要特征，是幼儿在幼儿园一日生活中各个环节中潜移默化的特性。幼儿园班级承担着幼儿教育的主要任务，以各种形式的保教活动促进幼儿的身心健康发展，主要体现在：

1. 促进幼儿认知发展

学龄前幼儿对周围世界有浓厚的兴趣和求知欲，幼儿园教师要根据幼儿认识活动特点和认知发展规律，运用直观形象、丰富多彩的教育教学形式，帮助幼儿获取经验和知识，发展幼儿智力及初步的动手能力，并培养幼儿良好的学习品质。幼儿认知的发展是多方面能力发展的结合，班级应在适应本班幼儿的知识和认知特点的基础上，扩大幼儿的眼界，丰富幼儿的生活经验，发展其思维和想象力。幼儿园教育应在切实推进幼儿认知的自然发展的过程中，关注幼儿的个体差异，有针对性地对幼儿进行教育。

2. 促进幼儿情感和个性化发展

幼儿期是情感活动发生、发展的重要时期，同时幼儿的情感发展直接而具体，容易受到环境的影响，因而幼儿园班级情感教育的重要性不言而喻。幼儿的情感教育是德育的重要内容，幼儿园需要有目的、有计划地对幼儿进行道德情感教育。在幼儿园班级的一日生活中，幼儿园教师需要创设充满某种情感因素的物质和精神环境，引导幼儿观察、发现和体验环境中的情感因素，并引导幼儿逐步理解情绪情感体验的意义，从而促进幼儿情感发展。

《幼儿园工作规程》中明确指出：“幼儿园应在各项活动的过程中，根据幼儿的不同心理发展水平，注重培养幼儿的个性品质。”幼儿个性的发展包括自我概念的发展，自尊心和成就动机的发展，行动、认知、兴趣、情绪等方面发展。

为了培养幼儿良好的个性，幼儿园教师在班级中需要抓住有利时机，在为幼儿创设良好的保育环境和提供丰富多彩的活动内容的过程中，有针对性地对幼儿进行培养。不同年龄阶段的幼儿心理发展水平和生活经验不同，教师需要针对幼儿的特点，发现每个幼儿个性上的潜在差异及形成这种差异的因素，并有针对性地进行教育。另外，通过各种丰富多彩的集体活动和集体生活，培养幼儿不同的兴趣、爱好，形成和发展幼儿的多元化智能。在此过程中培养幼儿良好的情感体验，塑造幼儿健康的个性品质，促进每个幼儿身心健康和谐发展。

3. 促进幼儿社会性发展

教育部颁发的《幼儿园教育指导纲要(试行)》明确指出：“使幼儿乐于与人交往，学习互助、合作、分享、有同情心。”幼儿园教育对培养幼儿的社会性有明确规定，彰显幼儿亲社会行为形成的重要性，是幼儿园社会教育领域的重要内容。

幼儿社会性是指幼儿的一种心理行为特征，是幼儿作为一个自然人，在形成自我意识后，通过社会交往、内化社会规范及道德准则，进行自我控制及出现其他社会行为时表现的心理行为特征。幼儿期是幼儿社会性发展的关键时期，幼儿社会领域的学习与发展过程是幼儿社会性不断发展完善并形成良好个性的重要过程，因而幼儿园班级对幼儿社会性教育起着至关重要的作用。幼儿园教师要根据不同年龄阶段幼儿的同情心发展特点组织教学活动和游戏活动。例如，小班阶段幼儿的社会性发展培养重点在培养幼儿形成初步的自我意识、自我控制、适应能力，引导幼儿逐步适应并喜欢幼儿园集体生活，遵守简单、基本的社会行为规范等方面。在幼儿园班级的一日生活中，教师有意识地进行观察，做好榜样示范，对幼儿进行社会性的随机渗透教育，帮助幼儿把社会性行为内化，进一步促进幼儿的社会性发展。

(三)社会服务功能

2003 年《关于幼儿教育改革与发展的指导意见》(国办发〔2003〕13 号)明确指出："幼儿教育是基础教育的重要组成部分，发展幼儿教育对于促进儿童身心全面健康发展，普及义务教育，提高国民整体素质，实现全面建设小康社会的奋斗目标具有重要意义。"当前的幼儿教育不仅强调对幼儿的教育发展价值，也突出了幼儿教育的社会价值。《幼儿园工作规程》中提出："幼儿园同时为家长参加工作、学习提供便利条件。"家庭是幼儿最初的生长环境，幼儿园教育需要保持与幼儿家庭的联系与沟通，面向家长开展多种形式的幼儿教育经验交流会，帮助和指导幼儿家庭教育质量的提升。另外，社区是幼儿园生存和发展的外部环境，幼儿园需要与社区建立良性合作关系，充分整合社区和幼儿园资源，以"走出去"的方式促进社区的建设。

1. 对幼儿家庭的服务功能

幼儿家庭是幼儿园班级教育的有力合作伙伴，在教育目标上，幼儿园教育与家庭教育共同致力于促进幼儿身心健康发展。基于幼儿园和家庭两大主体平等地位的前提，幼儿园对幼儿家庭的服务功能主要体现在"对幼儿家庭的教育指导功能"和"解放家长的服务功能"。

(1)对幼儿家庭的教育指导功能

《中华人民共和国教育法》第四十九条规定："学校、教师可以对学生家长提供家庭教育指导。"其中，幼儿园对幼儿家庭的教育指导主要包括帮助家长增强其教育意识，树立正确的教育观念，创设良好的家庭教育环境以及掌握科学的家庭教育知识、方法和技巧。幼儿园可以通过家长会、家访、家庭教育咨询会等多种方式对家长进行科学的幼儿教育知识和技巧，针对不同类型的家庭给予相应的经验介绍，同时需要针对幼儿家庭教育的现状和问题进行有梯度的指导。

(2)解放家长的服务功能

当前幼儿园所具备的"托管"等服务为幼儿家庭的学习和发展提供了极大的便利。对幼儿的父母与其他家庭成员而言，幼儿园教育的存在能帮助家庭有更多的时间和精力为幼儿教育做准备，为父母教育、接受继续教育等方面提供了便利条件。另外，幼儿父母受教育水平的提升也会促进幼儿家庭教育和幼儿园教育不同程度的提高，两者是互补且相互促进的。

2. 对社区的服务功能

《关于幼儿教育改革与发展的指导意见》提出：“根据城乡的不同特点，逐步建立以社区为基础，以示范性幼儿园为中心，灵活多样的幼儿教育形式相结合的幼儿教育服务网络。为0~6岁儿童和家长提供早期保育和教育服务。”发展幼儿园的社区服务功能有利于扩大在园和非在园幼儿的学习和发展机会，支持和促进家长的工作，以及通过多种形式的“走出去”提升社区的文化氛围，营造良好的社区人文气息，进而提升社区的居住品质。

幼儿园作为专门的学前教育机构，在坚持国家的教育方针政策的基础上，有义务向幼儿家庭和社区宣传科学的幼儿教育观念、知识和方法，需要主动参与社区的建设，从幼儿教育的角度为社区做出贡献，同时需要发挥幼儿园在社区中的教育文化精神辐射作用。幼儿园对社区的服务可以通过在社区中建立儿童活动机构发挥作用，例如儿童图书馆、儿童活动室等场所；幼儿园可以在社区中开展家庭教育辅导点，帮助家长了解最新的幼儿教育理念以及科学的幼儿教育方法和技巧。此外，可以通过设立专门的社区服务机构，帮助家长解决幼儿教育的疑难问题，旨在更好地发展社区幼儿教育。

本章小结

本章节主要涉及班级与班级基本理论和幼儿园中的班级，使大家通过学习能够了解一般性的学校班级知识，并延伸到幼儿园班级这一概念中去。第一节主要涉及班级理论及概述，讲解了班级的产生，并给出了班级的定义、构成与形态，另外提供相关的班级理论，拓展学习的范围与视野。第二节主要介绍幼儿园中的班级。几十年来，我国幼儿园里形成了相对稳定的班级建制形式。这一小节重点探讨了幼儿园班级的形式、结构、任务和功能等基础性问题，为后续探讨幼儿园班级管理奠定基础。

拓展阅读

[1]庞守兴. 教育学基础[M]. 北京：北京大学出版社，2015.

[2]李学农. 班级管理(第二版)[M]. 北京：高等教育出版社，2010.

[3]白铭欣. 班级管理论[M]. 天津：天津教育出版社，2000.

[4]魏国良. 学校班级教育概论[M]. 上海：华东师范大学出版社，1999.

[5]张作岭. 班级管理[M]. 北京：清华大学出版社，2010.

[6]郭毅. 班级管理学[M]. 北京：人民教育出版社，2002.

[7]林冬桂. 班级教育管理通论[M]. 广州：广东高等教育出版社，2008.

思考练习

1. 班级的定义是什么？
2. 班级的历史发展过程是怎样的？
3. 幼儿园班级的概念是什么？
4. 幼儿园班级具有哪些特点？
5. 幼儿园编班应依据什么？
6. 幼儿园班级的功能有哪些？

第二章　幼儿园班级管理的基本原理

教学目标

1. 了解幼儿园班级管理的含义和意义。
2. 熟悉幼儿园班级管理的目标和内容。
3. 领会幼儿园班级管理的原则和方法。
4. 掌握幼儿园班级管理流程中的四大环节。

名人名言

在一个现代的组织里，如果一位知识工作者能够凭借其职位和知识，对该组织负有贡献的责任，因而能实质地影响该组织的经营能力及达成的效果，那么他就是一位管理者。

——[美]彼得·F. 德鲁克

案例导读

小班的孩子刚入园，每次玩玩具，都会把玩具扔得到处都是，只有很少的几个孩子在老师的反复要求下，把玩具送回原处。有一次玩完玩具后，又是满地开花，老师没有强制让他们收拾，而是借小朋友想妈妈想哭了的实例，用夸张的语言说："快听，玩具宝宝在哭呢，它为什么要哭呢?"孩子们抢着说："它要吃好吃的。""不对，它想出去玩。""它想妈妈了，要回家。"老师说："对，我们每天上幼儿园，放学后就回家和妈妈在一起，可玩具宝宝让小朋友拿出来后，就被扔得满地都是，再也找不到妈妈了，所以它们就哭了。那我们应该怎样帮助这些玩具宝宝呢？”“把它们送回家，去找妈妈。”孩子异口同声地说。孩子们开始主动去捡玩具，然后送到“玩具筐妈妈”那里。以后，每次玩完玩具，孩子们都会一边收拾玩具一边说：“你别哭，我们去找你妈妈。”①

分析：幼儿园班级管理涉及的内容十分丰富，常规教育管理也是幼儿园班级管理中非常重要的一环。案例中的教师的做法充分调动了孩子们的自主性，使班级的常规教育由传统的“要你怎么做”转化成孩子们自主的“我要怎么做”，加强了班级常规管理的实效性。

第一节　幼儿园班级管理的含义和意义

第一章介绍了幼儿园班级的相关理论，班级作为幼儿园教育活动组织的基本单位，其管理和建设水平同幼儿园的保育、教育质量息息相关；同时，幼儿园班级的发展也受到幼儿园大环境的制约与影响。因此，提高幼儿园班级的管理和建设水平是促进幼儿园保教活动质量的重要一环。

一、幼儿园班级管理的含义

按照前文介绍的幼儿园编班制度，幼儿入园后会被分到特定的班级中去，由班级配备的教师和保育员进行管理。那么幼儿园班级管理又是怎么回事呢？

（一）管理的含义

“管理”对于大家来说并不是十分陌生的词汇，甚至每个人对于管理都有自己的理解，那么我们来看一下管理学理论中应该如何定义“管理”呢？

1. 对于管理的一般性理解

对于管理，研究者们获得了许多认识，十分有助于人们洞察管理的本质。其中较典型的观点有如下两个。

（1）管理是人类生活中最普遍的社会现象之一

管理无时不在、无处不在。大至国家社稷的治理、各行各业多个组织的运行，小至主妇治家、每个人支配自己的时间等活动，均离不开管理活动。在这众多的活动中，管理反映的实事是把有限的资源（他人或自己的才能、物质、时间等）分配给众多的目的

① 佚名. 奏响幼儿园班级管理的美妙“变”奏曲. [EB/OL]. [2015-03-23]. http://www.yejs.com.cn/yzzc/article/id/51603.htm.

而进行的安排。应该认为这是广泛意义上的对管理的理解，可见管理与人类的日常生活和重大活动都密切相关，遍及人类活动的许多方面。戴维·赫尔茨曾指出："管理是心智所驱使的唯一无处不在的人类活动。"不论此断言是否确切，管理是最普遍的社会现象之一，仍是广为人们接受的观点。

(2)管理是一个既古老而又年轻的概念

之所以称管理是古老的概念，是因为管理的实践源远流长。伴随着人类社会的出现、发展而存在和发展，原始社会时期人类以部落、氏族等形式结成有共同目的的组织，增大力量与自然界相抗衡、相协调，求得生存和发展。在早期原始的集体协作中，同样存在指挥者与被支配者双边，有分工、协作及分配等一系列行为，显然是最早的管理实践。以后，随着社会分工的发展，集体的协作活动日趋兴旺，对管理的要求也随之增高。社会的不断发展需要有人建立一定的秩序，进行分工和协调，以便取得理想的效果。在社会历史的发展长河中，管理也不断地得到发展。由此可见，管理的实践同人类的历史一样悠久。

说管理是个年轻的概念，是因为管理作为专门对象被加以研究，并被广泛地加以宣传的历史不长。众所周知，管理学成为一门相对独立的学科只有近百年的历史。管理科学是随着工厂管理实践的发展，在 19 世纪末 20 世纪初开始系统形成的，其主要标志是美国的弗雷德里克·泰罗于 1911 年出版的《科学管理原理》和法国的法约尔于 1916 年出版的《工业管理与一般管理》两本著作的面世。

显然，在管理的"古老"与"年轻"这一矛盾关系中存在一定的因果关系。正因为有了无数前人管理实践经验的积累，才很有力地促进了管理这一门学科的产生。今天的管理学是人类智慧的又一结晶，它正对社会的发展产生着越来越显著的影响。

2. 管理的定义

对于管理的学术界定，可谓众说纷纭。20 世纪末，许多管理学先驱根据自己的研究对管理进行定义，仁者见仁，智者见智，具有代表性的有几种观点：

①管理就是"确切地知道你要别人去干什么，并使他们最好的方法去干"。这是古典管理学派的代表人泰罗（Frederick W. Taylor）给管理下的定义。虽通俗，但也指出了管理的实质。

②管理是由计划、组织、指挥、协调及控制等职能为要素组成的活动过程。

③管理就是做人的工作，它的主要内容是以研究人的心理、生理、社会环境影响为中心，激励职工的行为动机，调动人的积极性。管理就是协调人际关系，激发人的积极性，以达到共同目标的一种活动。

④管理就是决策。这是现代科学管理中决策理论学派的代表人、1978 年诺贝尔经济学奖获得者西蒙提出的观点。他指出决策的制订贯穿管理的全过程。他所解释的决策包含分析信息依据、确定目标、付诸实施、作出评价、导致新的决策等系列过程，这样一种决策过程实际上是任何管理的必由之路。

⑤管理就是由一个或更多的人来协调他人的活动，以便收到个人单独活动所不能收

到的效果而进行的各种活动。这是美国管理学者唐纳利的解释。这一见解包含三层意思：一是管理的目标通过他人的活动而达到；二是管理的过程是通过管理行为的主体(即管理者)协调其他人(即被管理者)的活动而进行；三是管理者必须协调两大方面——他人(被管理者)的活动及他人本身。

我国当代的一些管理学家也对管理作出了具体的解释。如周三多先生将管理定义为："管理是社会组织中，为了实现预期的目标，以人为中心进行的协调活动。"①这一表述揭示了管理的目的是为了实现预期目标、管理的本质是协调，而协调必定产生在社会组织中，并以人为中心。

以上学者们对于管理要领的解释，从不同的角度描绘了管理的面貌。这一方面有助于人们去较全面地认识管理的实质，另一方面也表明了管理的确是一种很复杂的社会现象，有着极其丰富的涵义。

综合以上观点，我们试对管理的概念做出如下界定：管理是社会组织为了较好地实现预定目标由一个或多个人去合理运用各种资源，充分发挥各因素的潜力的活动过程。

(二)班级管理的含义

查阅文献资料发现，不同的研究者对于班级管理的界定存在一定差异。

有的研究者认为："班级管理是班主任按照一定的要求和原则，采取适当的方法，建构良好的班级集体，为实现共同目标不断进行调整和协调的综合性活动；是班主任对所带班级的学生思想、品德、学习、生活、劳动、课外活动等项工作的管理教育的活动。"②

另一部分研究者认为："班级管理是班级工作的另一个重要组成部分。班级管理是指班级教育管理者带领班级学生按照教育管理规律的要求，为实现班级工作目标而进行的一系列职能活动。"③班级管理活动是为班级教育活动的顺利开展服务的。他们认为，班级管理活动是为保证班级育人活动顺利进行开展的活动。

还有的研究者从管理者、目标、组织过程等方面来对班级管理作出界定。李学农认为："班级管理是班级管理者——班主任对班级组织实施的管理，即班主任根据自己被赋予的管理职责，为实现预定的班级组织目标，对班级组织进行规划、组织、协调、控制和评价等。"④

也有学者认为，从群体研究的视角来看，学生管理就是班级管理。因此，他们对于班级管理的定义为："班级管理是以班级为载体的学生管理。"⑤他们认为学校是培养学

---

① 周三多. 管理学原理与方法[M]. 上海：复旦大学出版社，1997.

② 白铭欣. 班级管理论[M]. 天津：天津教育出版社，2000：19.

③ 林冬桂. 班级教育管理通论[M]. 广州：广东高等教育出版社，2008：11.

④ 李学农. 班级管理(第2版)[M]. 北京：高等教育出版社，2010：16.

⑤ 林柏森，许晓菲. 班级教育管理新论[M]. 长春：吉林教育出版社，2012：7.

生的地方，是为学生服务的地方，学生生活在班级中，因而班级管理是学校管理的一个非常重要的组成部分，是学校管理的基础和核心。

从以上定义可知，班级管理是有一定的目标、人员和组织协调过程的。所以可对班级管理下一定义：班级管理是在班级管理者的带领下，基于学生发展教育的目标，对班级中涉及的人、事、物等进行一定管理、规划、协调、组织的活动过程。

（三）幼儿园班级管理的含义

对于幼儿园班级管理的含义，一定与班级管理息息相关，并且有很大的联系，但是又因教育对象的不同，幼儿园班级管理有其特定的对象以及特点。

对于幼儿园班级管理的界定，学前教育领域内的研究者也存在一些不同的看法。

有的学者认为："所谓幼儿园班级管理是指教师通过协调教育者之间的教育行为、提供适当的教育环境、积极与幼儿进行沟通等方法，使幼儿得到最佳发展的管理活动。"①

另外，有的研究者认为班级管理也可称为班级经营，并且指出："所谓幼儿园班级管理（也称班级经营），是指幼儿园班级中的保教人员通过计划、组织、实施、协调等过程，充分利用人、财、物、时间、空间、信息等资源，采取适当的方法以达到高效率实现保育和教育目的，使幼儿获得全面健康发展的管理活动。"②

依据对班级管理的定义与理解，也研习其他理论研究者对于幼儿园班级管理的研究，我们也就此提出对于幼儿园班级管理的定义的界定。我们认为，幼儿园班级管理是由幼儿园班级中的保教人员通过计划、实施、总结、评估等过程协调班级集体内外的人、财、物，以达到高效率实现保育和教育目的的综合活动。

在此，我们可以看出幼儿园班级管理的含义包含以下几方面：

①幼儿园班级管理的实施者即管理者，是班级中的保教人员。

②幼儿园班级管理的对象：班集体内外的人财物等，并不仅仅围绕在室内要素展开。

③幼儿园班级管理的过程：计划、实施、总结、评估。这是与一般管理过程有着紧密关联的，并且又运用到幼儿园班级管理的过程中去。

④幼儿园班级管理的目标：实现保育与教育的目的，与幼儿园保教目标相联系。

二、幼儿园班级管理的意义

要实现幼儿园的保教目标，就必须要合理利用、协调幼儿园内的各项人、财、事、物等资源，这就依赖于良好的管理水平。而幼儿园班级作为幼儿园组织保教活动的基本

---

① 张莅颖．幼儿园班级管理[M]．北京：高等教育出版社，2010：2.

② 赵春龙，王国昌．幼儿园班级管理[M]．长沙：湖南大学出版社，2012：3.

单位，幼儿园班级的管理对于幼儿园管理来说又具有举足轻重的地位，意义非凡。所以，我们必须重视幼儿园班级管理。

幼儿园班级管理的意义与普通班级管理的意义有一定的相关性，但是由于教育对象的不同以及特殊性，会产生一定的差异。下面几点揭示了幼儿园班级管理的意义。

1. 有利于保证幼儿园的任务与保教目标的实现

《幼儿园工作规程》中对于幼儿园的任务及幼儿园保教目标都做出了一定规定。幼儿园所应承担的任务是“贯彻国家的教育方针，按照保育与教育相结合的原则，遵循幼儿身心发展特点和规律，实施德、智、体、美等方面全面发展的教育，促进幼儿身心和谐发展。另外，幼儿园同时面向幼儿家长提供科学育儿指导”。《幼儿园工作规程》在幼儿园保教目标方面也做出了非常细致的要求。

幼儿园的教育活动都是为保教目标的实现与教育任务的承担所服务的，幼儿园管理的目的也在于此。而作为幼儿园的基本单位，幼儿园班级是实施保教工作的基础，因而对于教育任务与保教目标的实现具有十分重要的作用。幼儿园班级管理为幼儿园管理而服务，也为幼儿园管理的最终目的的实现提供保障，所以良好的幼儿园班级管理能够更加有利于幼儿园教育任务与保教目标的实现。

2. 有利于幼儿园管理工作的展开

幼儿园的管理工作纷繁复杂，涉及多个方面，如教职员工的管理、幼儿的安全、膳食营养、保育教育等。每个方面的工作都至关重要，牵动着幼儿园整体管理工作的发展，若是哪一方面出现问题，必然会影响整个园所的发展。幼儿园班级是幼儿园的基本组成部分，是幼儿园必不可少的一部分，对于幼儿园整体管理工作具有非常重要的奠基作用，必须得到重视。良好的幼儿园班级管理才能真正带动园所整体管理工作的高效进行，并作为最基本的管理活动，不断推动着幼儿园管理工作的良好发展。

3. 有利于幼儿园保教活动实施的开展

普通意义上的班级管理对于教育活动来说，是开展教育活动的保证。那么，在幼儿园这一说法同样适用。作为幼儿园保教活动实施的基本单位良好的班级管理工作，会对班级保教活动带来良好的影响，进而对于整体园所的保教活动的实施也会起到良好的作用。

4. 有利于幼儿园保教质量的提升

有效、良好的管理通过合理地组合管理对象的各个因素，充分发挥各个因素的潜力，消除无效劳动或内耗，从而产生高效率、高效益。前文已经说道，幼儿园班级管理是幼儿园保教活动实施的基本单位，对于幼儿园保教工作的开展具有十分重要的作用。那么良好的幼儿园班级管理必然带来高效率与好效益，这一效率与效益反应到幼儿园管理中来，就是幼儿园保教质量的提升。幼儿园班级管理做好了，自然会带来整体园所管理质量的提升，带来保教质量的发展与提高，进而为幼儿园带来更好的口碑，带动幼儿园的社会效益与经济效益。

拓展资源

有效班级管理技巧：制订班级规则①

一、问题

园长经过弗雷泽老师的教室时，听见幼儿们发出很大的声音，园长瞥了一眼教室，发现幼儿们吵闹成一团。“我下午得跟弗雷泽谈谈了。他们班看起来没有任何规矩。”

二、概述

有效的班级管理建立在制订班级规则的基础上。幼儿需要明白和理解规则。如果可能的话，要让他们参与到规则的制订中。教师应该把班级规则张贴在教室里，以便需要时能随时看到。有的幼儿园会制订统一的规则，全体幼儿都要遵守。

三、目标

花些时间和幼儿讨论班级规则，要求幼儿记住和遵守规则，这样班级活动才会井井有条地开展，幼儿也才能表现出适宜的行为。

四、技巧

从幼儿来园的第一天起，他们就应该知道什么行为是适宜的。教师应该就自己所期望的行为跟幼儿进行交流。简明、积极、清楚的规则是最好的。把它们写在纸上并张贴在教室里，让幼儿随时可以看到。

如果有可能，给幼儿参与制订规则的机会。为制订规则出一份力，能让幼儿牢记规则。当有幼儿破坏规则时，你可以说：“记得在开学时，我们一起制订了规则，我们都同意在教室里不应该‘大声喧哗’。你看到第四条了吗？它告诉我们‘在教室里应轻声说话’。只有在户外游戏时，你才可以像刚才那样大声说话！”

下面是一些幼儿教师制订的班级规则：

①专心听老师讲课。

②专心听别人讲话。

③遵从教师的指导。

④在教室里应轻声说话。

⑤轻轻地走进教室。

⑥关爱同伴。

五、有效班级管理的要点

①尽可能制订具体的规则以便幼儿能理解。跟四五岁的幼儿说“在大厅里走的时候管好小手”或者“在教室里不能碰撞别人”要比跟他们说“控制自己”更有效。

②班级规则需要教师不断反复地讲给幼儿听，直到幼儿理解并掌握。

---

① [美]Laverne Warner & Sharon Anne Lynch. 幼儿园班级管理技巧150[M]. 曹宇，译. 北京：中国轻工业出版社，2011：35-36.

第二节 幼儿园班级管理的目标和内容

一、幼儿园班级管理的目标

班级管理的目标是对整个班级整体工作的成果的预期，是预定班级整体活动的归宿。① 班级管理目标的存在是一种对未来的希望，意味着一种可能性。幼儿园班级管理目标的最终实现不仅需要园长、教师的努力，还需要幼儿家长以及幼儿的配合，共同克服各种制约因素。班级里的一切活动都要围绕着目标来进行。从国家对幼儿教师资格的考核上来看，幼儿园班级管理的目标有如下几点：

①发展幼儿良好的行为习惯与自制能力；

②培养幼儿良好的情绪和情感；

③保障幼儿园正常的教学秩序；

④探索个性化的班级管理模式，提升班级管理水平，提升办园特色。

二、幼儿园班级管理的内容

为了能更好地实现幼儿园班级管理的目标，教育工作者要全面剖析幼儿园班级管理的内容，从内容着手，为目标的实现提供道路。幼儿园班级管理的内容可以从不同的角度划分。

（一）从管理要素角度分析幼儿园班级管理的内容

从管理要素角度看，幼儿园班级管理的内容可以分为人、财、事、物、时间、空间、信息七个方面。鉴于幼儿园班级中“财”的管理机会稀少，故下面只从六个方面来分析幼儿园班级管理的内容。

1. 人的管理

幼儿园班级管理中的人是关键。人的管理涉及教师、保育员、幼儿与幼儿家长。人是有千差万别的，所以管理上要人性化，因人而异。园长对教师应该如此，教师对幼儿和幼儿家长也应以人为本。在幼儿园班级管理中，教师要做到眼中有孩子，心中有孩子。幼儿是有个别差异的，要有爱心和耐心，尽力帮助每个幼儿在原有基础上获得发展。

2. 事的管理

事的管理又可以分为三个方面：一是班级内部常规的管理，包括生活常规、教育教

① 白铭欣. 班级管理论[M]. 天津：天津教育出版社，2000：37.

学以及游戏活动等；二是幼儿园内部大型的事件，这也需要每个班级的配合；三是家长、社区的工作。

3. 物的管理

幼儿园班级的物质基础是班级实施全面发展教育的前提和基础，对保教质量有着直接或间接的影响。幼儿园班级管理中物的管理包括对生活、教学和游戏活动中所需要的所有物资的管理。

4. 时间的管理

幼儿园班级管理中时间的管理既包括对长、中、短期的班级工作计划的管理，也包括对班级一日生活作息时间的安排。

5. 空间的管理

幼儿园班级管理中的空间管理包括班级物质环境和心理环境。幼儿园班级物质环境主要是指班级内影响幼儿身心发展的物化形态的教育条件，是教师与幼儿在班级活动的物质条件与基础，它主要包括主题活动墙饰和活动区域的设置。良好的班级物质环境有利于引发和支持幼儿主动获取有益的健康经验。① 心理环境是指对人的心理发挥着实际影响的社会生活环境，包括对人产生影响的一切人、事、物。幼儿园作为群体式的保育和教育机构，其心理环境包括了幼儿生活、学习和游戏的全部空间，特别是幼儿的学习、活动及生活的气氛，幼儿园的人际关系及风气等，对幼儿的身心发展起着潜移默化的影响作用。②

6. 信息的管理

幼儿园班级管理中的信息管理主要是指对幼儿成长信息的记录和管理，一般也称幼儿档案管理，它不仅是幼儿园档案管理的一部分，也是幼儿园班级管理的一项重要工作。幼儿信息要全面地反映幼儿个体各个方面的情况。幼儿信息管理包括幼儿学籍档案管理、成长档案管理和健康档案管理。③

（二）从工作模块角度分析幼儿园班级管理的内容

从工作模块的角度来看，幼儿园班级管理的内容可以分为幼儿入园适应工作、班级环境创设、班级一日常规工作管理、班级安全管理、班级主题活动的设计与实施、幼儿良好品行的培养、家庭与社区教育资源的利用、班级特色的创建和大班幼小衔接的准备九个模块。

1. 幼儿园入园适应工作

幼儿园班级管理中教师要做的第一步是要做好幼儿入园准备和新生入园适应指导工

---

① 颜磊. 幼儿健康教育的探索与实践[M]. 北京：北京师范大学出版社，2010. 11：98.

② 国际教师资格考核命题研究中心. 2015幼儿园保教知识与能力命题点及试题深度分析[M]. 北京：机械工业出版社，2015. 07：215.

③ 张莅颖. 幼儿园班级管理[M]. 北京：高等教育出版社，2010. 11：96.

作。做好幼儿入园准备，为新入园的幼儿提供一个良好的幼儿园生活与学习环境是幼儿良好适应幼儿园的关键。为幼儿以及幼儿家长提供新生入园适应指导帮助，能有助于幼儿更好地适应幼儿园的生活，促进家园共育。

2. 班级环境创设

环境作为幼儿的“第三位教师”，在促进幼儿的认知、能力、情感、个性与社会性等方面都发挥着重要作用。幼儿园班级环境按其性质可分为物质环境和精神环境两大类。

3. 班级一日常规工作管理

在幼儿园班级管理中一日常规的管理占据了重要地位，一日常规的管理贯穿了幼儿的一日生活，主要包括入园、进餐、午睡、饮水、盥洗、如厕和离园等环节。做好幼儿园班级一日常规工作管理，能够培养幼儿良好的生活习惯和学习习惯。

4. 班级安全管理

安全管理是贯穿于幼儿园班级管理的重要工作，主要是指保障幼儿的安全，包括身体安全和心理安全、入园离园的安全、户外活动与区域活动的安全、生活环节的安全以及突发事件的应急处理等。可以说，幼儿园班级安全管理是所有班级工作的前提和保障。因此，班级人员要树立安全意识，进而做好班级各类事项的安全管理。

5. 班级主题活动的设计与实施

班级管理中关于主题活动的内容主要包括四个方面。第一是主题的选择与开发，比如儿童节庆祝活动、父亲节主题、母亲节主题等；第二是主题活动目标的确定；第三是主题活动内容和形式的确定；第四是主题活动方案的设计、实施与评价。

6. 幼儿良好品行的培养

在幼儿园班级管理中，幼儿良好品行的培养也不容忽视，教师要有意识地培养幼儿的自信心、合作行为、诚信品质、规则意识等良好品质。幼儿期是一个人发展的重要阶段，与知识技能相比，在这个阶段培养幼儿良好品行对他们的终生发展来说更为紧要。

7. 家庭与社区教育资源的利用

家庭与社区教育资源的有效利用也是幼儿园班级管理内容的一部分。顾名思义，家庭与社区教育资源的利用，既包括家庭教育资源的利用也包括社区教育资源的利用，还包括家庭—幼儿园—社区“三位一体”教育活动的开展。

8. 班级特色的创建

班级特色的创建可以说是幼儿园班级管理中比较高层次的管理内容，包括班级特色创建的准备工作和特色班级创建的成果展示两大板块。

9. 大班幼小衔接的准备

做好幼小衔接是幼儿园大班阶段重要的管理内容。做好幼小衔接工作的实质是使幼儿尽快适应小学的学习生活，顺利从幼儿过渡到学生，避免因两个教育阶段之间的不同给孩子带来不良影响，并为其以后的终身学习和发展打下基础。

从纵横两个不同的视角来看，幼儿园班级管理的内容十分丰富，涉及的内容很广泛。从横向看包括了人、事、物、时间、空间和信息；从纵向看囊括了从新入园到幼小衔接，从安全管理到一日常规，从主题活动到幼儿良好品行的培养，从班级特色建设到家庭与社区资源的利用。虽然是从不同的角度看待幼儿园班级管理的内容，但是在一些具体的方面也有所交叉，本书主要从纵向角度来分析幼儿园班级管理的内容。

拓展资源

有效班级管理者的特征

在幼儿园小班就开始建立良好的课堂秩序，有助于幼儿的学习与发展。斯莱文（Slavin，2004）的研究列出了有效管理者的六个特征：①

①备有能引导幼儿掌握课堂规则和程序的清晰而具体的方案，花费必要的时间来执行该方案，如幼儿懂得如何排队、寻求帮助等。

②帮助幼儿积极参与活动，避免个别幼儿处于无所事事或无监督的状态。例如，有效的管理者很少只与个别幼儿在一起，而不管其他幼儿。

③在开学之初用更多时间讨论班级规则。至少在小班开学后的1~2个月里，经常提醒幼儿遵守班级规则。

④教给幼儿具体的程序。例如，让幼儿练习快速而安静地排队；让幼儿学习对一些音乐、铃声等提醒注意的信号进行反应。

⑤安排的活动通常是简单的，任务却是令人愉快的。在开学第一天就能够使幼儿步入正轨。

⑥能运用各种常规帮助幼儿形成良好的学习氛围，温馨、宽松、民主的学习环境，还能阻止各种消极行为的发生。

第三节　幼儿园班级管理的原则和方法

一、幼儿园班级管理的原则

幼儿园是幼儿一日生活的主要场所，各项活动都涉及幼儿园的班级管理，因而班级管理对幼儿身心健康发展具有重要影响。幼儿园班级管理原则是对班级进行管理必须遵循的普遍性行为准则，对班级全面管理具有重要的指导意义。根据《幼儿园教育指导纲

① 斯莱文. 教育心理学[M]. 姚梅林，译. 北京：人民邮电出版社，2004.

要(试行)》的精神要求，结合幼儿园班级管理实践证明，主体性原则、整体性原则、参与性原则、高效性原则是幼儿园班级管理中应遵循的最基本原则。

(一)主体性原则

主体性是指幼儿园教师作为班级管理的主体，在管理过程中具有自主性、主动性和创造性，同时需要尊重和充分发挥幼儿游戏与学习生活的主体性。基于这一基本原则，有效发挥教师主体性是幼儿园班级管理的需要，是教师自身发展的深层次需要，也是幼儿园管理者提高管理水平的需要。教师要充分考虑幼儿身心发展特点，尊重个体差异，实现“促进每一个幼儿在原有水平上得到充分的发展”，保证幼儿在游戏和学习活动中的主体性。要贯彻这一基本原则，教师在幼儿园班级管理中需要注意以下三个方面：

1. 明确班级管理的职责，更新管理理念

幼儿园工作复杂而具体的工作性质要求教师要明确班级管理的职责，把班级管理工作视作教师工作的重要内容，以幼儿身心发展规律为依据，以幼儿教育的原则与观念为指导，实现班级中的人、事、物的互动，创造性地采用新的班级管理理念和方法，更新班级管理理念，进而实现有质量的高效幼儿园班级管理成效。此外，幼儿是幼儿教育的主体，需要让幼儿参与班级管理，在实践中不断培养幼儿参与管理班级的能力，从而培养幼儿的责任意识，创新班级管理工作。

2. 把握班级管理的工作内容，提高管理能力

幼儿园班级是一个小型社会，包含着教育教学等方方面面的内容，因而一日生活中的班级管理的重要性不言而喻。幼儿园的一日生活包括专门的教育教学活动、游戏活动及生活常规活动，其中生活常规活动包括了用餐、睡眠、如厕等具体工作，认真做好班级管理工作，建立井然有序、安全的班级工作环境是教师班级管理工作能力的体现。教师主要需要了解并掌握幼儿园班级管理工作的各方面内容，培养幼儿良好的生活习惯、学习习惯和行为习惯，同时要求同一班级教师间密切配合，在班级常规管理过程中，自主地达到教育管理目标一致，教育要求一致，相互配合，在不断实践中提高自身的班级管理能力。

3. 充分尊重和发挥幼儿游戏与学习生活的主体性

教师与幼儿是教育过程中两个最主要的要素，在幼儿园班级管理中，教师需要尊重幼儿，与幼儿建立良好和谐的人际关系，在管理班级的同时更应该让幼儿学会自主管理。在班级管理过程中，教师应成为幼儿活动的支持者，要以关怀、接纳、尊重的心态与幼儿交往，耐心倾听和理解幼儿的想法，支持和鼓励他们去大胆创造，让幼儿在不断实践中获得新体验，享受活动的乐趣，在兼顾教师管理工作主体性的基础上逐渐地培养和充分发挥幼儿的主体性。

（二）整体性原则

整体性原则是指班级管理是面向全体幼儿以及班级内所有管理要素的管理，其保证了班级全体幼儿的共同进步而不是部分幼儿的超常发展，也保证班级各种管理要素得到充分的利用。贯彻整体性原则应注意以下两个方面：

1. 班级管理不仅是对班集体的管理，也是对每个幼儿个体的管理

班级保教人员应树立综合整体的教育观念，把全班幼儿作为一个系统和整体来对待。整体性原则要求在班级保教组织管理工作过程中，教师应面向班级整体水平，在提出班级基本要求的同时又关注个别幼儿的特别需求，以有效的方式加以引导，处理好一般与个别、统一与多样的关系，保证全班每个幼儿都能在原有基础上得到尽可能充分的发展。

2. 班级管理不只是人的管理，还涉及物、时间、空间等要素的管理

幼儿园班级管理是学前教育机构管理的核心工作，是指教师及相关教育工作者遵循国家的学前教育政策法规，按照幼儿身心发展规律和保教工作的工作规律，采用科学的工作方式和管理手段，将人、财、物、时间、空间、信息等各要素合理组织起来，为实现学前教育目标而进行的保教组织管理活动。幼儿园班级管理不仅是对幼儿一日生活活动进行管理，还包括对班级环境、活动材料、活动时间的分配和协调，以及对教育信息和教育资源的整合。通过对班级各要素的整合管理，达到幼儿教育的目标。

（三）参与性原则

幼儿园班级管理中的参与性原则是指幼儿园教师以多种方式参与幼儿的各项活动中，以平等、合作的态度对待幼儿，同时引导幼儿家长参与班级管理工作，理解和支持班级的各项管理工作，共同致力于促进幼儿的健康发展。贯彻参与性原则应注意以下两个方面：

1. 建立有效和谐的师幼互动，从深度上落实参与性原则

幼儿园班级中的师幼互动是指贯穿在幼儿园班级的一日生活的各项活动之中，发生在班级生活中的所有场景中的教师与幼儿之间的有效互动。在此过程中，教师要克服以教师为中心的教育行为，时刻关注幼儿的需要，理解幼儿行为的意义，与幼儿建立积极有效的互动，不再是单向管理行为。教师应该在观察和理解幼儿的基础上，有针对性地促进幼儿在原有基础上得到进一步健康发展，从深度上把握幼儿园班级管理的参与性原则，建立和谐的师幼互动。

2. 建立经常性的家园双向沟通关系，从广度上落实参与性原则

幼儿园班级管理工作的有序开展离不开家长的支持和配合，要落实班级管理中的参与性原则，还需要把班级管理者的广度扩大，引导家长的参与进一步有效提升幼儿园班级管理质量，更好地促进幼儿的健康成长。参与性原则要求教师在进行班级管理过程中，与幼儿家长之间建立经常性的家园双向沟通关系，家园双方随时互通信息和交流看法，便于全面了解幼儿的发展情况；还要积极引导家长以各种方式真正参与到班级管理

与活动组织中，鼓励家长参与幼儿园班级的教育和管理决策，同时也接受家长对幼儿园班级管理工作的监督。

（四）高效性原则

班级管理的高效性是指教师以最少的人力、物力和时间，尽可能使幼儿获得更多、更全面、更好的发展，或是指幼儿园班级内人尽其才、物尽其用，物放有序，最大限度地提高幼儿园班级管理工作效率，促进幼儿的全面健康发展。贯彻高效性原则需要注意以下方面：

1. 教师明确班级管理目标、内容和过程，促进班级管理高效化

在幼儿园班级中，教师要明确各自的工作职责，明确在什么时间段做什么，该怎么做，如何高效化，同时班级中的教师要相互配合，最大限度为班级管理工作高效化采用有效措施。幼儿园教师和相关教育工作者在制订班级管理目标和计划时，需要考虑幼儿园和幼儿的实际情况，制订合理的目标、内容和计划。幼儿园班级管理计划实施过程中，教师要对管理工作的意外事物有预知意识，要规范化管理过程，同时需要根据实际情况有更新调整。此外，高效化的幼儿园班级管理离不开有效的管理方法，例如规则引导法、情感沟通法、互动指导法、榜样激励法等方法，通过创设适宜的教育环境、组织生动有趣的教育活动来实现工作计划的实现，促进幼儿的身心健康发展。

2. 最大限度地调动家长参与班级管理的热情，提高家长的教育能力

幼儿家庭是幼儿园重要的合作伙伴，家长是幼儿园班级管理的参与者和合作者，能为幼儿园班级提供社会的人力、财物、物力以及信息等资源，在幼儿园班级管理中，幼儿园教师应为幼儿家长提供参与班级管理和组织、实施班级活动的机会，引导家长参与班级管理的决策，同时也要接受家长的监督和发展建议。在调动家长参与班级管理的热情的基础上，也需要采用各种不同的方式提高家长的教育能力，通过幼儿园与家庭的通力合作为幼儿保架护航。

二、幼儿园班级管理的方法

班级是幼儿园的基本组成单位，班级组织与管理的成效直接制约和影响着整个幼儿园的运作和发展，以及直接关系着每个幼儿的健康发展。如何选择适宜的班级管理方法，有效地组织和利用各种资源，提高班级工作的成效是幼儿园教师基本的工作技能。随着班级管理经验的丰富，班级管理的方法也有所创新，基于实现促进班级管理对象“幼儿”发展的目标提出了规则引导法、互动指导法、榜样激励法、时间管理法四大管理方法，并就班级管理过程的几对矛盾关系进行分析阐述。

（一）规则引导法

规则引导法是指在幼儿园班级中运用规则引导幼儿形成良好行为习惯，促使幼儿的

发展与班级的教育要求一致的班级管理方法。制订班级规则的目标不仅需要幼儿单纯地遵守规则，而且要帮助幼儿认同规则，进而遵守规则，形成良好的行为习惯。幼儿对规则的认识、遵守到内化为自身行为准则的过程，是其对规则认同的过程。幼儿园对幼儿的规则引导教育应尊重幼儿的主体地位，遵循幼儿身心发展特点，制订科学的班级规则，帮助幼儿对规则的认知、遵守、内化。规则引导法在操作过程中要注意以下几个方面：

1. 增进幼儿对规则的自知与自觉，帮助幼儿认同班级规则

对规则的自知是指幼儿对班级规则的辨识与理解；对规则的自觉是指幼儿对班级规则有所认识而主动去遵守，对班级规则产生自知和自觉是幼儿认同班级规则的基础。在幼儿园班级中，教师可以根据本班级幼儿的认知特点，抓住日常活动中的教育契机，通过运用多种方式促进幼儿对规则的自知与自觉，帮助幼儿认同班级规则。

(1)班级规则的内容要明确且简单易行

教师根据幼儿的认知特点，在选择和制订班级规则时要考虑规则的形象性、明确性和具体性，例如在共同讨论的基础上运用图示规则，将抽象的规则用幼儿能理解和创造的图画展现出来，帮助幼儿理解规则的涵义。在把规则形象化、具体化之后，教师再给幼儿讲解图画的含义，帮助幼儿进一步理解规则的意义。例如在活动区域中粘贴教师和幼儿共同制作的脱鞋、排队、人数限额等图片，通过具体形象化的图片帮助幼儿理解规则。

(2)鼓励幼儿参与班级规则制订

鼓励幼儿参与规则的制订是将幼儿视为与教师平等的个体的基础上给予幼儿机会去参与班级管理。实践都证明，幼儿对自己参与制订的规则认同度和遵守程度更高，在制订规则的过程中充分发挥他们的主体意识，他们愿意更加主动地去遵守规则。在制订班级规则时，教师应该尊重幼儿的主体地位，有意识地引导幼儿自己去思考制订班级相关规则。

(3)制订规则要考虑幼儿实际需要和个别差异

幼儿园教师在制订规则时需要考虑制订的规则是否符合幼儿实际需要，由于每个幼儿来自不同文化氛围的家庭，有着不同的健康状况、兴趣爱好和生活特点，即每个幼儿会有个别差异。例如在幼儿园中的进餐环节，个别幼儿园老师会要求“每个小朋友必须添第二碗饭”或者以表扬添饭的幼儿来激励其他幼儿多吃，但是有的幼儿确实饭量小，吃不下第二碗饭，长期强制性地要求幼儿吃下更多的食物会对幼儿的身心健康造成影响。因而，制订班级规则时需要考虑幼儿的个别需要、年龄差异以及需求差异等方面，才能更好地促进幼儿身心健康发展。

2. 引导幼儿对规则的遵守与执行，帮助幼儿规范行为

遵守与执行是幼儿园对班级规则认同的主动行为表现，并非一朝一夕就能养成的行为习惯，需要引导幼儿在日常的生活学习活动中不断地实践巩固。幼儿园教师作为幼儿遵守与执行规则行为的引导者，在班级管理中应该用积极的态度回应幼儿遵守与执行规则的行为，引导幼儿对规则的遵守与执行，帮助幼儿规范行为。

(1)在体验中实践，巩固幼儿对规则的遵守意识

教师要善于抓住教育契机，让幼儿在活动中体验到规则的必要性以及规则带来的乐趣。此外，教师应该有意识地创造更多机会让幼儿去体验规则，使他们在活动中体验到规则带来的乐趣，只有让幼儿对班级规则有了情感上的体验，才能在行动上表现出对班级规则的遵守与执行，进而以主动的形式参与幼儿园班级管理。

(2)给予肯定，鼓励幼儿对规则的遵守与执行

教师的及时肯定和鼓励，可以在一定程度上激励幼儿对规则的遵守与执行。针对不同年龄阶段的幼儿，教师需要掌握不同的表扬技巧，引导幼儿主动建构对规则的认知。例如，在教师对幼儿的表扬言语上，把“不能够”、“不准许”、“不可以”等限制性的话语转化为“我相信你”、“你可以”、“你会”、“如果你能……那样我们都会为你感到高兴”；在幼儿遵守与执行规则时，教师通过给幼儿一个拥抱或者一个肯定的微笑等行为表现肯定，鼓励幼儿对规则更好地遵守与执行。

(二)互动指导法

互动是指在幼儿园的班级的一日生活中，幼儿与在园的人、事、物以及环境在互动中进行活动与学习。对幼儿的互动行为的指导是班级管理的重要一环，通过指导幼儿积极主动地与他人进行交往，促进幼儿社会性等方面的发展，从而达到有效管理幼儿园班级的目的。互动指导法的操作需要注意以下三个方面：

1. 教师在一日生活中不断强化自身的有效互动意识

幼儿园教师不仅是教育者和管理者，还应该是幼儿发展的支持者、参与者与合作者，在幼儿园班级生活的师幼互动过程中，教师应是良好师幼互动环境的创设者、积极互动活动的组织者与引导者，需要更多地关注幼儿的情感、需要与实际情况，有意识地去促进幼儿主体性的发展。通过互动，教师需要认识到自己的言行与幼儿之间的互动对幼儿所产生的意义和价值，进一步建立和强化幼儿有效互动的意识，尤其需要在不同的班级生活场景中正确把握自己的角色定位，善于指导幼儿主动进行互动。

2. 教师在幼儿一日生活过程中善于实施有效的师幼互动

教师要借助一日生活的各个环节与幼儿实施有效互动，培养幼儿良好的生活习惯和学习品质。例如指导幼儿如厕后洗手、擦嘴、排队等生活细节中的互动，会让幼儿学会该怎样擦嘴、怎样排队能避免被车碰到等简单的生活技能，帮助增进幼儿自我照顾与自我保护的意识。教育行为是发生在一日活动的各个环节之中的，从广义上说在一日生活的互动中只要是对幼儿有教育价值的互动即是有效互动，对幼儿的身心发展有着独特的意义与价值。

3. 教师在互动过程中需要注意适宜性、适时性和适度性

幼儿与教师的互动发生在生活活动、游戏活动以及学习活动过程中，教师是互动过程的指导者，需要注意适宜性、适时性和适度性，以及掌握基本的指导方法，按部就班地进行经验性的递进。

①适宜性是指在互动过程中，教师对幼儿的指导是根据幼儿的年龄特点、个性特点、活动的熟悉程度以及环境等各方面的因素进行选择的。

②适时性是指在活动过程中，教师需要考虑指导的时机，关注在活动前、中、后不同活动阶段中进行指导对幼儿的影响与价值。

③适度性是指教师对幼儿的指导要关注指导的强度和深度，需要从幼儿的活动实际情况、幼儿的认知发展水平出发，指导不能过于笼统，也不能过深、过难。

此外，幼儿园教师的指导体现在方方面面，例如教师在活动区投放新的玩教具，引导幼儿关注新的实物对象，发现新的研究问题，产生新的兴趣和探索的目标与方式，并且在不断实践中找到更好的解决问题的方法。在整个活动过程中，教师考虑适宜性、适时性和适度性，选择合适的指导方法，促进幼儿的全面发展。

（三）榜样激励法

榜样示范法是运用正面的榜样为幼儿树立正确的道德规范和行为准则，进而达到管理目的。通过建立榜样，引导幼儿主动改正不良的行为习惯，并且逐渐养成良好的行为习惯。榜样激励法的操作需要注意以下方面：

1. 榜样的选择要健康、形象、具体

幼儿模仿性强，健康、具体形象的榜样不仅能诱发幼儿产生良好的行为表现，而且能以直观方式让幼儿知道正确的行为途径和方法。此外，榜样的来源是多样的，可以是教师自身、其他的幼儿、故事里的人物等，榜样的选择需要是健康、具体、形象的，是幼儿通过努力可以实现的。

2. 榜样的树立过程要公正、有权威

低年龄阶段的幼儿具有爱模仿的年龄特点，这个阶段中教师是幼儿心目中的权威，教师鼓励表扬哪些行为，幼儿会有意识地向榜样学习。例如当教师表扬某一幼儿上课积极举手发言时，其他幼儿便产生了“我要学”的良好心理倾向，纷纷举手发言。此外，教师自身就是幼儿的榜样，因而在教育工作中，教师应该更加严于律己，严格规范自身行为，树立良好的教师形象，为幼儿提供一个良好的学习榜样。

3. 教师要及时对幼儿的模仿榜样行为做出积极的回应

为了获得教师的表扬，幼儿会模仿教师表扬对象的行为，在这个过程中，教师适宜的强化能使幼儿知道自己行为的对与错以及对与错的程度，帮助幼儿不断地强化正确行为，养成良好的行为习惯。幼儿模仿榜样行为，教师应给予正强化，注意强化需要及时、适当和机智。幼儿园教师可以采用言语、表情、集体、实物等强化形式，以鼓励幼儿的行为。对幼儿而言，一朵大红花、一个微笑、全班幼儿鼓掌、让其分发玩具和帮忙等，通常能起到很好的激发作用。

（四）时间管理法

时间管理法主要指教师有效地进行时间管理，合理规划幼儿一日生活的时间，进一步促进班级管理流畅高效，提高幼儿的学习品质。时间管理法的操作需要注意以下三个方面：

1. 根据幼儿生理和心理的规律科学安排幼儿一日生活

根据幼儿生理、心理发展的规律以及幼儿的发展目标，需要对幼儿一日的吃、喝、睡、活动等方面的时间安排作适宜的规定，有利于保护幼儿身心的健康发育和培养良好的生活习惯。此外，幼儿园班级一日作息安排必须要充分考虑和尊重幼儿不同年龄阶段生理、心理发展的规律，满足幼儿的不同类型的发展需要，尊重幼儿的个体差异性。

例如，在一日生活实践安排上，根据幼儿神经系统活动的规律，幼儿经过一夜的休息后在上午 10 点前头脑最清醒以及精力最旺盛，这个阶段是学习知识与技能的最佳时间段，因而班级的集体教育活动应安排在上午 9~10 点。另外，教育活动的开展时间不宜过长，应考虑幼儿注意力集中的规律。随着幼儿神经系统兴奋程度的逐渐降低，教师随后可以安排较轻松的游戏，帮助缓解幼儿的疲劳感。

2. 科学安排幼儿一日生活时间需要具有灵活性

不同年龄阶段的幼儿班级有不同的时间和内容要求，教师要注意根据孩子年龄增长而适时调整，并且在根据作息规律组织和管理幼儿一日生活的同时要把握一定的灵活性。有时幼儿园各种类型的集体活动、班级中的临时突发事件都会扰乱正常的一日作息时间安排。在这种情况下，对于可以预知的情况，教师一定提前做好规划，在满足幼儿生理健康需求的基础上灵活调整；对于不可预知的临时情况，教师也要注意尽量考虑保证孩子的生理需求，再灵活地调整其他一日生活环节的时间安排。

3. 掌握一定的时间安排技巧，合理运用时间

幼儿园教师在对幼儿的一日生活的时间安排需要掌握一定的技巧，不宜划分过细、过碎，并且重视过渡环节，尽量减少幼儿的消极等待。例如在幼儿需要喝水时，为了减少出现拥挤和一部分没轮到喝水的幼儿的消极等待现象，教师可以把幼儿分为两组，一组排队喝水，另外一组作律动、手工等静态活动；在进餐环节中，先吃完饭的幼儿可以去图书区看书或做一些静态活动，等待后吃完的幼儿一起进行下一个环节的活动。

此外，一日生活时间安排要相对稳定并让幼儿了解，以便帮助幼儿形成时间观念、秩序感和计划性。每一环节结束前要有明确的信号提示，尤其在自由活动的时候，让幼儿提前做好下一环节或者过渡环节的准备。一旦多数幼儿完成了转换环节，就立即进入下一个活动，即使还有少数幼儿未到，避免幼儿养成拖拉的习惯。

(五)正确处理好班级管理中的几对关系

1. 正确处理好幼儿园管理与幼儿园班级管理的关系

第一章中介绍了幼儿园与幼儿园班级的关系，同理，从管理角度看，幼儿园管理和班级管理存在相互依存的关系，同时班级管理又具有相对独立性。只有正确处理好幼儿园管理和班级管理的关系才能更好地共同致力于幼儿园的管理建设，并充分地利用幼儿园的有关资源落实幼儿园班级管理。

因此，幼儿园园长要对各个年龄段班级进行恰当的定位，配置好班级的各项资源，尤其是人力资源，健全幼儿园与班级之间的管理制度。班级教师需要创造性地开展班级的全面工作，落实幼儿园的教育发展规划，及时主动地向园长反馈班级管理中的新动向，做好下级信息上传的必要管理工作。只有这样，幼儿园管理和班级管理才能处于同一发展平台上共进退，共同致力于促进幼儿的身心健康全面和谐发展，以及更好地发展幼儿教育事业。

2. 处理好班级与家庭、社区的关系

家庭是幼儿最初的生长环境，家庭教育具有幼儿园教育所不具备的天然教育优势。社区是指在一定地域内的人群从事经济、政治、科学文化活动，并由此构成的生产关系与社会关系的小社会。在一定程度上，社区是幼儿教育的背景，是幼儿园教育向社会的延伸与拓展。

《幼儿园教育指导纲要(试行)》“总则”指出：“幼儿园应与家庭、社区密切合作，与小学衔接，综合利用各种教育资源，共同为幼儿的发展创造良好的条件。”幼儿园班级与幼儿家庭、社区是互惠互利且双向服务的合作伙伴关系，要处理好三者的关系。一方面，幼儿园应为家庭、社区的早期教育提供服务，更好地提供幼儿教育指导；另一方面，幼儿园要加强与家庭、社区的合作，充分利用家庭、社区的教育资源更好地实现幼儿的教育目标和教育要求。总的来说，幼儿园、家庭和社区的合作最终目的在于以各种不同的方式和途径，共同促进幼儿的身心健康和谐发展。

3. 班级保教人员处理好个人生活与幼教工作之间的关系

案例分析

陕西一幼儿园园长心情不好持火钳烫伤10幼儿①

2011年11月29日，陕西省旬阳县磨沟幼儿园园长、代课老师薛某，因小朋友不能完全背诵课文，便用火钳将孩子们的手烫伤。当地有关部门调查发现，被烫伤的孩子达到10个，两个孩子烫伤最为严重，其余几个孩子不同程度被烫伤。事件发生后，旬阳县教育体育局吊销了磨沟幼儿园的办学许可证，幼儿园园长将受到处理。薛某称她当时心情不好，原本只是想恐吓不听话的小朋友，但突然情绪失控做出过激行为，自己感到非常内疚。

分析： 上述案例是2011年发生的一起教师因为个人情绪问题虐待儿童的案件，从教师角度充分体现了该教师并未处理好个人生活与工作之间的关系，将情绪发泄在幼儿身上，侵犯了幼儿的生命健康权。

---

① 案例来源：http://news.cntv.cn/20111205/124080.shtml，有删减.

班级保教人员是在幼儿园中履行保育和教育职责的幼教专业人员，社会人和班级保教工作人员的双重身份要求其要处理好自己生活与幼教工作之间的关系，既要做到自我管理，也要与幼儿园及班级的同事建立良好的关系。

第一，自我管理。幼儿园保教人员的自我管理包括心理、情绪的调节，自我的专业发展，家庭的安排等方面。幼儿园教师作为教师队伍的特殊群体，其教育对象的特点决定了教师必须具备健康的心理。对于心理的调节，教师需要树立明确的人生目标，正确地认识和接纳自我，掌握积极的压力应对方法以及通过运动的方式保持身体的健康，只有这样才能有效为幼儿的身心健康发展营造健康的班级环境。此外，幼儿园教师要关注作为一个自然人、社会人的自我管理，也要关注自己的专业发展。教师要在工作实践过程中善于反思，积极参与教科研活动，不断提高自己的专业水平，才能更好地从事班级保教育工作，才能更好地保障幼儿的身心健康全面和谐发展。

第二，良好的同事关系。教师的专业成长需要专家的指导，也需要其他同事的指点与支持。只有建立良好的班级同事关系，才能促进班级保教人员之间的合作交流，才能更好地做好班级管理工作，共同致力于幼儿的健康发展。班级保教人员之间需要树立开放的心态，与其他的班级同事坦诚相待，促进共同交流与发展。良好的班级同事关系需要彼此之间互相尊重，多向同行学习，多参加研讨会，借鉴他人的优秀经验来完善自我的教育教学班级管理工作。此外，班级同事之间可以充分利用网络等媒介，实现跨越时空的资源共享，共同致力于班级保教育工作的提升、班级管理工作的优化以及促进幼儿的身心全面发展。

第四节　幼儿园班级管理的过程

一、管理过程理论

按照美国管理学家戴明(W. E. Deming，1900—1993)的管理过程理论，管理的过程包括计划、实施、检查和总结等几个环节。班级管理也不外乎这几个环节。根据幼儿园班级管理具体过程的特点，可以划分为计划制订、组织实施、检查调整和总结评估四个具体工作环节。

幼儿园班级管理的四个环节是互相联系、互为条件的，前一个环节是后一个环节的基础，后一个环节是前一个环节的实践和延伸。它们之间环环相扣，形成一个管理循环，同时成为下一个管理循环的基础(图 2-1)。这样，由四个环节组成的螺旋上升的链条就充分保证了幼儿园班级工作的顺利开展，有利于促进幼儿园工作质量的提高。

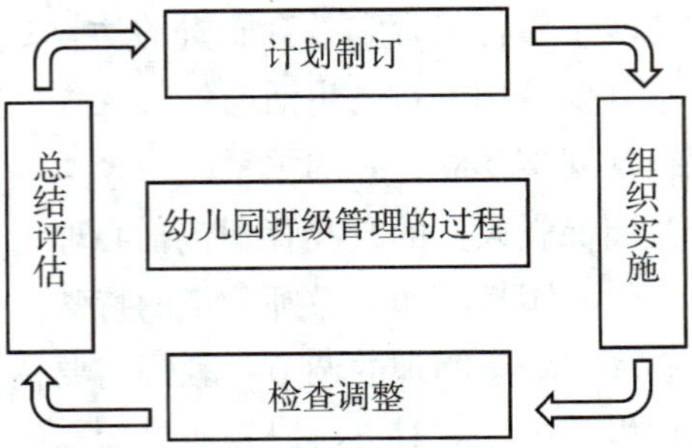

图 2-1　幼儿园班级管理的过程

二、幼儿园班级管理的过程

(一)幼儿园班级工作计划

1. 幼儿园班级工作计划的含义及重要性

计划是在工作或行动之前预先拟定的具体内容和步骤。在管理活动中，计划旨在预先确定行动的纲领和方案，明确目标和实现目标的手段。幼儿园班级管理计划是班级管理者为班级的未来确定目标，并提出达到这一目标的方法和步骤的管理活动，是班级管理活动的起始阶段，包括班级情况分析、班级工作目标、实施措施、重要工作安排。班级管理计划的制订是班级工作开展前的首要任务，对班级管理及班级工作的顺利进行有着重要的意义。

2. 幼儿园班级管理计划制订的影响因素、依据和原则

(1)影响幼儿园班级管理计划制订的因素

幼儿园班级工作计划制订的影响因素是多方面的。人、物、社会等都可能对班级计划的制订起到一定的影响作用。这些影响因素可以分为主观因素和客观因素。主观因素中最重要且表现最突出的是来自班级计划制订的主要实施者——教师的影响；客观因素是指由外在事物或环境所造成的，教师难以控制和把握的因素，如班级资源、社区资源、家庭资源、园内资源等，或是园所周围的社会关系、社会现象等。因此，教师在制订班级管理计划时，应充分考虑到各种因素的影响，力求制订出更加科学、更具有实践意义的班级管理计划。

(2)幼儿园班级管理计划制订的依据

从幼儿园管理理论和工作实践来看，制订班级管理计划需遵循以下依据：

第一，依据幼儿园园务管理计划。园务管理计划指明了幼儿园总体发展的方向和本学期幼儿园工作的目标，对班级管理计划的制订具有直接的指导意义。制订班级管理的目标、任务和内容时，就要与园务管理计划中的相应部分保持一致和兼容。

第二，依据班级的实际情况。班级的实际情况一般可以分为两个方面：一方面是对上一阶段班级管理计划实施情况的总结，这是当前工作的基础。例如，上学期结束时，本班有60%的幼儿能够独立如厕，离预定目标还差10%，那么指导幼儿如厕仍应是本学期工作的目标之一。另一方面是本班级当前的情况。对班级当前情况的分析可以从幼儿、教师和家长三个方面进行分析。对班级当前情况的分析，会使班级计划的制订更具有针对性和实效性。

第三，依据其他条件。班级管理计划制订除依据上述情况以外，还会依据园内和园外的其他条件。例如，本学期园内新增了植物角，在制订班级管理计划时就可以考虑加入组织幼儿观察植物的部分。

(3)幼儿园班级管理计划制订的原则

幼儿园班级管理计划的制订是一项重要而复杂的工作，除了要了解班级以往的工作、把握班级幼儿的身心发展规律之外，还需要有明确的、科学的教育理论做指导，保证班级管理计划制订的科学性和有效性。因此，在制订班级管理计划时，应遵循以下原则：

第一，目标性原则。在制订班级管理计划时要注意遵循目标性原则，具体来讲要注意两个方面：①注意目标的科学性。班级管理目标要符合本班年龄段幼儿的身心发展水平，符合本班人力、物力和财力情况和教师的能力水平；②注意目标的全面性。班级管理计划的最终目标是促进幼儿的全面发展，提高班级的教养工作水平，因此班级管理计划的目标要全面和完整，既涉及班级发展、管理的各个方面，又要涵盖幼儿发展的各个方面。仅重视一方面而忽视另一方面都不能算科学的管理计划。

第二，整体性原则。制订班级管理计划时，要注意处理好班级中人、物、财、时间、空间等各组成要素之间的关系，充分利用、协调班级资源，实现最终的管理目标。此外，幼儿园班级是幼儿园系统的子系统，因此在制订班级管理计划时，要从整体出发，同园务管理计划相一致，为共同实现全园目标而努力。

第三，差异性原则。差异性原则是指一个班级的管理计划应具有区别于其他班级管理计划的特点。任何一个班级都是特殊的个体，不同的班级中幼儿实际情况不同，教师工作经验不同、专业水平不同，因此制订班级管理计划时，应注意其针对性和差异性，切忌对园务管理计划照抄照搬或机械挪用其他班级的管理计划。

3. 幼儿园班级管理计划制订的步骤

(1)认真学习《幼儿园工作规程》、《幼儿园教育指导纲要(试行)》和园务管理计划

《幼儿园工作规程》和《幼儿园教育指导纲要(试行)》是幼儿教育工作必须遵循的纲领性文件，对幼儿园管理工作和教养工作做出了详细、科学的指导。班级管理计划的制订者——幼儿园教师要经常学习、领会其精神，把握其内涵，并结合实际工作加以运用。班级教师也要经常研究学习园务管理计划，领会其精神，在制订和撰写班级管理计划时与其保持一致。

(2)认真分析上学期班级工作总结

上学期班级工作总结是本学期工作的基础，本学期工作则是上学期工作的发展、补

充和延续。只有了解了上学期工作取得的成果、存在的不足以及需要改进的部分，制订本学期管理计划时才能更加科学，并具有针对性和可行性，做到“有的放矢”。

(3)共同讨论并确定班级管理计划的主要内容

一般是由班级中的三位老师共同研究本班情况，共同讨论管理计划的步骤和主要内容。这体现了班级管理的科学性和民主性，使班级群策群力、团结一致，更有利于班级管理工作的良性、有序开展。

(4)撰写班级管理计划

经过教师团队的商讨或推荐，由一位文笔较好、表达能力较强的教师承担班级管理计划撰写任务，其他教师对计划进行补充和完善。

4. 幼儿园班级管理计划的内容

幼儿园班级管理工作计划是指班级管理者为班级未来所设立的目标并为实现目标制订步骤、方法和措施的管理活动。撰写班级工作计划是教师的重要工作，也是班级教师管理的重要组成部分。班级工作计划一般包括以下主要内容：

第一，班级基本情况分析。这是班级工作计划中承上启下的部分，一方面要阐述上学期工作总结中取得的成绩及存在的不足，另一方面还要就班级当前的情况进行分析，包括班级幼儿年龄及身心发展特点、班级组织情况、教师情况等。

第二，本学期工作的主要目标。教师在对园务管理计划和上学期本班工作总结进行研究的基础上，应结合本班实际情况，拟定本学期工作的主要目标。主要目标任务可分为幼儿生活管理、教育管理、家长工作和其他工作的各项目标任务。在撰写各项目标时，要做到重点突出、简明扼要。

第三，具体要求和措施。班级工作计划还要对每一项目标任务提出具体要求和实现目标所要采取的措施，以及预计完成目标任务的时间和各责任教师的职责。每一项目标任务可以对应一项或多项措施，多采用表格方式书写。每项措施要求具体、切实可行、操作方便。

(二)幼儿园班级管理的组织与实施

1. 幼儿园班级管理组织

幼儿园班级管理的组织指将班级中的幼儿、教师、材料、物品、空间、时间等要素进行合理的安排，使之具有一定的系统性和整体性，以便实现预定目标。

影响幼儿园班级管理组织的因素可分为内在因素和外在因素两个方面。首先，影响幼儿园班级管理组织的内在因素主要包括教师、幼儿以及教师与幼儿之间的相互关系等因素。其次，影响幼儿园班级管理组织的外在因素主要是指幼儿园班级以外的因素，即园领导、园制度、规则、园风以及家长、社区情况等因素。

2. 幼儿园班级管理的实施

(1)教师分工

大部分幼儿园中教师的分工有两种情况：一种是每班配备两名教师和一名保育员；

另一种是每班配备三名教师，三名教师轮流负责保育工作。两种情况中均由幼儿园委派其中一名教师为班级的主要负责人，称为主班教师或班主任。

保育员主要负责本班的环境清洁、幼儿安全、卫生保健、幼儿衣物和设备用具等，并配合本班教师组织教育活动，管理幼儿生活。而幼儿园教师对本班工作全面负责，需要制订和执行教育工作计划，完成教育任务；执行幼儿园安全、卫生保健制度；与家长保持经常联系，商讨符合幼儿特点的教育措施，共同配合完成教育任务；此外，还需通过业务学习等方式提高自身专业素养。

有的幼儿园不能配备“两教（教养员）一保（保育员）”，只能由两名教师（或一名教师一名保育员）共同完成教养和保育任务的，则需明确主班教师与配班教师（或保育员）的职责。

主班教师、配班教师和保育员作为一个合作集体为同一班级工作，除了履行各自所承担的职责以外，三人还需要相互配合、相互支持，为做好班级管理工作而共同努力。

（2）幼儿分组

我国幼儿园中各班人数都相对较多，对幼儿进行分组活动或教学是很好的选择，这有利于教师对幼儿进行针对性的指导，利于幼儿之间的交流合作。幼儿园可以根据活动室的面积、桌子的大小、幼儿人数等对幼儿进行分组，教师也可以根据教学需要、幼儿能力等对幼儿进行分组。分组时要注意以下几点：第一，考虑幼儿能力的强弱搭配，优势互补；第二，考虑每组幼儿的人数；第三，考虑设立小组长帮助教师管理本小组；第四，根据需要定期交换小组，保持幼儿新鲜感并促进相互交流。

（3）空间规划

幼儿园班级活动空间主要包括室内空间和室外空间。室内空间主要有活动室、休息室、走廊等；室外空间主要是指户外活动场地。只有对班级的活动空间合理搭配利用，才能最大限度地发挥它的效益和教育意义。在班级空间的规划上，应注意以下几点：第一，幼儿园中的户外活动场地要根据季节和天气的变化来选择适合的时间和场地；第二，充分利用休息室、走廊和过道，为幼儿开辟活动角等；第三，合理设置活动室内的活动区域，让幼儿参与对活动室墙面的布置。

（4）时间安排

幼儿园教师应根据本班的实际情况，分别撰写学期工作计划、一周工作计划和一日活动计划，合理安排幼儿的在园时间。

第一，学期工作计划。学期工作计划一般包括班级情况分析、学期工作的目标和要点、达到目标所需的时间等。由于幼儿园小、中、大班的幼儿身心发展情况不同、在园适应程度不同，班级学期工作计划也有所不同。一般小班幼儿适应期较长，中、大班教育活动相对较长。此外，有的幼儿园将学期工作计划细化为每月工作要点，并制订各月工作安排。

第二，一周工作计划。一周工作计划是幼儿教师以周为单位制订的工作规划，包括本周的工作重点、教育要点、每天预设开展的各项活动简介等，如表 2-1 所示。

第三，一日活动计划。每周的工作计划需要具体化为逐日活动安排，明确周一到周五的活动内容。一般可根据全天教育活动安排，自幼儿入园到离园规定每天具体活动内容，提出详细的目的要求、措施和方法。

表 2-1 某幼儿园一周工作计划

班级：小班　　　　第　周

年　月　日—年　月　日

本周工作要点		1. 稳定幼儿情绪，做好新入园幼儿的常规管理工作 2. 知道快乐的孩子大家都喜欢，能做到高高兴兴上幼儿园				
德育要点		我是个有爱心的好宝宝				
上午		周一	周二	周三	周四	周五
上午	晨间活动	排排队	平衡木	拍球	荡秋千	跷跷板
上午	教学活动	语言：爱上幼儿园	综合：我是个快乐的宝宝	音乐：踩脚、拍手	社会：我会排队	语言：我的家
上午	游戏活动	我会数数	小手拍拍	我们动起来	快乐积木	自由拼搭
下午	户外活动	大型玩具	自由活动	大型玩具	扔球	自由活动
下午	室内活动	看图书	背弟子规	自由游戏	歌曲：《爱上幼儿园》	学习数数
生活活动	引导幼儿按照幼儿园的规则进行生活活动，有问题及时向老师汇报					
家长工作	利用家长接送孩子时间多与家长沟通，多了解孩子的情况并取得家长的信任					

(5)物品安排

物品泛指幼儿园班级中的所有物品，包括幼儿生活物品(床、被褥、水杯、毛巾等)、幼儿学习物品(玩具、学具、课桌椅、图书、游戏材料等)、教学设备(教具、钢琴、电视机等)。班级物品的有序、合理摆放，不仅能为幼儿创造整洁的环境，同时也方便教师使用。在班级物品安排方面应注意建立物品清单，配备专门负责人管理班级物品，合理地摆放班级物品。

(三)幼儿园班级管理的检查与调整

幼儿园班级管理的检查与调整是指幼儿园领导或幼儿教师在班级管理的实施中对班级管理计划进行检查，并根据检查的结果对班级管理计划进行适当的调整，以有利于班级管理的发展。具体包括对班级管理计划本身的检查与调整，以及对班级管理计划实施情况的检查与调整。

对班级管理计划本身而言，应检查其是否符合我国教育方针和正确的教育思想，是否体现保教结合的原则，能否贯彻全园计划的精神和要求，能否根据上一阶段工作的不足之处提出本阶段的任务要求，体现出计划的连续性和渐进发展性。

而对班级管理计划实施情况的检查与调整，是在班级管理计划的实施过程的适时检查。一般包括对班级安全情况、班级执行作息情况、教育活动、班级环境设置的检查等正式性检查，还包括对班级教养工作秩序、特定岗位人员工作情况等的抽查。正式性检查一般都会以表格的形式进行记录。

对班级管理计划的检查与调整应注意以下事项：①以目标为依据；②实事求是，避免形式主义；③既要注意工作结果，又要注意工作过程，将二者结合起来加以分析；④检查与指导相结合。此外，应明确检查是管理者的职责，同时也是班级中每位保教人员应做的工作。班级中的每位保教人员都要重视对班级计划实施情况的检查，并对自己所负责的部分进行自检，适时查漏补缺，调整和修改计划。

(四)幼儿园班级管理的总结与评价

幼儿园班级管理工作的总结评价，是指对班级管理工作计划的完成情况进行全面的审查与评估，总结成绩和经验，发现问题和不足，进行研究和反省。在管理工作的四个基本环节中，总结评价起着检测、判断、矫正、反馈工作方向的作用，具有指导、修正、改革工作方向的功能，能促使班级管理工作沿着科学化、合理化的道路发展。如果缺少了总结评价这一环节，班级管理就会变得不完整，教师对自己的工作就无法做出正确、科学的判断。

1. 幼儿园班级管理工作的总结

首先，班级管理工作总结的内容是指班级管理工作任务的完成情况。班级管理工作任务的完成情况是评价班级管理质量的重要依据，主要是陈述在班级管理计划所确定的目标中，完成了什么任务，离目标还有哪些差距，并分析没有完成的原因。一般从工作量、计划的难度、工作人员的能力水平和协作能力等方面来分析没有完成预设目标的原因。通过对任务完成情况的分析，班级工作人员能清楚地看到自己的优势和不足，同时也为下一阶段的管理工作指明方向。

其次，班级保教质量是班级管理工作的核心，主要考察幼儿健康状况、教育工作状况和家长工作等方面。

再次，应对班级工作人员本阶段的工作进行总结，研究哪些经验是在下一阶段值得借鉴学习的，如果教师在分工合作等方面出现问题，也要实事求是地进行总结，以利于下一阶段班级工作的顺利开展。

2. 幼儿园班级管理工作的评估

(1)幼儿园班级管理工作评估的重要性

幼儿园班级工作评估是指在全面、系统地获取幼儿园班级管理工作的相关资料的基础上，进行分析和处理，进而做出科学、正确的判断的活动。幼儿园班级管理评估是一个指向管理过程，依赖科学的方法和手段，引出正确的价值判断的复杂过程。对幼儿园班级工作评估是极其重要的。这种重要性具体表现在以下几个方面：

第一，幼儿园班级管理评估的指向作用。幼儿园班级管理评估的工具本身蕴含着一个现实的价值体系，肯定某种做法或否定某种做法，这种价值体系本身给班级教师的工作指示了一个方向。

第二，幼儿园班级管理评价的考核作用。幼儿园班级管理评估的工具也具有考核的功能。通过评价，考核幼儿园班级管理工作与幼儿园管理工作的目标、要求的一致程度，考核幼儿园班级自身所确定的工作目标与管理工作是否一致，并以此作为班级教师的奖惩依据之一。

第三，幼儿园班级管理评价的反馈作用。班级管理评价，可以得到很多有关管理过程运行的系统信息，能清楚地把握班级工作管理的成绩和不足，以便及时地采取措施、改进工作。通过信息的反馈，可以促进班级教师进一步思考、修正、提炼自己的管理指导思想，使班级管理工作更科学、更有成效。

第四，幼儿园班级管理评价的诊断作用。通过评价，可以把握幼儿园班级管理工作的现状，尤其是可以发现管理中存在的主要问题及原因，通过发现问题和揭示原因，可以寻找相应的对策。比如，某班一个管理目标没有实现，原因可能是多方面的：一是制订的目标不切实际；二是过程中环境发生重大变化；三是班级教师的工作态度。这就需要进一步分析、评价来确定原因，寻求改变现状的对策。

第五，幼儿园管理评价的教育作用。幼儿园班级评估的工具包含幼儿园班级管理工作标准、幼儿园班级管理工作的质量标准，要达到这些标准，必须要求班上所有教师同心协力、相互配合、团结协作。因此，幼儿园班级管理评价的过程，也是对教师进行工作标准教育、质量教育和集体主义教育的过程。

(2)幼儿园班级工作评估的方法

评价方法对于评价工作的顺利进行极为重要。方法得当，就能使评价工作科学、有效。反之，就难以得出正确的结论。在幼儿园班级工作管理评价中，常用的方法有自我评价法和他人评价法，数量化方法和非数量化方法。

自我评价法和他人评价法。自我评价法和他人评价法，主要是以评价的主体来划分的。自我评价法就是评价者对自己工作所作的评价。例如，班级管理工作自制打分表。

班级教师自己填写。除此之外，就是他人评价，如园长、别的班级老师、上级领导对班级工作进行的评价。

数量化方法和非数量化方法。数量化方法亦称定量法，是指在评价的过程中采用数学的方法。如身长、体重、血色素的评估，它们都有一个常量，评估对象本身也可以用数值表示。在评价过程中不采用数学方法的都称为非数量法——定性。它包括等级法(A等、B等、C等、或一等、二等、三等)、评定法(优秀、良好、中等、及格、不及格)、评语法“班级老师有很强的敬业精神、乐于助人等”。数量化方法和非数量化方法各有利弊，可以配合使用。

总之，幼儿园班级管理涉及计划、实施、检查、总结四个环节。这四个环节是紧密相连，环环相扣的。任何一个环节都会影响整个管理过程的运转。其中，计划是统率整个管理过程的重要环节；实施是计划落实的中心环节，是工作的主体；检查是对计划的检验，对实行的督促、保证的环节；总结是管理过程的终结环节，是对计划、实行、检查的总评价，也是制订下一管理周期计划的依据。在总结的基础上，确立新目标、制订新计划，使管理活动进入下一个周期。

本章小结

班级是幼儿园进行保教活动的基本单位，而幼儿园班级管理是指幼儿园班级中的保教人员通过计划、实施、总结、评估等过程协调班级集体内外的人、财、物，以达到高效率实现保育和教育目的的综合活动。通过本章内容的学习，可以在了解幼儿园班级管理的目标和内容、原则和方法以及幼儿园班级管理过程的基础上掌握幼儿园班级管理的基本事项，如幼儿园班级管理具体过程中计划制订、组织实施、检查调整和总结评估四个具体工作环节的内容和注意事项等。

拓展阅读

1. 王雯. 学前教育管理学[M]. 北京：北京大学出版社，2014.
2. 唐淑，虞永平. 幼儿园班级管理[M]. 南京：南京师范大学出版社，1997.
3. 张莅颖. 幼儿园班级管理[M]. 北京：高等教育出版社，2010.
4. 赵春龙，王国昌. 幼儿园班级管理[M]. 长沙：湖南大学出版社，2012.
5. 周三多. 管理学原理与方法[M]. 上海：复旦大学出版社，1997.
6. 斯莱文. 教育心理学[M]. 姚梅林，译. 北京：人民邮电出版社，2004.
7. [美]Laverne Warner & Sharon Anne Lynch. 幼儿园班级管理技巧150[M]. 曹宇，译. 北京：中国轻工业出版社，2011.

思考练习

1. 如何理解幼儿园班级管理？结合幼儿园实践，请谈谈幼儿园班级管理的意义。

2. 从国家对幼儿教师资格的考核角度，结合幼儿园教育教学实际情况谈谈幼儿园班级管理的目标包括哪些。

3. 结合实践，归纳出幼儿园班级管理的内容。

4. 参观一所幼儿园，选取一个班级进行观察，谈一谈该班级管理体现了哪些原则？该班级所采用的班级管理方法有哪些？

5. 选取一个幼儿园的某个班级进行观察，了解该班级的管理过程是否存在四大环节？是否存在薄弱环节？并结合实际给出建议。

第三章 幼儿园班级环境创设

教学目标

1. 了解幼儿园班级环境的含义和作用。
2. 理解幼儿园班级环境的类型及创设原则。
3. 掌握不同类型班级环境创设的策略和要求。
4. 能够结合所学理论和实际情况分析一个幼儿园班级环境创设的优缺点。

名人名言

人创造环境，同样环境也创造人。 ——马克思

蓬生麻中，不扶自直；白沙在涅，与之俱黑。 ——《荀子·劝学》

案例导读

某部队幼儿园始终坚持特色园本课程开发，并且园所环境创设与园本课程息息相关，为幼儿园教育所服务，创设以“绿色军营”为主题的园所环境。首先，在物质环境中创设“野战天地”和“野战指挥部”两个公共区域供幼儿游戏；其次，在幼儿一日生活的安排上，通过一系列的军号(出操号、集结号、起床号等)作为幼儿一日生活各个环节的提示；再次，在户外活动中投放具有军绿特色的小器械来开展体育活动；最后，通过开展相关的活动来加以延伸拓展，并且各个班级的环境创设有各自不同的特色。例如，大一班以红色为主调，环创主题“中国红”；大二班以绿色为主调，环创主题“绿色心情”；大三班以“军营红星”为主题，中二班以“风雅颂”为主题，中三班以“青花瓷”为环创主题。

每个班都把环境创设作为班级教育的一部分，通过创设良好的物质环境及营造良好的心理环境，促进各班幼儿的全面发展。该幼儿园部分环境图片如图 3-1 所示。

图 3-1

分析： 环境是重要的教育资源，应通过环境的创设和利用，有效地促进幼儿的发展。幼儿园班级中的教师应联系本园实际与本班具体情况，充分挖掘可利用的环境资源，创设利于幼儿身心健康、全面发展的物质与心理环境。

第一节 幼儿园班级环境概述

一、幼儿园班级环境的内涵

《幼儿园教育指导纲要(试行)》中明确提出："环境是重要的教育资源，应通过环境的创设和利用，有效地促进幼儿的发展。"

幼儿园环境指的是支持与影响幼儿教师与幼儿在园活动的一切外部条件的总和，包括幼儿园内部环境和幼儿园外部环境，外部环境如宏观政策、社区、家庭、自然环境等。①

① 朱家雄，华爱华. 幼儿园环境与幼儿行为和发展的研究[M]. 北京：世界图书出版公司，1996：64.

因此，我们可以提出，幼儿园班级环境是在幼儿园班级空间范围内，支持与影响幼儿同幼儿教师在班活动的一切条件的总和，是一切物质环境和精神环境的总和。

二、幼儿园班级环境的意义

一个幼儿园班级就像一个小型社会，班级可以说是幼儿在家庭之外接触最多的生活环境，对幼儿的发展具有十分重要的作用。《幼儿园教育指导纲要(试行)》中指出幼儿教师应“提供健康的、丰富的生活和活动环境，满足孩子多方面发展需求。使他们在快乐的童年生活中获得有益于身心健康发展的经验”。幼儿园班级环境作为幼儿发展的重要影响因素，在促进幼儿的健康、认知、能力、情感、个性与社会性等方面发挥着重要作用。

(一)促进幼儿身心健康成长

班级是幼儿在家外的又一个“家”，这个“家”若空气清新，物质环境安全、干净、整洁，有足够的游戏、活动材料，则自然有利于幼儿身体的正常发育成长，反之则可能对幼儿的身体健康成长造成负面影响。这个“家”若充满和谐关爱，师生双方每天心情愉悦，则又十分有益于幼儿的心理健康。因此，良好的幼儿园班级环境首先影响到幼儿身心的健康成长。

(二)促进幼儿认知的发展

幼儿园班级环境对幼儿的认知发展具有激发性，使幼儿处于积极的探究状态，在各种尝试中使用材料、发现问题和解决问题，从而获得对世界的认识。

幼儿的认知是在与周围环境相互作用的过程中不断发展的。幼儿园班级环境作为幼儿发展的一种刺激条件，可以有目的地塑造幼儿的某些行为习惯。如果幼儿园环境创设具有明确的指向性，将会影响或促进幼儿特定方面的发展。例如，在区角活动中，教师通过地板上的小脚印提示该区角的活动人数，这种地面环境的创设就是对幼儿行为的预期，即暗示进入该区角人数与小脚印数相一致。显然，在这种情况下，环境就能替代教师的指导语，成为行为习惯的提示。

(三)促进幼儿能力的发展

环境对幼儿各方面的能力有直接或间接的影响作用。如班级里的各个活动区，都是发展幼儿各种能力的最好地带。图书角可以让幼儿在里面安静地阅读图书，或者与小伙伴交流与分享，可发展幼儿的阅读能力、语言交流能力；美工区可以让小朋友在里面画画、做手工、欣赏具有艺术气息的美工作品，可以发展幼儿的动手能力、绘画能力和创造力；科学角可以让幼儿在里面自由探索科学的奥秘，发展孩子的科学探究能力和解决问题的能力。积木区可以让幼儿在里面快乐地搭建自己心中的乐园，发展幼儿的动手能力、空间想象力和逻辑思维能力等。

(四)促进幼儿情感的发展

情感是人类特有的一种心理现象，是人类对周围各种事物和现象的一种内在感受。情感对一个人的行为活动会产生影响。良好的班级精神氛围能够发展幼儿积极的情感，积极的情感体验有利于幼儿形成自信开朗的个性品质，同时也有助于幼儿融入集体，感受共同生活的乐趣，促进社会交往能力的发展。幼儿生活的班级如果是师幼关系融洽、幼儿同伴之间友爱的班级，这样的班级环境就会促使幼儿产生自信、愉快的情感；如果师幼关系紧张、同伴关系疏远，幼儿就会产生忧虑、消极、自私、冷漠的情感。所以，环境是可以影响人的情感发展的，温馨的环境造就幼儿健康向上的情感，而不和谐的环境则易造就幼儿消极的情感。

(五)促进幼儿良好个性及社会性发展

幼儿园是形成幼儿个性和社会性的重要场所，幼儿个性和社会性的发展是在一定的环境中实现的，幼儿园班级环境的诸多方面是除其家庭环境之外最重要的影响因素。

幼儿与幼儿、幼儿与教师、幼儿与物体之间的交流少不了班级环境的支持与介入。幼儿园环境的诸多方面，如环境布置的内容及其营造的氛围、活动空间的安排及活动材料的投放等，会通过影响儿童在交往过程中的情绪状态、交往对象的数量等来影响幼儿社会性的发展。例如，幼儿园的教室内分隔成大小不同的区域，便于幼儿在人数不同的小组中进行合作式学习，使幼儿与同伴之间的沟通、竞争与合作更容易，也便于教师进行观察、倾听和记录；区角内的各种工具、材料和设备放在幼儿触手可及的地方，让孩子们在那里选择自己喜欢的材料，用自己喜欢的姿势自由自在、全神贯注地进行探索和学习，尊重幼儿的选择；在幼儿园的楼梯下、走廊尽头或是教室的一角设置私密空间，幼儿在这个小空间里可以安静地休息，或与同伴谈心，使内心得到一种释放或安慰，等等。

另外，幼儿可以在与教师、同伴、家长共同创设环境的过程中进行交流、合作，表达自己在遇到困难时的疑问以及完成任务后的喜悦等情感。在这一过程中，幼儿逐渐地了解人际交往的规范和技巧，增强社会交往能力，促进幼儿社会性发展。

三、幼儿园班级环境的类型

幼儿园班级环境按其性质可分为物质环境和精神环境两大类，也可称为显性环境和隐性环境。一种是看得见、摸得着的环境，一种是看不见、摸不着，需要用心去感受、去体验的环境。

广义的物质环境是指对幼儿园教育产生影响的一切天然环境与人工环境中物质要素的总和，包括自然风光、城市建筑、社区绿化，家庭物质条件、居室空间安排、室内装潢设计等。狭义的物质环境是指幼儿园内对幼儿发展有影响作用的各种物质要素的总和，包括园舍建筑、园内装饰、场所布置、设备条件、物理空间的设计与利用、各种材料的选择与搭配等。

幼儿园班级物质环境，指的是幼儿园班级空间范围内对幼儿发展有影响作用的各种物质要素的总和。班级物质环境从空间看可以分为地面环境、墙面环境和空中环境。

广义的精神环境泛指对幼儿园教育产生影响的整个社会精神因素的总和，主要包括社会的政治、经济、文化、艺术、道德、风俗习惯、生活方式、人际关系等。狭义的精神环境指幼儿园内对幼儿发展产生影响的一切精神因素的总和，主要包括教师的教育观念与行为、幼儿园人际关系、幼儿园文化氛围等。

幼儿园班级精神环境是指幼儿园班级内对幼儿发展产生影响的一切精神因素的总和。精神环境是一种隐性环境，它主要指幼儿园班级教师的教育观和儿童观、师幼关系和幼儿同伴关系及班级文化氛围等。

总之，物质环境和精神环境是相互影响、相互制约的。物质环境是精神环境的外在表现，精神环境是物质环境的内化产物，二者相互渗透。

四、幼儿园班级环境的创设原则

环境对幼儿的身心发展起着不可低估的作用，因此幼儿园班级环境的创设需要遵循一定原则，使班级环境创设更加科学化，真正为班级教育活动开展所服务。

（一）安全性原则

安全是幼儿园环境创设的首要标准，保护幼儿的安全健康，是幼儿园的基本责任。《幼儿园教育指导纲要（试行）》明确指出：“幼儿园必须把保护幼儿的生命和促进幼儿的健康放在工作的首位。”

在创设环境时要保证幼儿所处环境不会对其身体造成伤害，要注意玩具、悬挂物、墙饰、活动器械等的安全性，保证不存在安全隐患。幼儿园环境创设还要满足幼儿心理安全的需要，使幼儿具有充分的安全感和信任感，让幼儿成为环境的主人而不是观赏者。

案例分析

南昌吉的堡国际华城幼儿园装修引发集体中毒①

据新华社电近日，有网友通过微博反映，南昌吉的堡国际华城幼儿园发生集体甲醛中毒事件，两个孩子被诊断为败血症，其他孩子出现发烧、咳嗽、流

① 光明教育. 南昌吉的堡国际华城幼儿园装修引发集体中毒[EB/OL].［2017-08-20］. http://edu.gmw.cn/2014-05/07/content_1124629.htm.

鼻血、全身皮疹等症状。4月30日，南昌市西湖区教体局接到家长举报后，立即对吉的堡国际华城幼儿园进行了现场调查，并根据现场情况成立了调查处理小组。调查处理小组随即要求，自5月1日起幼儿园全面停课，园长吴秋毓暂停职务等候处理。

记者从南昌市西湖区教体局获悉，吉的堡国际华城幼儿园是一所民办幼儿园，在园幼儿278人。据调查，这家幼儿园于2013年12月开始，利用双休日对全园教室地板、墙裙、门进行了更换维修。维修过程中，有幼儿陆续出现了咳嗽、头晕、皮肤过敏等症状。截至4月30日，约有70名幼儿出现了不同程度的过敏现象。

经与家长协商，西湖区教体局委托南昌市环境监测站对吉的堡国际华城幼儿园的空气进行检测。5月5日，南昌市环境监测站公布了检测报告，结果显示，这家幼儿园有关室内空气甲醛、甲苯、二甲苯、氨超标。

分析：幼儿园维修装潢是为了给幼儿提供一个更有教育性的环境，但无论是成人还是幼儿，对环境的首要要求不是美观，不是有没有教育性，而是安全。如果抛开安全谈环境，无异于本末倒置、买椟还珠，所以幼儿园班级在进行环境创设时，首先要保证的是幼儿所处的环境不会对其身体造成伤害。

(二)适宜性原则

幼儿正处在身体、智力迅速发展以及个性形成的重要时期，有多方面的发展需要，幼儿园环境创设应与幼儿身心发展的特点和发展需要相适宜。例如，幼儿天性好奇，有强烈的探索愿望，教师应为幼儿创设问题情境，使幼儿能学习发现问题、解决问题，提高思维水平和动手能力。幼儿知识经验少，需要学习感性知识。如果需要感知雨，就应给幼儿准备雨伞或雨衣、雨靴，下雨时，幼儿可以在雨中散步；如果需要感知春天，就应组织观察活动，让幼儿观察春天的动物、植物、人们生活方式的变化。

福禄培尔说："教育的任务要面向全体幼儿。"而幼儿有年龄、性别、个性及发展水平等方面的差异，不同年龄段的幼儿对环境的要求是不一样的。例如，小班活动室的墙上布置多种不同形态的拟人化的动物，如水果娃娃、卡通宝宝等，比布置山水画更能引起幼儿的兴趣；中、大班活动室的墙面以"我长大了"、"要上小学啦"为主题，配以自己穿衣服、自己系鞋带等画面，教育幼儿自己的事情自己做，更能激发幼儿学习的兴趣。这样的墙面环境创设既注重了幼儿年龄的差异，又满足了不同年龄幼儿的需要，使环境的创设更能促进幼儿能力和个性的表现及发展，使每个幼儿在自身发展水平上不断地提高。

（三）动态性原则

环境不能是一成不变的，长时间静止的环境会让幼儿的兴趣逐渐消失，甚至视若无物，失去了环境创设的教育价值。因此，我们应该围绕教育目标和内容来为他们创设丰富多彩、常变常新、富于变化的班级环境。

环境的动态性包括两层意思：一是指环境的创设要根据教育和幼儿发展需要不断创造变化；二是指在不断更新环境的过程中，为幼儿提供更多参与活动和表现的机会和条件。如在创设帮助幼儿认识四季变化规律和特点的墙壁主题画时，有的老师采用留、变、添、减的方法。如表现树木的变化，春天让幼儿用皱纹纸拧迎春花、团桃花粘贴在树干上；随着季节变化，让幼儿取下迎春花、桃花，添上叶子、补上桃子，表示夏季枝叶茂盛，花儿结果；到了秋季，再让幼儿把绿叶换成黄、红、棕色的叶子，并表示出叶子飘落的情景；冬季来临，让幼儿取下叶子，换上白色的棉花，表示积雪，并剪贴漫天飞舞的雪花和落满白雪的青松。这样，四季的景色在幼儿的参与下不断变化。另外，环境创设还可以根据国际、国内和园内大事不断变化。

（四）教育性原则

环境创设的最终目的是为了让幼儿从中受到教育，真正让环境发挥作用，让幼儿能够从环境中有所收获，而不让环境成为摆设。教育性原则首先指的是创设的环境结果应对幼儿有启发作用；其次指的是在创设环境的过程中，教师应引导幼儿参与环境的创设中，通过亲自体验创设的乐趣来学习。所以环境创设的整个过程都应体现教育性原则，具有启发性和参与性，让幼儿从整个环创过程受益。

教师必须善于利用环境对幼儿进行启发诱导，充分调动幼儿探索的主动性和积极性，激发幼儿的求知欲望，引导幼儿积极思考，以提高幼儿主动获取知识和运用知识的能力。幼儿园的环境创设要尊重幼儿的主体地位。环境布置要给予幼儿发表意见的机会，合理意见应予以采纳，尽量保证从环境的设计到材料的投放、作品的张贴都有幼儿的参与。在创设中，让幼儿做一些力所能及的事，教师同幼儿共同完成幼儿园班级的环境创设。

幼儿园班级环境的教育性不仅蕴含在环境之中，而且蕴含在环境创设的过程之中。陈鹤琴先生指出："通过儿童的思想和双手布置的环境，可使他对环境中的事物更加了解，也更加爱护。"①环境创设特别是室内环境创设，应充分让幼儿参与，征求幼儿的意见。让幼儿参与设计、提供材料与作品、布置，然后利用环境进行幼儿的主动活动。虽然孩子参与环境创设比教师本人独立完成费时费力，但就其教育效果来说，更能够提高孩子的兴趣和创造性，增强其责任感和成就感，也有助于对幼儿进行爱惜劳动成果的教育。

① 姚敏. 让幼儿成为"娃娃家"环境创设的主人[J]. 当代学前教育，2011(1).

案例分析

喝水小提示，帮大忙[1]

为了让幼儿养成自觉喝水并喜爱喝水的好习惯。我们在饮水桶旁画了个喝水提示：第一张图画的是没有长出花朵的枯枝，因为在它下面的杯子里只有很少的水。第二张图画的是带着伤心表情的花朵，因为在它下面的杯子里是满得要溢出来的水。提示幼儿水也不能接得太满，避免水从杯子里洒出来。第三张图画的是一朵盛开着的微笑花朵，在它下面的水杯里盛的是刚刚好的水。通过这个小小的提示，现在很多的小朋友都会多接一些水，而且还会互相监督。那天晶晶小朋友喝水时，加加小朋友就提醒她说："你的水接得太少了，小花会渴死的。""哦，那我再接点儿吧。"晶晶说完又去接水了。小小的一个墙面提示，使幼儿逐渐养成了自觉喝水的好习惯。

分析：班级环境与幼儿的发展具有紧密联系，对幼儿的发展有很大的影响，班级环境创设与幼儿教育密不可分。案例中教师通过简单的标志设置，使幼儿慢慢养成自觉喝水的习惯，对幼儿良好行为习惯的养成起到积极的促进作用。

（五）经济性原则

经济性原则是指创设幼儿园班级环境时应考虑幼儿园自身经济条件，勤俭节约，因地制宜创设班级环境。

早在20世纪30年代，我国著名的教育家陶行知、陈鹤琴就对当时幼儿教育存在的"富贵病"和"花钱病"提出过尖锐的批评。他们指出，幼儿园环境好坏的关键在于它能否促进幼儿的发展而不在于花钱多少、外国货有多少。批评"富贵病"和"花钱病"的观点说明了贯彻经济原则的必要性。

幼儿园班级环境创设应考虑幼儿园自身的特点和条件，不提倡大手大脚，要多利用废旧材料，变废为宝来布置环境、制作玩教具。贯彻经济性原则具体要做到少花钱多办事，应当注意把钱花在刀刃上，花在有利于幼儿的发展上，而不能不顾本地区、本国的实际情况，盲目攀比，追求形式。

---

① 中国幼儿教师网. 怎样让孩子在幼儿园喝水[EB/OL]. [2017-05-30]. http://www.yejs.com.cn/wsbj/article/id/16300.htm.

第二节　班级物质环境的创设

一、幼儿园班级活动室环境

幼儿园班级活动室环境包括活动室的整体布局、活动室中区域环境的创设和幼儿班级卧室、盥洗室环境的设置。

(一)活动室整体布局

一般的幼儿园活动室除了一些必备的橱柜设备以外，在四周应体现层次感和区域感。室内必须具有错落有致、整齐统一的形式美感，这样能够使人在视觉上有丰富的体验。布置的活动室应充满童趣，在无形中吸引幼儿的注意力，自然而然，环境的教育作用就渗透到其中，让幼儿在不知不觉中接受环境的教育影响。

幼儿园活动室的美化是整个环境布置的重要部分，它属于装饰美。装饰美作为一种美的形态，虽说千变万化，多种多样，但仍有规律可循。如果我们有一定的美学知识和审美的理论基础，就能恰到好处地做到锦上添花、赏心悦目。

(二)区域活动环境创设

区域活动是指教师根据教育的目标和幼儿发展的水平，有目的地创设活动环境，投放活动材料，让幼儿按照自己的意愿和能力，以操作摆弄为主的方式进行个别化的自主学习的活动。

活动区是幼儿们快乐的小天地，可以解放幼儿的眼睛、头脑、双手、嘴巴、空间和时间，让幼儿自由的交流和玩耍。

1. 活动区角的种类

活动区角的种类要根据室内实际空间、幼儿人数、材料的特征等条件进行合理的安排。除了划分一定的空间范围外，还要规定活动的人数和活动的规则。如果幼儿园条件有限，教师可以根据活动的性质和需要随机创设幼儿需要的活动区，也可以一区多用。

教师在设计活动区域的主题时，要突破传统和常规，尝试创造性地为幼儿提供一些有益于幼儿发展的区域，激发幼儿自身的潜力，反映幼儿在生活中各方面的需要。例如：心情区、交友吧、悄悄话吧、益智区等。

2. 活动区角的设置

数量：通常每班设 5~8 个活动区角，这些区角要能同时容纳下所有幼儿游戏活动。

分割：活动区界限明确，可以利用桌子、玩具架或积木、纸箱，或者吊饰作为分隔物。

图 3-2

布局：根据每一个区角的特点和本班实际情况来具体安排。如图书区可设置在安静的、采光良好的角落里；美工区可安排在靠近盥洗室等有水源的地方，方便幼儿取水和洗刷；植物角等种植区可安排在教室门口走廊或者阳光充足的窗台上。

标志：每个活动区要有明显的标志，活动区的标志应根据幼儿年龄特点进行设计。可以将活动中的规则画出来，写下来，提醒幼儿按规则游戏。

人数限制：每个区角要有人数限制，避免拥挤，根据幼儿的不同年龄采取不同的方法来控制人数。如可在区域进口处放置区域卡，每个进区域的小朋友都要取卡，当其他小朋友看到没有卡的时候就知道这个区域人员已经满了。

玩具材料：应该合理组织，严格分类、摆放，玩具柜上要有相应的标记，新出的物质材料应放在显眼的地方。

3. 活动区角材料的投放

区域活动中，材料是幼儿活动的对象。与幼儿的年龄特点、经验、能力和需要相适应的材料能激起幼儿对学习的主动性，使他们主动观察、发现问题、独立思考、解决问题。因此在准备、选择、提供操作材料时，我们应根据幼儿兴趣和发展水平进行投放。

小班：刚入园阶段，让幼儿带最喜欢的玩具，设立“玩具家”、“宠物角”等，再逐步加入绘画区、手工区、语言区等。设置小班区角时要考虑简易性、直观性、操作性、娱乐性。材料的投放种类不用多，但是数量要充足。

中班：在借助成品材料的基础上，还应多增设一些半成品材料，激发幼儿的创造性。同时应增加活动区的种类，如商店、理发店等，促进幼儿社会性发展。

大班：大班幼儿可以通过事物的表象找出事物的本质特征，因此在区域的材料设置上应更丰富，更多样化。

4. 活动区角的心理环境

教师应提供幼儿一个自由的活动区域环境，在活动中营造积极健康的心理环境。教师应允许幼儿自主地选择活动区域。需要教师介入时，也要基于对幼儿长期的观察，了解幼儿的潜力和需要，积累进行判断的经验，再进行适时指导。另外，允许幼儿在活动区里获得各种不同的经验，鼓励幼儿之间相互交流各自的经验。教师要积极地组织不同活动区之间的交流和探讨，让幼儿做好记录，尽可能地给予幼儿自主解决问题的机会。

(三)卧室、盥洗室环境创设

幼儿园班级卧室、盥洗室是幼儿日常生活的必要场所，创设适合幼儿年龄特点与发展特点的卧室与盥洗室环境也是不容忽视的。

1. 幼儿园班级卧室环境

幼儿园卧室的环境布置以温馨、柔和为主，墙面颜色不要太鲜艳浓烈，如淡蓝色、浅粉、鹅黄等。窗帘的颜色应该用深色，能阻挡阳光，这样可以室内相对光线暗一些，利于孩子们很快入睡。墙面整体的图案不宜复杂，要简单、安逸。吊顶可悬挂一些星星、月亮之类的装饰物或者图片。

保教人员应经常开窗通风，保持卧室内空气清新、阳光充足。每日至少开窗通风 2 次，每次至少 10~15 分钟。在不适宜开窗通风时，每日应当采取其他方法对室内空气消毒 2 次①。

2. 盥洗室环境

幼儿园的卫生间是解决幼儿生理需要，培养幼儿良好生活、卫生习惯的重要场所。幼儿园卫生间设计布局不同于成人卫生间，内部各项设施都要符合幼儿生长发育的规律及幼儿使用的特点。幼儿园的卫生间以朝南最佳，至少应保持通风状况良好，避免污浊空气传入活动室、卧室。需有适宜的光线透射进来，以获得自然阳光的紫外线消毒功能。

幼儿园卫生间要保持洁净有序，在保障幼儿使用的安全、便捷的前提下，保障阳光充足，通风良好。

另外，3~6 岁是幼儿性别意识启蒙的时期，有条件的幼儿园建议设置男女幼儿分开的厕所或是中间设置隔断。如果环境条件不允许，教师可以让男女幼儿轮流如厕。

二、幼儿园班级墙面环境创设

幼儿园班级墙面环境主要指的是班级的主题墙、家园联系栏和幼儿作品栏等环境的布置。墙面环境创设要符合幼儿认知特点，以促进其感官认识。总体来说，墙面环境在色彩上，应以色彩艳丽的纯色为主；造型上，应以稚拙、简洁为主要表现手法；内容上，为幼儿创设熟悉的、符合心理要求的环境；形式上，创设互动式的活动环境。

(一)墙面环境的作用

展示作用：成为展示幼儿成功的作品、主题学习的过程、发现的记录、对生活关注的天地(见图 3-3)。

---

① 中华人民共和国卫生部. 托儿所幼儿园卫生保健工作规范[Z]. 2012-05-09.

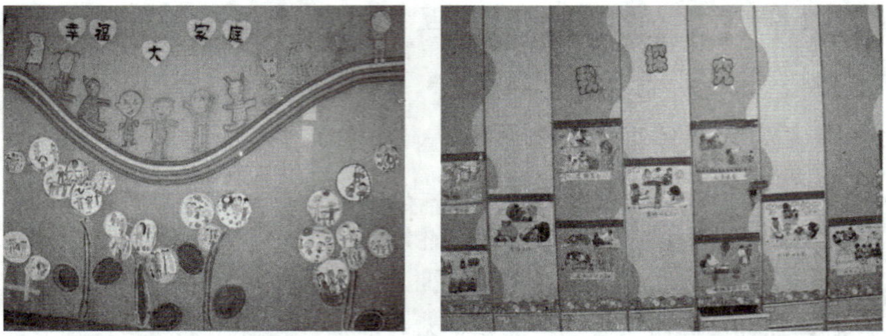

图 3-3

资料作用：成为幼儿学习的内容和资料库，如图片展览、示意图、步骤图、行为规范图等(见图 3-4)。

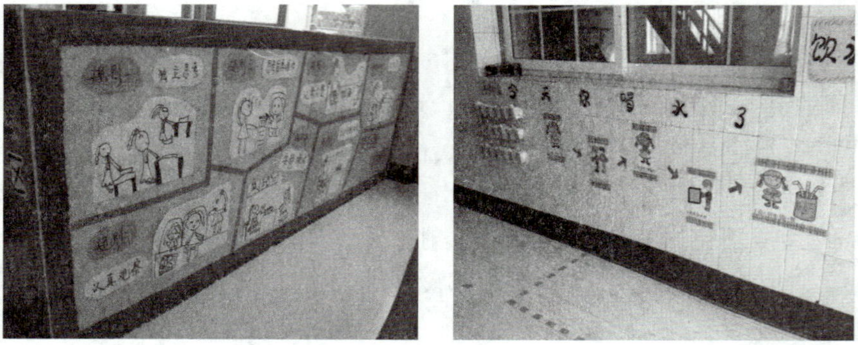

图 3-4

对话作用：成为幼儿互动的舞台。根据墙面环境信息，幼儿亦步亦趋地进行着表达和交流(见图 3-5)。

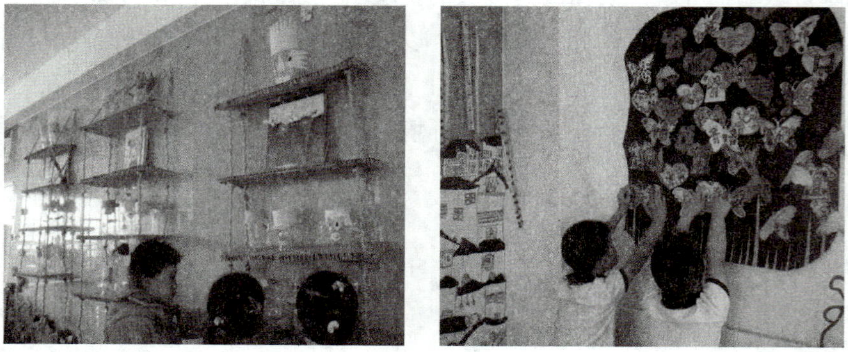

图 3-5

墙面环境的创设主要包括家园联系栏、幼儿作品栏等内容。

(二)家园联系栏

家园联系栏是架起家园沟通的桥梁，是展示幼儿园保教工作的一个窗口，更是家园进行教育交流的一块活动空间，它能密切幼儿园与家庭之间的联系，起到家园互动双赢的作用。

家园联系栏可设置以下内容：活动通知、育儿知识介绍、主题活动安排、幼儿在园情况反馈、家园配合的内容、童言趣语、小小信箱、家长论坛、家长经验介绍等(见图3-6)。

家园联系栏创设的策略：巧用便利贴；发动家长参与家园联系栏的布置；经常改变栏目内容；小主题的讨论；用手写的内容让人感觉更真诚。

图 3-6

(三)幼儿作品栏

幼儿园班级墙面环境作为环境创设的一部分，正好提供了展示幼儿美术作品的平台。尤其是幼儿园班级外墙面，视野开阔，面向群体，更适宜展示幼儿美术作品。因此，一般幼儿园班级都选择将外墙面用来展示幼儿美术作品(见图3-7)。目的就在于通过展示栏，一方面提高幼儿自身的感性经验及审美情趣，增强幼儿的自信心及自豪感；另一方面让家长参与进来，欣赏幼儿美术作品，促进家园合作与共育的发展。同时，富有儿童情趣的美术作品起到了美化幼儿园班级环境的作用，幼儿置身于艺术创作的氛围，熏陶了自己的情操。

幼儿作品栏作为环境与美术教学相结合的平台，创办时一般分以下几个环节：作品栏的设计、教师指导幼儿完成美术作品、作品粘贴上墙后的欣赏活动。整个过程应是开放式的、幼儿积极主动参与的过程，教师、幼儿、家长都应成为作品栏的主人。

幼儿作品栏创设策略有以下几点：

①应让幼儿参与设计作品栏：作品栏的摆放位置、命名、边框都应该由师幼一起合

图 3-7

作完成，如果只是教师一个人就想好了所有的设计，幼儿就会没有参与感。

②丰富多彩的作品展示：如绘画、涂色、折纸、剪纸、手工制作等，全方位展示幼儿多姿多彩的美术作品。不应对幼儿作品进行统一要求或者临摹范画，应注重幼儿的个体差异。

③形式多样的表现方式：如幼儿单独的作品、伙伴合作的作品、亲子制作的作品。

④定期更换作品栏的作品：勤更换，经常给孩子新感觉，激发他们的自信心和成就感，同时对下一次活动充满期待。

⑤引导家长多关注：作品栏如果没有家长的关注欣赏，展示栏的家园合作促进作用也就失去了意义。家长早上送孩子入园和晚上接孩子离园的时候，教师可适当引导家长关注孩子的作品，并引导家长正确评价作品。

三、适宜的班级容量

幼儿的活动空间是影响幼儿心理健康的重要物理环境因素。幼儿园的活动空间是否足够，主要看幼儿园的室内活动空间是否合理和室外活动场地是否够用。

《幼儿园工作规程》指出：幼儿园每班人数一般为小班不超过 25 人；中班不超过 30 人；大班不超过 35 人；学前班不超过 40 人。在一级幼儿园里，幼儿的人均教室使用面积必须达到 $2.5m^2$ 以上，即使是三级幼儿园也要达到人均 $1.5m^2$。房间过小或班级幼儿过多，都会使幼儿的生活质量受到影响。

第三节　班级精神环境的创设

精神环境也称为心理环境，幼儿期是幼儿情绪情感等心理素质发展迅速的时期，也是心理发展最为敏感的阶段，健康的心理环境对其身心健康发展具有非常重要的影响。营造积极向上的心理环境，其核心就在于建立融洽、和谐、平等的人际关系。在幼儿园班级环境中，主要的人际关系有师幼关系、幼儿同伴关系、教师之间的关系及教师与家长的关系，处理好这四种关系能为幼儿提供一个温馨的成长环境。

一、健康的心理环境

创设健康的心理环境与打造良好适宜的物质环境同等重要，但是教师与家长往往容易忽视心理环境的建设。健康的心理环境具有以下特征：

(一)尊重幼儿

幼儿虽小，也有权利，如快乐玩耍的权利、健康成长的权利。教师应尊重幼儿的要求、选择和意见。尊重幼儿，就要尊重幼儿的基本权利；尊重幼儿，就要遵循幼儿成长发展的自然规律；尊重幼儿，就要尊重幼儿的独立人格和自我意识；尊重幼儿，就要给他们一定的自由空间；尊重幼儿，就要正视幼儿间的差异。当然，尊重并不是一味地顺从，而应追求尊重与要求的和谐统一。

教师应尊重幼儿，同时教师同事之间也应相互尊重，遇有不同的意见应互相商量解决。教师与家长之间也应相互尊重，对于孩子的成长和教育问题应多沟通，多尊重对方的意见和立场。

(二)平等对待幼儿

平等对待幼儿有两层含义，首先是指教师、家长或其他成人应将自己摆在与幼儿同等高度的位置，其次指的是教师应平等对待所有幼儿。

有一句话说“蹲下来看孩子”，教育者要蹲下来和幼儿保持一样的高度，以幼儿的眼光看问题、看世界，这样才能真正尊重孩子、理解孩子，只有在这样的前提下，教育者才能以更正确的角度去了解幼儿，为幼儿提供最适合的教育。教育的平等不只是幼儿之间的平等，更应是教育者和幼儿间的平等。

平等对待所有幼儿指的是一视同仁。一个班级中，最惹人注意的往往是那些最出色或最让你头疼的幼儿，而那些平时默默无闻，课堂上规规矩矩的孩子是最容易被老师所忽视的，因而教师要提醒自己给每一位幼儿表现的机会，不能淡忘了这部分的幼儿，并且也要同等地关注他们的发展。

(三)自由的环境

自由即给幼儿自由选择的权利、给幼儿自由发展的空间、给幼儿自由表达的机会、给幼儿自由想象的时间、给幼儿自由玩耍的权利。幼儿的自由得到充分保证，才能获得心理上的安全感，表现出轻松愉悦的情绪状态。

幼儿需要自由，但并不代表自由是无限度的自由。自由的前提是不冒犯不妨碍别人；幼儿需要自由，但必须学会尊重别人的自由，照顾别人的感受。这样幼儿才能慢慢地发展出同情心，学会识别并照顾别人的感受，才不会成为一个只顾自己不顾别人、令人生厌的人。

(四)温馨的氛围

人们经常说"家是最温暖的港湾"，一提到家，很多人心理不禁涌起一阵暖流。幼儿园的本质虽是教育机构，但是由于幼儿身心的特殊性，幼儿需要一个温馨的类似于家的成长环境，所以幼儿园班级的心理氛围也应该是温馨的。

温馨的氛围来源于物质环境的布置和精神环境的创设。教师物质环境的布置应充满家的感觉，能随时满足幼儿的各种生理需求，让幼儿觉得很方便、舒心；精神环境的创设应让幼儿感觉到教师不仅是教师，更像是妈妈，同伴不是同学，而是共同玩耍的好朋友。

二、师幼关系

师幼关系是幼儿园各种关系中最重要、最基本的，著名教育家赞可夫曾说："就教育效果而言，很重要的一点是看师生关系如何。"可见，师幼关系是衡量一个班级教育质量的重要标志。建立良好的师幼关系，教师可以采取以下几项措施：树立正确的儿童观和教育观；明确自己的角色定位，积极与幼儿互动；不断学习和提升自己，观察和了解幼儿。

(一)树立科学的儿童观和教育观

儿童观是成人如何看待和对待儿童的观点的总和，它涉及儿童的能力与特点、地位与权利、儿童期的意义、儿童生长发展的形式和成因、教育同儿童发展之间的关系等诸多问题。

科学的儿童观认为：儿童是人，他具有生存权，具有人的尊严与其他一切基本人权。儿童是一个全方位不断发展的"整体"的人，他具有满足生存和发展需要的权利。儿童期不止为未成年人期做准备，它还具有独立存在的价值。不同性别的儿童应当受到平等的对待。儿童有其内在的精神生活，成人应当尊重和珍视这种精神生活，成人应注意理解和参与儿童的精神生活和文化活动，不应将成人文化无条件地强加儿童学习。儿童的精神世界和文化生活可以给成人予以启示，成人应当向儿童学习。每位儿童都有接受教育的权利，教育的目的不仅在于儿童的发展，而且还在于儿童的欢乐和幸福。儿童有权拥有欢乐自由的童年，应最大限度地发展儿童的智能。

总结来说：儿童是人，是发展中的人，是权利的主体，儿童期有自身的价值。

科学的儿童观是科学教育观的前提，只有对儿童有了正确的认识，才有可能在认识的指导下采取正确的教育行为。

科学教育观主要包括三个方面：一是以人为本、以幼儿为本；二是全面推进教育创新；三是使受教育者全面、协调、可持续发展。科学教育观的出发点和落脚点是“人”，以人为本是科学教育观的本质，人是教育的主体和目的，一切教育都必须以人为中心，这是现代教育的基本价值与根本要求。偏离了人这个中心，教育就失去了价值，也就谈不上是现代的科学的教育。

(二)明确角色定位，积极与幼儿互动

在师幼互动的各个环节中存在的诸多问题都与教师对自身角色定位有很大的关系。如果教师把自己定位于幼儿的管理者、环境的控制者、知识的传授者，那么就会重纪律约束，少征询建议；重知识传授，少情感交流。《幼儿园教育指导纲要(试行)》中强调，教师要成为幼儿学习活动的支持者、合作者、引导者，要“关注幼儿在活动中的表现与反应，敏感地察觉他们的需要，及时以适当的方式应答，形成合作探究式的师幼互动”。

教师应该是幼儿心声的倾听者，以微笑和耐心倾听幼儿的需要、想法、问题和建议，并给予适时的积极的反馈；教师要做幼儿行为的观察者和分析者，以观察家的态度，悉心观察并领悟幼儿的言行，分析了解其普遍的年龄特点和个性差异；教师要做良好环境的创造者，创设健康、丰富的物质环境，营造愉快、宽松的精神氛围；教师应是交往机会的提供者，给幼儿提供充分的时间和机会，引导鼓励他们和教师、同伴进行平等的自由的交往；教师应做幼儿发展的支持者、帮助者和指导者，根据幼儿的发展需要和现有的水平以及教育目标的要求来制订教育计划，选择和调整教育内容，并适时地把幼儿的兴趣和关注的问题生成为课程内容，引导幼儿主动、积极、富有个性地发展。

(三)不断学习，促进专业化发展

教师的专业发展又称教师专业成长，是指教师在整个专业生涯中，依托专门的组织、专门的培养制度和管理制度，通过持续的专业教育，习得教育教学专业技能，形成专业理想、专业道德和能力，从而实现专业自主的过程。

时代在进步，幼儿在改变，教育在发展，幼儿教师也不能故步自封，只有树立终身不断学习的观念才能跟上教育改革的步伐。

首先，应树立终身学习的观念。对于幼儿教师来说，要具备广博的学科知识、深厚的实践学养、扎实的理论基础，就必须把自己投入到终身教育的体系中去，树立终身学习的观念。要抓住每一个机会和场所获取知识，通过各种渠道，不断充实自己，实现自身的专业发展。

其次，注重团队学习中的自我发展。瑞吉欧教育模式的代表人物马拉古兹提倡教师的团队学习，他认为“教师必须放弃孤立、沉默的工作模式”。为此，园本培训、园本教研等幼儿园团队学习方式应当成为教师专业成长的重要途径。在团队学习中，通过教师成员间的相互对话，相互交流、相互激荡、相互碰撞，彼此影响，从而产生新的

见解。

最后，倡导幼儿教师基于案例自我分析和反思。基于案例的反思是新手教师专业化进程的核心所在，当教师把眼光投向自己的教育教学活动轨迹的时候，就意味着对“旧我”所饱含的教研理念和行为的扬弃，也意味着对未来发展图景的规划，这是一种自我超越。实践与反思可以促进教师自身的专业成长与发展。①

资料链接②

华南师范大学袁爱玲教授认为，为了建立融洽、和谐、健康的人际关系，幼儿教师应该做到“8 多”，即对幼儿多支持、多肯定、多接纳、多表扬、多鼓励、多关注、多信任以及多给他们自由和自主，这样才能营造出积极健康的幼儿园精神环境。

1. 多支持

从心理角度分析，当一个人的思想、行为以及情感得到他人的支持，特别是得到他所尊敬之人、权威之人的支持时，不仅使这种思想、行为或情感受到强化，而增加表现的强度、频率和持续时间，而且还会产生愉悦的心情、积极的心态、增强自信心，并与支持之人形成良好的关系。如果一个人的思想、行为以及情感不断得到反对，就会出现完全相反的结果。所以，教师对幼儿一定要多一些支持，少一些反对。进一步问，要支持幼儿的什么呢？回答是：支持幼儿的天性、支持幼儿的价值观、支持幼儿的行动、支持幼儿情感表现、支持幼儿的自我认识和自我评价。减少不必要的干预、担心，不能从成人的思维、成人的特点、成人的角色出发过多地要求幼儿，这些不切幼儿实际的要求，实际上都是对幼儿的不良限制。

2. 多肯定

多肯定与多支持有密切关系，但不完全等同。在这里多肯定主要是指对幼儿的言行、情感表现等多给予正面的评价、正面的引导，少一些否定评价和反面限制。原因是无论成人还是幼儿，都喜欢接受或容易接受肯定的、正面的引导与评价。即使是严重出格的言语与行为也应使用肯定的语言去矫正，譬如“这句话应该这样说。”“这件事应该这样做。”减少使用否定词语。

3. 多接纳

多接纳是一种宽容、是一种博爱，但不是纵容和溺爱。作为幼儿教师，无论对聪明还是愚笨的、俊美的还是丑陋的、家庭富足的还是贫穷的、顽皮的还是乖巧的孩子，都应以平等的态度，博大的胸怀、无私的情爱去接纳每一位孩子。在成人眼里，最恨的是不公之人、不平之事，幼儿更是如此，当他们受到小小不公时，就会倍

① 胡金姣. 对幼儿教师专业化发展的思考[J]. 学前教育研究，2009(8).

② 袁爱玲. 论幼儿园精神环境的营造与幼儿积极心态的形成[J]. 山东教育，2003(9). 原文有删减.

感委屈，因为他们排解自己不良情绪的能力还很弱。教师的不公是幼儿最不能忍受的，最容易引起情感的对立，从而破坏师幼关系。所以，幼儿教师要爱每一个孩子。要真正做到多接纳，还必须树立民主意识，学会尊重、学会忍耐、学会对独特言行的欣赏。

4. 多表扬

著名教育家苏霍姆林斯基曾精辟地指出："教育技巧的奥妙之一正在于此：儿童在一个好的老师那里很少听到禁止，而经常听到的是表扬和鼓励的话。"他在《教育的艺术》一书中还指出："我们认为，教育工作者的任务在于发现每个受教育者身上一切最美好的东西，发展他们，不去用学校里的条条框框限制他们，鼓励独立工作——进行创造。"表扬可以极大地满足幼儿的精神需要，带来喜悦心情与和睦的关系。

5. 多鼓励

众所周知，幼儿的心理是稚嫩的，当他们遇到失败、挫折时最需要的是鼓励。鼓励能使幼儿崛起，鼓励者和鼓励者的话语可能使幼儿终生难忘。而责备则可能使心理稚嫩的幼儿沉沦。责备所起的教育作用和鼓励所起的作用是完全不同的。责备引起的更多的是自卫、逃避、推卸责任和害怕失败的消极心理。所以，成人不能见不得幼儿失败，一见失败就责备、就批评是十分有害的。相反要鼓励，鼓励能引起幼儿再尝试、再行动，只要不停止尝试和行动就有可能获得新的成功机会。

6. 多关注

幼儿特别喜欢被关注，为得到关注甚至不惜挨批评。有些幼儿搞恶作剧，很大程度上是为了引起老师和其他小朋友的注意。在不少幼儿看来，即使受到批评，大家也在注意自己，总比被人忽视舒服些。批评也是关注，但是一种消极的关注。经常受到消极关注，对幼儿心理健康成长是不利的。而积极的关注则不然，"皮革马利翁效应"、"罗森塔尔效应"等都是积极关注所产生的神奇效果。

7. 多信任

多支持的背后是对幼儿的充分信任。幼儿教师和家长往往低估孩子的学习能力、探索能力、解决问题的能力以及自我教育的能力等，因而不敢放手、不敢支持。请相信幼儿的自发行为，无论是学习、探索行为，还是解决问题的行为，如果得到成人的支持和帮助，成功率是极其高的。

8. 多给幼儿自由和自主

从心理学上分析，学习是个体对情景的反应，而且是积极自动的反应。真正的学习是一种自发自动的行为。学习者若是无反应，就没有学习的发生。若无积极的反应，就不会收到预期的学习效果。若让幼儿真正学到东西，就必须让他们自己去做、自己去看、自己去想、自己去体验，亦即让幼儿自动积极地反应。

三、同伴关系

同伴关系是同龄人间或心理发展水平相当的个体间在交往过程中建立和发展起来的一种人际关系，这种人际关系是平行、平等的，不同于个体与家长或与年长个体间交往的垂直关系。同伴关系既是儿童社会性发展的重要背景，也是社会性发展的主要内容。建立良好的同伴关系，教师需要做到以下几点：

（一）关注幼儿的社会性发展

人际关系的建立得益于幼儿社会性的发展，幼儿之间的交往属于幼儿社会性发展的一部分。活泼开朗的幼儿总是会赢得周围幼儿的青睐，沉默寡言或者攻击性极强的幼儿总是孤单一人。幼儿教师应积极关注那些平时没有好伙伴的小朋友，引导他们做一个懂得分享、乐于助人、热情大方的孩子，这样周围的小朋友才会愿意与他们交友。

（二）给幼儿树立良好的榜样

教师应给幼儿树立良好的榜样，一个班级的保教人员之间、与其他班级的同事、与幼儿家长、与幼儿之间都应该相处融洽。幼儿在这种融洽的气氛中耳濡目染，也会反映到幼儿同伴之间的关系上。

（三）平等对待每位幼儿

有些幼儿聪明伶俐、活泼大方，有些幼儿沉闷寡言、捣蛋不断，教师难免会对前者青睐有加，对后者不甚喜欢。每个幼儿个性不同会导致教师对他的态度也不同，即便如此教师也要平等地对待每位幼儿。如果教师表现出非常喜欢某位幼儿，就有可能导致其他幼儿都会愿意去跟教师喜欢的幼儿玩耍；如果教师表现出非常讨厌某位幼儿，就有可能导致其他幼儿也都不愿意与这位幼儿交流。教师应善于发现每位幼儿的闪光点，一视同仁，平等对待每位幼儿，才能给幼儿正确的同伴交往暗示。

（四）提供幼儿相互交流的机会

如果一日活动所有环节都处于教师的控制之下，幼儿就根本没有机会了解班级其他幼儿，也就没有交流的机会。一日活动各环节除了集体的教育活动和游戏活动外，教师应该多些让幼儿自由组合玩耍的机会，如早上的入园和下午的离园环节，教师就可让幼儿相互之间交流自己从家里带来的玩具或是喜欢的图书，午餐时候也可以让幼儿之间轻松小声交谈。只有给幼儿充分的相互交流机会，彼此了解的时间，才有利于幼儿之间建立稳定的同伴关系。

四、教师之间关系及家园关系

班级保教人员之间，教师与家长之间的良好关系也是幼儿健康成长需要的精神环境。

（一）换位思考，互相尊重

保教人员虽职责不同，但是更多的时候是相互合作。教师与幼儿家长之间虽角色不同，但目的也相同，就是为了幼儿健康快乐地成长。所以无论是班级的保教人员之间，还是教师与幼儿家长之间都应该互相尊重彼此的工作，多换位为对方思考。

（二）遇到问题，好好沟通

家园之间可能经常会因为幼儿的教育方面的问题而出现矛盾，出现问题不要紧，关键是如何去解决问题。幼儿在园难免因为玩耍或同伴之间矛盾而磕磕绊绊或皮开肉绽，如果因为幼儿自己在玩耍中不小心磕破一点皮，教师也及时做了处理和反思，家长却因此兴师问罪，就会造成家园之间关系紧张。三年的幼儿园生涯，幼儿肯定会出现各种问题，生活上的、学习上的，出现问题的时候需要家园之间相互谅解，心平气和地沟通，才能解决问题。

（三）家园合作，形成合力

班级的两教一保对幼儿的要求应一致，幼儿园和家长也应对幼儿的教育、生活要求一致，只有一致性教育，才能让教育形成促进幼儿发展的合力。

第四节　幼儿园班级环境创设常见问题及对策

一、幼儿园班级环境创设的常见问题

环境对于幼儿的发展具有十分重要的作用，大多数幼儿园也认同这一观点，并且注重环境创设。但是，在环境创设的过程中依然存在问题，所以我们来探讨一下幼儿园班级环境创设中常见的一些问题。

（一）重观赏，轻教育

幼儿园环境不仅仅是装饰，更是一种教育手段和教育工具，具有独特的教育功能，是实现幼儿园教育目标的重要途径。

一些幼儿园在班级环境创设中存在一个通病，就是过于追求新异，忽视了实用价值。幼儿园在环境创设中求新求异，想尽一切办法通过环境创设来突出本园的特色，但通常只是停留在表面，没有很好地考虑幼儿的年龄特点和实际需要，只是为了应付各种检查和满足家长的要求，没有真正从孩子的需要出发，这就忽略了环境的教育价值，失去了环境创设的本质意义。

(二)重教师，轻幼儿

幼儿园的环境布置不仅是教师的一项“任务”，它应该充分发挥幼儿的主体作用，最大限度地使幼儿投入、参与到环境布置中去，激发幼儿对环境的钟爱和亲切感。幼儿园班级的环境应由教师和幼儿共同设计、共同创设、共同评价。

目前在环境创设活动中，教师全包全揽的现象已经很少了，让幼儿参与的现象越来越多，但是为了参与而参与以及随意性地让幼儿参与的情况却普遍存在。这与教师未能深刻认识和理解幼儿的主体性有关。实际上，忽视幼儿参与环境创设，既忽视了幼儿作为主人翁的意识，又限制了幼儿的创意表现及操作能力的发挥，同时也在一定程度上增加了教师的负担。①

(三)重购置，轻创造

很多幼儿园，特别是经济条件较好的幼儿园，过分追求与城市园的一致。墙饰材料、教具玩具、室内设施外面买的多，自己做的少，成品材料多，半成品材料少，高档次材料多，废旧材料少。这样的幼儿园环境乍一看高档、干净、奢华、大气，但是仔细一想，这些奢华的环境和贵重的购置玩具对幼儿发展来说并非好事。由于一些环境材料的昂贵，教师允许幼儿触碰、玩耍的机会就大大减少，环境与幼儿的互动也就大打折扣。与其如此，不如根据本园的经济实力量力而行，结合本园的区域特色，教师带领幼儿们利用各种废旧材料制作玩具。在创作的过程中，幼儿既懂得了有效利用废旧资源，又发挥了动手能力，更能在创作的过程中体验劳动的乐趣，看到自己亲手制作的玩具更能激发他们的玩耍热情。

(四)重静态，轻动态

由于幼儿园工作繁琐的特殊性，教师把环境创设当成费时费力的任务来看待，环境创设就成为一种负担。大多数教师想一劳永逸，环境创设一年到头缺乏变化。这样的环境缺乏新鲜感，设计单调，缺乏趣味性，难使幼儿与环境产生互动。有的班级幼儿已经升入大班了，而环境的创设还是中班时候留下的，很多墙面主题都已经无人问津了，教师也很少去关注和考虑其变化性。

---

① 谢秀丽，张加容. 走出幼儿园环境创设的误区[J]. 学前教育研究，1998(4).

(五)重物质，轻精神

一提到环境创设，很多幼儿园老师的第一反应就是物质环境。一些幼儿园也只看重园所物质环境的创设，忽视了人际关系的建设，忽视了师德师风的培养，忽视了园风班风的形成。物质环境与精神环境对幼儿的发展同等重要，缺一不可。从某种程度上来说，精神环境更为重要，但精神环境却是常常被忽略的创设对象。教师的友好态度和适宜的教育方式，团结、和谐的同伴关系，稳定和睦的家园互动，都有助于形成幼儿安全、温馨的心理环境，形成他们健康的人格。

二、幼儿园班级环境创设的对策

针对以上提出的环境创设中所存在的问题，我们提出以下几项解决对策。

(一)发挥教师的主导作用

1. 教师应为幼儿创设一个有准备的环境

内容上，教师应围绕总目标来安排，根据不同时期、不同发展水平的幼儿选择相应的内容，促进每个幼儿都在原有水平上得到发展。材料的提供上，教师必须根据本班幼儿的不同情况提供不同的活动材料，而且材料的摆放位置应有条理，以培养幼儿选用材料的能力及物归原处的责任感。应提供形式多样及创造一种同伴之间、幼儿与教师之间互相关心、帮助、尊重、友好合作的气氛。

2. 教师应有效地引导幼儿与环境互动

在幼儿园环境创设中，准备一个好的环境并不等于可以放松懈怠。这个环境能否按预期的计划运转，幼儿能否充分地利用环境的条件，能否在活动中真正得到发展，还要看教师能否营造环境的氛围，有效地引导环境创设的进程。教师在环境中的引导作用是指教师能利用环境来激发和保持幼儿活动的积极性，能帮助幼儿利用环境的条件来进行自我发展。

3. 教师应不断地调整环境

在幼儿园环境创设中，教师的重要作用还包括调整环境。无论是物质环境还是精神环境，当幼儿表现出兴趣减弱的现象时，教师就应该适当调整。幼儿园环境不是凝固、僵化、一成不变的，它必须随着幼儿的兴趣、需要、能力以及教育目标、客观条件的变化而不断变化。通过不断调整，可使环境保持适合幼儿发展的最佳状态。

(二)注意幼儿主体性的维护

幼儿是环境创设活动中的不可缺少的参与者。对于这个问题的认识实际上是教师的教育观、儿童观的体现。教师不能把精力放在“我怎样布置，我怎样创设环境上”，而应当放在“我怎样启发、引导幼儿参与，幼儿怎样参与”上面，这种参与是教师有目的、有计划、遵循幼儿年龄特点地组织幼儿参与设计，参与搜集、准备材料，参与布置、装饰环境等的活动，也只有幼儿参与创设了的环境，才是幼儿喜欢的环境，才是富有意趣的环境。①

（三）定期更换环境布置的主题和内容

幼儿对富有新意的环境总是表现出特别敏感而有兴趣，他们对一个个富有新意的事物，都想看看、听听、摸摸、碰碰、问问。这时他们的思维活动与探索精神也处于最佳状态，如果教师能抓住时机，对幼儿进行启发、诱导，幼儿就能主动地、不断地获得信息。富有变化的环境能吸引幼儿，提高幼儿学习的主动性与积极性，如果让幼儿始终处于单调、枯燥的环境中，他们就会对周围环境失去兴趣。在创设富有新意的环境的过程中，首先要对幼儿进行充分了解，其次是要创设独特而富有情趣的环境并提供生动的活动形式。例如，幼儿的劳动热情很高，热衷于模仿成人的各种劳动，但由于他们年纪小、体力小，经验少，不可能真的像成人那样劳动，因此我们为幼儿设立“干净的家”、“小小种植园”、“温馨卧室”等，让他们在这新奇的环境中，把生活中难以实现的愿望，通过特定的情景去实践或者再现。这样的教育既能使幼儿获得大量的信息，又能调动幼儿参与活动的主动性和积极性。

（四）重视精神环境的渗透和导向

物质环境和精神环境同等重要，二者互相促进、互相渗透。在物质环境的创设过程中，创设的主体、创设的内容、创设的形式、创设的理念无一不渗透着班级精神文化的理念。而富有教育性的物质环境同样有助于形成班级良好的精神氛围。物质环境是精神环境的外在体现，精神环境是物质环境的人文指引。

三、国外幼儿园环境创设的启示

（一）“有准备的环境”

蒙台梭利非常强调环境在儿童心理发展中所起的重要作用，认为儿童的发展是有机体与“有准备的环境”相互作用的结果，因此“有准备的环境”是蒙台梭利教育的核心。我们在环境创设的过程中也可以借鉴其优秀的教育思想。总的来说，蒙台梭利幼儿园环境设置与运用的特点主要体现在以下几个方面：

①典型的蒙台梭利学校包括教室、室外花园、操场、图书馆、起居室、贮藏室。

②环境的设置必须适合儿童发展的节奏和步调，并提供适合儿童自由操作的各种活动材料。

① 谢秀丽，张加容．走出幼儿园环境创设的误区[J]．学前教育研究，1998(4)．

③环境必须是有秩序的、对儿童有吸引力的、美的，同时也必须是能够保护儿童，并让儿童有安全感的。

④环境创设必须体现与成人世界的联系。

⑤典型的蒙台梭利教室分为日常生活、感官、数学、语言、历史地理、文化科学、艺术表现7个区域，各个区域为儿童提供不同的“工作材料”，并随儿童的发展不断更换，以满足儿童发展的需要。

⑥必须是有秩序的环境，没有秩序的环境将会使儿童产生混乱，难以打下对事物进行逻辑化和抽象化思考的基础。

（二）“没有一处无用的环境”

瑞吉欧学校的教育工作者认为，优质的教育需要理想的学习空间。因此，他们努力营造一种舒适、温暖、愉悦的气氛以及令人感到快乐的环境，从而使整个学校的环境非常有亲和力，很吸引人。而且在瑞吉欧学校中，没有一处无用的环境。瑞吉欧教育环境的设置与运用有以下几个方面的特色：

①典型的瑞吉欧学校包括入口、长廊、教室、工作室、教室中的小画室、图书馆、档案室、起居室、室外花园、贮藏室。

②强调环境的开放性以及材料的相对自由使用，环境和材料作为一种促进儿童交流和对话的方式而存在。

③强调环境是课程设计和实施的要素，是儿童与儿童之间、儿童与成人之间、儿童与物之间互动的关键性因素，是瑞吉欧教育中的“第三位”教师。

④环境也是“记录”儿童成长的最佳方式之一，对教师的工作与成长、儿童的自我认识、家长对儿童和学校教育的了解这三个方面都发挥着不可比拟的作用。

瑞吉欧教育方案中的学校环境首先在整体设计上表现出对美与和谐以及对学校文化的基本因素——社会互动的关注。其次，强调环境要能反映出儿童所付出的努力和取得的成果，因此幼儿园随处都可看到儿童个人、小组或集体完成的工作成果，这也是教师和儿童共同建构的校园文化。最后，环境中所有的材料投放和布置都以吸引儿童和激发儿童的创造性和探究欲望为目的，鼓励儿童对周围环境作出敏锐而积极的反应，同时为儿童创造出一个人与人、人与物之间交流互动的环境。①

本章小结

幼儿园班级环境指的是，在幼儿园班级空间范围内支持与影响幼儿与幼儿教师在班活动的一切条件的总和，是一切物质环境和精神环境的总和。本章主要涉及幼儿园班级环境概述、班级物质环境创设、班级心理环境创设等方面内容。幼儿园班级环境作为幼儿发展

① 杨伟鹏，霍力岩. 生态学视野下的幼儿园环境创设[J]. 幼儿教育(教育科学)，2013(4).

的重要影响因素，在促进幼儿的认知、能力、情感、个性与社会性等方面发挥着重要作用。

拓展阅读

1. [美]伊莱亚森，詹金斯. 美国幼儿教育课程实践指南(第9版)[M]. 李敏谊等，译. 北京：机械工业出版社，2015.

2. 关青. 幼儿园班级管理[M]. 西安：陕西师范大学出版社，2013.

3. 李红雨. 幼儿园环境创设[M]. 北京：北京师范大学出版社，2013.

4. 薛彦华，史晓燕. 幼儿园班级管理与环境创设[M]. 北京：北京师范大学出版社，2014.

思考练习

1. 名词解释：幼儿园班级环境、物质环境、精神环境。

2. 幼儿园班级环境可以划分为哪些类型？其作用怎样？

3. 幼儿园班级环境的创设原则有哪些？

4. 幼儿园班级一般设置哪些活动区角？

5. 幼儿园班级精神环境创设应注意哪些问题？

6. 思考题：

有这样一个故事：在第二次世界大战后的德国，有两所设备和食品质量都完全相同的幼儿园。但是，当调查人员对这两所幼儿园的幼儿健康状况进行调查时却发现，甲园的幼儿身心都很健康，情绪也很愉快，而乙园的幼儿却身心健康状况较差。迥异的结果使调查人员十分困惑，他们经过认真的调查分析之后，终于找到了原因。原来，甲园管理幼儿吃饭的保育员态度和蔼，富有爱心，在幼儿吃饭时总是以微笑、鼓励对待和帮助幼儿，而乙园的保育员则对幼儿缺乏耐心与爱心，每逢进食就训斥幼儿，致使幼儿一到进食时就害怕、流泪甚至小便失禁，进餐时情绪低落，严重地影响了幼儿的食欲及消化吸收，最终对幼儿身心健康产生不利的影响。

思考：保教人员的教育态度属于环境的一部分吗？不良的精神环境会对幼儿产生什么样的影响？

第四章　幼儿园班级的新生入园与幼小衔接

教学目标

1. 理解幼儿刚入园的不适应表现及原因。
2. 能够开展适宜的新生入园准备工作和入园后的指导工作。
3. 了解幼小衔接的含义及幼儿园与小学教育的区别。
4. 掌握幼小衔接的工作内容。
5. 理解目前我国幼小衔接存在的问题。
6. 掌握幼小衔接问题的解决策略。

名人名言

大自然希望儿童在成人以前就要像儿童的样子。如果我们打乱了这个次序，我们就会造成一些早熟的果实，它们长得既不丰满也不甜美，而且很快就会腐烂；我们将造成一些年纪轻轻的博士和老态龙钟的儿童。

——卢梭

案例分析

毕胜男在一次陪着同事孩子“幼升小”面试中，着了名校的“魔”，非市重点第一小学不上，她开始了疯狂择校路。虽然家门口就有第九小学，但是她眼中的第一小学自带光环，连门口卖的烧饼都那么与众不同。她甚至为了上重点学校和做教育工作的同学去“拉关系”。为了打听怎样上第一小学，她和幼儿园一个傲娇的学生家长套近乎，被人一顿“讽刺”。更因为轻信下属帮助上第一小学的承诺而被算计到丢了工作。

——电视剧《虎妈猫爸》之剧情

分析： 赵薇在此电视剧《虎妈猫爸》中饰演的毕胜男为了女儿倩倩能够进入重点小学可谓用心良苦，并在孩子要上小学之前为其疯狂补习。但这样大动干戈的幼小衔接准备工作是否有必要还需慎重考虑，本章将为家长介绍幼小衔接可以做的必要前期工作。

第一节 新生入园

幼儿进入幼儿园，是他们走向集体生活、走入社会的第一步，也是幼儿发展的关键时期。新生入园是否顺利对于幼儿以后的幼儿园生活至关重要，必须引起家长及教师充分的重视。

一、3 岁幼儿身心发展特点

3 岁对于多数儿童来说是身心发展的重大转折时期，从 3 岁起，儿童开始离开父母进入幼儿园过集体生活，生活范围的扩大和变化会促进儿童的身心发展。

(一) 情绪性

小班幼儿的行动常常受情绪支配而不是靠理智控制。情绪性强是整个幼儿期儿童的特点，年龄越小越突出。小班幼儿的情绪性表现在很多方面。高兴时听话，不高兴时说什么都不听。如果喜欢哪位老师，就特别听哪位老师的话。小班幼儿的情绪很不稳定，很容易受外界环境的影响，看见别的孩子都哭了，自己也会莫名其妙地哭起来。老师拿来新玩具，马上又会破涕为笑。

(二) 模仿性

小班幼儿的独立性差，爱模仿别人。看见别人玩什么，自己也玩什么；看见别人有什么，自己就想要什么，所以小班玩具的种类不必很多，但要多准备几套。家长和教师常常是儿童模仿的对象，因此，应该时刻注意自己的言行举止，为儿童树立好榜样。

(三) 直觉行动性

思维依靠动作进行，是先学前期儿童的典型特点。小班幼儿仍然保留着这个特点。

让他们说出一小堆积木有几块，他们就用手一块一块地数才能弄清，他们不会像大些的幼儿那样在心里默数。

由于小班幼儿的思维还要依靠动作，因此他们不会计划自己的行动，只能是先做后想，或者边做边想。比如，在捏橡皮泥之前往往说不出自己要捏成什么，而常常是在捏好之后才突然有所发现："我捏的是馒头！"

小班幼儿的思维很具体，很直接。他们不会做复杂的分析综合，只能从表面去理解事物。因此，对小班幼儿更要注意正面教育，不要讲反话。

（四）自我意识萌发

自我意识是意识的一种形式，是指主体意识到自己的外部行为和内心活动，并且能够恰当地评价和支配自己的认识活动、情感态度和动作行为，由此逐渐形成独立性、主动性、自尊心、自信心、自制力与支持性等性格特征。

独立意识增强，常常说"我要"、"我自己"等，很喜欢坚持自己做一些事情或独自完成一件事情，步入"第一反抗期"，拒绝别人的帮助。如自己倒水，自己爬到高处去，非要到水坑里玩，非要爬树，有的宝宝在睡觉的时候非要选择特定的被子、特定的人讲故事、特定的情景，这些都属于反抗期的表现。在这期间的孩子，特别喜欢按自己的主意去做，他如果在试着用积木搭一个楼，尽管搭不好，却不让大人插手，有时会因大人的"好心"帮忙而变得急躁起来，或干脆一把将积木推倒。让大人气得想：这孩子怎么这么不可理喻。

一方面当周围的人不能接受他的意志或他自己感到烦躁时，就会以反抗的形式表现出来，另一方面，会变现出固执且支配别人的行为，会让教师和家长感到这个时期的孩子"越来越不听话了"。

（五）情感依恋强烈

3 岁左右的孩子情绪发展的明显特征是易感性和易变性，他们的情绪非常外露，极易受环境的影响。对亲近的人有强烈的情感依恋，当与依恋者分离时，大多数都要经历或长或短的分离焦虑过程。他们用啼哭等方式表达分离的痛苦，这种因情感依恋而产生的分离焦虑，儿童对依恋对象的存在和消失十分敏感。

资料链接

一、分离焦虑

分离焦虑是指婴幼儿因与亲人分离而引起的焦虑、不安或不愉快的情绪反应，又称离别焦虑。即婴幼儿与某个人产生亲密的情感结系后又要与之分离时，产生的伤心、痛苦，以表示拒绝分离，是婴幼儿焦虑症的一种类型，多发生于学龄前期。

约翰·鲍尔比（John Bowlby）通过观察把婴儿的分离焦虑分为三个阶段：反抗阶段——号啕大哭，又踢又闹；失望阶段——仍然哭泣，断断续续，动作的吵闹减少，不理睬他人，表情迟钝；超脱阶段——接受外人的照料，开始正常的活动，如吃东西、玩玩具，但是看见母亲时又会出现悲伤。

二、亲子依恋

亲子依恋是孩子在两岁前与母亲或主要抚养人之间建立的一种特殊的情感联结纽带。母亲不仅能满足婴儿的生理上需求和情感的“饥饿”，而且是孩子心理上的“安全岛”和快乐的源泉。只要母亲在他身边，他就能安心、愉快地玩耍，探索周围的环境。

运用标准的“陌生情境”实验，可以测查并区分出三种不同的亲子依恋类型：

(1)安全型依恋：只要母亲在场，他就感到足够的安全，能在陌生的环境中进行积极的探索和玩耍，对陌生人的反应也比较积极。当母亲离开时，他明显地表现出苦恼和不安，想寻找母亲回来；当母亲回来时，他又很容易平静下来，继续去做游戏。

(2)反抗型依恋：这类婴儿每当母亲离开时他都大喊大叫，极度反抗，但当母亲回来时，他对母亲的态度又是矛盾的，既寻求母亲的安抚，又拒绝母亲的接触，并不时地朝母亲这里看。

(3)回避型依恋：母亲离开或回来他都无所谓，实际上这类婴儿与母亲并没有建立起特殊的情感联结。

在这三种依恋类型中，安全型依恋是良好、积极的依恋，而反抗型和回避型依恋则是消极的、不良的依恋。

二、入园新生的适应状况

每年九月开学，都会有孩子出现不同程度的“入园不适应症”。不少孩子没进过托儿所，身心稚嫩、适应能力差，因此初次入园时，由于周边环境陌生，往往会产生恐惧感和无助感，从而整天大哭大闹、吵着回家或者沉默寡言，出现一系列的负面情绪和消极行为。从家庭进入幼儿园，是幼儿在社会化道路上迈出的重要一步，但对孩子来说，从家庭到幼儿园，生活环境发生了巨大的变化。这是一个突然的转变——他们在毫无准备的情况下，被父母送进了一个完全陌生、没有任何感情依托的空间，所以有些孩子会不习惯新的环境。专家把这一时期称为“孩子的第二断奶期”，这是每个入园孩子都必然会经历的心路历程。

（一）幼儿入园不适应的表现

1. 情绪方面

幼儿离开熟悉的家庭环境来到一个陌生的环境，离开亲人的呵护，情绪上难免会焦虑紧张，产生不安全感。焦虑、坐立不安、恍惚、低声啜泣、失声哭闹、恋物、暴躁、生气、恐惧、紧张等。有的幼儿会一直哭泣，并大喊大叫，异常烦躁，不断询问“妈妈怎么还不来接我”，老师都会用安慰的语言说“你妈妈会来的，会来接你的”，这才安心地离开。但幼儿过不了两秒钟就又问，不厌其烦，一遍又一遍。有的幼儿对自己所带物品总是随手拿着，不容别人碰一下，甚至不和别人挨着坐，独自在一边，若别人不小心碰了他，或拿了他的东西，他会非常愤怒，甚至声嘶力竭。还有的孩子会十分害怕，蜷缩在角落里，低声哭泣，情绪非常低落，别人碰了他，抢了他的玩具，甚至打了他，他也不敢反抗，就连大声说话也不敢。

2. 行为方面

幼儿入园不适应行为表现为胆怯、害羞、缄默(整天不讲一句话)、缠人、孤僻、打人、抢玩具、拒食、拒绝拥抱、扔玩具、拒绝脱衣服、违拗、自虐。有的幼儿入园后拒绝做任何事情，不坐、不让碰、不吃、不玩，唯一想做的就是趴在窗口等妈妈或者四处游荡，稍不如意，就大哭特哭；也有的孩子把自己封闭起来以求保护，独坐一边，不说话、不玩玩具，明显表现出胆怯和不知所措。还有的幼儿特别缠人，看到别的家长和教师从门口走过，就会跟着过去，希望能把他带走，去找妈妈，或者要求教师一直抱着他、领着他、看着他，当教师眼神离开或牵着的手放开时，他就会大哭起来。还有的以扔东西、打人等来进行发泄自己的内心情感。

3. 生理方面

幼儿入园不适应生理表现为喂食困难、食欲下降、入睡困难、夜惊、遗尿等。大部分幼儿有不吃饭、尿裤子等现象发生。有的孩子是本身自理能力就差，不会吃饭，不会穿脱裤子，有了需要也不会说，以至于不能很好地完成吃饭、上厕所和睡觉等日常活动；也有的孩子是由于进入陌生环境缺乏安全感，焦躁不安，对一些生理需要忽略而出现食欲下降、遗尿等现象。也有的孩子由于过度紧张，晚上回家之后可能出现夜惊、做噩梦等现象。

(二)幼儿入园不适应的原因①

1. 幼儿自身因素

(1)幼儿的身体抵抗力

身体抵抗力较弱的幼儿，体质较差，较容易感染疾病。分离焦虑易引发幼儿生理上的变化，出现多汗、拉肚子等不良的生理反应，增加了幼儿患病的几率。一旦幼儿生病又会加重幼儿的分离焦虑。初入园时期，一部分幼儿由于生病身体变得较虚弱，需要家长的加倍呵护，然而在幼儿园教师不能像家长一样全心全意地只照顾一个幼儿，所以生病的幼儿既要遭受身体不适带来的痛苦，又要忍受与家长分离带来的恐惧与不安，就是在这样双重的痛苦下，生病的幼儿变得更加脆弱，分离焦虑表现也更加严重了。

(2)幼儿的已有经验

幼儿已有经验包括：第一，对幼儿园生活的感知。美国心理学家阿诺德在 20 世纪

---

① 黄志敏. 小班幼儿新入园分离焦虑研究[D]. 南宁：广西师范大学，2004.

50年代提出情绪与个体对客观事物的评估联系着，她强调来自外界环境的影响要经过人的评价与估量才产生情绪。基于此，我们可以推测：幼儿在入园之前对幼儿园和幼儿园生活有哪些感知，包括听到、看到了哪些与幼儿园有关的内容，幼儿对幼儿园的总体感知是好玩的抑或是不好玩的，这些会在一定程度上影响幼儿入园的分离焦虑表现；第二，有无上过托班的经验。在进入幼儿园之前有过托班经验的幼儿已经有过与父母分离的经验，能够更好地适应集体生活。

2. 家庭因素

(1)父母的教养方式

父母的教养方式对幼儿多方面都存在影响是很多研究都证明了的。有研究中的观察对象，幼儿的父母为了更好地照顾孩子，在孩子出生后几乎全职在家育儿，这种对孩子的过度关注使该幼儿与父母的感情联结极深，对父母非常依恋甚至是过度依赖，在入园后该幼儿也是班级中分离焦虑最严重的幼儿之一。

(2)父母的焦虑程度

父母的分离焦虑对幼儿的分离焦虑具有影响。“高育儿焦虑感的父母往往会花更多的时间照料孩子，能对孩子的要求做出快速应答，这有助于父母与子女之间的感情依附，但同时父母会因为顾虑孩子的安全而限制他们的探索活动，使他们对大人的依附感增强，容易产生分离焦虑。”

幼儿入园后出现分离焦虑的还有部分家长。广大家长产生焦虑的主要原因在于对幼儿园的工作不了解，对教师照顾幼儿的不放心。家长的这种分离焦虑情绪在家庭中也会感染到幼儿，比如常会在接幼儿回家后对幼儿在园情况进行提问：“幼儿园好不好玩？”“你哭了没有？”“有没有小朋友欺负你？”“喝水了没有，饭菜好不好吃？”“老师喜不喜欢你？”等等。一方面，过多的提问会加重幼儿上幼儿园的紧张情绪；另一方面，一些反面的提问会给幼儿产生幼儿园不好的暗示，使幼儿害怕和不愿意上幼儿园。

3. 幼儿园因素

(1)教师的态度

通过观察发现，教师和蔼可亲、笑容可掬、抚摩拥抱幼儿更容易拉近师幼的距离，幼儿更倾向于与这类教师建立新的依恋，形成依恋替代，从而在一定程度上缓解幼儿的分离焦虑。另外，幼儿园每一位教师都以笑脸迎接每一名幼儿，有利于减少幼儿对幼儿园的抵触情绪。

(2)教师组织的游戏活动

教师组织丰富多彩的游戏活动，有利于分散幼儿对于离开家长这件事的注意力，使幼儿沉浸于游戏的世界，享受游戏带来的乐趣，暂时忘却现实中与亲人分离的痛苦。每当教师组织幼儿开展游戏时，幼儿分离焦虑表现出现最少的时候。

(3)幼儿园硬件环境

舒适、温馨的教室环境有利于幼儿分离焦虑情绪的舒缓；户外大型玩具的提供有利于分散幼儿想家、想念亲人的注意力，激发幼儿对幼儿园的喜爱；幼儿园在食谱上花一定的心思，做一些味道好、形式特别的餐点，也可以吸引幼儿的注意力，使他们愿意吃东西，减缓他们的分离焦虑。

三、新生入园前的准备工作

新生入园适应问题与日后的生活息息相关，所以必须充分重视，妥善解决，并在幼儿入园前做好充分准备。

（一）家访奠定基础

家访作为孩子接触老师、家长接触幼儿园的第一扇窗户，有着其不可替代的作用。家访的目的是为孩子进入幼儿园做准备，有效的家访能疏通家园沟通的渠道，帮助孩子、家长平稳度过入园初期的分离焦虑。对于刚入园的小班新生，不熟悉幼儿园，不认识老师，容易产生紧张、焦虑情绪，常会出现大哭、大闹现象。教师可以采用开学前家访的方法，让幼儿一到幼儿园就有一个较熟悉的人关心呵护，使他产生熟悉感和安全感。

家访工作是教师了解新生的家庭教育状况，与家长沟通教育观念，帮助幼儿尽快适应幼儿园生活的必不可少环节，做好家访工作可以从以下几点准备。

1. 熟悉孩子的资料，准备一份给孩子的“见面礼”①

首先，从家长留在幼儿园的资料里，记住孩子的大名、小名、性别、出生日期等基本情况。其次，从接待报名的老师处了解孩子和家长的具体情况。另外，精心为孩子准备一份小礼物作为“见面礼”，如一个自制的小小手指偶、一个可以和孩子一起玩的自制纸风车、一个小游戏等，让家长和幼儿感受幼儿园自制玩具的神奇，对幼儿园产生期待的感情，侧面展示幼儿在入园后将参与的和家庭游戏不同的游戏生活。

2. 提前预约时间，选择孩子状态较好的时间段进行家访

现在的父母基本上工作都很繁忙，所以要提前几个工作日和家长预约时间，以便家长能安排好自己的工作，和孩子一起在家接受家访。在实际操作中，可能经常会遇到一周内有好几个孩子都需要家访的情况，教师可用表格进行记录，以防约重时间。在时间的选择上，避免以下几个时间：如孩子午睡时间、家庭进餐时间、晚上 8 点以后。

3. 准备好问卷做好记录，了解孩子的基本情况

“宝宝生活问卷”：越细越好，包括孩子的进餐、解便的时间次数、日常行为、性格表现等。这份问卷能帮助教师掌握孩子的具体情况，从而在一日生活各环节中较好地根据孩子的情况进行护理，减缓幼儿入园生理、心理的落差，帮助幼儿平稳度过入园分离焦虑期。

---

① 彭小莉. 谈谈新入园幼儿家访的准备工作[EB/OL]. [2017-06-15]. http://essay.cnsece.com/article/8829.html.

“宝宝健康问卷”：了解孩子的身体状况、病史、特殊病史、过敏史、接种疫苗情况的问卷。这份问卷的设计可请保健医生一起来共同完成。

4. 通力合作，增强教师家长间交流

教师应让家长坚信上幼儿园是孩子社会化的重要一步，对孩子的成长有很多好处，孩子有很强的适应能力，只要家长与教师之间通力合作，上幼儿园就是一件快乐而有意义的事情。

建议家长：①当孩子入园时出现分离焦虑的情绪时，家长仍应坚持送孩子入园，但可以循序渐进地延长孩子的在园时间，令其慢慢适应。切忌听任孩子而“三天打鱼两天晒网”，这样孩子就会觉得只要不高兴、不想去就可以不去幼儿园。家长要坚决地告诉孩子上幼儿园是必须坚持的事情，不可能因为不想去就不去。②当孩子出现各种问题时，家长要及时通过各种方式与教师沟通交流，双方共同解决问题。

（二）建档了解信息

家长在入园报名时填写了一部分幼儿的基本信息，家长可以通过家访或者电话联系等方式来补充和完善幼儿的基本情况，给每一个幼儿在入园前都建立一份基本档案。建立档案能让教师获得第一手资料，在开学前做好充分的准备。

教师可为每个幼儿整理出一份档案表格，如表 4-1 所示。

表 4-1　幼儿档案表

<table>
<tr><td colspan="3">幼儿姓名：</td><td>性别：</td><td colspan="2">出生年月：　年　月　日</td><td colspan="3">原在何托、幼机构：</td></tr>
<tr><td rowspan="3">家庭成员</td><td>关系</td><td>姓名</td><td>年龄</td><td>学历</td><td>工作单位（部门）</td><td>职称</td><td>单位电话和移动电话</td><td>休息时间</td></tr>
<tr><td>父亲</td><td></td><td></td><td></td><td></td><td></td><td></td><td></td></tr>
<tr><td>母亲</td><td></td><td></td><td></td><td></td><td></td><td></td><td></td></tr>
<tr><td rowspan="3">主要接送人或同室居住者</td><td>关系</td><td colspan="2">姓名</td><td>退休否</td><td>工作单位</td><td colspan="3">联络电话</td></tr>
<tr><td></td><td colspan="2"></td><td></td><td></td><td colspan="3"></td></tr>
<tr><td></td><td colspan="2"></td><td></td><td></td><td colspan="3"></td></tr>
</table>

续表

<table>
<tr><td colspan="3" rowspan="2">家庭地址(请准确填写实际居住地址)</td><td>电话</td></tr>
<tr><td>邮编</td></tr>
<tr><td colspan="3">户口所在地：</td><td rowspan="2">该幼儿户籍属于以下何种情况，请在选项中打“√”
本区________　外区________
外籍________
外省市________　台湾籍________</td></tr>
<tr><td colspan="2">其他联系地址</td><td>电话：</td></tr>
<tr><td rowspan="3">保健要点</td><td>是否有过如厕训练：
是　否</td><td colspan="2">午睡时是否使用尿布：
是　否</td></tr>
<tr><td>是否自己吃饭：
是　否</td><td colspan="2">是否挑食：喜食__________、
厌食__________</td></tr>
<tr><td>是否会穿脱衣服：
会　否</td><td colspan="2">午睡是否有特殊习惯：无
有：__________</td></tr>
<tr><td>备注
请家长仔细阅读本备注事宜，本着对孩子和学校负责的态度，如实填写，如因填写情况不明或不实所造成的儿童病情延误或救治措施不力而形成成果的，责任由填写者自负。</td><td colspan="3">一、如果您的孩子在园内身体不适或遭突发事件，您希望(请选择)：
1. 委托幼儿园带孩子就医或采取应急措施。(　　)
2. 委托幼儿园边采取措施边告知家长。(　　)
3. 先告知家长，由家长决定怎么办。(　　)
4. 紧急联络人电话：______________
二、您的孩子曾患过哪种疾病(请在疾病名称上打“√”)
水痘；　皮肤病；　肝炎；　肺炎；　哮喘；　胃病；　骨折；　肾病；
腮腺炎；　癫痫病；　风疹；　贫血；
其他(请写明疾病名称)：______________、______________
三、对哪些食物过敏？无(　　　)；有(　　　)，主要是：______________
四、对哪些药物过敏？无(　　　)；有(　　　)，主要是：______________

我对以上事项均已知晓、认可，并如实向幼儿园反映孩子的健康状况。

家长签名：______________</td></tr>
</table>

报名日期	报名老师签名	分配班级	是否愿接送	其他需说明的事项

(三)环境营造氛围

陈鹤琴先生早在1951年所做的演讲《如何使幼稚生适应新环境》中就提出，教师要解决幼儿的入园适应问题，其中之一是要“设置丰富的教育环境……以便转移小孩子的心情，使他从各种有教育意义的活动当中消失对环境的陌生感”。创设一个丰富的环境，重要的是根据小班幼儿的年龄特点、兴趣爱好、性别差异等来创设。我们可以投放一些与家庭生活相关联的、让幼儿感受到既熟悉又亲切的、情感有所寄托的一些玩具，如娃娃家的锅、碗、瓢、盆、勺子、炉子、蔬菜、娃娃等玩具，幼儿从家里带来的一些宠爱的电动汽车、玩具熊、布娃娃等玩具，能让幼儿爬爬、跳跳的运动器材等，这样的环境可以最大限度地吸引幼儿的注意力，转移幼儿想家的情绪，消除幼儿的焦虑。

陈鹤琴先生还曾说过：“小孩子是喜欢野外生活的。”小班幼儿更是如此。因为好玩是幼儿的天性，丰富多彩的活动最能吸引幼儿、留住幼儿，尤其要以幼儿园同龄幼儿集中的优势，让幼儿感到集体生活的乐趣。作为教师，应尽可能地组织丰富多彩的活动来吸引幼儿。例如，可以组织幼儿去玩大型玩具(娃娃城、滑梯、迷宫等)，组织幼儿玩沙土等，满足幼儿喜欢户外活动的需求；教师还可以开设活动区，在活动时参与到活动中，并且到各个活动区内照顾组织好幼儿。这样孩子们会完全放松地去活动，在自由自在地玩耍中，让他们感受到极大的乐趣和满足。教师还可以给幼儿讲好听的故事，带他们唱他们喜爱的歌曲，做他们喜欢做的游戏，教师在游戏中充当角色，让幼儿感受到和老师、小朋友在一起玩有无限的乐趣。当幼儿在幼儿园中有了细微的进步时，教师要及时给予肯定和表扬，让幼儿愉快地度过每一天。

四、新生入园后的指导工作

当孩子踏入幼儿园后，陌生的环境和人会让他们产生不安，幼儿对父母或照看者有着强烈的依恋感，与父母或照看者分离会使他们产生“分离焦虑”，出现情绪波动，哭闹不安，乱发脾气，或者闷闷不乐，不愿与老师、小朋友交往等现象，个别幼儿甚至几个月下来，情绪都难以稳定。因此，如何让新入园的幼儿尽快适应集体生活，成了幼儿园教育过程中的一个不可忽视的重要环节。

(一)分批入园

让幼儿分批入园，可以让教师有更多的时间照顾新生，进行重点引导。同时，先入园的幼儿已形成良好的行为习惯和常规，他们的行为对后入园的幼儿可以起到潜移默化的影响。

(二)转移幼儿对父母的依恋

幼儿对父母有着强烈的依恋感，将幼儿对父母的依恋转移到教师身上，让孩子对教师产生依恋，不但可以减少“分离焦虑”，还可以减少幼儿对陌生环境的不安全感。那么如何将幼儿对父母的依恋转移到教师身上呢？

1. 稳定幼儿情绪，做好入园接待工作

“接待”是新生入园教育的重要步骤。儿童入园时的情绪，往往会影响其一整天的状态。新生入园，老师应亲切接待，直呼幼儿的名字或家中呼唤的小名，拥抱他，搀扶他，给他喜欢的玩具，给以抚慰和鼓励，并当着幼儿的面要家长下午早些来园接领，使幼儿在情感上受到满足。使初入园的幼儿感到温暖和安全。

2. 营造整洁、温馨、优雅的室内环境

对于新入园幼儿来说，“家”是最有安全感、亲切感的地方。用幼儿喜欢色彩明亮耀眼、外形夸张逼真的图案来布置活动室或教室，如小白兔、小鸟、红太阳、小鱼等形象。同时，要投放适宜的玩具，如拖拉玩具、串珠玩具、娃娃家玩具、积木积塑、幼儿自带玩具等。让幼儿入园的第一天就看到一个新鲜而美丽的环境，从而萌发上幼儿园的愿望。

3. 适度满足幼儿合理要求

允许幼儿带自己喜欢的玩具、图书到幼儿园，让幼儿玩自己喜欢的玩具；暂时保留幼儿自己的习惯、称呼幼儿的乳名等，这些都会让幼儿倍感亲切，从而消除陌生感。

4. 设法转移幼儿的注意力，稳定幼儿情绪

教师设计丰富多彩的活动吸引幼儿的注意力，如教师会化妆成幼儿喜爱的形象，表演幼儿喜爱的故事，还会利用户外活动环境，让幼儿选择喜欢的大型组合玩具，开展各种游戏，使幼儿在宽松、自由的氛围中愉快地生活。

5. 以形体语言亲近幼儿，让幼儿有亲切感

在幼儿早期，触觉较为敏感，多与幼儿肌肤相亲，如拍拍幼儿的小脑袋、拉拉幼儿的小手、抱抱他、和幼儿说几句悄悄话等，都可让幼儿对教师产生亲切感和依恋感。

6. 倾听宝宝诉说

在班级中要给宝宝单独开辟一个倾诉区域，如“悄悄话”、“我想对你说”等让宝宝适当地宣泄出不良情绪。

7. 奖励的策略

幼儿对老师的肯定与奖励很当回事，如宝宝能独立进餐、安静入睡、与同伴快乐的交往时，老师采取贴五角星、印章等策略奖励幼儿。

8. 允许家长入园陪伴，循序渐进入园

入园的第一天，允许家长带孩子逗留一个小时左右就把孩子领回家，第二天只需逗留半小时，而第三天孩子要单独在幼儿园待上两个小时，妈妈可以来陪孩子吃午饭，第四天孩子要在幼儿园与老师及小朋友待一上午，中午吃过饭才可以被家长接回家，到第五天孩子就要在幼儿园睡午觉了，这种循序渐进的过程虽然不是人人适用，但通常用这种办法来让孩子适应幼儿园的生活，基本上还是奏效的。

当幼儿对老师产生依恋感时，他就会喜欢上幼儿园，从而顺利地实现从家庭生活到

幼儿园生活的过渡。

（三）开展“大带小”的活动

新入园的幼儿，由于刚离开父母，来到陌生的幼儿园，总是会哭闹不停。而孩子与孩子之间是最容易相处与交流的，良好的同伴关系能使孩子具有安全感和归属感，提高孩子对新环境的适应能力，培养幼儿乐意与人交往、互助、合作和分享的品质。幼儿园开展以“大带小”活动，让中大班幼儿牵着新生的小手，陪他们玩积木，给他们讲故事，教他们洗手、喝水、如厕，带领他们看看周围的环境，认识园内的老师，到各区角走走等。让新入园幼儿在哥哥姐姐的感染下熟悉并适应新的环境，体验到幼儿园生活、游戏的快乐，逐步消除初入园时的恐惧与陌生。

（四）加强常规培养，教给幼儿一些生活技能

新入园的幼儿不习惯幼儿园的集体生活，因为喝水、吃饭、洗手、大小便、玩玩具都不能像在家里一样随心所欲，一切都要遵守规矩。老师不能迁就孩子不正当的要求，要适当地进行教育，教给他们一些生活技能，可以通过各种各样的活动和游戏，让幼儿在愉快的情绪下学到本领。

（五）开展丰富有趣的活动

此外，教师要根据幼儿的兴趣爱好，多开展丰富有趣的学习活动。“玩”是幼儿的天性，滑滑梯、骑木马、唱歌，跳舞、画画等是幼儿最喜欢的活动，因此教师可多带幼儿去玩滑滑梯、骑木马，教一些幼儿喜欢且容易接受的歌曲、诗歌、故事、舞蹈，这样既可以激发幼儿的求知欲，又可以利用这些游戏活动转移幼儿想家想父母的情绪，让幼儿在宽松、自由的氛围中愉快地生活、学习。

（六）鼓励家长共同配合

幼儿园教育固然重要，但家庭环境教育也是必不可少的，所以即使孩子们已经适应了幼儿园的集体生活，但每当晚上或是周末回家后，再回幼儿园，孩子们又是哭闹成群。

所以，教师要积极鼓励家长配合幼儿园的教育，在家时多给孩子讲讲幼儿园有趣的事情，给他们玩一些好玩的玩具。家长要配合老师指导孩子按照幼儿园的要求做一些力所能及的自理活动，千万不能一切包办。例如，对不肯午睡、一个劲要找妈妈的幼儿，可让其父母早点下班来幼儿园陪孩子熟悉幼儿园环境等。

（七）合理安排幼儿入园活动，做好接送、进餐、大小便、睡眠等工作

新入园幼儿情绪波动突出，特别是接送时候更为突出。如果所有新生都集中在一天入园，势必会使整个幼儿园的老师都忙得团团转，因此需要改变入园时间一刀切的做法。开学初应该适当缩短幼儿在园时间，让家长尽量做到迟送早接；允许幼儿保留原有的生活习惯，允许吃饭时要喂、拉大小便要陪等。

如果条件允许，在入园的前几天先不要强行安排幼儿午睡，等幼儿基本熟悉幼儿园的环境、老师和同伴情绪相对稳定后，再安排幼儿的午睡，这样可以减少幼儿的痛苦经历，使消极情绪向积极情绪发展。

新生入园幼儿哭闹、情绪不稳定是普遍存在的，只要教师用爱心设身处地的去理解和关心爱护幼儿、教育幼儿、帮助他们，相信孩子们会很快适应幼儿园的集体生活，出现在老师面前的将是一张张活泼可爱、天真烂漫的笑脸。

第二节　幼 小 衔 接

幼儿园教育阶段与小学教育阶段衔接，大班幼儿学期结束后要升入小学，成为一名小学生，实现两种身份的转变。所以，这一时期也是幼儿发展过程中的重要转折期。如果幼小衔接工作做得不好，会给幼儿的发展带来不利的影响。并且，《幼儿园教育指导纲要(试行)》中明确指出，幼儿园与小学相互衔接。因此研究幼小衔接问题是十分必要的。

一、幼小衔接概述

(一)幼小衔接的含义

《幼儿园工作规程》明确指出："幼儿园教育应和小学密切联系，互相配合，注意两个阶段教育的相互衔接。""幼儿园与家庭、社区密切合作，与小学相互衔接，综合利用各种教育资源，共同为幼儿的发展创造良好的条件。"目前，我国幼小衔接问题在很多地方仍然未得到很好的解决，使之成为家长、教师、幼儿园乃至社会普遍关注的教育问题。

幼小衔接是指幼儿园与小学根据儿童身心发展的阶段性、连续性规律以及儿童可持续发展的需要，做好两个教育阶段的衔接工作，使儿童顺利适应小学学习生活，并为今后的发展打好基础。① 做好幼小衔接工作的实质是使幼儿尽快适应小学的学习生活，顺利从幼儿过渡到学生，避免因两个教育阶段之间的不同给孩子带来不良影响，并为其以后的终身学习和发展打下基础。

(二)幼儿园教育与小学教育的差异

学前教育是基础教育的有机组成部分，是学校教育的预备阶段，是学校教育制度的基础阶段。幼儿园教育和小学教育虽同属于基础教育，却是两个不同的教育阶段，加之

① 朱宗顺，陈文华. 学前教育学[M]. 北京：北京师范大学出版社，2012：185.

儿童身心发展的阶段性，6 岁是儿童身心发展不同阶段的分界点，所以幼儿园教育和小学教育有较大差异，儿童从幼儿园进入小学，在生活、学习等各方面的变化是很大的。

1. 教育性质不同

幼儿园属于非义务教育，而小学属于义务教育。义务教育具有强制性、普及性等特点，即让每个适龄儿童接受义务教育是学校、家长和社会的义务。因此，家长必须将适龄孩子送到学校接受小学教育，而目前幼儿园教育则不具有强制性，家长可自由选择。

2. 教育内容不同

幼儿园教育是寓教于乐的，以活动为主要形式，教育内容从日常生活入手，培养幼儿掌握简单的生活能力、良好的生活习惯以及人际交往的能力等，以领域活动或主题活动的形式呈现，不重系统知识的传授，而重视促进幼儿认知、能力、情感各方面的和谐发展。教育内容相对来说是具有启蒙性质和奠基性质的。

小学的教育内容主要从文化教育知识出发，是成体系的学科知识，确切地说是以符号为媒介的学科知识。它的抽象水平相对较高，与学生的生活有一段距离，这种学习内容只有当学习者的思维具有一定的抽象、概括能力时才能理解和接受。

3. 教育方法不同

幼儿园以游戏为主，注重让孩子在游戏中学习，在活动中体验。小学则以课堂教学为主，教师除采用讲授的形式教学外，还非常注重让学生通过观察、思考、操作、探究、讨论、表达等方式进行知识学习和能力培养。

4. 生活作息不同

幼儿园和小学的生活作息也有很大的不同。在幼儿园里教师会考虑到幼儿的身心特点执行“保教并重、保教合一”的生活作息制度，且有专门的保育员来负责幼儿的保育工作，时刻关注幼儿的身心成长。幼儿园的生活作息时间没有严格的要求，早上入园和下午离园的时间也没有强制的规定。一日活动各环节之间较灵活，生活节奏有条不紊。

进入小学之后，一切生活作息都有严格的时间规定和铃声提醒。小学以课堂教学为主，每节课有固定的时间，上下午有固定的课时数，课间休息是固定的 10 分钟，早上上学和下午放学都有规定的时间。每周、每天、每节上什么课都是安排好了的，班主任虽然也会关注学生的身体状况，但毕竟没有幼儿园的保育员那样细心。总体来说，小学的生活作息有严格的时间约束。

5. 学习环境不同

幼儿园为儿童提供了丰富的材料和互动的环境。活动室的各个区角里放满了儿童喜欢的玩具，墙上和天花板也精心布置了能对幼儿有教育启发意义的装饰。活动室里的桌椅都是可移动的，开展活动时幼儿要么是分小组面对面坐着，要么是坐成圆弧形，这样的学习环境常常是轻松、自由、平等的。学习、生活的区域相对集中，活动室、游戏室、盥洗室、卧室、餐室都紧密相连。

进入小学后，班级桌椅摆放是一排排的，座位总体上是固定的，教室里的环境陈设主要是教具，与学习无关的玩具很少能够出现在课堂上。教室里也不会有一个个有趣的区角供学生自由探索，墙上和天花板也不会再有丰富多彩的装饰。相对来说，小学的学习环境较为单调、简单和严肃。

6. 师生关系不同

幼儿园的保教人员与幼儿朝夕相处，教师与幼儿之间互动频繁，幼儿会对教师产生安全感和依恋感，师幼之间关系相对平等、温馨和亲密。

小学阶段，由于科目众多，学生一般只在课堂上与教师接触，师生之间的互动多局限于学习事宜，相对来说师生关系较为平淡，也很少会形成强烈的依恋关系。

7. 成人期望不同

幼儿阶段主要是让孩子身心健康快乐地成长，理性的成人们大多不会对幼儿有掌握系统知识方面的期望，大部分家长希望孩子能在幼儿园养成良好的生活、学习习惯，培养他们的学习兴趣，发展他们的良好个性和社会性。

进入小学后，因为会有标准化的考试和测验，这时候家长和教师的期望更多集中在孩子的学习表现和学业成绩上。所以两个不同阶段的教育，成人对儿童的期望不仅有高低的不同，也有侧重点的不同。

资料链接

德国的哈克教授认为，从幼儿园到小学，不仅是学习环境的转换，也包括教师、朋友、行为规范和角色期望等因素的变化。他根据观察和研究指出，处于幼儿园和小学衔接阶段的儿童，通常存在着下列六个方面的断层问题：

①关系人的断层。孩子入学后，必须离开“第二个母亲”角色的关系人——幼儿园教师，而去接受严格要求、学习期望高的小学教师，这使孩子感到压力和负担。②学习方式的断层。小学中正规的科目学习方式与幼儿园的自由游戏、探索学习和发现学习方式有较大区别，孩子必须有适当的时间加以适应。③行为规范的断层。通常在幼儿园被认为是理所当然的个人要求，在小学不再被重视，孩子入小学后，必须学会正确地认识自己，融入集体，他们以往的感性将渐渐被理性和规则所控制。④社会结构的断层。孩子入小学后与幼儿园的友伴分离，重新建立新的人际关系，结交新朋友，寻找自己在团体中的位置并为班级所认同。⑤期望水平的断层。家长和教师都会对上了学的孩子给予新的期望和压力，为了学业而减少了孩子游戏、看电视的时间等。⑥学习环境的断层。幼儿期的自由、活泼、自发的学习环境转换成为分科学习、有作业、受教师支配的学习环境，孩子容易陷入不注意状态或学习障碍。以上断层使德国30%的小学生有不适应现象，导致学习兴趣低落、恐惧、焦虑以及攻击性强等行为发生。因此，解决好这六个断层的连接问题，是做好幼小衔接的关键。①

① 朱征平，汤图平. 关于幼小衔接问题的探讨[J]. 幼儿教育，1999(5)：4-5.

二、幼小衔接工作的内容

(一)培养幼儿对小学生活的热爱和向往之情

幼儿对小学生活的态度、看法、情绪状态等，与其入学后的适应能力关系很大。因此，幼儿园阶段应注意培养幼儿愿意上学，对小学的生活怀着兴趣和向往，为做一个小学生感到自豪的积极态度，并让幼儿有机会获得对小学生活的积极情感体验。

(二)培养幼儿对小学生活的适应性

幼儿入学后，是否适应小学的新环境，适应新的人际关系，对其身心健康影响很大。有一种认识是，幼儿只要提前认一些字，学一点拼音、算术等就没有问题了，这是十分片面的。培养幼儿的社会适应性，特别是主动性、独立性、人际交往能力等，不仅关系着幼儿入学后的生活质量，也关系着他们在小学的学习质量，是幼小衔接的重要内容。

1. 培养主动性

培养主动性就是要在幼儿园教育中培养幼儿的自信心、对周围的人和事物的积极态度，激发幼儿对活动的参与欲望和兴趣，给他们提供自己选择、自己计划、自己决定的机会和条件，鼓励他们去探索、去尝试，并使他们尽量获得成功的体验。研究证明，富于主动性的幼儿思维活跃，做事有信心，能主动与人交往，他们入学后比较快地适应小学新环境，学习成绩也较好。

2. 培养独立性

小学生课间和课余时间由自己支配，生活需要自理，这就要求他们有较强的独立生活能力。在幼儿园，要注意培养幼儿的时间观念，增强幼儿的独立意识，让幼儿知道什么时候做什么事情，并自觉去做，培养幼儿自理、自觉的能力，逐渐减少成人的直接照顾。

3. 发展人际交往能力

幼儿人际交往能力的重要性表现在入学后对新的人际环境的适应上。人际交往能力差的幼儿胆小，不能主动地与同伴交往，或与同伴不能友好相处，遇到问题也不敢去找老师反映或寻求帮助等，结果没有新朋友，他们感到孤独，心情沮丧，学习的兴趣大大降低，学校的吸引力也随之消失。同时，这一能力与主动性的发展也是密切相关的。因此，在幼儿园里必须发展幼儿的人际交往能力。

4. 培养幼儿的规则意识和任务意识

小学环境中有大量的新规则出现(如进老师办公室要报告、手要放好不能搞小动作等)，幼儿难以记住和遵守，这成为不少新生在学校受批评的主要原因。同时，入学后学习成为必须完成的任务，幼儿却一时难以确立这样的任务意识。有的新生在老师询问作业时，还很轻松地说："我不喜欢做。""昨天，爸爸带我去姥姥家了，所以我没写。"

针对这些问题，除小学教育的改革之外，幼儿园应当注意培养幼儿的规则和任务意识，特别是在处于大班阶段的幼儿。

(三)帮助幼儿做好入学前的学习准备

学习准备着眼于幼儿终生学习的需要，培养他们基本的学习品质，并在此过程中，帮助他们打下今后学习的基础。幼儿园大致需要做好以下三方面的工作：

1. 培养良好的学习习惯

从小养成好的学习习惯，将使幼儿终身受益。比如阅读的习惯，做事认真的习惯，注意力集中地听老师讲话的习惯，保持文具、书本整洁的习惯等。许多人认为这些是小事，不值得一提，重要的是学习成绩好。这种观点是不对的。学习习惯不好，以后很难纠正，对未来学习的不利影响很大。教师和家长应当从日常生活的每件事情上严格、一致、一贯地要求学生，使之养成良好学习习惯。

2. 培养良好的非智力品质

所谓非智力品质，主要指影响智力活动的各种个性品质，主要是指学习兴趣、学习积极性、意志力、自信心等。学习不仅仅是有聪明的脑袋就行，离开良好的非智力品质，幼儿智力的发展就会受到影响。因此，应当重视培养幼儿的好奇心、探索世界的积极性，培养他们做事坚持到底、不怕困难的意志品质。让幼儿从被动的“要我学”变成主动的“我要学”，培养幼儿渴望学习的品质。只有这样，幼儿才能形成自信、主动的学习态度，才能感受到学习是一件愉快的事情。

3. 丰富感知经验，发展基本能力

很多家长想让孩子上小学后学习成绩好，就在入学前教孩子拼音、认字、做算术，甚至用小学一年级的课本来“系统”地教。这一现象在一些幼儿园也不同程度地存在着。为幼儿做好入学准备，幼儿园应当怎样做呢？一般说来，在大班下学期，除了常见的幼儿园活动和游戏，教师可以给幼儿安排一些类似小学的学习内容和学习方式，如集体授课学习某些预备性知识，诸如认识拼音字母的形状和读音，认识数字和学写数字，学写自己的名字，认读一些生活中常见的汉字等。集体授课的时间可在25~30分钟。但这样的做法更多是形式上的预备，要真正为幼儿做好入学准备，提高幼儿的适应能力，就要从小班开始，循序渐进地丰富幼儿的感知经验，培养幼儿的动手能力、思考能力和解决问题的能力。因为在小学学习的许多知识都是比较抽象的书本知识，幼儿如果缺乏相应的感知经验，理解就会有困难，幼儿的感知经验越丰富，理解抽象知识的能力就越强。

三、幼小衔接存在的问题①

幼小衔接对于儿童发展的重大影响已经受到了家长、教师及社会相关人士的普遍重

---

① 朱宗顺，陈文华著．学前教育学[M]．北京：北京师范大学出版社，2012：197-221.

视，幼儿园、小学、家庭及一些相关社会培训机构，都开展了多种形式的幼小衔接。但是，由于对幼小衔接的认识存在一定的片面性，我国目前幼小衔接的开展面临一些问题。

(一)衔接变成“小学化”

所谓幼小衔接的“小学化”是指为了减缓幼儿园和小学教育之间的坡度，幼儿园增加小学课程内容，提前教授小学知识，按照小学的作息制度、教学形式、学习环境等方面开展学前教育教学活动。“小学化”的幼小衔接教育是超前教育，其本质是反衔接的。

1. 将幼小衔接等同于小学知识的提前教育

(1)幼小衔接内容以小学知识为主

我国幼儿园教育的内容相对划分为健康、语言、社会、科学、艺术五个领域，各领域相互渗透，从不同角度促进幼儿情感、态度、能力、技能等方面的发展。但在实践中，有的幼儿园违背《幼儿园教育指导纲要(试行)》的精神，把幼小衔接等同于对小学知识的衔接，特别是有关小学的数学、语文、等知识的教学，忽视学习兴趣、学习能力、学习习惯的衔接和生活经验的积累。

(2)简单移植小学教育形式

有的幼儿园以简单移植小学课堂教学的形式开展幼小衔接。要求学前儿童像小学生那样听课、写作业，幼儿园老师组织活动以灌输知识为主，并要求学前儿童在课后完成相应作业。作业的形式通常要求一个字母或一个字抄写 10 遍甚至一页，作业内容还涉及计算、英语、常识等，且作业量较大。幼儿园以学知识为主，套用小学教育的形式，增加了学前儿童的学习负担，不仅会危害儿童的身心健康，还会导致他们对学习的反感乃至厌恶，加剧儿童身心发展与教育之间的冲突，不利于儿童身心健康成长和良好学习品质的养成，对儿童发展的非智力因素极为不利。

2. 以小学生的标准要求学前儿童

(1)幼儿园以小学生的标准规范学前儿童的行为

为让学前儿童适应小学教育，在幼儿园以小学生的标准规范学前儿童的行为。不少幼儿园将小学对学生的行为规范搬到幼儿园来，往学前儿童头上套。比如，对老师要绝对服从，要听话，不许顶嘴，不许辩解；上课要专心听讲，不许开小差、玩小动作、说话，坐姿要端正，精神要集中，回答问题要举手；课间要安静地休息或做游戏。

(2)以评价小学生的方式评价学前儿童

幼儿园教育评价应注重过程性评价。但在开展幼小衔接的过程中，有的幼儿园对学前儿童的评价强调结果性评价，即以学前儿童认识了多少字、会做多少算术题等知识要求为评价的主要依据，忽视过程性评价，忽视评价的个体化与纵向性，缺少对儿童在学习活动过程中各种表现的关注。有的幼儿园评价对象单一，以学前儿童是否像小学生一样以学为主，以刻苦学习为重点，不注重对学前儿童综合素质的评价。

总之，幼小衔接变成幼儿园教育小学化，不仅不能解决幼小衔接，反而将严重危害学前儿童身心健康，扼杀学前儿童的天性，与社会要求背道而驰，不符合社会发展的需要，对儿童今后的发展带来极大的负面影响。

（二）以学前班代替幼小衔接

学前班发展到今天，它的存在已变成正常学制教育中的一个“骨质增生”。但这个多余的东西现在却被许多人看作天使背上的翅膀，以为这样的“多”总比“少”要好，这实在是个错误！①

1. 学前班成为小学预备班

学前班是我国学前教育的一种特殊类型，属于学前教育。根据规定：学前班的教育应以游戏为主，适当采用上课的形式；每课时不得超过30分钟，每周不超过12课时，不得搬用小学一年级教材，不要求幼儿书写汉字、笔算数学题等，不得给幼儿布置书面家庭作业，不允许任何形式的书面测试和考试等。但是近些年来，以各种社会名义租小学校舍办学前班、小学校内改名换姓办学前班以及幼儿园为了生源为了赢利办学前班的现象时有发生。这些学前班的班级人数、教育内容、教育形式已经完全背离了我国设置学前班的初衷。学前班的教育内容基本上是小学一年级的翻版，学前班变成了小学预备班。

2. 幼小衔接班代替学前班

随着我国经济发展和社会的转型，在城市地区，幼儿园已基本能满足学前儿童入园需求。教育部门为规范学前教育，近十年来逐步出台相关政策要求城市幼儿园和小学取消学前班。但相当多的单位为了“规避”有关部门的管理，以幼小衔接班、实验班、特色班、潜能开发班等名称来办班。在一些民办幼儿园里，学前班还被称为“大班”。这些形式不同的班级，都打着幼小衔接的旗号，但识字、数学、拼音是其教育的主要内容，游戏、户外活动严重缺失，其实质就是提前学习小学一年级课程的“学前一年班”。

（三）幼小衔接中的师资力量薄弱

1. 教师缺乏切实可靠的幼小衔接方案

对于幼小衔接，大部分教师树立了一种正确的观念，即从单纯知识的准备到生活习惯、学习习惯、学习能力、自理能力、规则意识、任务意识、身体素质等方面的全面综合的准备。但是，认识方面的提高并不等于教育行为有了转变，因为缺乏确实可靠的幼小衔接教育方案，在教师的教育行为上，仍然以形式上的衔接——知识的学习、纪律的强调为主。

2. 幼儿园教师、小学教师专业素养相割裂

我国幼儿园教师与小学教师的培养途径是彼此独立的，幼儿师范院校是幼儿园教师的主要培养基地，小学教师主要由普通师范院校培养，两类院校专业课程设置基本无共

① 尹建莉. 好妈妈胜过好老师[M]. 北京：作家出版社，2010：309.

同性。因此，大多数幼儿园缺少既熟悉学前教育特点又了解小学教育规律的教师，而小学教师基本不了解学前教育的基本规律、特点。幼儿园教师与小学教师对彼此的教学大纲、教学活动、工作方法等不了解。

(四)单方面开展幼小衔接

1. 小学幼小衔接工作比较滞后

在幼小衔接中，幼儿园积极地开展学前儿童的入学准备工作，主动向小学靠拢，在教育要求、教育内容、教育方法等方面尽量接近小学。但小学很少考虑初入学儿童的特点，不能主动与幼儿园对接，行成衔接上的单边化、一边倒。小学教师很少与幼儿园教师联系。在小学初期，小学也很少调整教学内容和方法，忽视低龄儿童的心理特点，按照小学的一般规律组织教育教学活动。由于小学对于协调工作的忽视，新入学的儿童有着或多或少的学习压力、交往压力，甚至难以适应小学的学习节奏和方式，进而出现抗拒心理。

2. 家长较少参与幼小衔接

家庭是儿童成长的重要环境，它无时无刻不在发挥着它的教育功能，并且它具有广泛性、持久性等特点，特别是家长与儿童之间具有不可替代的由血缘、情感等构成的亲子关系，决定着家长在儿童的教育工作中起着重要的作用，尤其是幼小衔接工作。但我国大多数家长认为教育就是学校的事，对家长在教育中所发挥的作用，尤其是在幼小衔接中的作用没有足够的认识，使幼小衔接工作成为家庭教育的盲区，变成幼儿园单方面的事情。

(五)家长的幼小衔接观念不当

1. 重视知识教育，忽视全面发展

由于传统的教育观念与教育态度等多方面的偏差与不当，造成很多家长重视技能、技巧的训练而忽视学前儿童的全面、和谐发展，重视短期成效而忽视学前儿童的终身发展，甚至有的家长出于过急而超前训练，竟将小学一年级的课本内容提前教给学前儿童掌握。他们认为入学前应该让儿童学会读和写，学会做数学题。他们关注的是孩子在幼儿园学会了写字、拼音还是算术，关心的是自己的孩子是否聪明，学习过程中注意力是否集中，能不能大胆回答问题，致使学前儿童在入学后出现这样一种情况：入学初感觉学习很轻松，出现上课不专心、做作业不认真等现象，形成了不良的学习态度和习惯；随着学习内容的加深、难度的增加，“储备和知识”用完了，又缺乏认真学习的习惯，这时就出现了适应困难，导致学习“没后劲”等问题。故而，给幼儿园、小学的教学活动造成压力，幼小衔接难以顺利进行。

2. 家长缺乏对儿童规则和任务意识的培养

规则意识和任务意识在家庭学前教育中没有得到足够重视。家长在日常生活中分配给儿童的事情和任务往往缺乏明确而严格的要求，常常会认为孩子小，不放心让孩子去独立完成某一项任务，或有布置无检查，而造成学前儿童的任务意识淡漠。并且在日常生活中由于孩子年龄小，家长在生活上给予相当的呵护与关爱，学前儿童的依赖心理严重，没有一定的规则和任务意识。入小学后，教学的目的性加强，孩子每天要按时做作业，而且要考试，上下课的要求也很明显，比如上课不能随便喝水、去厕所等，也会使儿童出现不适应。

四、幼小衔接的策略

幼小衔接的目的是解决儿童入学后适应困难，即社会适应和学习适应两个方面的问题。因此，对学前儿童进行以能力为重心、适应学前儿童年龄特点的全面系统的衔接教育，循序渐进地促进学前儿童适应能力的持续发展，是学前儿童身心和谐发展，是解决幼小衔接教育问题的实质所在。搞好幼小衔接，使学前儿童尽快适应小学的生活，是一个较为复杂的问题，仅仅依靠幼儿园的力量是难以解决的，需要发挥幼儿园、小学、家庭、国家政府和社会大众等多方面的积极性，共同协作，形成和谐的教育环境，让学前儿童在良性的环境中顺利过渡。幼小衔接多方共同协作的任务见表 4-2。

表 4-2　幼小衔接多方共同协作的任务

责任方	主 要 任 务
幼儿园	从小班开始做好保教工作，促进幼儿身心发展，重视幼儿学习品质的培养
小学	减缓教育坡度，调整教学活动，关注个体差异，给孩子适应的时间
家庭	对孩子合理期待，激发学习的兴趣
国家	制订相关法律法规，加强政策引导
社会	转变思维观念，促进幼小合作

(一) 幼儿园开展幼小衔接的策略

儿童进入小学前必须达到一定的身心发展水平，才能适应小学的学习和生活，而学前儿童的身心发展水平在很大程度上取决于幼儿园的保教质量。因此，幼儿园必须通过各种保教手段提高学前儿童各方面的素质，增强环境适应能力。

1. 依据幼儿园教育原则开展保教以做好持久衔接工作

幼小衔接从幼儿园入学开始就已经展开，幼儿园根据《幼儿园工作规程》和《幼儿园教育纲要》的要求，保教结合，促进幼儿心理和谐发展，持续地为幼儿入小学打下坚实的身心条件基础。主要有以下工作：

第一，细致地做好保育工作。在幼儿园阶段要保证学前儿童充足的营养和休息，防治疾病，注意安全，使学前儿童身心健康。

第二，重视体育活动，积极锻炼体格，增强体质；坚持生活制度的规律性，健全神经系统的正常发展，关心学前儿童的情感和自制调节能力；保护和训练学前儿童的感官，特别是视力、听觉器官，充分锻炼学前儿童小肌肉的动作能力，培养学前儿童的独立生活能力，如能独立进餐、如厕、游戏、劳动、整理学习用品，完成力所能及的任务等。

第三，发展儿童的智力。有意注意是儿童进入小学后顺利学习的基本条件，幼儿园应培养学前儿童能在一定程度上控制自己，使精神集中，并随年龄的增长，适当延长有意注意的时间。发展学前儿童的思维和语言能力，对常见的事物能进行初步的分析、归类、比较，形成简单的概念，在集体中能大胆讲话，发音正确，口齿清楚，语句完整连贯，清楚地表达自己的思想见解。培养学前儿童动手操作的能力，在教师指导下，学会使用简单的工具、文具。

第四，重视学前儿童非智力因素的培养。培养儿童学习的兴趣和求知欲，幼儿园不仅要用生动形象的内容来吸引儿童喜爱学习，更重要的是激发儿童的学习兴趣，有学习新知识的要求和愿望，从学习中得到满足和愉快，产生学习的主动性、积极性，得到可持续发展。

2. 做好幼儿园大班后期工作

幼儿进入大班，离入小学就越来越近，因此，幼儿园大班应更集中、更直接的对学前儿童进行入学准备教育，为学前儿童做好体力、智力、品德、意志和生活习惯等各方面的入学准备。幼儿教师要向大班儿童介绍小学情况，并创设条件，使学前儿童能与小学有直接接触的机会，可以从以下四个方面入手：

第一，组织学前儿童参观附近小学。帮助学前儿童逐步熟悉小学环境，观察一年级上课情况，激发学前儿童上小学的欲望。

第二，组织学前儿童适当体验小学的集体活动。如参观并体验少先队活动，树立戴红领巾的光荣感，组织大班儿童和小学生一起春游、开联欢会或进行其他活动等，增进学前儿童和小学生之间的友谊，请一年级小朋友回园谈学习体验和收获。

第三，向大班儿童提出要求，逐步培养小学生应有的良好行为习惯和学习能力，如按时休息，按时上学，认真学习，严格遵守上课纪律，注意力集中，不做小动作，不随便讲话，积极思考问题与发言，爱护书籍、文具、独立活动，文明礼貌，乐于助人，尊敬师长等。不断提高大班儿童的学习能力、培养书写能力和正确的握笔姿势，教师有计划地指导学前儿童阅读，使学前儿童学会从左到右，从上到下有顺序的看书。幼儿园大班还可以改变环境布置，调整作息时间，延长活动时间至 35 分钟，适当增加各种智力活动，加速学前儿童适应小学生活的步伐。

第四，巧用大班儿童毕业离园活动开展幼小衔接。举行毕业典礼，可邀请小学教师或小学生代表参加，会上有代表讲话表示祝贺和对孩子的美好祝愿，并提出希望。中班小朋友可向哥哥姐姐表示庆贺或互相赠送自己制作的礼物，会后还可拍照留念，使整个结业会在热烈气氛中进行，使学前儿童充满欢乐和自信，迎接新生活。

3. 与家长、小学教师保持密切联系

《幼儿园教育指导纲要(试行)》要求：幼儿园要定期和不定期与家长交流育儿知识，帮助家长提高育儿素质；经常保持联系，做好家长工作，引导家长走出家教误区，使家园教育一致。幼儿园可以通过家长学校、幼儿园园报、家园联系栏、家长开放日等多种宣传途径使家长与幼儿园统一认识、统一方法；充分发挥家长学校作用，聘请学前教育学、心理学教授、幼教教研员以及对幼小衔接颇有研究的教师、有较多经验的教师或家长给家长们做专题讲座；引导家长正确评价自己的孩子，调整好家教计划，全面认识学前儿童的发展。同时教师记录下学前儿童在幼儿园的情况，根据个人的实际情况，向家长提出有针对性的学前儿童的个人方案，与家长共同探讨高效率的解决方法。

幼儿教师要主动与小学教师联系，如通过个别访谈、组织参观活动、座谈会等，倾听意见，不断调整教学内容、方法，为小学一年级教师准备一份较为详细的学前儿童各方面发展情况表，以便小学教师全面系统地了解儿童，有针对性地开展教育工作。

(二)小学主动开展幼小衔接的策略

1. 合理调整低年级儿童的作息时间

幼儿园与小学在作息时间上差异较大，为减小幼小衔接的“坡度”，小学应专门为低年级儿童设计作息时间表，科学合理地安排儿童一天的学习，注重动静结合。

第一，缩短课堂教学时间。目前我国小学的作息时间比较统一，无论高低年级，每节课的时间均为 40 分钟，没有考虑年龄差异。刚入学的儿童集中注意力的时间比较短，40 分钟为单位的教学时间会使儿童身心疲惫，增大学习困难。小学一、二年级的课堂教学时间以 30 分钟为宜。

第二，增加户外活动时间。幼儿园每天有大量的户外活动时间，但小学课与课之间一般只休息 10 分钟，且除了体育课之外较少安排户外活动，儿童大部分时间在教室里，以安静活动为主。因此，小学应每天安排至少一节的户外活动，减少在教室里进行的安静活动。

第三，延长午睡时间。因幼儿午睡时间较长，入学后睡眠时间明显减少，使儿童难以保证足够的睡眠，不能充分的休息。因此，小学低年级应安排儿童午睡，并适当延长午睡时间。

2. 注重教育教学活动的延续性

儿童发展的连续性决定了教育教学活动必须具备的延续性，即小学低年级的儿童与学前儿童的教育教学活动要有较多的共同点。

第一，小学要重视环境创设。在儿童刚就读小学一年级的时候，布置一个充满童趣又能体现小学生学习环境的小天地，减少儿童离开幼儿园的心理反差。注意为儿童创设一个良好的心理氛围、融洽的师生关系、宽松愉快的学习气氛，让儿童在一个文明、安全、和谐、愉快、充满爱与尊重的良好话精神环境中生活。

第二，小学应尽量配合儿童长期在幼儿园生活中形成的习惯。例如，允许儿童有更多的自由空间——适当调节课堂节奏，课间上厕所的时间较自由，配合多种课间、课外活动。在学习上，暂时降低难度，以减小新生的压力，以缩短儿童到新学校时产生焦虑、紧张的时间，从而让他们尽快适应小学的学习节奏和方式。

第三，小学教师要了解学前儿童的身心发展和教育的规律。注意关爱每位儿童，尊重理解他们学习、生活上的个性化要求，尽可能地与每位儿童交流和沟通，增强亲和力，在对儿童的学习习惯和行为规范的要求上切忌简单急躁，要循序渐进，自然养成，对儿童抱着理解与宽容的态度。同时，小学教师可以主动了解幼儿园教育的内容、方法，增强幼小衔接的主动性。

第四，小学要重视游戏，帮助儿童积累各种各样的感性经验。游戏是学前儿童的基本活动，小学低年级应该顺应儿童的特点，在教学中要善于将游戏引入课堂。在教学上，注重形象、直观教具的使用，力求把难以理解的内容变为通俗易懂的内容，把儿童的兴趣引导到学习中去，使儿童主动学习，顺利渡过不适应期。

（三）家长参与幼小衔接的策略

1. 给儿童合理的期望，增强幼儿的自信和适应力

“望子成龙”是人之常情，但是父母的期望和要求如果超出儿童的能力，对儿童来说反而是一种压力和负担。依儿童的能力、志向和兴趣做合理的期望，增强儿童的自信，能提高儿童对新的环境的适应能力。家长要经常鼓励和肯定儿童，对儿童做出恰如其分的评价，多倾听儿童的心声，创设环境供儿童体验成功的快乐，尊重儿童信任儿童。在充分了解儿童的基础上确定合理的目标，并尽可能分解目标，逐步要求。

2. 激发幼儿上小学的兴趣与愿望

为了让儿童轻松进入小学，家长要使儿童内心产生想上小学的愿望。例如，早晨送儿童上幼儿园时，在路上见到许多小学生背着书包上学校，家长可对儿童说：“瞧，这些哥哥姐姐多神气!”使儿童产生仰慕之情。也可以在闲暇时间带着儿童到他们将要学习的学校去熟悉一下新环境，可以告诉儿童：“某某学校多漂亮呀，在学校不仅可以交许多朋友，而且可以了解到更多的新东西。”家长积极肯定地谈论学校，有助于培养儿童上学的兴趣。在这方面家长要特别注意的是，决不能用上小学对儿童施加压力，进行恐吓。如“瞧，你这么坐不住将来上小学可要受罪，让小学老师好好修理你!”这样说会造成儿童对上学产生恐惧感，不利于入学的心理准备。

3. 调整好幼儿的生活规律

入小学后，儿童的生活不能再像以前那样要给儿童建立稳定的作息制度，让儿童慢慢有时间概念，形成有张有弛的生活节奏。家长应从开学前两周开始调整儿童的作息时间。一般情况下可以早晨 6 点半起，晚上 8 点左右睡，总之至少要保证 10 小时的充足睡眠。中午，最好让儿童有一小时的午睡时间。可以和儿童一起为其选购一款喜爱的小闹钟，使儿童对时间概念有比较直观的了解，学会掌握时间，以后上学不迟到。按照儿童入小学的标准，制订作息制度，和儿童一起制作一张表格挂在墙头，并监督儿童执

行，形成良好的生活规律。

4. 培养儿童的生活自理能力

生活自理能力是入小学的重要条件。家长注意培养学前儿童生活自理能力就能增强他们对小学生活的适应力。比如大班时期，家长就要注意让儿童自己整理图书、玩具，收拾小书包和生活用品等。同时家长要帮助她们在实际行动中克服困难，而不要代替他们克服困难，当学前儿童遇到困难时，要不断给予鼓舞，使其具有较强的信心和决心，以致不达目的决不罢休。此外，还要在克服困难的方法和技术上给予适当的指导，让儿童掌握克服困难的技巧，少走弯路。培养儿童的自理能力应该从生活中的每一件小事做起，如留给儿童一片自己的小天地，指导他学会收拾自己小天地中的器物，学会穿衣、洗脸、叠被、整理房间、端饭、擦桌子、扫地等。

5. 创造良好的家庭学习环境

入小学后的儿童以知识学习为日常生活的主要内容，为了让儿童适应日渐紧张的学习生活，家长应在家里为儿童创造良好的学习环境。让家里的环境适合儿童学习，给儿童准备固定的学习地点，桌椅固定的位置不能随意搬动，这样儿童容易形成专心学习的心理定式。房间布置要适合儿童学习，应简洁、明快，摆放物品不能太多太杂。墙壁以淡色为好，不要张贴很多东西。有的家长让儿童自己编写格言、警句贴在墙上，这个办法可以借鉴。适当考虑儿童的个性特点，比如有的儿童特别好动，房间就应减少大红大绿、花色斑驳的东西，以免助长其不稳定的情绪；有的儿童过于内向、沉闷，房间的布置则要热烈、活泼一些。保持安静的环境，儿童学习时，家人应尽量保持安静，电视机、收音机最好不开。如果在不同的房间，应把门关好，声音调小。说话不应大声，尤其不要吵架。有共同学习的时间，可以约定一个时间全家人同时学习，有的读书，有的看报，有的写东西，这样的家庭气氛最能促进儿童专心学习。

6. 对学前儿童进行安全教育

入小学后，儿童自主、独立活动的空间和时间增多，这要求儿童有较强的安全和自我保护的意识与能力。家长对儿童的安全教育要全面，如饮食卫生安全，要孩子懂得在放心的地方购买食物，使用干净的餐具，不随便吃陌生人给的食物等；体育运动安全，因小学的体育场地及器材与幼儿园的差异较大，要提醒孩子在进行体育运动前熟悉体育场地，在使用时要听从老师的安排等；交通安全，在公路上行走要靠右走，在街道上行走要走人行道，横过马路要走横道线，红灯亮时要耐心等待，绿灯亮了才穿越马路，尤其是不能在马路上追逐嬉闹等；紧急情况下的自我保护意识等。只有让孩子懂得这些道理和规矩，安全系数才会增大，儿童才能适应相对复杂的小学生活。

（四）国家层面应重视幼小衔接

1. 加快学前教育的立法进程

目前虽有众多国家法规文件中指出要做好幼小衔接，防止小学化倾向，但学前教育法迟迟没有制订，就缺少了最高层次法律的约束。国家应积极推动学前教育立法的工作进程，保证幼小衔接有法可依、有法必依。

2. 加强学前教育的政策引导

在美国在公立学校系统中，幼儿园和学前班教师要求获得所在州的认证并获得州一级的教师许可证。这种教师许可证一般与小学教师属于同一系统，由州立教育部门来认证并颁发教师资格证书。公立学校系统对于教师的要求比较高，一般需要有4年本科以上的学历并必须具备教师许可证。而早在1991年美国师范教育者协会和全美幼儿教育协会共同制订了美国0~8岁儿童教师的任职资格标准，对美国幼儿教师的职业特征、应掌握的知识和能力作了详尽的解释和明确的规定。①

美国的幼儿教育指的是0~8岁，也就是出生到小学三年级这个阶段。所以美国公立系统的幼儿教师资格证是贯穿了我们所谓的学前教育和小学低年级教育的，即持证的人员可以教幼儿园小朋友也可以执教小学低年级学生。而且考取此证的人员需掌握的知识和能力涵盖了学前教育阶段和小学低年级教育阶段。

因此，我们国家在有条件的情况下，可以适当改革幼儿教师资格证制度，推行幼儿园和小学低年级教师一体化的教师资格许可制度。如此一来，持证教师既了解幼儿的心理，又了解小学生的学习心理，这对于做好幼小衔接工作不无裨益。

(五)社会关注幼小衔接的合作

目前社会市场上有很多打着“幼小衔接”名义的辅导班。名义上做的是幼小衔接的工作，实际上类似于兴趣辅导班，主要任务就是教授孩子小学低年级的内容。其次，一些社会人士还是几十年前的老观念：幼儿园就是玩，什么都学不到，到了小学就要开始学习了。这种落后的观念不仅没有分清幼儿园和小学的联系与区别，也不懂得尊重儿童身心发展的连续性和阶段性的规律。所以就社会而言，应该让社会大众都了解幼小衔接的意义和措施。

本章小结

幼儿进入幼儿园，是他们走向集体生活、走入社会的第一步，也是幼儿发展的关键时期。三年幼儿园生活结束，步入小学，进入与幼儿园学习不同的教育阶段，为了防止对小学新环境的不适应，家长及幼儿园必须重视幼小衔接问题。本章主要涉及新生入园及幼小衔接两节内容，新生入园部分包括3岁幼儿身心发展特点、幼儿入园不适应的表现、幼儿入园不适应的原因、新生入园前的准备工作、新生入园后的指导工作。幼小衔接部分主要内容有幼儿园教育与小学教育的差异、幼小衔接工作的内容、幼小衔接存在的问题幼小衔接的策略等。希望大家通过学习进一步掌握有关班级管理中新生入园及幼小衔接等方面的

① 成丽媛，李佳，李海霞，冯晓霞. 美国幼儿教师资格及其认证方式简介[J]. 学前教育研究，2007(12).

知识。

拓展阅读

1. 朱宗顺，陈文华. 学前教育学[M]. 北京：北京师范大学出版社，2012.

2. 郑三元，张建国. 学前教育学[M]. 长沙：湖南大学出版社，2015.

3. 张富洪. 幼儿园班级管理[M]. 上海：复旦大学出版社，2012.

4. 尹建莉. 好妈妈胜过好老师[M]. 北京：作家出版社，2010.

5. 天跃小芽图书工作室. 新生入园那些事儿(全国幼儿教师培训用书)[M]. 福州：福建教育出版社，2016.

6. 裴培，幼小衔接需要衔接什么——以法国幼小衔接为例[J]. 今日教育幼教金刊，2015(1).

思考练习

1. 幼儿入园不适应的外在表现有哪些?
2. 幼儿出现入园不适应时，教师应该怎么做?
3. 新生入园准备工作和入园后的指导工作有哪些?
4. 请简述幼小衔接的含义及幼儿园与小学教育的区别。
5. 幼小衔接的工作内容主要包括哪些方面?
6. 我国幼小衔接目前存在哪些问题?
7. 作为教师，如何解决幼小衔接中的问题?

第五章　幼儿园班级一日生活活动管理

教学目标

1. 了解幼儿园班级生活活动的含义及对幼儿发展的意义。

2. 掌握幼儿园班级生活活动的目标。

3. 知道幼儿园班级生活活动包含哪些内容，能够对幼儿各环节生活活动给予恰当引导。

4. 了解幼儿园班级生活活动组织误区及解决策略。

名人名言

生活即教育。在我以为，教育不需要惊天动地，只要平平淡淡；教育不需要刻意追求，只要真真实实。在我以为，教育无处不在，教育随时随刻。在我以为，我们的生活就是教育。

——陶行知

案例导读

衣服也会做早操

天气渐渐变热了，做完操后，好多孩子出了汗，纷纷脱去外套，按老师的要求把衣服放在床上。小米老师进去检查了一下，发现好多孩子根本没学会叠衣服，将衣服胡乱一团就算完成了任务。怎样才能教他们快速学会正确地叠衣服呢？这时耳边传来小班早操的音乐声，她灵机一动，心想何不让自己手中的小衣服、小裤子也活动几下呢！于是中午午睡前，小米老师就喊口令，请小朋友让衣服“伸伸臂”(将衣服拉平，将两只袖子向外拉直)、再“拍拍肩”(将两只袖子向内叠)、再“弯弯腰”(将衣服对折整齐)。叠裤子时，要求孩子先让裤子“立正”(拉直拉平二条裤腿)、再“二腿并拢”(强调一条裤腿不动另一条裤腿叠上面)、再“下蹲再下蹲”(将裤子对折整齐)。孩子们边听口令边操作小衣服、小裤子“做操”，都学得特别开心、快乐。不知不觉中将叠衣服的技能学会了。从今以后，衣服乱卷的现象消失了，孩子们的衣服叠得出奇的好和快。

分析： 在幼儿园班级管理工作中，生活活动管理是非常重要的部分，是幼儿教育活动开展的基础性工作，对幼儿园班级管理工作起到至关重要的作用。所以建立良好的常规，避免不必要的管理行为，十分重要。小米老师十分耐心且善于思考，根据幼儿的特点，引导幼儿掌握叠衣服的规范，养成遵守班级生活活动规则的好习惯。

第一节 幼儿园生活活动概述

一、幼儿园生活活动的内涵

幼儿园一日活动包括教学活动、游戏活动和生活活动等，生活活动是满足幼儿基本生活需要的活动，主要包括入园、进餐、午睡、饮水、盥洗、如厕和离园等环节。

幼儿园的生活活动是幼儿一日活动的重要组成部分，贯穿于一日活动的始终。它与其他类型的活动同等重要。生活活动是幼儿身体健康发展的前提和保障；教学活动是促进幼儿德智体美全面发展的重要途径；游戏是幼儿的基本活动，渗透在一日生活的各个环节，能满足幼儿身心发展的需求。生活活动、游戏活动和教学活动并不孤立地对幼儿发挥作用，它们之间是相互影响、相互渗透的，将幼儿园总体教育目标融入到三者之中，三者发挥合力，才能促进幼儿的健康成长。

二、幼儿园生活活动的意义

幼儿园生活活动对幼儿发展的作用主要体现在以下四个方面①：

① 朱宗顺，陈文华. 学前教育学[M]. 北京：北京师范大学出版社，2012：92-93.

(一)促进幼儿的身体生长发育

幼儿身体各个器官的生理机能尚未发育成熟，对各种自然环境和社会环境的适应能力差，对疾病的抵抗能力和对压力的承受能力较弱。幼儿园生活活动保证了幼儿有充足的睡眠、合理的营养，满足了幼儿上厕所、饮水等生活的需要，为其生长发育提供了保障。

(二)培养幼儿生活自理能力

我国独生子女家庭对孩子在生活方面包办代替太多，以致幼儿生活自理能力水平低下，劳动观念缺乏。从小培养幼儿生活自理能力和热爱劳动的观念具有重要意义。在幼儿园生活活动中，可通过幼儿独立吃饭、如厕、穿脱衣服、午睡、卫生整理等生活活动，来提高幼儿的生活自理能力，培养自我服务的劳动观念。

(三)培养幼儿良好的生活和卫生习惯

当代中国独生子女多，家长非常重视孩子的智力开发，却往往容易忽略孩子生活习惯的养成，由父母、祖父母包办代替的多，孩子生活习惯和生活技能差。幼儿园生活活动为孩子提供了反复训练生活习惯和卫生习惯的机会，如饭前便后洗手、定时定量进餐、不挑食、不随地吐痰，有助于幼儿生活、卫生习惯的养成。

(四)发展幼儿良好的心理素质

老师精心照顾幼儿的每一个生活环节，能为幼儿创造良好的心理氛围，保持愉快的情绪；幼儿积极地参加各项活动，增加同伴和师幼间的交往和合作，使孩子在安全愉快的环境中健康成长。如按时午睡、进餐等生活活动，让幼儿在养成遵守作息制度的良好习惯过程中，逐渐形成遵守一切制度、纪律的倾向，同时可增强幼儿动手做事、克服困难的能力和信心。幼儿在形成良好习惯的过程中，健康心理素质也在积累和发展之中。

三、幼儿园生活活动的目标

《3~6岁儿童学习与发展指南》中指出“要珍视游戏和生活的独特价值”，应“帮助幼儿养成良好的生活与卫生习惯，提高自我保护能力，形成使其终身受益的生活能力和文明生活方式”。具体来说，生活活动的目的是：帮助幼儿了解初步的生活和卫生常识，使幼儿掌握基本的生活技能，提高幼儿的生活自理能力，培养幼儿健康的生活态度，使幼儿建立良好的生活制度，并养成合理的生活好习惯。可见，生活活动的目的包括了认知、能力和情感态度三方面，生活知识是基础，生活能力是关键，生活态度是核心，最终是帮助幼儿养成受益终身的良好生活习惯和方式。

《3~6岁儿童学习与发展指南》在健康领域对3~4岁、4~5岁、5~6岁三个年龄段的幼儿在“生活习惯与生活能力”方面提出了合理的期望，并提出相应的教育建议(见表5-1和表5-2)。这为幼儿园教师设计大、中、小班各年龄段生活活动的目标提供了参考的依据。

表 5-1 《3~6岁儿童学习和发展指南》健康领域的发展目标(部分)

目标1：　具有良好的生活与卫生习惯

3~4岁	4~5岁	5~6岁
1. 在提醒下，按时睡觉和起床，并能坚持午睡。 2. 喜欢参加体育活动。 3. 在引导下不偏食、挑食。喜欢吃瓜果、蔬菜等新鲜食品。 4. 愿意饮用白开水，不贪喝饮料。 5. 不用脏手揉眼睛，连续看电视不超过15分钟。 6. 在提醒下，每天早晚刷牙。	1. 每天按时睡觉和起床，并能坚持午睡。 2. 喜欢参加体育活动。 3. 不偏食、挑食，不暴饮暴食。喜欢吃瓜果、蔬菜等新鲜食品。 4. 常喝白开水，不贪喝饮料。 5. 知道保护眼睛，不在过强或过暗的地方看书，连续看电视不超过20分钟。 6. 每天早晚刷牙且方法基本正确。	1. 养成每天按时睡觉和起床的习惯。 2. 能主动参加体育活动。 3. 吃东西时细嚼慢咽。 4. 主动饮用白开水，不贪喝饮料。 5. 主动保护眼睛。不在过强或过暗的地方看书，连续看电视不超过30分钟。 6. 每天早晚主动刷牙，方法正确。

目标2：　具有基本的生活自理能力

3~4岁	4~5岁	5~6岁
1. 在提醒下，饭前便后能洗手。 2. 在帮助下能穿脱衣服或鞋袜。 3. 能将玩具和图书放回原处。	1. 饭前便后能主动洗手，方法正确。 2. 能自己穿脱衣服、鞋袜、扣纽扣。 3. 能整理自己的物品。	1. 能根据冷热增减衣服。 2. 会自己系鞋带。 3. 能按类别整理好自己的物品。

由表可见，从小班到中班再到大班，对幼儿生活活动的期望值是越来越高、循序渐进的，对幼儿生活自理能力及主动性的要求日益提高。小班很多时候强调能够在教师和其他人的提醒下做出健康的行为，大班则期望能够不需旁人提醒，主动并乐意做出健康的行为，中班则介于两者之间。例如，小班是“在提醒下，按时睡觉和起床，并能坚持午睡”；中班则是“每天按时睡觉和起床，并能坚持午睡”；大班是“养成每天按时睡觉和起床的习惯”。所以，教师在考虑不同班次生活活动的期望值时一定要考虑幼儿的年龄段特点，提出合理要求。良好的生活习惯目标并非一时努力便能达到，要坚持不懈地督促幼儿，期间有可能会出现反复、倒退的行为，教师也不要气馁，要知道“冰冻三尺

非一日之寒，滴水石穿非一日之功”。只要锲而不舍地用正确方法引导幼儿进行生活活动，定会向目标一点点靠近。

第二节　幼儿园班级一日生活各环节指导要点

教师应坚持“保教结合、保教并重”的原则，有效组织管理幼儿园班级一日生活活动的各环节。幼儿园班级管理的目的就是合理地组织和利用幼儿园班级的各种教育资源，优质高效地达到班级的目标。幼儿园班级一日生活活动的管理就是教师在遵循幼儿身心发展规律的基础上，合理安排幼儿的生活活动，指导幼儿生活活动各环节能够顺利开展。

一、入园环节

一日之计在于晨，良好的开端是成功的一半。为了使幼儿愉快地度过幼儿园的每一天，入园活动显得尤为重要，教师有效地组织入园活动才能让幼儿平稳地从家庭环境快速转换到幼儿园环境，减轻幼儿的分离焦虑，开始其一天美好的幼儿园生活。

小贴士

> 入园时分，幼儿园大厅或者班级门口可播放优美动感的音乐，一来唤醒睡眼惺忪的幼儿及家长和幼儿教师，二来可缓解有分离焦虑幼儿的紧张心情，三来音乐可让幼儿跟随着哼唱、手舞足蹈。如第二套全国幼儿广播体操《世界真美好》，其歌词“大公鸡，喔喔叫，外面的世界多美妙；小朋友们排好队，大家快快来做操……”听着这首歌幼儿就会心情愉悦。

入园活动的组织一般包括晨检、晨间接待和晨间锻炼。

（一）晨检

《幼儿园工作规程》中规定“坚持晨检及全日健康观察制度”，《托儿所幼儿园卫生保健管理办法》中也规定幼儿园应“坚持晨检及全日健康观察制度”，这些文件以法规的形式突出了幼儿园晨检的重要性。

晨检的目的不仅是要检查幼儿的身体是否健康、精神状态是否良好，还要检查幼儿是否携带容易造成安全事故的小物品，如小刀、大头钉等。晨检的健康检查一般采取一摸、二看、三问、四查的步骤（见图5-1）。一摸：摸幼儿有无发热现象，可疑者测量体温。二看：一般情况下，观察幼儿精神状态、面色等，传染病的早期表现，咽部、皮肤有无皮疹。三问：问幼儿饮食、睡眠、大小便情况。四查：有无携带不安全的物品，发现问题迅速处理。如有异常情况，及时做好记录。

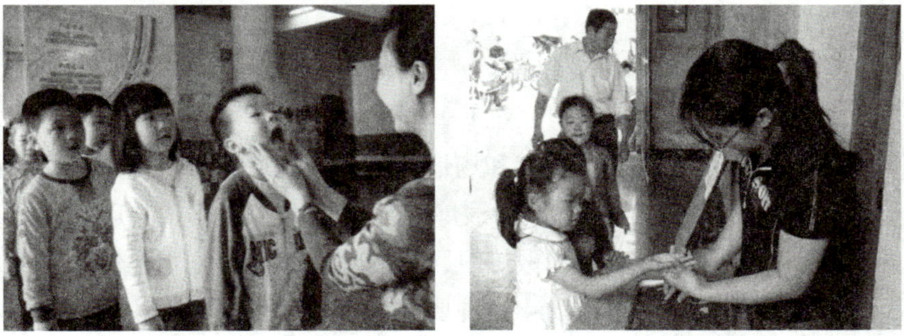

图 5-1

对健康状况正常的幼儿发放绿色晨检卡，确认有疾病的幼儿发放红色晨检卡，需要继续观察或者用药的幼儿发放黄色晨检卡。如有的幼儿需在幼儿园服药，当班教师一定要做好详细的登记。班级要有专门的幼儿用药登记表，教师应请家长写下幼儿的姓名、药品名称、服药数量、服药时间、服药次数，并请家长签字确认。

(二)晨间接待

晨间接待指的是接待入园的幼儿和家长，环节虽然短暂，但却是重要的教育契机(见图 5-2)。这一环节是教师、幼儿和家长三方互动的环节。教师可以利用这一时间向家长了解幼儿的在家情况，同时也可以趁机引导家长接纳科学的育儿理念，帮助家长改善不当的教育方法。家长也会向教师介绍幼儿情况并询问一些事宜。晨间接待是教师赢得家长信任和支持、家园沟通和交流的重要窗口，充分把握这段时间会有大大的收获。

图 5-2

对于幼儿来说，晨间接待是教师培养幼儿行为习惯与人际交往能力的好时机。首先，在入园时分，教师有礼貌地主动向家长和小朋友问好，并向家长礼貌道别，这些行为都会潜移默化地影响幼儿养成良好礼貌习惯；其次在晨间接待环节，教师可安排幼儿和教师一起来迎接小朋友入园，培养幼儿的小主人意识，同时也锻炼了幼儿礼貌用语的表达及人际交往的能力。

(三)晨间锻炼

幼儿入园后，教师可根据当天天气和场地情况有计划地组织室内或者户外的晨间游戏或者锻炼活动(见图 5-3)。在组织晨间锻炼时，教师应注意儿点：运动量要适中，内容可让幼儿自选，要注意安全。晨间锻炼时，有的幼儿刚在家吃了早饭，有的幼儿还没有吃早饭，饭前饭后都不宜大量运动。教师要把握好，运动量太小达不到振奋心情、舒展身心的目的，运动量过大会伤害到幼儿的身体。晨间锻炼的内容主题可以由教师统一安排，也可幼儿自选。如果尊重幼儿的选择，让幼儿一入园就能玩到自己想玩的玩具或者游戏，幼儿会觉得很顺心。晨间活动时，因为教师事情较多，既要晨检，又要接待家长，既要打扫卫生，又要组织晨间活动，所以一定要“三心二意”，顾及幼儿的安全，防止意外事故发生。

图 5-3

二、进餐环节

幼儿园的进餐环节包括早、中餐(有些寄宿制幼儿园会有晚餐)及上下午的点心活动。

在进餐活动中，根据进餐活动的时间推进，教师应做好三件事情：进餐前的准备、进餐中的指导、进餐后的组织。

图 5-4

（一）餐前准备

教师可从以下几点做好餐前准备工作：

第一，餐前二十分钟左右结束其他活动，提醒幼儿用餐时间到了。

第二，教师用消毒水擦干净餐桌，取出消毒过的碗筷、毛巾等物。餐具可由教师分发下去，也可由值日生帮助教师分发。

第三，组织幼儿如厕、洗手。小班幼儿应帮助他们卷衣袖和开关水龙头，中大班小朋友在掌握了洗手的正确方法之后，教师只需督促他们认真洗手即可，并提醒幼儿洗完手不要随意触碰其他东西。

第四，饭前可播放一些轻柔、优美的音乐，可讲一些好听的小故事，可开展一些安静的游戏如手指操等，让幼儿在饭前心情能够平静下来，这样对用餐是非常有好处的。

第五，当食物到来时，教师可有声有色地向幼儿介绍当下的食物，激起幼儿的食欲，同时也能让幼儿学习到一定的营养常识，帮助他们克服挑食、偏食的坏毛病。

第六，在进餐前，尽量不处理问题、不责骂幼儿、不训斥幼儿，以免幼儿心情难过、烦躁而食不下咽。餐前情绪不好会影响幼儿的进餐量、进餐速度和消化，进而会影响到幼儿的身体发育和心理健康。

总体来说，教师的餐前工作应该是为幼儿创设一个温馨的用餐环境，这个环境不仅仅是物质环境，更重要的是心理环境。干净卫生的物质环境和温馨愉悦的心理环境都是幼儿能顺利用餐的前提条件。

（二）餐中指导

用餐过程中，教师可做好以下工作：

第一，教师应认真仔细观察每个幼儿的进餐情况，包括幼儿的进餐量和进餐姿势及进餐情绪，有必要的话可做一下班级餐饮记录。对于突然用餐量减少的幼儿，一定要做详细的询问，看看是什么原因。教师来回巡视的时候看看是不是每个幼儿进餐时坐姿端正，有的小朋友可能会一只脚踩在凳子上吃饭，这些都是不良坐姿。到中、大班的时候，要特别注意幼儿使用筷子的方法和握法是否正确。

第二，对于用餐速度较慢的幼儿，可先给他们分餐，让他们先吃。帮助幼儿消除掉影响其用餐速度的不利因素，如有些孩子用餐时跟旁边小朋友聊天，一聊就停下来忘了吃饭，这时教师就要温馨提醒。对吃饭过快的幼儿也要提醒他们细嚼慢咽。

第三，在盛饭时，第一碗都要少盛一些，幼儿可根据自己饭量，随时要求添加饭菜。

第四，对于挑食偏食的幼儿，应认真地询问缘由、耐心地解释，然后通过游戏、家园合作或者其他方法帮助他改掉挑食的毛病。

第五，对于用餐量很少的孩子，教师首先要了解幼儿在家饮食状况如何，明晰原因，再向幼儿解释进餐少有可能会引起体重不足、精力下降、营养不全、发育缓慢等结果。

第六，在进餐过程中，教师不要强制幼儿多吃、快吃。很多教师在用餐时的口头禅都是"再吃点，吃多多才能长高高"，"快点吃，不要磨叽"等。幼儿用餐量只要达到能满足其生长发育的要求即可，并非吃得越多越好；用餐的速度也不是越快越好，只要幼儿用餐时间在半小时左右都是可以的，况且幼儿个体之间差异很大，有些小朋友 10 分钟能吃完，有些则需要 40 分钟。这些都需要教师合理地去把握，不应常常去表扬那些吃饭多、吃饭快的小朋友，这样会让那些用餐量少和用餐速度慢的小朋友很大压力，而且会让所有小朋友都认为饭是吃得越多越好、越快越好。

第七，在进餐过程中，允许幼儿轻松小声交谈。中国自古以来流行"食不言、寝不语"。然而用餐时不说话小朋友很难做到，如若一味强制要求，小朋友只会产生逆反心理，更加不利于幼儿身心健康。只要幼儿的交流没有影响用餐秩序，可以允许幼儿安静交谈，让幼儿在轻松氛围中完成进餐。用餐时的安静交谈也可以锻炼幼儿的语言沟通能力，且建立融洽的同伴关系。

案例分析

文明用餐的"小猫"

小班幼儿进餐及进餐前后的活动都很难组织。比如端饭时，老师要幼儿排队有序地进行，可他们却乱挤乱撞；进餐时，老师要求不挑食，玩耍，可他们却边吃边玩；饭后散步时，老师要求不挤不推不乱跑，可他们却推推拉拉到处跑。为此，老师们结合小班幼儿的年龄特点，开展了饭前饭后的教育活动，重点在良好生活习惯的养成上。在饭前的等待时间，老师组织幼儿复习小猫的律动。做完律动后问："'小猫们'，你们肚子饿吗?""饿了。""好，现在'猫妈妈'请你们吃饭了，'小猫'走路是怎样的?""'小猫'走路是轻轻的。""对呀，请'小猫们'轻轻地走过去端饭，不推也不挤。""小猫们"吃饭吃得可香了。吃完饭后，“猫妈妈”带着“小猫”排好队去户外散步，边散步边念儿歌：“小猫小猫向前走，跟着妈妈轻轻走，不乱跑不乱追，看见老鼠把它抓。”“猫妈妈”问：“‘小猫们’，你们累了吧，‘猫妈妈’带着大家回去休息了。”“猫妈妈”带着“小猫们”轻轻走进寝室。孩子们伴着愉悦的情绪，渐渐地进入梦乡。①

分析：从以上案例可以看出，小班幼儿还没有形成规则意识，所以很难组织进餐活动。教师通过巧妙地运用幼儿能够理解的“小猫”形象，从具体的行动中养成良好的生活习惯，培养他们的规则意识。

(三)餐后组织

进餐结束后，教师应指导幼儿将餐具送到指定位置，然后轻轻地搬起小凳子坐到一边等待其他小朋友就餐完毕。

第一，引导所有孩子自己把餐具送到指定位置放好。

第二，督促所有孩子饭后漱口，并用湿毛巾擦干净嘴脸。

第三，对先行用餐结束的孩子，引导他们轻轻地搬起小凳子坐到一边，可看一会儿图书，也可玩一些安静的游戏，以免吵到正在用餐的小朋友。等待所有小朋友用餐完毕后教师再进行下一步安排。

第四，中、大班幼儿班级，教师应安排每天的值日生，值日生帮助教师做擦净餐桌、打扫地面等卫生工作，锻炼幼儿的自理能力和劳动能力，培养其良好的生活习惯。

第五，在天气情况允许时，午餐后教师可带幼儿在室外散步消食，早晚餐结束后教师可安排一些活动量较轻的游戏。

第六，餐后不做剧烈运动，不马上睡觉。

拓展资源

儿歌：《吃饭歌》②

肚子饿咕咕，吵着要吃饭，
我的小小手，真的很能干，
一只拿小勺，一只扶小碗，
一口菜一口饭，不挑食不撒饭，
一勺一勺喂进嘴，饭菜吃完真能干。

① 肖全民，刘揖建. 学前教育原理案例教程[M]. 杭州：浙江大学出版社，2014：83.

② 周燕. 幼儿园活动设计[M]. 成都：西南交通大学出版社，2014：33.

三、睡眠环节

幼儿期正是生长发育的重要时期，保证幼儿充足的睡眠，对他们身体、大脑的发育有着重要的作用，教师应通过以下几项措施来加强睡眠环节的管理。

(一)为幼儿创设舒适、安静的睡眠环境

在幼儿睡觉前，教师应做好准备工作，开窗通风换气、拉好窗帘、铺好床铺等，为幼儿创设一个舒适、安静、温馨的睡眠环境。

睡前应检查床铺上有无杂物。禁止幼儿将小绳、橡皮筋、串珠、纽扣等物品带进寝室，以免幼儿玩弄，将之塞入鼻子、耳朵造成危险。

睡前可组织幼儿散步或进行安静的游戏活动，睡眠室可播放优美安静的催眠曲或者是促进睡眠的小故事，以保持情绪稳定安静的入眠。

(二)重视睡眠过程中的护理检查工作

在幼儿整个睡眠过程中，教师要时刻关注他们的睡眠情况，如睡姿是否正确、是否盖好被子等。

对于入睡晚和入睡困难的幼儿，教师应坐在他身边小声督促他尽快入睡。对于爱做小动作的幼儿，教师可以握住他的小手帮他入睡。注意不要让他们影响其他幼儿。

对于生病的幼儿，教师尤其要细心照顾。对于他们体温的变化、是否咳嗽、是否呕吐等情况要时刻关注，细心护理。

对于幼儿的晚间睡眠，教师要了解幼儿夜间小便的习惯和时间，提醒他们起来小便。对于尿床的幼儿，要细心地照顾，并找出原因，如是否睡前太兴奋或身体不适等。不可因此斥责幼儿或表现出不耐烦、厌恶等情绪。

案例分析

午检的故事(中班)①

幼儿午休时间到了，孩子们陆陆续续躺在床上，慢慢地进入了梦乡。午检的时候，教师发现晓春把头藏在被窝里，不知道在干什么。教师轻轻走到他床前，“晓春，还没睡着吗?”晓春马上把头露出来，闭上眼睛装出睡着的样子。教师刚站起身，他又把头藏到了被窝里。“怎么了，晓春不舒服吗?”教师撩开晓春的被子，原来他把被子上的一根线扯了下来，缠在了手指上。自己解不开

---

① 徐慧. 幼儿教育心理实践活动案例[M]. 高等教育出版社，2012：27-28.

了，也不敢和老师说，结果手指都被线勒的发紫了。教师赶紧帮他解开："怎么把线缠到手上呢！这样很危险，知道吗？好好睡觉。"晓春点点头，在教师的陪护下，他很快睡着了。

分析： 睡眠环节中教师要注重幼儿的护理与检查管理工作。注意到每位幼儿的情况，仔细、细心，以防产生因教师疏忽而引起幼儿身体健康受损伤的事件。案例中的教师能够及时发现晓春的异常，避免了危险的发生。

（三）引导幼儿愉悦地起床

起床时间到，教师应该用轻柔的声音或者安静的音乐唤醒熟睡中的孩子。小班幼儿起床后，教师可帮助幼儿穿衣、梳头、整理床铺；中大班幼儿可引导他们自己动手做这些事情，或者同伴之间相互帮助整理衣物，如扣纽扣、拉拉链、系鞋带等，值日生可负责帮助、检查。还要提醒幼儿起床后小便、喝水、吃点心等。

四、饮水环节

水是人体的重要组成部分，是维持生命活动的必须物质，它对人类生存的重要性仅次于空气。儿童体内水分相对比成人多，学前儿童的体液占儿童体重的70%左右。4~7岁的儿童每日每千克体重需水量为90~110毫升，学前儿童如果摄取的水量低于每日每千克体重60毫升，会产生脱水症状。儿童若摄入水超过需要量，也会对身体产生危害。对学前儿童来说，理想的饮用水是白开水。①

（一）注意事项

据上述，饮水活动中教师应注意以下几点：饮水过量或饮水不足、在剧烈运动前后大量喝水、用餐前和餐中大量饮水、水温过冷或者过热。这些都是一些饮水误区，教师应努力避免。同时，教师应为幼儿营造一个健康卫生的饮水环境，保证饮用水的安全，温度适宜；提供适合幼儿使用的水杯，一人一杯，帮助幼儿做好记号；每日定时清洗和消毒。

（二）培养幼儿良好的喝水习惯

喝水环节最重要的事情是要培养幼儿良好的喝水习惯，如定时喝水、随渴随喝；不喝生水、少喝饮料；循序渐进，适量取水。

定时喝水的情况一般会安排在户外运动过后和午睡起床后，一天可安排一两次集体定时喝水的时间。然而定时喝水并不能满足全部幼儿的喝水需求，幼儿的活动量和身体状况也千差万别，所以除了安排定时喝水的时间，教师可提醒幼儿随渴随喝。要引导孩

---

① 张兰香，潘秀萍. 学前儿童卫生与保健[M]. 北京：北京师范大学出版集团，2011：114-115.

子不喝生水，因为生水不干净、大多有细菌，幼儿体抗力弱，喝生水易引起胃肠道感染。更要督促幼儿多喝白开水，少喝饮料，很多饮料里含有色素，尤其是碳酸饮料会腐蚀幼儿的牙齿，引起钙流失。饮水量也要随着幼儿年龄的增长循序渐进，不能一蹴而就，小班的幼儿就要求一下子喝一大杯水。另外，在饮水中提醒幼儿喝多少接多少，不浪费水资源；按秩序排队接水，不拥挤，通过饮水加强对幼儿进行社会教育。

案例分析

不爱喝水的杨阳①

杨阳小朋友不爱喝水，谁劝都不听，气候干燥的日子，他的鼻子干燥得直流鼻血。老师看到窗台上那盆有些干枯的花，想到了一个好主意。教师把杨阳叫到窗前说："两天前，这盆花开得特别好看，今天却耷拉着脑袋，你看它怎么啦?"杨阳用手按了按花盆里的土，自信地说："老师，花盆里的土都裂缝了，你按一按这土多硬呀，这花肯定是缺水了，咱们快给它浇点水吧！要不它会渴死的!"连续几天，杨阳都是第一个来园，来园后的第一件事情就是给花浇水。花终于又开了，教师叫来别的小朋友一起欣赏花，教师说："大家看，杨阳天天为花浇水，花才得救了，花儿可感谢杨阳了。可是，花儿还有些担心……"教师故作神秘地说："花说只告诉杨阳一个人。"老师走到杨阳身边悄声对杨阳说："花儿可担心你啦！你天天忙着为它浇水，都顾不上自己喝水，鼻子都干得流血了，嗓子也干得直咳嗽。花很感谢杨阳，更希望你也和它一样，天天喝足了水，这样就不会生病，身体长得又高又壮，你说呢?"杨阳听了高兴地说："老师，你看!"说着他用水杯接满了水，大口大口地喝着。

分析：小朋友类似于"不爱喝水"的行为有很多，这让老师和家长十分伤脑筋。这时，老师和家长切记不可强制要求幼儿去做他们排斥的事情，而应该巧用教育机智来化解。案例中的老师先让幼儿照顾干枯的花，以花的角度对他进行喝水的引导，于是成功了。该案例说明了教师和家长不应该强求幼儿做他们排斥的事情，而是可以利用幼儿的亲身实践，或是身边生动的例子让幼儿理解怎么做是正确的。

五、盥洗环节

在幼儿玩沙、玩泥等活动以后以及餐前便后，教师要组织幼儿进行盥洗活动。这是

① 徐慧. 幼儿教育心理实践活动案例[M]. 北京：高等教育出版社，2012：20.

培养幼儿爱清洁的良好习惯的重要环节，教师应通过组织幼儿的盥洗活动，培养幼儿良好的卫生习惯。

（一）为幼儿创设干净明亮、整洁卫生的环境

盥洗室应干净、通风，地板保持清洁；提供干净、数量充足、取放方便的小方巾，要常洗常晒常消毒，并及时更换破损的毛巾；幼儿的盥洗设备、物品应与成人的分开。洗衣粉、消毒水等物品的放置要安全、隐蔽，以防幼儿误碰误食等。

（二）提供适合幼儿使用的卫生洁具

洗手池、毛巾架的设置要符合幼儿的身高、体型，挂物品的钩子、钉子等应钉在儿童碰不到的地方。盥洗室内应常备肥皂、卫生纸等物品。便池、水龙头的数量要与幼儿数量相匹配。

（三）培养幼儿良好的个人卫生习惯

教幼儿学会保持洁净的方法，如勤洗手，知道饭前便后、手脏了要洗；保持脸、五官的清洁等。对于小班幼儿，教师应帮助他们卷衣袖，并认真仔细地组织、指导他们洗手。可以请他们一边唱儿歌一边洗手，比如“卷起衣袖淋湿手，手心手心搓搓，手背手背搓搓，手心手心冲冲水，手背手背冲冲水，洗完小手甩三下，一、二、三，搭间房子往回走”，这样有利于他们掌握洗手的正确顺序和方法，帮助他们把手洗干净，避免玩水和洗不干净的情况出现。

（四）培养幼儿有序盥洗的常规

有秩序地排队洗手，不推不挤；不在盥洗室内大声喧哗吵闹，不妨碍他人洗手，不在盥洗室内追跑嬉戏；不玩水和肥皂；洗手完毕要在水池中甩掉手上的水再离开，不把水甩在别人身上和地上。

案例分析

大家排排队①

吃点心前孩子们在厕所内洗手，不一会儿传来了哭声，寻声一看只见王徐

① 妈咪爱婴网．大家排排队［EB/OL］．［2013-9-2］．http://www.baby611.com/jiaoan/yjzl/gean/2013/09/115313.html.

乐摔在地上，正在哭泣。原来王新予洗手推了他，只听王新予理直气壮地说："我应该排在前面，我个子高。"王徐乐马上反对说："不对，洗手时应该大家一起洗。"老师就问："那我们应该怎么洗手呢?"班级中一下子又开始炸开了锅，三三两两地议论起来，有的说："一组一组去洗。"而王徐乐不愿意了，说："排好队，一个接一个去洗手的办法。""我们要相互谦让着洗手，等其他小朋友洗好再去洗。"这时我一边洗手一边哼着儿歌："你不推，我不挤，一个挨着一个，大家都是好朋友……"孩子们听了非常的新奇，一下子乱哄哄的教室内安静了。

分析：幼儿园班级中，在没有建立起规则之前，每个幼儿都按照自己的意愿行事，所以此时建立班级规则尤其重要。案例中教师利用亲身示范和儿歌化解了盥洗时不排队、混乱的场面，还能通过解决这一问题，让幼儿树立起在厕所中排队洗手的规则。

六、如厕环节①

关于"如厕"一词，《康熙字典》里是这样解释的："如"字本意之一是"往、到"，如厕，即"往"厕，意思是上厕所。《汉书》中最早出现"如厕"一词，从此如厕便成为中国人最文雅的"解手"或"方便"的用词。

从现实来看，受传统文化观念的影响，人们普遍认为如厕的话题是难登大雅之堂的，成人对幼儿的如厕教育，也仅仅是凭自身的感觉、经验及习惯来进行。幼儿从家庭来到幼儿园，面对生活环境的变化，在心理上会形成一定的压力。同时，由于他们的大脑神经发育还不完善，家庭中成人包办太多，如厕方式及如厕器具的改变，使在班如厕对多数幼儿来说是一种挑战。而个别教师在幼儿大小便失禁的情况下，表现出的回避、厌恶、排斥等情绪和行为，又在一定程度上加重了幼儿如厕时的心理压力，严重时还会引起个别幼儿如厕行为的倒退。

综上所述，作为教师，我们应准确把握如厕教育的适宜性，从幼儿身心和谐发展的角度出发，将如厕环节的教育价值定位于"轻松"二字，具体体现在三个方面：一是满足幼儿正常的生理排泄需要，实现幼儿身体上的轻松；二是帮助幼儿学习并掌握如厕的基本技能，实现如厕的自理；三是帮助幼儿了解如厕行为与身心和谐健康的关系，让幼儿遵守如厕常规，建立一系列关于如厕的健康行为方式，促进其身心和谐发展。

正如每个环节都有其自身价值一样，如厕环节也有其目的和要求。如厕环节对幼儿

---

① 幼儿如厕环节中拖小班、中大班的不同常规要求和指导要点[EB/OL].[2017-05-03].http://blog.sina.com.cn/s/blog_7c6f8b380101aiu8.html.

的常规要求可有效帮助教师指导幼儿如厕，并为教师如何组织如厕活动提供依据。由于不同年龄阶段幼儿在如厕环节的表现和需求各不相同，因此教师的指导策略和教育重点需随之调整。

(一)如厕环节对幼儿的常规要求

1. 懂得在园如厕是一件很正常的事，不紧张，不拒绝。

2. 懂得及时排便对身体健康有好处，有便意时知道自己如厕或告知成人，能及时排便。

3. 能自己脱裤子、提裤子，大小便入池，便后自理。

4. 定时排便，便后冲水，便前便后洗干净手。

5. 知道在厕所逗留、玩耍有危险，能安静、有序如厕。

6. 了解大小便与身体健康的关系，初步具有关注身体健康的意识，养成良好的如厕习惯。

(二)如厕环节教师的指导要点

1. 托、小班幼儿

①用接纳、平和的态度对待幼儿的如厕行为，营造宽松、安全、和谐的如厕氛围，及时满足幼儿的如厕需要。

②做好如厕物质准备，保持厕所地面干燥，空气清新，保持便池洁净、无异味，提供数量充足、大小适宜的手纸。

③带领幼儿认识男女厕所环境、器具，了解器具的使用方法。

④组织幼儿分别进入男、女厕所有序如厕，帮助或指导幼儿便前洗干净手。条件受限的幼儿园可以安排男女幼儿错时如厕，适时对幼儿进行性别认知的引导。

⑤全程关注幼儿如厕过程。帮助或指导幼儿学习脱裤子、提裤子、便后擦屁股的正确方法，学会使用坐式、蹲式便池。

⑥托班幼儿便后擦屁股要以教师帮助为主，从小班开始逐步过渡到边帮边教，直至幼儿能够自理。指导幼儿学习擦屁股宜从穿衣服少的春夏季节开始。

⑦掌握全班幼儿大小便规律，培养幼儿按时、及时排便的习惯。对憋便、尿床、尿频的幼儿耐心引导，及时帮助；对拉裤子、尿裤子的幼儿，态度和蔼安抚其情绪，消除幼儿的紧张和不安，同时用轻柔的动作帮助幼儿擦洗身体，更换衣服，快速清理有便迹的衣物；秋冬季节，对因衣着增加而穿脱有困难的幼儿，仔细观察并及时指导帮助，避免其拉裤子、尿裤子。

⑧随时将便池内的尿液冲刷干净，观察便池台阶上是否有尿液、地面是否有水迹，及时清理厕所卫生，保持厕所清洁和卫生，避免幼儿滑倒或摔伤。

⑨提醒幼儿不在厕所逗留、玩耍，帮助或指导幼儿便后使用肥皂把手洗干净。

⑩带领幼儿熟悉园内的公共厕所位置、使用方法，使幼儿明白有便意时就近如厕，

培养幼儿不随地大小便的习惯。

⑪每天下班前对厕所进行彻底清洁、消毒。

⑫根据幼儿实际情况需要及厕所设施条件，在厕所地面、墙面、栏杆扶手、便池等位置张贴图片或标记，如提裤子的方法步骤、擦屁股的流程图、蹲式便池上的脚印等，引导幼儿正确、有序如厕。

⑬了解幼儿在家大小便习惯，请家长给幼儿准备1~2套舒适的衣服带到幼儿园，以备幼儿拉裤子、尿裤子时及时更换。

⑭及时与家长交流幼儿在园的如厕情况，指导家长重视家庭中的如厕教育。

2. 中、大班幼儿

①请值日生协助做好如厕前地面、空气、便池、手纸等的准备工作。

②组织男生、女生轮流如厕，有序做好脱裤子、提裤子、排便入池、便后自理、便前便后洗手等工作。

③对幼儿如厕过程中存在的喧哗、嬉戏、聊天、争抢厕位等个别问题及危险行为，及时进行引导和教育。

④指导能力弱的幼儿独立完成便后擦屁股、整理衣服、冲刷厕所等工作，做好便后自理。

⑤指导值日生做好维护如厕秩序、冲刷厕所、清理地面以及检查便后洗手工作。

⑥采用多种方式鼓励幼儿节约手纸、手纸入桶、便后冲水等良好行为，培养幼儿良好的如厕习惯。

⑦注重引导幼儿了解大小便与身体健康的关系，培养幼儿具有初步的健康生活方式。

⑧引导幼儿主动做好集体活动，户外活动、进餐、午睡等活动前的如厕准备。

⑨带领幼儿讨论制订班级如厕常规，如厕文明公约等规则，以多种形式记录，并张贴在厕所或区域内，提示幼儿自觉遵守。

⑩及时与家长交流幼儿在园如厕的情况，重点指导便后自理能力较弱的幼儿的家长，加强对幼儿的引导。

案例分析

裤子湿了以后①

午饭以后，小朋友们先去漱口，然后回到活动区玩玩具。只听见卢萧急匆

① 妈咪爱婴网. 裤子湿了以后[EB/OL].［2017-06-15］. http://www.baby611.com/jiaoan/yjzl/gean/2013/05/109181.html.

匆地走到我跟前说："王老师，张婉迎哭了。"我找到张婉迎，发现她正在厕所里哭呢。原来她尿裤子了。只见张婉迎红着脸，低着头一副很不好意思的样子。我走到她身边轻声地问："你怎么了，可以告诉我吗？"她抬起头看了看我说："王老师，我……我尿裤子了。""这一次是怎么了？"她说："刚才上厕所时，我的裤子带儿太紧了，脱不下来，所以……"听了孩子的一番话，我向她笑了笑，说："没关系的，别的小朋友都不知道，老师帮你保密，咱们不跟别人说。"她一听我这么说，马上点了点头。

孩子把裤子尿湿了，一定很难受，我马上把她带到寝室，帮她把裤子换下来，盖上被子，并陪她等着她爸爸来接她。

我看她的表情很不自然，便问她："张婉迎，你在家帮妈妈干活吗？"我有时帮妈妈干活儿，有时妈妈不让我干。妈妈总夸我是好孩子。"我说："你是个好孩子，老师喜欢你，爸妈也喜欢你。这次虽然尿裤子了，但是我们不会怪你的，你也别难过、害羞了。老师小的时候还尿过床呢！"她忙问："王老师，你也尿过床？""对呀！那时候王老师很小，自控能力差，还不如你呢！"我这么一说，她的脸上露出了笑容。"老师，咱们拉钩，这件事不对其他人讲，好吗？""好吧！"我看到孩子脸上露出的笑容是那样的真诚。

当孩子遇到困难的时候，教师应该关心她，帮助她，而不应责备她，羞辱她。要尊重她的人格，让她处处感受到老师对她的爱，让她感受到这个世界处处充满爱！

分析：幼儿把大小便弄到裤子上并不是罕见的事。在此，王老师巧妙地利用主动关心、轻声询问、切切安慰、满足要求、聊家常等方法使孩子放下一颗紧张的心，特别是通过"我小时候还尿过床呢"、拉钩儿使孩子从心底露出了真诚的笑容。老师这样敏感而细心的关心、照料，会使孩子在感受爱的同时学会关爱他人。

七、离园环节

离园环节的到来意味着幼儿将结束一天的在园生活，见到爸爸妈妈，回到自己家中，所以此时幼儿的情绪易激动，且坐立不安，急切盼望父母长辈的出现。作为最后一环，离园环节对于班级一日生活活动的管理同样重要，所以教师应该重视离园环节的组织与管理。

（一）组织幼儿做好离园前的整理活动

指导幼儿参加离园前的整理活动，将所用物品物归原处，整理自己的物品和仪容，使幼儿养成良好的卫生习惯；同时安排集体性或分散的安静活动，让幼儿在自由活动中等待家长。

(二)总结一日活动，归纳幼儿所获经验

在离园前教师可帮助幼儿回忆一日活动，总结幼儿获得的有益经验，强化幼儿记忆。可以让幼儿说一说当天最有趣的游戏、最喜欢的小伙伴等。教师也可对幼儿一天的表现进行评价，有进步的幼儿要积极鼓励，表现不好的幼儿要帮助他找到原因，并做出合理的期待。

(三)做好幼儿离园时的家长接待工作

教师一定要严格执行接送制度，将幼儿安全地交到家长手中。与家长进行交接时，老师可用简短的语言向家长介绍幼儿在园的情况，交换幼儿教育的意见，达到家园一致。还要照顾好不能按时离园的幼儿。

(四)做好整理工作，为第二天的工作做好准备

送走幼儿后，教师对教室的物品进行整理和清点，同时准备好明天工作所需的物品。最后清扫教室的卫生、关好门窗，安全离开。

案例分析

明明哪儿去了？①

放学时分，教室外挤满了接孩子的家长，老师按照家长到来的先后顺序一个个喊幼儿离园。老师看到明明的阿姨后喊明明，明明离开了。可是过了一会儿，明明阿姨又来接明明。老师心里咯噔一下：明明刚才不是看到阿姨后走了吗？老师立即跟随阿姨下楼寻找，途中遇到园领导，园领导了解到此事后，立即调出监控录像，发现明明的确出门了。录像显示，明明单独出门之际，保安师傅正转身拿报纸，欲处理园门口一位幼儿的呕吐物。情况了解清楚后，老师一边联系明明家长一边出去寻找。过了几分钟，老师接到家长电话，得知明明跟着鹏鹏奶奶一起走了。

分析：①老师没有亲自把幼儿交到家长手上，致使幼儿因没有找到自己家长而被他人带走，监管不到位，应承担一定的责任。

②保安师傅值班期间，主次不分，因处理幼儿呕吐物而造成管理疏漏，致使幼儿单独出门，应承担一定的责任。

---

① 刘丽玲. 以“幼儿走失”为例谈幼儿园安全事故的防范与处理[J]. 保育与教育，2013(2).

第三节 幼儿园班级生活活动管理组织误区及解决策略

一、误区一：重教轻保

在幼儿园活动中，原有的保教分离、重教轻保的价值取向仍然在一些教师的脑海中根深蒂固，他们仍然认为生活活动就仅仅是照顾好幼儿的吃喝拉撒、穿衣脱鞋等事宜。

解决策略：保教结合、保教并重。

保教并重是幼儿园开展任何类型的活动都应坚持的原则，保教结合原则是指在全面、有效地对幼儿进行教育的同时，重视对幼儿生活上的照顾和保护，保教合一，确保幼儿真正能健康、全面地发展。①

教育起源于生活，教育的最终目的也是为了让受教育者能更好地生活。幼儿园生活活动的各环节都蕴含着丰富的教育契机，如入园离园环节蕴含着礼仪教育；睡眠用餐环节可培养幼儿的自理能力和助人为乐的品德。

为避免在组织生活活动时进入这一误区，教师应当转变教育观念，牢固“保教并重”的理念，不让这一理念流于形式，而是融入到教师的每一个动作、每一句话语、每一次眼神中；善于从生活活动中发现教育契机，将其整合为适宜的教育内容。

案例分析

午餐结束后，教师带着幼儿散完步。幼儿们坐在台阶上休息，有几个幼儿围着看地上，兴奋地喊着：“老师，快来看，这里有好多蚂蚁。”其他幼儿一下子也围了过来看，纷纷说道：“蚂蚁是不是在搬家？”“蚂蚁的家在哪里呢？”“蚂蚁力气怎么那么大呀？”“老师，蚂蚁搬东西为什么要排队啊？”教师看了一眼说：“不要再看了，我们回教室准备午睡了。”然后让幼儿们赶快排好队。②

分析：案例选取的是一日生活中餐后散步活动的片段，散步时突发的生活事件调动了幼儿浓郁的学习兴趣，而幼儿教师却不善于解读出其蕴含的教育意义，让教育价值白白流失。George Forman 曾提出寻常时刻(Ordinary Moments)观点，即指对幼儿日常生活的记载，认为简单细小的寻常时刻是幼儿认知思维

① 李季湄. 幼儿教育学基础[M]. 北京：北京师范大学出版社，2008：49.

② 周雯雯 王春燕. 幼儿园一日生活误区的审思与规避——基于《3~6岁儿童学习与发展指南》的理念启示[J]. 今日教育(幼教金刊)，2014(12).

方式的缩影，教师对于对寻常时刻的理解影响对幼儿主体的理解程度。同时，提倡教师挖掘寻常时刻的教育价值，相信它能给予幼儿丰富的资源和自主的权利，也使幼儿的学习经历“变得可见”。从本案例可以看出，教师应善于从生活活动中发现教育契机，将其整合为适宜的教育内容。

二、误区二：重身轻心

解决策略：身心结合、交流情感。

教师往往习惯于把生活活动看作满足幼儿生理需要的活动，生活活动的含义，本章前面我们已经讲过，指的是满足幼儿生活需要的活动。“生理”与“生活”虽然只相差一个字，但却相差甚远。如果教师把生活活动看作只用满足幼儿“生理”需求的话，那么他在组织生活活动的时候就会只关心幼儿有没有吃饱、有没有睡足、有没有喝够水、有没有学会如厕。如果教师把生活活动看作满足幼儿“生活”需要的活动，把这些吃喝拉撒睡的环节看作幼儿生活的一部分的话，他就会不只关心幼儿有没有吃饱，还会关心幼儿吃饭时是否心情愉悦；他就会不只关心幼儿有没有睡足，还关心幼儿在睡觉的时候睡得甜不甜，睡得香不香；他就会不只关心幼儿有没有喝够水，还关心幼儿是不是心甘情愿地喝白开水；他就会不只关心幼儿是否掌握了正确的如厕方法，还会关心幼儿如厕的时候是不是不紧张、不拒绝。

教师在组织生活活动时，应注意生活活动不仅仅是生理活动，它需要教师投入一定的情感才能组织好。因此，教师在组织生活活动时应多一些正向情感，并时刻关注幼儿的情感需要，用语言、眼神、肢体动作等各种方式来积极回应幼儿，这样才能让幼儿在集体生活中感到温暖、安定，形成安全感和信赖感。

三、误区三：重集体轻个人

解决策略：关注全体幼儿、尊重个别差异。

《3~6 岁儿童学习与发展指南》中明确指出：“合理安排一日生活，最大限度地支持和满足幼儿通过直接感知、实际操作和亲身体验获取经验的需要。”强调“尊重幼儿发展的个体差异，要充分理解和尊重幼儿发展进程中的个别差异，支持和引导他们从原有水平向更高水平发展”。

班级生活活动的组织要不断地平衡集体和幼儿个体之间的关系，处理不好容易失衡，就会一重一轻。这就好比教师一直在一个人玩一个跷跷板，跷跷板一端是全部幼儿作为一个集体，另一端是集体中每个有不同需求的幼儿，明明两端是一样轻重的，孰重孰轻取决于教师眼里看到的是全部幼儿作为一个集体，还是看到的是集体中千差万别的个体。教师在组织生活活动中不仅要看到集体，更要看到个人。不仅要建立班集体生活常规，还要在此基础上尊重每个孩子的生活习性。

著名教育家叶圣陶先生曾说：“教育是农业而不是工业。”农产品是有生命力的，有它自身的特点和生活习性，只能因地因时制宜；不同的农作物有不同的生长季节、不同的栽培方式，不能揠苗助长。工业和农业最大的不同在于，工业可以是快节奏的、大容量的、流水线的、批量生产的，而农业则是有季节的、有时令的、有成长规律的。因此，生活活动的组织在保障集体生活制度稳定有序的情况下，教师更应该关注到每个幼儿的不同特点。

四、误区四：虎头蛇尾、重园轻家

解决策略：从小到大，要求一致；家园内外，互相合作。

“教儿婴孩”，绝大多数幼儿教师都知道对刚入园的小班小朋友来说，最重要的就是建立生活常规，常规一旦建立好了，后两年会省心不少，但如果在小班没有建立很好的生活作息的话，到中、大班再纠正就更难了，所以教师们对小班幼儿的生活各个环节的要求都非常到位。然而到了中、大班之后，教师若放松管理，片面地认为孩子已经在小班建立了良好常规，就不需要再督促那么紧密，结果导致很多中、大班孩子的生活常规还没有小班小朋友好，虎头蛇尾。另外，生活活动不是只靠教师一己之力就行的，还需要家长的配合，如果家园要求不一致，幼儿就会处于矛盾之中，很难形成良好的生活习惯。

幼儿园各年龄班幼儿生活活动的内容基本相同，只是要求在逐步提高。从小班到大班，应一致地、一贯地加以培养，保教人员之间也应相互协调，要求一致。此外，幼儿园还应与家庭相互协调，步调一致地做好幼儿生活活动的指导。

本章小结

幼儿园一日活动包括教学活动、游戏活动和生活活动等，幼儿园的生活活动是幼儿一日活动的重要组成部分，贯穿于一日活动的始终，与其他类型的活动同等重要。本章主要包括幼儿园生活活动概述、幼儿园生活活动各环节指导要点、生活活动组织误区及解决策略三方面内容，主要涉及幼儿园生活活动对幼儿发展的作用。幼儿园生活活动包含的几大环节：入园、进餐、睡眠、饮水、盥洗、如厕、离园以及幼儿园生活活动的组织误区。通过学习，希望能够对幼儿园教师在班级生活活动管理中给予恰当帮助。

拓展阅读

1. [美]Laverne Warner & Sharon Anne Lynch. 幼儿园班级管理技巧150[M]. 曹宇，译. 北京：中国轻工业出版社，2013.

2. 王文岭. 陶行知论生活教育[M]. 成都：四川教育出版社，2010.

3. 薛彦华，史晓燕. 幼儿园班级管理与环境创设[M]. 北京：北京师范大学出版社，2014.

4. 刘菱蔚. 幼儿园班级管理的66个技巧[M]. 长春：吉林大学出版社，2014.

5. 徐慧. 幼儿教育心理实践活动案例[M]. 北京：高等教育出版社，2012.

6. 张兰香，潘秀萍. 学前儿童卫生与保健[M]. 北京：北京师范大学出版集团，2011.

思考练习

1. 请简述幼儿园生活活动的概念。
2. 幼儿园生活活动对幼儿发展有什么意义？
3. 幼儿园一日生活包括哪些内容？
4. 如何在一日生活过程中培养幼儿的规则意识？
5. 幼儿园生活活动的总目标和年龄阶段目标分别是什么？
6. 请简述幼儿园生活活动各个环节的指导要点。
7. 幼儿园生活活动中存在哪些管理误区？并提出解决策略。
8. 通过本章的学习，你认为幼儿园生活活动的管理趋势是什么？

第六章　幼儿园班级教学活动管理

教学目标

1. 了解幼儿园班级教学活动的概念、特点、组织形式。
2. 熟悉幼儿园班级教学活动管理的意义和基本要求。
3. 掌握幼儿园班级教学活动管理的目标、内容、实施和评价等概念。
4. 领会幼儿园班级教学活动实施和评价管理中的原则和方法。

名人名言

要想学生好学，必须先生好学。唯有学而不厌的先生才能教出学而不厌的学生。

——陶行知

案例导读

在教学过程中，老师一提问，常有一些幼儿积极举手发言，而另一些孩子总是坐在一边，冷眼充当旁观者。为了使每个幼儿得到发展，老师也叫不举手的幼儿回答，但效果总不理想。后来在教学中老师渐渐总结出孩子不举手的几个原因，并在教学中区别对待，效果甚好。比方说对待能回答但胆子小而不敢在集体面前说的卜黎丹，老师平时注意为她创设说话的环境，鼓励她大胆勇敢地说，先让她大胆与老师、同伴说，再在小组或几个人活动中说，最后在集体活动中引导她举手发言，并及时表扬。而对待怕说错、不想说、自尊心强、好面子的王俊辉，老师常用的方法是在个别指导中有意识地请他把自己的想法告诉老师，及时肯定他正确的回答，引导他回答完整。由于已得到老师的个别指导，因此王俊辉自信心大增，举手发言的次数明显增多。最后对待那确实不知道、能力弱的竹杭丽，老师不会让她首先回答问题，而是让她回答最简单的问题，或重复别人回答过的问题，多给她提供在集体前讲话的机会。①

分析：在班级管理中，教师常会遇到许多类似上面所述的问题，这时如果教师仅凭主观判断，往往影响幼儿的发展。应当站在孩子的角度，走到孩子身边耐心地观察和了解，努力发现闪光点，并及时以长制短进行调整，效果则会很显著。

第一节 幼儿园班级教学活动管理概述

幼儿园班级教学活动主要指幼儿园班级教育活动中的集体教学活动，教师有目的、有计划地以多种形式引导幼儿积极主动地参与活动，以求帮助幼儿获得必要的生活知识和经验。教学活动对于幼儿的发展具有重要的意义，所以在幼儿园班级教学活动管理中是十分必要的。

一、幼儿园班级教学活动管理的内涵

管理是为了实现组织的目标，对一定组织系统的人、财、物、事进行计划、组织、领导和控制的过程。《幼儿园教育指导纲要(试行)》中指出：幼儿园的教育活动，是教师以多种形式有目的、有计划地引导幼儿生动、活泼、主动活动的教育过程。从广义上来说，幼儿园的教育活动可以指在幼儿园发生的一切保教活动，从幼儿早上入园到晚上离园在幼儿园中进行的所有活动环节均属于幼儿园的教育活动。本章中的幼儿园班级教学活动主要是指幼儿园班级教育活动中的集体教学活动，即班级教师面向全体幼儿所开展的五大领域教学活动等。

综上所述，幼儿园班级的教学活动管理是指班级教师依据《3—6 岁儿童学习和发展指南》的基本要求，围绕着幼儿在健康、语言、社会、科学和艺术等领域的发展目标，制订合理教育计划，有序组织教学过程，有针对性地检查和督导，恰当评价教学效果，并不断总结以便提高教学质量的一系列活动。

幼儿园教学是在平等的基础上，教师对幼儿所有学习活动有目的、有计划地组织、

---

① 细说幼儿园班级管理.［EB/OL］.［2017-07-20］. http://www.baby-edu.com/2011/1123/9545_2.html.

支持、帮助、引导幼儿和幼儿自主建构的辩证统一过程。理解这一概念的几个要点：

①学习活动指所有的学习活动包括幼儿在幼儿园一日生活中可能发生和正在发生的学习活动。

②教师在教学活动过程中角色的转变，教师与幼儿的关系应该是一种平等、对话的关系。

③平衡师幼关系与教学活动带有社会要求和教育目的的烙印的关系。①

幼儿园班级教学活动管理指的是幼儿园班级教师对班级的教学活动进行管理的过程。管理的主体是幼儿园班级教师，管理的客体是班级教学活动。管理是以班级为载体，目的是实现班级的教学活动目标。

二、幼儿园班级教学活动的特点和组织形式

(一)幼儿园班级教学活动的特点

幼儿园班级活动主要指幼儿园班级保教活动，可详细划分为班级生活活动、游戏活动、区域活动、教学活动等。每一种活动都有自身的特点，教学活动的特点主要有整合性、生活性、趣味性、启蒙性等。

1. 整合性

整合性指的是“内容全面，知识非专业和系统；不同领域相互整合。主题活动为重，一个活动实现多个目标”。

案例分析

某幼儿园大班社会活动《美丽的家园》

某幼儿园大班开展社会活动《美丽的家园》，将目标覆盖到五大领域各个方面：

(1)出示图片引出自行车与摩托车的比较。

(2)介绍大气污染，并组织幼儿讨论，寻找解决办法。

(3)介绍环境污染，并组织幼儿讨论，寻找解决办法。

(4)鼓励幼儿大胆绘画宣传画。

(5)展示作品并讲述。

(6)把绘画作品张贴在走廊上，邀请其他班级的幼儿观看，进行环保宣传。

---

① 刘焱．学前教育原理[M]．大连：辽宁师范大学出版社，2002：295.

由上述案例可以看出，幼儿园开展任何领域的活动其目标不可能只涵盖本领域，中间定会涉及其他领域的目标，因为五大领域的目标本身就是相互联系的。因此，一个领域的活动可能实现多个领域的目标，一个目标的实现也可能由多个领域的活动相互配合才能达成。

2. 生活性

生活性是指"充分把握内容的生活因素和幼儿的思维现状，充分利用幼儿原有的生活经验；努力营造与幼儿生活环境相一致、密切贴近幼儿生活世界的生活和学习环境，让幼儿在生活中学习、在生活中发展"。

拓展资料

小班数学活动《比高矮》

3~4岁的幼儿要学会观察和区分物体的高矮，知道哪个物体高，哪个物体矮或是一样高，并能按高、矮排序。教师可以让幼儿先比较自己坐的课桌椅、喝水的杯子、图片里的小动物等这些生活中的物体的高矮，然后比较其他幼儿的身高，最后将自己与其他小朋友的身高进行比较。通过这一系列活动，可以让幼儿了解高矮的区别，知道如何按高矮顺序排队，同时也锻炼了观察能力。

3. 趣味性

趣味性是指"内容和形式生动有趣、丰富多样，吸引幼儿主动、活泼地参与学习活动"。兴趣是最好的老师，了解幼儿的兴趣和需要，根据幼儿的兴趣和需要制订教学目标，选择教学内容，决定教学方法，才能让幼儿真正参与到教学活动中来，并能乐在其中。

4. 启蒙性

启蒙性是指对幼儿的教育要与他们的现实发展需要联系起来，要启于未发、适时而教、循序渐进，不损伤"幼嫩的芽"，并且要促使其茁壮成长。学前时期，是人生发展的早期。是人的生理发育、心智发展、个性萌芽的初级阶段。学前儿童开始了初步的社会化历程，面对世界，他们好奇、迷惑，并主动探索，展现自己内在的生命本质。这一时期的教育，要为学前儿童今后的发展打下良好的根基，使学前儿童的体力、智力、品德和情感都得到发展，为他们升入小学后较快地适应学习生活做准备，为他们一生的发展奠定基础。

(二)幼儿园班级教学活动的组织形式

一般来说，幼儿园班级教学活动的组织形式主要有集体教学、分组教学和个别教学。在幼儿园中，由于班额及班级组织形式的原因，通常采用集体教学形式，并且依据教学需要以及幼儿发展的需求，与小组教学和个别教学共同进行。《幼儿园教育指导纲要(试行)》指出：要灵活运用集体、小组、个别活动等形式。三种教学形式各有其特点，适合于不同的教育内容和教学需要。作为一名教师，要学会分析判断，采用恰当的教育形式，促进幼儿的发展。

1. 集体教学

集体教学形式是教师有目的、有计划地组织全班幼儿在同一时间、同一空间下进行的教与学，也是本章着重探讨的教学活动的组织形式。集体教学最明显的特点就是计划性强、组织精密、注重效率。但是，每个幼儿具有自身的发展特点，并且发展具有个别差异。那么，要在同一时间，让全班幼儿以同样的速度学习同样的内容，教师就难以关注幼儿的个性和特点，不利于因材施教。另外，在集体教学中容易产生灌输型的教学方式，不利于幼儿的发展，所以教师应该分析班级幼儿的特点，因材施教，采用多种方式组织教学活动，如采用启发、诱导、让幼儿主动尝试等教学方法。

2. 分组教学

分组教学也称为小组教学，是指将一个班级分为两组或三组，每组由不同的幼儿教师带领开展教学活动，活动结束后，各小组再交换。分组教学能够解决班级学生人数过多的情况，使教师能更好地关注每个孩子，事实上小组活动只是小型化的集体活动。分组教学使班级中较多的幼儿人数得到分流，帮助教师减轻教学负担，并且给予教师更多时间和机会去关注到更多的幼儿，了解每位幼儿的特点。

3. 个别教学

个别教学是指幼儿教师根据个别幼儿的身心特点或特殊需要展开的单独的一对一的教学活动。在此教学方式下，教师可以关注自己所指导的每一个幼儿的特性、个别差异，对其因材施教。但是，个别教学对于教师师资配备有较高的要求，一般教师配备人员较少的班级是不足以支撑这种教学形式作为常用教学形式的，所以需要教师灵活地把握本班情况，采用多种形式进行教学。

三、幼儿园班级教学活动管理的意义

(一)有利于建立良好的班级教学秩序

众所周知，幼儿在班级里每天的生活、学习和游戏等活动，环环相扣，事务繁杂甚至琐碎，需要有效的管理手段，来保证幼儿各种活动顺利地开展。通常幼儿园各班有一日生活作息制度，其中包含每天开展集体教育活动的时间段，并指明教师和保育员在教育活动时间内的工作要求。班级也有课程表，让教师明确每周五大领域的教学内容是如何分布，目标是如何落实的。每学期开始前，班主任要与其他班级教师一起制订好学期教学计划，安排出逐月的教学目标、内容和途径方法。诸如此类制订教学计划工作，正是教学管理的第一步。随着正常工作时间的推进，教学计划将一个个得到执行，园长一般也会依据班级教育教学计划来检查班级的教学执行情况。学期末的总结阶段，班级教师也会回顾本班教育教学取得的成绩，分析存在的不足，以便下一个阶段改善。以上这些环节，是管理过程理论中的“戴明环”在周期性特征明显的教育工作中的呈现，计划、执行、检查和总结构成的基本流程，是构建班级教学管理秩序的理论基础①。

（二）有利于幼儿的健康和谐成长

幼儿园班级顺利开展各种教学活动，能够促进儿童身体健康发展；丰富幼儿的经验和知识，促进幼儿智力发展；培养幼儿良好的行为习惯，为幼儿健全人格的形成奠基；促进幼儿语言能力的发展；培养幼儿对美的兴趣和初步感受美、表现美的能力，促进幼儿和谐健康发展。这是幼儿园教育目标所规定的，是班级管理的主要工作之一。

（三）有利于幼儿教师的专业化发展

俗语说：“火车跑得快，全靠车头带。”班级教学活动开展的是否顺利，与班级教师的精心组织管理密不可分。

班级管理工作是一门艺术，需要教师每天工作、学习、总结、反思。班级工作既要务实又要创新；班主任既要做全班教师的组织者、协调者，又要做孩子的教育者、管理者；教师之间既要相互合作，又要明确职责，共同做好班级管理工作。

在管理班级、组织教学活动促进幼儿全面发展的同时，教师自身也在不断地从教学工作和管理工作中吸取经验教训，不断地让自己变得更专业。

（四）有利于幼儿园整体工作的进行

教学工作是幼儿园班级工作的核心，幼儿园整体的管理工作虽可以分为行政管理、财务管理、公共关系管理、总务工作管理等，但所有管理工作的重中之重应是幼儿园的保教工作管理。保教工作管理落实到每个班级单位上指的就是班级教师对幼儿一日生活各环节的合理组织。班级是幼儿园的基本细胞，班级的教学工作开展得好不好直接决定班级保教活动的质量，进一步影响幼儿园整体工作的开展。

四、幼儿园班级教学活动管理的常规要求

教学活动是幼儿园活动的重要内容，教师的任务就是制订好教学活动任务，做好教学规划，根据规划开展教学活动并积极反思教学活动的开展状况。从时间维度上来说，幼儿园班级教学活动管理的常规要求可分为学期初的工作、学期末的工作和

---

① 王雯．学前教育管理学[M]．北京：北京大学出版社，2014：174-186.

日常工作。

（一）学期（学年）初教学工作的管理

①结合家访和幼儿的观察分析，完成对班级幼儿发展水平的初步评估，并做好记录。

②根据幼儿情况及班级条件，制订详细的教育计划。

③根据教育教学计划，征集或领取幼儿的绘画、手工材料、卡片、游戏工具等。

④班级保教人员共同制订各项教育活动的组织形式及基本常规，建立班级教育活动的运转机制。

（二）日常教学工作的管理

①具体设计并实施每日教育活动方案，做好教学反思与改进分析。

②制订下周（一般是提前1~2周）教育计划和活动安排。

③每日与本班教师和保育员交流沟通儿童和保教工作情况，相互交接配合。

④每月召开班级教师会议，研究班级教育工作的具体内容和措施，协调分工和合作。

⑤根据教育目标及时调整活动室环境。

（三）学期（学年）末教学工作的管理

①整理教育活动方案、教育笔记和幼儿作品档案。

②做好幼儿全学期的评估工作，写好幼儿发展情况及表现的小结（成长手册）。

③完成教师自身教育教学的评估，写出工作总结（教育目标的实现、教育方法的运用情况）。

④教育活动剩余材料的清点与登记归档。

资料链接

2015年1月，武汉市教育局为了进一步落实国家相关学前教育政策的要求，扎实推进学前教育三年行动计划，全面提高幼儿园保教水平，发布了关于印发《武汉市幼儿园一日活动指南》（试行）的通知。该指南经过认真的研制，对武汉市幼儿园一日活动的主要类型进行了划分，为幼儿园教师定出了具体的工作标准，并要求在全市范围内推行。现将《武汉市幼儿园一日活动指南》（试行）中的学习活动单独呈现出来（见表6-1），作为一个范例，参考班级教师应如何有效地开展教学工作。

表 6-1　幼儿园班级学习活动组织与实施的指导建议①

活动类别	活动环节	基本要求			拓展建议
		教师	保育员	保健医生	
学习活动	准备活动	1. 依据课程计划和目标，结合幼儿发展实际水平、兴趣和需要来选择合适的教学内容。 2. 根据幼儿身心水平和兴趣、需要，拟定科学合理的教学目标，重难点明晰。 3. 帮助或指导幼儿做好前期知识经验和能力的准备。 4. 创设适宜的教育环境，提供较充足的玩教具和操作材料，鼓励幼儿大胆探索，及时分享。 5. 选择适宜的教学组织形式，集体、小组和个别教育有机结合。 6. 制订易于操作实施的教学活动方案。	1. 与教师沟通，了解活动的内容和要求，做好相关的助教准备工作。 2. 协助教师安排教学活动环境、准备玩教具及操作材料。	1. 重视玩教具和操作材料的安全和卫生。 2. 发现安全隐患和幼儿不适情况，及时进行处理。	1. 教学内容和形式的选择和设计要坚决杜绝“小学化”、“学科化”倾向。 2. 教学内容的选择既要贴近幼儿现实生活，又要有助于拓展幼儿的经验和视野。 3. 保教人员要充分挖掘多种教育资源，各领域的内容要有机联系、相互渗透，将教育寓于生活和游戏之中。 4. 保教人员要为幼儿准备有层次、有意义、数量充足的操作材料，支持、引发幼儿与材料的互动。 5. 教学准备要调动家长参与的积极性，如鼓励家长提供材料或带孩子开展相关调查等，引导家长理解和支持幼儿园教育。 6. 保教人员预设的活动方案要尽量减少不必要的集体行为和过渡环节，减少和消除消极等待现象。

① 武汉市幼儿园一日活动指南(试行)[Z]. 2015.

续表

活动类别	活动环节	基本要求			拓展建议
		教师	保育员	保健医生	
学习活动	实施活动	1. 面向全体，注重个体差异，确保大多数幼儿积极地参与。 2. 保教人员应关怀、尊重和接纳幼儿的想法与感受，鼓励其大胆探索与表达。 3. 关注幼儿的表现和反应，适时适宜地作出回应。 4. 关注幼儿坐、立、站、握笔等姿势及用眼卫生。 5. 呵护幼儿的学习好奇心和求知欲，培养幼儿良好的学习习惯和学习品质。 6. 根据幼儿的兴趣和需要，适当调整教学活动方案，并开展相关的延伸活动。 7. 关注幼儿发展水平的差异，以发展的眼光看待幼儿，避免用统一的标准评价幼儿。	1. 协助教师组织幼儿的学习活动，当好教师的助手。 2. 观察幼儿的需要，能耐心细致地予以指导帮助。 3. 关注幼儿学习过程的安全问题，协助教师处理突发事件。 4. 协助教师或幼儿收拾整理活动场地、玩教具和操作材料。	1. 指导保教人员在游戏活动中做好卫生保健工作。 2. 积极参与涉及营养保健、身体认知和自护、疾病防控等与保健医生职责相关内容的教育教学活动。 3. 巡视检查教学活动中教师对幼儿健康状况、良好卫生养成的关注度，及时给予提示或指导。 4. 发现安全隐患和幼儿不适情况，及时进行处理。	1. 教学活动要体现各领域的特点，运用多种教学手段和形式，加强课程的整合，提升教学的有效性。 2. 保教人员应与幼儿形成合作探究式的师生互动，努力成为幼儿学习活动的支持者、合作者和引导者。 3. 保教人员要善于发现教学过程中隐含的教育契机和价值，把握时机，积极引导。 4. 教学过程中，直接指导的活动和间接指导的活动要有机结合，尽量放手让孩子去探索和交往，努力让幼儿成为学习的主人。 5. 保教人员的配合要默契，尽可能地以分组形式关注更多幼儿的个体需要和差异，并做出积极的回应。 6. 保教人员要注重反思教学实践，及时发现、分析和解决教学中出现的问题，促进自身专业的成长。 7. 保教人员要将教学内容与家长进行交流，鼓励家长参与教学过程，实现家园共育。

第二节 幼儿园班级教学活动管理过程

幼儿园班级管理属于管理活动的一种，因而现代管理科学理论同样适用于幼儿园班级管理。现代管理科学对管理过程的基本阶段的研究已形成多种理论，其中最具有代表性的是美国专家戴明提出的管理过程理论。

该理论认为：管理活动的过程归结为计划(P)、执行(D)、检查(C)、总结(A)4个阶段，这4个阶段构成了管理活动的一个周期。

计划阶段：计划是管理活动的第一个阶段，该阶段的主要活动内容包括：确定管理工作方针和目标，规定工作任务、活动项目和设计方法步骤，制订活动计划及行动方案。

执行阶段：执行是指按计划的要求实地操作，这个阶段的任务是将计划规定的内容付诸实践行动，这是管理活动的实质性阶段。

检查阶段：检查阶段的任务是检查计划的实现，调查执行计划的结果，将工作结果与计划对比，找出问题和偏差，以加强对执行工作的有效控制。

总结阶段：总结阶段的任务是把执行的结果进行总结。把实施成功的经验加以肯定，纳入标准或规程，形成制度，以便今后执行；对失败的教训也要总结，以免重现；把遗留问题则转入下一个管理周期。①

幼儿园班级教学活动管理过程主要包括对幼儿园班级教学活动目标的管理、内容的管理、实施的管理和教学活动评价的管理。这四个方面的管理都可以参照戴明的PDCA循环模式来进行。

一、幼儿园班级教学活动目标

教学活动目标是教学活动的起点和归宿，是教学活动顺利展开的前提保证，也是检验教学活动开展效果的标准。

幼儿园班级教学活动目标的管理主要指的是班级保教人员根据一定的要求制订合理的目标体系，并在教学活动的管理过程中检测目标的完成情况；根据班级实际可做适当调整，在一个阶段之后检验目标的达成状况。教学活动目标的管理包括目标的制订、执行、检查和总结等活动。

(一)幼儿园班级教学活动目标制订的依据

1. 国家相关文件要求

幼儿园班级教学活动目标的制订要以《幼儿园工作规程》、《幼儿园教育指导纲要

① 王雯. 学前教育管理学[M]. 北京：北京大学出版社，2014：174-186.

(试行)》、《3~6岁儿童学习与发展指南》等相关文件作为参考依据，并结合本园的总体教学活动目标，制订出适宜的本班目标。《幼儿园教育指导纲要(试行)》中明确指出了幼儿园教育活动的总体目标和健康、语言、科学、社会、艺术五大领域的目标，而《3~6岁儿童学习与发展指南》将五大领域按大、中、小不同的年龄段给出了细致的参照指南。无论是幼儿园总体教学目标还是班级的教学目标都应以国家的文件为参考依据。

2. 幼儿教育的启蒙性质

幼儿教育是启蒙教育。这是因为幼儿对客观世界的认识尚处于朦朦胧胧的阶段，还不能分门别类地接受系统科学知识。所以，幼儿教育的任务是为入小学打好基础，为造就一代新人打好基础。

这一启蒙性质的特点是：第一，幼儿认识的内容应是幼儿周围生活环境中所常见的、有代表性的、具体形象的、浅显易懂的自然知识和社会知识，初步培养幼儿数量、时空等概念，发展语言表达与审美能力等。例如，让幼儿认识客观世界的具体事物；认知物体的形态、结构、色彩、气味、大小、长短、粗细等外部特征及其数量关系、时空关系等；知道事物的名称、用途、与人们的关系等；学会排序、比较异同和分类，了解事物之间或自然现象之间的相互联系、因果关系等，而不要求幼儿掌握抽象的理论。第二，对幼儿认知要求虽是粗略、浅易的，但必须是科学的、唯物的和辩证的。第三，幼儿教育的方式应形象、具体、直观、生动活泼，并要求多种形式、手段、方法合理结合，综合运用，创设立体、开放的教育环境。第四，强调幼儿教育不以传授知识的多少为主要目标，重在发展幼儿素质，开发幼儿智能和创造性才干，培养良好个性品质，提高适应社会环境能力等。

总之，把握幼儿教育的启蒙性质，在于严格分辨幼儿教育与小学教育的区别和联系，防止小学化或成人化倾向，使教育目标确实建立在幼儿教育工作规律的基础上。

3. 幼儿身心发展规律及其需求

全面促进幼儿素质和谐发展是幼儿教育的中心任务。发展包括生理和心理两个方面。前者指身体的正常发育和体质的增强；后者指知识技能的获得，生活经验的丰富，智力才能的开发，思想品质的培养，以及情感、兴趣、爱好、志向和性格发展等。由于幼儿“身”、“心”是一个有机统一的整体系统，因此必须保证二者同步、协调、和谐发展，即常说的“体、智、德、美全面发展”。幼儿身心发展是有规律的，既有连续性，又有阶段性。而发展的实质是不断开发其个体潜能，使幼儿各方面能力都由现有水平向潜在水平不断发展的过程。如果对幼儿提出过高或过低、过难或过易的教育要求，都违背幼儿身心发展规律，达不到发展潜能的目的。所以，制订教育目标必须以幼儿身心发展的客观规律和要求为依据。

(二)幼儿园班级教学活动目标体系

幼儿园班级教学活动目标体系，是在国家幼儿教育总目标的宏观指导下，由各教育领域目标、各年龄段目标、单元主题教育目标及一个个具体教育活动目标等组成。这是通过“综合—分析—综合”思维过程而形成的纵横交叉、有机结合的目标系统。

1. 幼儿园教育总目标

2016年最新颁布的《幼儿园工作规程》第三条中明确指出：“幼儿园的任务是：贯彻国家的教育方针，按照保育与教育相结合的原则，遵循幼儿身心发展特点和规律，实施德、智、体、美等方面全面发展的教育，促进幼儿身心和谐发展。幼儿园同时面向幼儿家长提供科学育儿指导。”

第五条又具体规定了幼儿园保育和教育的主要目标：

①促进幼儿身体正常发育和机能的协调发展，增强体质，促进心理健康，培养良好的生活习惯、卫生习惯和参加体育活动的兴趣。

②发展幼儿智力，培养正确运用感官和运用语言交往的基本能力，增进对环境的认识，培养有益的兴趣和求知欲望，培养初步的动手探究能力。

③萌发幼儿爱祖国、爱家乡、爱集体、爱劳动、爱科学的情感，培养诚实、自信、友爱、勇敢、勤学、好问、爱护公物、克服困难、讲礼貌、守纪律等良好的品德行为和习惯，以及活泼开朗的性格。

④培养幼儿初步的感受美和表现美的情趣和能力。

应该注意，这里规定的是“主要目标”，以四个方面为主线提出，但并不意味着幼儿的发展只局限于这些内容。例如，发展幼儿与他人友好相处的交际能力、自律能力，开发创造性思维和培养创新精神，萌发环保意识，培养对环境的适应能力等等，都属于幼儿素质发展内容，也都是适应现代社会发展的要求。

2. 教育领域分类目标

实施教育活动，首先应确定教育内容。而教育内容因各教育领域的不同特点决定着分类。幼儿园教育领域分为五大领域：健康教育、科学教育、社会教育、语言教育和艺术教育。

根据《幼儿园教育指导纲要(试行)》的规定，每个领域的教育总目标如下：

①健康：身体健康，在集体生活中情绪安定、愉快；生活、卫生习惯良好，有基本的生活自理能力；知道必要的安全保健常识，学习保护自己；喜欢参加体育活动，动作协调、灵活。

②语言：乐意与人交谈，讲话礼貌；注意倾听对方讲话，能理解日常用语；能清楚地说出自己想说的事；喜欢听故事、看图书；能听懂和会说普通话。

③社会：能主动地参与各项活动，有自信心；乐意与人交往，学习互助、合作和分享，有同情心；理解并遵守日常生活中基本的社会行为规则；能努力做好力所能及的事，不怕困难，有初步的责任感；爱父母长辈、老师和同伴，爱集体、爱家乡、爱祖国。

④科学：对周围的事物、现象感兴趣，有好奇心和求知欲；能运用各种感官，动手

动脑，探究问题；能用适当的方式表达、交流探索的过程和结果；能从生活和游戏中感受事物的数量关系并体验到数学的重要和有趣；爱护动植物，关心周围环境，亲近大自然，珍惜自然资源，有初步的环保意识。

⑤艺术：能初步感受并喜爱环境、生活和艺术中的美；喜欢参加艺术活动，并能大胆地表现自己的情感和体验；能用自己喜欢的方式进行艺术表现活动。

3. 幼儿身心素质发展目标

身心素质是身体素质和心理素质的合称。根据规定的教育内容和要求，实施全面发展教育，幼儿身心素质在哪些方面获得发展并达到怎样的实际水平，这种最终目的(或规格标准)的追求就是幼儿发展目标。因为教育内容只有通过教育实践而转化为幼儿身心素质的实际水平，才能算是真正的教育质量。

幼儿身心素质的发展领域，应包括身体发育与体质、知识与经验、动作与技能、智力与才能、个性与社会性品质六个方面。在这六个方面具体规定幼儿发展规格。只有达到了预期的结果或状态，才算实现了幼儿素质发展目标。

4. 各年龄阶段目标

由于教育活动和幼儿发展都既有连续性，又有阶段性，是一个循序渐进、螺旋上升的运转过程，也是幼儿素质不断由现阶段水平向“最近发展区”持续递进的过程。因此，要制订不同的学段目标。学段目标包括各年龄班的学年目标和学期目标，即综合性地规定每个学段的教学内容、教学要求、主要教育活动与幼儿发展的预期目的等。

五大领域各年龄段的目标在《3~6岁儿童学习与发展指南》中有详细的陈述，见表6-2。

各幼儿园或幼儿园班级可根据《幼儿园教育指导纲要(试行)》和《3~6岁儿童学习与发展指南》中的目标表述，结合本班幼儿的实际情况制订符合本班实际的各领域教学目标。

表6-2　《3~6岁儿童学习与发展指南》健康领域目标之“手的动作灵活协调”

3~4岁	4~5岁	5~6岁
1. 能用笔涂涂画画。 2. 能熟练地用勺子吃饭。 3. 能用剪刀沿直线剪，边线基本吻合。	1. 能沿边线较直地画出简单图形，或能对边线基本对齐地折纸。 2. 会用筷子吃饭。 3. 能沿轮廓线剪出由直线构成的简单图形，边线吻合。	1. 能根据需要画出图形，线条基本平滑。 2. 能熟练使用筷子。 3. 能沿轮廓线剪出由曲线构成的简单图形，边线吻合且平滑。 4. 能使用简单的劳动工具或用具。

拓展资源

某幼儿园大班教育教学计划①

一、班级情况分析

本学期本班人数总共26名幼儿，其中男幼14名、女幼12名。经过1~2年的幼儿园教育，幼儿对音乐、语言、计算等学科产生了浓厚的兴趣。在艺术方面，幼儿唱歌的声音基本统一，舞蹈动作基本上协调，能按歌曲的情节表演简单的动作，具有一定的表现能力，并掌握了一定的节奏感，能根据音乐的节奏配上打击乐，但在活动中常规方面还要继续培养，在感受力上还要加强。在绘画时能按自己的意愿画出自己的所思所想，在涂色方面也进步了不少。同伴之间能友好相处，讲礼貌。能遵守幼儿园一日生活规则，学会用礼貌用语与别人沟通，大部分幼儿能主动地向老师问早问好。幼儿的生活自理能力有了较大的提高，基本上能做到自己的事情自己做，但个别幼儿由于家庭教育的原因，在这方面还有所欠缺，所以这学期我们将针对这个问题，与家长进行沟通，使孩子能有所发展，养成良好的行为习惯。幼儿在互助、关心上有了明显的改善，但在自理能力和整理活动材料上还要多下工夫，培养幼儿做事的主动性。在体育活动中，幼儿参与的积极性高了，早上基本上都能按时到园参加晨间活动，幼儿的体质有了明显的提高。在上课常规方面还要加强教育，其他环节的常规也有待进一步的加强。因此在本学期我们仍将把常规放在重中之重。

二、各科教育教学

(一)健康领域

(1)强化幼儿良好的生活卫生习惯和品德行为习惯。

(2)培养幼儿自我服务能力：擦桌子、洗水杯、整理床铺。

(3)加强幼儿安全教育，知道远离生活中不安全的地方，积累“注意安全”的生活经验。

(4)开展丰富多彩的户外体育活动：做游戏、玩皮球、踢毽子，培养积极参加体育活动的兴趣。

(5)练习投掷、滚球、平衡等动作。

(二)语言领域

(1)能集中注意力，耐心倾听别人的谈话，不抢着讲话，不乱插嘴。

(2)乐意与同伴交流，能大方地在集体中说话。

(3)逐步学会理解图片表示的事件顺序。

---

① 幼儿园大班教育教学计划[EB/OL][2017-04-15]. http://www.baby611.com/jiaoan/jhzj/db/201211/1896199.html.

(4) 学习用简单的反义词表示相反的意思。
(5) 培养学习英语的兴趣。
(三) 科学领域
(1) 尝试从不同角度观察物体，并用语言描述。
(2) 获取探索事物规律的经验。
(3) 巩固对几何图形的认识，发展幼儿的分析判断能力。
(4) 正确认读数字 1~10，感知 5 以内数的形成，比较 5 以内数的数量关系。
(四) 社会领域
(1) 学习适应新环境，体会到自己的成长。
(2) 愿意与同伴分享自己的东西。
(3) 能遵守成人提出的规则，引导幼儿学会自我控制。
(4) 引导幼儿了解周围的社会机构，激发幼儿爱家乡、爱家乡人的情感。
(五) 艺术领域
(1) 学习和着音乐节拍根据歌词内容进行歌表演。
(2) 积极参加音乐游戏，体验活动带来的快乐。
(3) 学习漏印版画、实物印画、吹画等技法，体验多种美术活动带来的愉悦。
(4) 鼓励幼儿去感知线条的变化，并根据其变化进行大胆的联想。

5. 单元主题教育目标

单元主题教育目标是把学段规定的各个教育领域内容，按照以科学知识为主导，以事物发展规律和幼儿思维逻辑为序，确定一个个主题的排列组合，建成循序渐进、有机结合的系列性单元主题教育活动，并相应地一一制订主题教育目标。由于教育内容是紧密围绕主题组合的，因此主题教育目标具有显明的综合性和有机性，而不是各领域要求的分割并列，即让幼儿获得的知识、经验、技能、方法、智力、才能以及个性、社会性品质等要求，都体现在主题教育目标中。目标要重点突出，简要、明白、确切，富有针对性、关联性、综合性和有机性。另外，主题目标还应包括：教幼儿一些基本的学习方法，如引导幼儿体验学习、操作学习、探索学习、发现学习等，使幼儿的被动学习转变为积极主动、创造性地学习，使之真正成为学习的主体。

6. 具体教学活动目标

幼儿教育任务和培养目标都要通过一个个的具体教育活动而实现。每个主题教育活动可包括若干个具体教育活动(多少由教师策划确定)，可以是综合性的，也可以侧重于某个教育领域内容。不管如何组合，具体活动目标都要落实学段目标和贯彻主题教育目标，并密切针对幼儿身心发展的实际水平和新需求，把握在“最近发展区”内开发其潜能。教育活动目标比主题教育目标更应突出针对性、儿童性、趣味性、活动性和可操作性。

一般情况下，幼儿园具体教学活动目标可从情感与态度、能力与技能、认知与知识三个方面来制订，构成一个覆盖幼儿全面发展的三维目标体系。

案例分析

小班社会领域活动“高高兴兴上幼儿园”的活动目标

①使幼儿熟悉班上的老师和小朋友，知道老师的姓氏和一些小朋友的名字。

②教幼儿学习礼貌用语：您早、您好、再见。

③激发幼儿高高兴兴上幼儿园的愿望。

上述案例中，目标①即为认知目标，目标②即为能力目标，目标③即为情感目标。教师在设置幼儿园教学活动目标时，考虑得越全面细致、制订的目标越合理明晰，在教学中越容易达到，在教学后越容易反思目标的达成度。

上述六种目标有机地构成了教育目标结构体系。幼儿教育总目标主导其他目标，其他目标是在纵向或横向上层层落实，分别围绕总目标运转，充分发挥“卫星”作用(见图 6-1)。

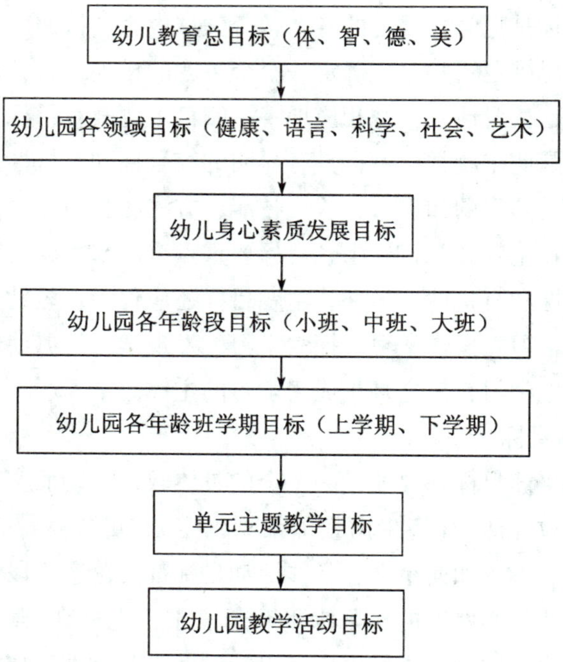

图 6-1 幼儿园教育目标层次结构图

二、幼儿园班级教学活动内容

班级教学活动内容的组织管理指教师依据一定的标准选择适宜的教学内容，并确立好内容的组织方式。

(一)教学活动的内容选择依据

1. 教学活动的目标

教育内容是实现教育目标的载体，能有效实现教育目标的教育内容才是有价值的。根据教学活动的既定目标选择适宜的内容，才能够达成预设目标，促进幼儿发展。

2. 儿童的兴趣、经验

《幼儿园教育指导纲要(试行)》指出，教育活动内容的选择应体现“既适合幼儿的现有水平，又有一定挑战性”的原则，即教育活动内容的难易程度要处在幼儿“最近发展区”。所以教师在选择教育活动内容时应遵循各年龄段幼儿在认知、情感态度、能力、社会性、个性等方面的一般发展规律，确定既与幼儿原有经验相适宜，又有利于幼儿主动建构的活动内容。

从选择内容的难易程度上，教师在选择教学活动内容时应难易适中，达到“跳一跳，摘桃子”的效果。如果选择内容太难，孩子就会感到负担和压力，不仅很难让孩子体验成功的快乐，而且容易让孩子产生畏难情绪和自卑心理；如果太容易，会让孩子觉得没有趣味性，学习的积极性不高，容易转移注意力，不利于良好学习习惯的养成。

3. 知识的内在联系

幼儿园各年龄阶段、各学期、各教育活动之间的内容需要衔接，托幼之间、幼小之间的教育内容也需要衔接。教育活动内容的衔接反映了事物发展的内在规律性和幼儿身心发展的阶段性和连续性，同时也反映了知识经验之间固有的逻辑联系。因此，教师在选择教育内容时要综合考虑多方面的因素，遵循由易到难、由浅入深、由近及远、循序渐进的原则。

(二)教学活动内容的选择原则①

1. 生活性与适宜性

生活性原则指的是幼儿教育的内容应当尽可能从幼儿的生活出发，选择基于幼儿生活经验与生活实际，并能丰富幼儿生活经验的内容。适宜性是指幼儿园教育内容的选择，要根据目标、儿童发展及社会文化发展的需要，选择有助于幼儿发展，同时也能为幼儿所理解的内容。应注意：第一，选择幼儿生活需要，并为学前儿童所熟悉的内容；第二，选择幼儿可以理解的、有益幼儿发展的内容。

---

① 朱宗顺，陈文华．学前教育学[M]．北京：北京师范大学出版社，2012：86-87.

案例分析

乒乓球有弹性吗？

在一次科学活动中，教师提供了松紧带、弹簧、蹦蹦床、乒乓球等材料，让幼儿探索弹性的特征。在幼儿操作的基础上，教师总结了弹性的概念，接着引导幼儿区分弹性材料。一幼儿说："乒乓球有弹性。"另一幼儿马上反驳道："乒乓球没有弹性。"乒乓球究竟有没有弹性呢？教师愣住了。

过了一会儿，教师解释道：因为乒乓球弹起来并没有改变形状，所以乒乓球没有弹性。可幼儿坚持说，乒乓球能弹这么高，就是有弹性。

分析： 在众多的科学概念中，究竟哪些概念可以让幼儿获得，掌握到什么程度，首先要考虑的是幼儿的思维发展水平，由此确定那些处于概念基础部分的、幼儿拥有丰富经验并可探究的概念。

2. 全面性与基础性

全面性是指幼儿教育的内容是广泛的、多方面的。基础性是指幼儿教育的内容应是浅显的、具体的、启发性的知识，是儿童发展所必须学习的基础性的知识。应注意：第一，在较长教育时段内，尽可能均衡选择幼儿园教育各领域内容；第二，选择基础的、富有启发性的内容。

3. 时代性与民族性

时代性与民族性是指幼儿教育的内容既要体现时代发展的特点，又要体现传统文化的特色，坚持这一要求才能使幼儿教育的内容在适应时代变化的同时，又能发扬民族优秀的文化传统。应注意：第一，关注当下社会生活中出现的新事物、新情况、新问题，帮助他们了解自己所生活的时代与世界；第二，挖掘优秀的传统文化内容，如我国的民间艺术、传统节日、民间风俗习惯、人文景观等。

(三) 教学活动的内容组织

目前我国基本的教学活动内容组织类型有领域活动和主题活动两大类。领域活动指的是根据健康、语言、社会、科学、艺术五个领域，有逻辑地组织教学内容和安排教学进度的过程。主题活动是教师在一段时间内围绕一个中心主题来开展教育教学活动的形式，主题活动最后也将分解为一个个具体的教育活动，这一个个具体的教育活动仍会侧重于某个领域。

根据《幼儿园教育指导纲要(试行)》和《3~6 岁儿童学习与发展指南》，可将每个领域的教学活动内容总结如下：健康领域活动内容包括身心状况、动作发展、生活习惯与生活能力三大部分；语言领域活动内容包括倾听与表达、阅读与书写准备两大部分；社会领域活动内容包括人际交往和社会适应两部分；科学领域活动包括科学探究和数学认知两部分；艺术领域活动内容包括感受与欣赏、表现与创造两部分。

然而在幼儿教师组织教学活动内容的实际工作中，常常是将领域活动和主题活动结合来实施一学期甚至一学年的教学活动。现在很多幼儿园会在每个学年的每个时间段都有固定的主题活动，如根据天气和季节来命名的一段时间的主题活动，如“美丽的春天”、“美丽的夏天”、“美丽的秋天”、“美丽的冬天”，然后根据这些主题活动制订主题活动网和五大领域的活动内容，并根据大班、中班、小班幼儿不同的身心特点和学习状况选择适宜的教学内容。

现在有些幼儿园在选择幼儿园班级教学活动内容时，经常会在一个时间段先制订一个活动主题，再根据主题制作主题活动网。主题活动网上的各个具体的教育活动就会涵盖五大领域的活动内容。当然，班级教师也可以不以这种形式来选择教学内容，而是参照《3~6岁儿童学习与发展指南》等文件规定的大、中、小班幼儿可以达到的学习目标来选择教学活动内容。

三、幼儿园班级教学活动实施

（一）幼儿园班级教学活动实施的基本原则

幼儿园教育教学活动的原则是教师在组织实施教学活动时必须遵循的基本要求。教师在组织幼儿园教学活动的过程中应在把握以下原则的基础上科学合理地开展教学。

1. 尊重幼儿的人格尊严和合法权益

作为幼儿园教育对象的幼儿首先是一个人，是我们社会的一员。因此，他们享有人的尊严和权利。没有对幼儿的尊重，就谈不上真正的教育。

（1）尊重幼儿的人格尊严

幼儿虽然年龄小，但是他们和教师之间的关系是平等的人与人的关系。教师要将幼儿看作具有独立人格的人来对待，尊重他的思想感情、兴趣、爱好、要求和愿望等。如果教师的言行中处处体现对幼儿的尊重，注意倾听幼儿的想法，尊重他们的意愿，就会使幼儿意识到他们在这个世界上是有价值、有能力、不可缺少的，从而建立起自信心，获得良好的自我概念，为自身的继续发展奠定基础。反之，教师如果随意呵斥、责备、惩罚幼儿，让幼儿常常感受到委屈、羞辱，他们便会认为自己是无能的、被人看不起的，从而丧失基本的自尊与自信。这种消极的自我概念一旦形成，将会影响幼儿终身的发展。

（2）保障幼儿的合法权利

幼儿是不同于成人的正在发展中的社会成员，他们享有不同于成人的许多特殊的权利，如受教育权、受抚养权、发展权等，这反映了人类对幼儿在社会中的地位和权利的认可与尊重。但是，幼儿毕竟是稚嫩、弱小的个体，他们对自己权利的行使还必须通过成人的教育和保护才能实现。家庭、学校、社会应当保障未成年人的合法权益不受侵犯。因此，教师不仅是幼儿的教育者，也应当是幼儿权益的实际维护者。

2. 促进幼儿全面发展

(1)幼儿的发展是整体的发展

教育必须促进幼儿体、智、德、美诸方面全面发展，不能偏废任何一个方面。陈毅同志曾做过一个生动的比喻："一个飞行员没有坚定正确的政治方向，没有无产阶级觉悟，一起飞就飞到敌人那里去了，怎么能让这样的人驾驶飞机呢？另一个飞行员有高度的政治觉悟，有为人民服务的愿望，但技术不过硬，一起飞就被敌人打下来了，这样的飞行员有什么用呢？自然，一个体弱多病的人，连陆军尚且不够条件，就更谈不上当飞行员了。"这个比喻充分说明了全面发展的重要性。因此，教育必须注重幼儿各方面的全面发展，注重整体性。

(2)幼儿的发展是有个性的发展

教育除了使每个幼儿达到国家统一要求的标准之外，还允许根据每个幼儿的特点，注重幼儿的个体经验和差异性，利用幼儿的经验、幼儿之间的相互影响以及大众媒体等，使幼儿园教育更丰富、更有效。

(3)幼儿的发展应是协调的发展

幼儿的协调发展包括：幼儿身体的各个器官、各系统机能的协调发展；幼儿各种心理机能，如认知、情感、性格、社会性、语言等协调发展；幼儿的生理和心理协调发展；幼儿个体需要与社会需求之间的协调发展，等等。

3. 面向全体，重视个别差异

在教育过程中，教育者在关注全体受教育对象的同时，还应重视幼儿的个别差异，因人施教，有针对性地采取最有效、最合理的方式促进每个幼儿的发展。

(1)教育要促进每个幼儿的发展

教育必须面向每个幼儿，使每个幼儿都能达到教育目标的要求。常常有这样的情况：有的教师只关注学习好、能力强的幼儿，而那些既不出众又不吭声的幼儿基本上不在教师的视线之内。作为一名幼儿园教师，必须抵制这种行为的出现。教师要保证每个幼儿在学校里有同等的受教育机会，平等地、一视同仁地对待所有的幼儿。

(2)教育要促进每个幼儿在原有基础上发展

面向全体，使所有的幼儿都得到发展，并不是要求所有的幼儿都达到同等水平，也不是要求每个幼儿在所有方面都达到同样高度。由于每个幼儿的需要、兴趣、性格、能力、学习方式等各有不同的特点。因此，必须考虑每个幼儿的特殊需要，因人而异地进行教育，使每个幼儿都能发挥优点和特长，在自己原有的水平上得到应有的发展。

(3)多种组织形式促进幼儿发展

在我国，因为班额多、场地小，集体活动是教育机构进行教育的主要组织形式，而小组活动、个别活动相对较少，不利于充分满足不同幼儿的需要，应注意在教育中灵活地使用集体、小组、个别活动等教育组织形式。有教师认为，集体活动就是“面向全体”，小组和个别活动就是“照顾个别差异”，这种观念是不对的。面向全体与照顾个别差异是不可分割的两个方面，是在各种组织形式的活动中统一实现的。不重视个别差异的集体活动是不可能真正面向全体的。

案例分析

九月开学，陶老师的班上来了两个淘气包，他们是笑笑和航航。每天他们一到教室，活动室里便闹哄哄的。陶老师一会儿叫这个安静，一会儿又跑去说教另一个，可他们仍像没听到一样，屡禁不止。有时老师甚至会想，要是没有来这两个孩子就好了。

后来，陶老师仔细观察这两个孩子，发现他们都很聪明，并且各有所长。笑笑喜欢听故事，一听到讲故事，就乖得很，听得特别认真，所以老师就经常利用讲故事的方式，教育他不打人、懂礼貌。航航自理能力强，会自己穿衣服，老师就奖励他一朵小红花，在班级各位老师的表扬和激励下，他也很快改掉了睡觉不安静的不良习惯。慢慢地，陶老师再也不觉得他们烦了，反倒觉得他们和其他孩子一样，很招人喜欢。

分析： 陶老师发现问题后能够耐心仔细地去观察、了解幼儿，发现幼儿间的个别差异，考虑到笑笑和航航的特点，因人而异地进行教育，使每个人都能发挥优点和特长，得到良好的发展，并且能够努力做到平等地、一视同仁地对待所有的幼儿，是值得大家学习的。

4. 充分利用同伴、家庭、社会的教育资源

首先，幼儿同伴资源包括同伴中有助于幼儿健康成长和发展的一切因素的总和。其次，家庭也是幼儿园教育的重要资源。再次，幼儿园可以充分挖掘社区的自然和人文资源。

教育必须认识到幼儿自身、幼儿群体以及家庭、社会都是宝贵的教育资源，要充分发挥它们的教育作用。教育资源存在于幼儿的生活中。在家庭、社会、教育机构、街道、市场、田野，在幼儿自身和幼儿群体中，在电视、广播、交谈、游戏、旅游等各种活动中，都存在着丰富的教育资源，都在对幼儿发挥着强大的影响作用，其广泛性、灵活性、多样性、即时性，是学校教育难以比拟的。学校教育如果局限在学校内，不仅造成教育自身的封闭、狭隘，而且也是教育资源的极大浪费。因此，教师应当有意识地去开发、利用这些资源，如与家庭、社区合作，充分利用幼儿的经验和幼儿之间的相互影

响，利用大众媒体等，使幼儿园教育更丰富、更有效。

案例分析

家园社合作①

我们班的梅天润妈妈是医院的助产士，同时也是我们班“家长助教”的积极参与者。为此，我想利用这个家长的优势资源，切合幼儿的实际认知，和家长一起设计了活动“我从哪里来?”让幼儿知道胎儿在妈妈肚子里的生长过程以及如何出生。课堂上，“医生老师”身穿白大褂，结合形象的图片，给幼儿做了生动的讲解，孩子们听得津津有味，好奇心得到了极大的满足。“医生老师”还让孩子们戴着听诊器，相互听听心跳，在轻松快乐的游戏中获得了知识，教育效果非常理想。

我们还可以尽最大努力去挖掘一些家长资源，如欢欢的爸爸是解放军，我们就邀请他来园和孩子们一起玩“军事游戏”；清清的奶奶开饺子店，我们就请她来园教孩子们做饺子、做团子，在孩子们的节日或者其他大型的活动需要家长帮助和支持时，邀请有空闲的家长来园助教等。家长的参与，为幼儿提供了交往的机会，也增加了更多的生活经验，弥补了课程中的不足。

在班级“博客”中，我们将孩子们平时在园参加的一些有意义的实践活动(如采野花、拾稻穗、摘橘子、参观市博会、图书馆等)及时传到网上反馈给家长，让家长与孩子一起边观看“活动掠影”边交流活动后感受……就这样，家长有了参与共育的感悟。于是来自各行各业的家长们发挥自己职业资源的优势，带来了丰富多彩的教育素材：身为演员的宇斌妈妈组织孩子们参观了戏剧院，了解了我国的文化国粹；在铁路部门工作的家长，则组织孩子们乘坐轨道火车观看家乡、游览“江阴长江大桥”，还参观了专门用来摆渡火车过长江的大货轮；在医院工作的尤家渝妈妈带来了许多眼睛内部结构图片，并向孩子们生动形象地讲解了“眼睛为什么会近视?”等等。在家长们的鼎力支持下，孩子们先后参观了：污水处理厂、硕放飞机场、汽车修理厂及解放军叔叔住的军营……学到了在园内学不到的东西，开阔了眼界，丰富了体验。

分析： 家庭是幼儿园教育的重要资源，可以通过家园合作，充分挖掘幼儿家庭教育资源，拓展学校教育资源，给予幼儿更丰富的教育内容，促进幼儿的发展。而案例中的幼儿园充分认识到这一点，通过家园合作来幼儿教育共同服务，形成教育合力。

① 家园社合作[EB/OL].[2017-07-20]. http://www.baby611.com/jiaoan/yjzl/jyzc/201306/23112133_6.html.

5. 保教结合

保教结合原则是指在教育教学活动中，教师要树立保教并重的思想，把保育和教育有机地结合起来，使幼儿在健康成长的同时增长知识和技能，发展智力的同时形成良好的品德和行为习惯，身心得到全面发展。

幼儿园中包括保育和教育两方面的内容。“保育”就是精心照料幼儿生活，保护幼儿健康，包括健全吃饭、穿衣、睡觉等合理的生活制度和提出具体要求；注意个人和环境卫生，预防疾病，保证安全；科学地开展多样的体育锻炼，增强幼儿体质。除此之外，还应注意对幼儿进行心理保育。“教育”就是按照体、智、德、美的要求，有目的、有计划地对幼儿实施全面发展教育，包括卫生保健和安全教育。培养幼儿形成良好的生活卫生习惯和自我保护意识，发展基本动作，传授周围生活中粗浅的知识和技能，发展语言表达能力和智力，培养良好的思想品德和行为习惯等。

保教结合原则不仅是我国幼儿园发展的教育方针在幼儿园教育教学实践活动中的具体体现，也是我国幼教工作者长期工作经验的总结；还是促进幼儿身心全面健康发展的基本原则。因此，在幼儿园班级教育活动中，既不能只抓保育，不顾教育；也不能只抓教育，忽视保育，必须把二者有机地结合起来。

总之，保教结合原则贯穿于幼儿园教育工作的各个方面和各个环节，贯穿于幼儿园教育教学活动的始终。幼儿园和幼教工作者，都必须牢固地树立保教并重的思想，认真地贯彻保教结合原则。

6. 以游戏为基本活动

幼儿园教育应以游戏为基本活动，这是由幼儿年龄特点决定的，同时也是幼儿园教育区别于小学教育的主要特点。基本活动是指在人生的某阶段出现频率最高、对人的生存发展最有价值、最适合那一年龄阶段的活动。游戏既是幼儿的主要活动，又是幼儿学习的主要方式。幼儿教师应做到以下几点：

①重视幼儿的自发性游戏；

②充分利用游戏形式组织幼儿园各类教育活动；

③满足幼儿对多种游戏的需要。

7. 教育的活动性和活动的多样性

幼儿园教育应从幼儿身心发展的特点和水平出发，以活动为基础展开教育过程。同时，活动形式多样化，让幼儿能在多种多样的活动中得到发展。

①教育的活动性：活动是幼儿发展的基础和源泉。“要知道梨子的滋味，你就得亲口尝一尝。”对于感性知识少、直接经验缺乏的幼儿来说，更是如此。幼儿身心发展的特点决定了他们不可能像中小学生那样，主要通过课堂书本知识的学习来获得发展，而必须通过活动去接触各种事物和现象，与人交往，实际操作物体，才能逐步积累经验，获得真知。离开了活动，就没有幼儿的发展。

②活动的多样性：幼儿园的活动不应当是单一的。因为活动的内容、形式不同，在幼儿发展中的作用是不一样的。比如，看图书和栽培植物，幼儿通过前者获得的是间接

经验，是符号认知的发展；而通过后者获得的是直接知识，是操作经验及其实践能力的发展。因此，教师要注意教育活动的多样性，才能有效地促进幼儿发展。

8. 发挥一日活动整体教育功能

一日活动是指幼儿园每天进行的所有保育、教育活动，包括老师组织的活动和幼儿自主自由的活动。

教师组织的活动包括：幼儿的生活活动、幼儿的劳动活动、幼儿的教学活动、幼儿的游戏活动、幼儿的体育活动等。幼儿的自主自由活动包括：自由游戏、区角自由活动、室外自由活动等。

应当注意的是一日活动中的各种活动不可偏废，必须有机统一为一个整体。幼儿园应充分认识和利用一日生活中各种活动的教育价值，通过合理组织、科学安排，让一日活动发挥一致的、连贯的、整体的教育功能，寓教育于一日活动中。

资料链接

实施《3~6岁儿童学习与发展指南》遵循的原则

(1)关注幼儿学习与发展的整体性。儿童的发展是一个整体，要注重领域之间、目标之间的相互渗透和整合，促进幼儿身心全面协调发展，而不应片面追求某一方面或几方面的发展。

(2)尊重幼儿发展的个体差异。幼儿的发展是一个持续、渐进的过程，同时也表现出一定的阶段性特征。每个幼儿在沿着相似进程发展的过程中，各自的发展速度和到达某一水平的时间不完全相同。要充分理解和尊重幼儿发展进程中的个别差异，支持和引导他们从原有水平向更高水平发展，按照自身的速度和方式到达《3~6岁儿童学习与发展指南》所呈现的发展“阶梯”，切忌用一把“尺子”衡量所有幼儿。

(3)理解幼儿的学习方式和特点。幼儿的学习是以直接经验为基础，在游戏和日常生活中进行的。要珍视游戏和生活的独特价值，创设丰富的教育环境，合理安排一日生活，最大限度地支持和满足幼儿通过直接感知、实际操作和亲身体验获取经验的需要，严禁“拔苗助长”式的超前教育和强化训练。

(4)重视幼儿的学习品质。幼儿在活动过程中表现出的积极态度和良好行为倾向是终身学习与发展所必需的宝贵品质。要充分尊重和保护幼儿的好奇心和学习兴趣，帮助幼儿逐步养成积极主动、认真专注、不怕困难、敢于探究和尝试、乐于想象和创造等良好学习品质。忽视幼儿学习品质培养，单纯追求知识技能学习的做法是短视而有害的。

(二)幼儿园班级教学活动实施的注意事项

班级教师在明确教学目标，选定教学内容之后，最重要的就是组织实施教学活动。在组织实施教学活动中，除了坚持以上教学活动组织的八条原则之外，教师还应从教师角色、教育理念、师幼关系等几个方面加以注意。

1. 牢固树立科学教育理念

科学的教育理念包括科学的儿童观、教育观，只有树立科学的观念才会有科学的教育行为。

(1)儿童观

科学的儿童观就是人们对儿童的正确看法、观念和态度的总和，在学前教育中转化为幼儿教师科学的教育教学方法，主要包括以下几个方面的含义①：

①儿童具有独立的人格和尊严。儿童和成人一样，应当得到尊重，享有生存、生活和学习的权利。世界学前教育组织颁布的《童年宪章》中指出："所有的儿重都有权享受一个安全、快乐和健康的童年；所有的儿童需要在家庭里成长，在那里有特别亲密的成人，让他们体验爱和关怀；所有的儿童有权在安全并有激励性的环境里游玩、成长和学习，不受伤害和烦恼；所有的儿童需要得到机会和支持，逐渐形成对自己和别人宽容、谅解的态度……"教师只有尊重儿童的人格和尊严，维护儿童的地位和权利，才能让儿童感到他们存在的独特价值和意义。

②儿童期具有独特的价值。儿童期是个体生命发展的重要时期，是人的身心成长的关键阶段，它奠定了人后期发展的基础。德国诗人诺瓦利斯指出："在儿童的身上，我们看到了身心的纯洁和道德的纯粹，看到了他们特有的生命特质：纯洁、乐观、富有生命力、拥有未来。"教育家杜威指出：儿童期生活有其内在的品质和意义，不可把它当作人生中一个未成熟阶段，只想让它快快地过去。因此，教育应成就孩子一个幸福而有意义的童年，并以此为基础，成就他们一个幸福而美好的人生。

③儿童具有个体差异性和独特性。每个儿童都是一个独立的、完整的生命个体，他和其他儿童在各个方面存在着差异。美国著名心理学家加德纳教授提出多元智能理论，并提出这些智能在相当程度上是彼此独立存在的，这种独立性意味着即使一个人有很高的某一种智能，却不一定有着同样程度的其他智能。作为幼儿教师应当认识儿童的个体差异，尊重儿童的个体差异，这样才能做到因材施教，保证每一个儿童个性的充分发展。

④儿童具有好奇心和求知欲。儿童天生对事物具有强烈的好奇心和旺盛的求知欲，正是这一特性成为儿童探索世界万事万物的强大动力，儿童在探索过程中才能有所发现、有所发明，这也是儿童创新思维、创造能力、探究能力发展的潜质。因此，幼儿教师要认真呵护儿童的好奇心和求知欲，并给予正确的引导，使儿童的学习兴趣得到很好

① 高闰青. 幼儿教师应具备科学的儿童观[N]. 光明日报，2014-08-05.

的培养，促进儿童的健康成长。

(2)教育观

目前，依然有很多幼儿教师认为教育就是灌输，就是把自己知道的东西传递给幼儿，就是知识的传承，这当然是不够完整的教育观。

西方有一句谚语：“教育的本质，不是把篮子装满，而是把灯点亮。”如果我们还是把篮子装满，那只能是渐进性的改革；如果我们想点燃一盏灯的话，就是一个革命性的变革。

教育的本质不是单纯的灌输，而是让人发现人性的本质。现在有一个危险的倾向，就是经济的压力会使教育的水准和人类道德的标准下降。教育的本质绝对不是把大脑灌输满，而是鼓励和激发他们的灵魂和心智。

达尔文曾经说过：“年轻的时候阅读诗歌给我极大的快乐，但是最近几年我连一行诗都读不进去了，大脑似乎变成了一个机器，只会处理机械的事务。如果我可以重新再活过一次的话，我会给定一个规则，每周会读两行诗，每周会听一些音乐。由于我生活中失去了这些快乐，肯定让我的快乐减少，而且一定会导致我的智力、灵感和道德标准下降，因为这些快乐的失去，会使我人性中最充满灵性、充满激情的部分受到损伤。”①

2. 正确定位教师角色

在班级教学活动中，幼儿教师既扮演着教学活动组织管理者的角色，又扮演着幼儿教师的角色。组织管理者的角色要求教师组织好教学活动，使教学活动在一定时间内获得最大的管理效益；幼儿教师的角色要求在实施教学活动时，教师应成为幼儿学习的支持者、引导者、合作者。

这两种角色既有一定的相关性，又有一定的矛盾性。组织管理者一般会站在一定的高度组织被管理者和相关事宜顺利运转，而幼儿学习的支持者、引导者、合作者要求教师以平等的姿态站在幼儿的身后、身边或身前。

幼儿教师既是班级管理者，又是幼儿教师，应在二重身份之间转换自如，才能既做好班级管理工作，又做好教学工作。

3. 恰当处理各方关系

幼儿教师需要处理的关系纷繁复杂，其中包括与班级其他保教人员之间的同事关系、与上级领导的关系、与幼儿之间的关系、与家长之间的关系等。每一种关系处理得是否得体，都会影响到教学活动是否能够顺利开展，虽然其中最重要的是师幼关系的处理，但是其他几种关系处理得不好也会影响班级教学活动的品质。

四、幼儿园班级教学活动评价

《幼儿园教育指导纲要(试行)》中指出：“评价是幼儿园教育工作的重要组成部分，

① 奈斯比特. 教育不是把篮子装满，而是把灯点亮[EB/OL]. [2017-08-01]. http://www.cnsece.com/KindTemPlate/MsgDetail/32446.

是了解教育的适宜性、有效性，调整和改进工作，促进每一个幼儿发展，提高教育质量的必要手段。”“评价的过程，是教师运用专业知识审视教育实践，发现、分析、研究、解决问题的过程，也是其自我成长的重要途径。”

幼儿园教学活动是幼儿园教育活动的一种重要形式，是教师进行计划、设计和组织的专门活动，或称正式指导的活动。教学活动评价是教育评价重要的组成部分，也应依据教育评价的相关理念、原则及方法进行。

教学活动在促进幼儿发展方面具有重要的作用，因此不能因为传统教学中存在灌输、说教和无视幼儿的主体性的现象，就否定幼儿园教学的作用。相反，我们应该在科学的儿童观、教育观和教学观的指导下，深入研究幼儿园的教学，不断提升幼儿园教学的方式方法，努力追求有效的教和有效的学。充分发挥教师和幼儿双方的主体作用，以具有主体性的教师激发出具有主体性的幼儿，以学定教，真正有效地促进幼儿的全面、和谐发展。

对教学活动的评价是幼儿教育评价的重要内容。教学活动的评价，因教育及教学观的不同有不同的方案，评价项目也因此有所不同。但教学评价的核心目标都是为了了解教学活动的成效，了解教学过程中教师和幼儿的行为，了解教学对幼儿发展的意义。

资料链接

《幼儿园教育指导纲要（试行）》第四部分对“教育评价”的相关要求

一、教育评价是幼儿园教育工作的重要组成部分，是了解教育的适宜性、有效性，调整和改进工作，促进每一个幼儿发展，提高教育质量的必要手段。

二、管理人员、教师、幼儿及其家长均是幼儿园教育评价工作的参与者。评价过程是各方共同参与、相互支持与合作的过程。

三、评价的过程，是教师运用专业知识审视教育实践，发现、分析、研究、解决问题的过程，也是其自我成长的重要途径。

四、幼儿园教育工作评价实行以教师自评为主，园长以及有关管理人员、其他教师和家长等参与评价的制度。

五、评价应自然地伴随着整个教育过程进行。综合采用观察、谈话、作品分析等多种方法。

六、幼儿的行为表现和发展变化具有重要的评价意义，教师应视之为重要的评价信息和改进工作的依据。

七、教育工作评价宜重点考察以下方面：

（一）教育计划和教育活动的目标是否建立在了解本班幼儿现状的基础上。

（二）教育的内容、方式、策略、环境条件是否能调动幼儿学习的积极性。

（三）教育过程是否能为幼儿提供有益的学习经验，并符合其发展需要。

（四）教育内容、要求能否兼顾群体需要和个体差异，使每个幼儿都能得到发展，都有成功感。

（五）教师的指导是否有利于幼儿主动、有效地学习。

八、对幼儿发展状况的评估，要注意：

（一）明确评价的目的是了解幼儿的发展需要，以便提供更加适宜的帮助和指导。

（二）全面了解幼儿的发展状况，防止片面性，尤其要避免只重知识和技能，忽略情感、社会性和实际能力的倾向。

（三）在日常活动与教育教学过程中采用自然的方法进行。平时观察所获的具有典型意义的幼儿行为表现和所积累的各种作品等，是评价的重要依据。

（四）承认和关注幼儿的个体差异，避免用划一的标准评价不同的幼儿，在幼儿面前慎用横向的比较。

（五）以发展的眼光看待幼儿，既要了解现有水平，更要关注其发展的速度、特点和倾向等。

（一）幼儿园教育评价的功能

幼儿园教育评价具有多元化的功能，具体如下：

1. 鉴定功能

幼儿园教育评价的鉴定作用是指教育评价认定、判断评价对象合格与否、优劣程度、水平高低等实际价值的功效和能力，它是与教育评价活动同时出现并始终伴随着教育评价存在的。由于教育评价是依据一定的标准进行的，这就决定了教育评价具有对评价对象鉴定优劣、区分等级、排列名次、评选先进、资格审查等鉴别功能。鉴定功能是教育评价的基本功能，其他功能是在科学鉴定的基础上实现的，只有认识对象才能改变对象。“鉴定”首先是“鉴”，即仔细审查评价的对象，然后才是“定”结论。科学的鉴定应该在事实判断之后才作出价值判断。通过学前教育评价，人们可以对学前教育系统的运行状态及效果做出比较准确的描述和判断，在此基础上，对被评价对象进行比较或按一定标准予以分类，就能起到对学前教育的鉴别作用。

2. 导向功能

幼儿园教育评价的导向功能是指教育评价本身所具有的引导评价对象朝着理想目标前进的功效和能力，这是由评价标准的方向性决定的。因为在教育评价中，对任何被评对象所作的价值判断，都是根据一定的评价目标、评价标准进行的。这些评价的目标、标准、指标及其权重，对被评价对象来说，起着“指挥棒”的作用，为他们的努力指定方向。被评价对象必须按目标努力才能达到合格的标准，否则就达不到合格标准，得不到好的评价。其中的评价目标是由目标制订者根据社会需要而制订的，是评判者对被评价对象应达到的社会价值的反映，也是社会需要的体现。总体来说，评价教育办得好与不好，关键就是看它是否符合社会当前与长远发展的需要，客观评价上和微观评价上都是如此。所以，评价的导向作用是一种社会导向作用。

学前教育评价标准的依据是教育目标。因此，学前教育评价标准本身就是学前教育目标的一种反映，这种具有明确方向性和目的性的评价标准可以成为幼教工作者和儿童的行为目标，具有导向作用。

3. 调节功能

幼儿园教育评价的调节功能是指教育评价对评价对象的教育教学或学习等活动进行调节的功效和能力。这种功能表现在两个方面：一是评价者为被评价者调节目标及进程。例如，通过评价，评价者认为被评价者已达到目标并能达到更高目标时，就会将目标调高，将进程相对调快；认为被评价者几乎没有可能达到目标时，就会将目标调低，将进程相对调慢，使之符合被评价者的实际。总之，要让他们在不同水平上朝目标前进，避免发生达到目标者停滞不前、达不到目标沮丧气馁的情况。二是被评价者通过评价了解自己的长短、功过，明确努力方向及改进措施，以实现自我调节。

学前教育评价是学前教育系统运行中的反馈调节系统，它可以将学前教育运行状态的信息随时反馈给教育活动的主体，使其及时发现成绩和不足，并会对存在的问题做出适当调整和改进。

4. 激励功能

幼儿园教育评价的激励功能是指合理有效运用教育评价，能够激发和维持评价对象的内在动力，调动被评价者的内在潜力，提高其工作的积极性和创造性，从而达到教育管理的目的。评价的激励作用是分等鉴定的必然结果，它也包括对后进单位与个人的督促作用。这是因为在被评价对象比较多的情况下，这种不同的等级会使个人与个人、单位与单位之间进行不自觉的比较。这对被评价对象来说，是一个积极的刺激和有力的推动。因为在一般情况下，被评价对象无论是个人还是单位，都有获得较高评价和实现自身价值的愿望，这是人类普遍存在的一种心理趋向。恰如其分的评价结果能给人以心理上的满足感，从而激励人们不断进取。对于先进的单位和个人来说，评价的结果是对自己过去成绩的肯定与表扬，会对成功的经验起强化作用，使被评价者更加努力、更加主动，以保持或取得更大的成绩；对于落后者则是一种有力的鞭策，如果仍不努力就会被拉得更远。

学前教育评价的结果一方面给教育管理和决策者提供了信息，另一方面也给被评价者反馈了信息。调动被评价者工作或学习的积极性，并使之进一步明确努力方向，改进不足。

(二) 幼儿园教育评价的类型

1. 依据评价功能分类

从评价功能来看，幼儿园班级教学活动评价可分为：诊断性评价、形成性评价和终结性评价(总结性评价)。

诊断性评价是指在教学目标设定之后，在开展具体的教学活动之前，为了弄清楚学生在此前的学习状况，有效地开展所计划的教学活动，而进行的一种“事先评价”。它一般由前提条件测验和事前测验组成，进行前提条件测验是为了弄清楚学生是否具备了学习所需要的能力等，进行事前测验是为了弄清楚学生对将要学习的新内容哪些已经掌握了、哪些还没有掌握。换句话说，诊断性评价是开展有效的教学首先应该进行的一种摸底性评价，这种评价的功能在于调查学生在学习上的经验、兴趣、积极性、理解程度等，明确学生对学习的准备情况、问题所在和适应性等。

形成性评价是指在教学过程中所进行的一种教学评价。它是按照教学目标的规定开展一段时间的教学之后(如一个单元的教学进行到一定程度之后)，为了检查前一段时间的教学是否达到了教学目标的要求，并根据检查结果调整下一段教学的目标、进度和方法等而进行的一种“事中评价”或“中途评价”。通过这种评价可以检查出哪些学生在多大程度上理解了教学内容，哪些学生还没有理解所教的内容，对于还没有理解的学生要进行相应内容的指导帮助，对于已经完全理解的学生要提出深化、提高的要求。这样，形成性评价并不只是为了检查而进行检查，它还有另外一个目的，就是根据检查所反馈的结果修正后续教学的目标、内容和方法。也就是说，形成性评价的根本目的是为了改善教师的教学，促进学生的学习。

总结性评价是指一段时期的教学结束之后(如一个单元的教学完成之后，或者一个学期的教学完成之后)所进行的一种教学评价。它是为了检查特定单元的教学或者特定时期的教学等是否完成了既定的目标而总括性地进行的“事后检查”或“事后评价”。通过检查发现学生对有的重要内容还没有掌握的情况下，要对其进行辅导，改善其学习；如果所有学生都掌握了全部学习内容，就进入下一阶段的教学。这样看来，总结性评价还有改善教学的功能。

2. 依据评价对象分类

从评价对象上看，幼儿园班级教学活动评价可分为：儿童发展评价、教师工作评价、幼儿园课程评价。儿童发展评价是指对儿童各方面的发展状况进行评价，包括身体发展、认知发展和社会性发展等；教师工作评价是对教师的班级管理和教学工作进行评价；幼儿园课程评价是对幼儿园班级课程的适宜性和效益性进行评价的过程。

3. 依据评价主体分类

从评价主体上看，幼儿园班级教学活动评价可分为：内部评价和外部评价、内外部相结合的评价。内部评价也称自我评价，外部评价也称他人评价。内外部相结合的评价指的是自我评价和他人评价的有机结合。

由于幼儿园教育的特殊性，幼儿园教育工作评价实行以教师自评为主，园长以及有关管理人员、其他教师和家长等参与评价的制度。

教师自评可采用定性评价的方式进行，教师通过撰写本学年、本学期教学总结来评价反思自己的教学管理工作。

(三)幼儿园教学活动评价的方案

1. 幼儿园教学活动评价的基本价值取向

教学评价的基本价值取向是：教学应促进幼儿认识、学习策略及情感等多方面的全面、和谐发展；教学应尽可能引发幼儿多感官的参与；体验、尝试和发现等是幼儿重要的学习方式；适宜的目标和内容才能引发真正有效的教和学；教学应当具有开放的、能激发幼儿探究欲望和思考的环境；产生问题、引发互动是有效教学的重要特征；教学过程应该让幼儿感受挑战。

2. 幼儿园教学活动的具体评价方案举例①

本节以一个主要关注目标、内容、教师及幼儿四个相互关联项目的评价方案为例。在确立评价指标时，每个项目设定一些主要的评价点(见表 6-3)，并对这些评价点作了内涵的说明。通过对每一个评价点的分析，可发现它们之间的内在联系，进而从整体上把握教学活动的状况。表 6-3 中，目标、内容、教师和幼儿四个评价项目是相互关联的，在任何一个单一的项目中都可反映其他三个项目的内容。但从评价的可操作性上考虑，这四个项目可相对区分，分别评价，最终进行综合分析。四个项目的评价要点说明如下：

(1)目标

①目标的年龄适宜性是指活动所确定的目标与特定年龄班的幼儿发展的特点和规律是否一致。过易和过难的目标都是不适宜的目标。

②目标的可落实性是指活动的目标是否具体、明确，是否易于衡量。

③目标的和谐性是指重点或核心目标是否突出，认识的目标与相关的学习策略、相应的情感的目标是否有机地得到反映。目标罗列过多是目标缺乏有机联系和核心目标不突出的表现。

④目标实际的达成度是指在实际的活动过程中，计划的目标实现程度，以及非计划的对幼儿有重要意义且与活动有有机联系的目标实现的情况。达成的目标与原定的目标是否存在不一致，这种不一致是否合理。

(2)内容

①内容的年龄适宜性是指所选的内容与特定年龄段幼儿的发展特点是否一致，是否最有利于幼儿的接受和发展。

②内容与目标的一致性包含质与量两个方面。一方面是指所选的内容是否最大限度地包含了活动的目标，内容和目标间的不一致将直接影响目标的实现；另一方面是指内容容量的适宜性，即活动的内容有多少才最有利于目标的实现。内容过多和过少都是不合适的。

③内容的科学性是指所呈现和解释的活动内容是否科学、准确，给幼儿的知识和概

---

① 虞永平. 幼儿园教学活动的评价[J]. 早期教育(教师版)，研究与探索，2005(3).

念是否会影响幼儿进一步的学习。

④内容的生活性是指所选择的内容是否适合特定的地域和文化，即活动的内容是否能反映适合幼儿的现实生活，是否能引发幼儿的有效学习。

⑤环境、材料的适宜性是指与特定活动相对应的环境、材料是否能在质和量两个方面最大限度地支持幼儿的学习，能否满足幼儿探索、操作和交往等活动的需要。

⑥内容实际的完成情况是指在活动过程中，预定的内容是否全面完成，有没有完成一些计划外的活动内容，它是在什么特定的情境下发生的，这样合理与否。

表 6-3　幼儿园教学活动评价表

	评价要点	评价等级		
		A	B	C
目标	目标的年龄适宜性			
	目标的可落实性			
	目标的和谐性			
	目标实际的达成度			
内容	内容的年龄适宜性			
	内容与目标的一致性			
	内容的科学性			
	内容的生活性			
	相关环境材料的适宜性			
	内容实际的完成情况			
教师	教师讲解的适宜性			
	教师教学策略的适宜性			
	教师对幼儿的关注			
	教师评价的适宜性			
幼儿	幼儿的投入程度			
	幼儿的互动机会			
	幼儿面临的挑战			
	幼儿的学习习惯			

(3) 教师

①教师讲解的适宜性是指教师对特定活动内容的讲述、解释是否适宜。讲解的适宜性不是用所占时间来衡量的，而是衡量讲解是否到位，即是否有利于幼儿进一步的学习和促进幼儿思考。讲解不清晰、低层次的或重复的讲解都是不合适的。幼儿的学习主要

的不是通过教师的讲解来实现的，而是通过幼儿自己的交往行为及其他实践性活动实现的。

②教师教学策略的适宜性是指教师面对特定的教学问题情境，尤其是面对幼儿的学习状况所采用的旨在激励、指导、传授、帮助、启发的具体策略是否合适。这是针对特定的幼儿和特定的问题情境而言的。

③教师对幼儿的关注主要是指对幼儿在活动中的状况的关注。具体地说，包括对幼儿的现实需要、兴趣、活动投入度、遇到的具体问题等方面的关注。衡量教师对幼儿关注程度，主要是看教师是否能注意到活动过程中幼儿出现的一些重要事项，并采取包括忽略在内的有效策略。

④教师总结和评价的适宜性是指教师在活动过程中及活动结束后，是否根据需要，开展适当的评价。教师的评价可以针对个别幼儿，也可以针对小组或全班幼儿；可专门评价，也可以在情境中评价。但评价一定要从需要出发，不能流于形式，或为了评价而评价。活动评价应注重过程中的、情境中的评价。

(4)幼儿

①幼儿的投入程度是指幼儿在活动中注意力是否集中，是否有活动的积极性和主动性，思维是否活跃，是否表现出创造性。

②幼儿的互动机会是指活动中是否有适宜的幼儿与同伴、与成人的互动的机会。幼儿的互动也是一种重要的学习途径和方式。但互动也要从需要出发，无实际问题的所谓讨论、没有合作必要的所谓合作都不是适宜的互动。

③幼儿面临的挑战是指活动过程中幼儿是否获得新的经验，是否面临问题并努力去解决问题，幼儿是否有效地运用了已有的经验。换言之，活动有没有将幼儿带到最近发展区。

④幼儿的学习习惯是指幼儿活动的坚持性，轮流、合作及分享等基本行为技能的掌握情况等。

幼儿园教学的评价，涉及教育和教学的基本观念，也涉及评价技术的发展和运用，相信经过进一步深入地实践和研究，我们对幼儿园教学评价的认识、技术和方法会有新的认识和不断完善的实践。各幼儿园或各班级在进行教学活动评价时，可根据以上评价方案制订具体的评价表格或评价办法。

本章小结

幼儿园班级教学活动主要指幼儿园班级教育活动中的集体教学活动，对于幼儿的多方面发展具有非常重要的意义，所以对幼儿园班级教学活动进行管理是十分必要的。本章节涉及幼儿园班级教学活动管理概述与教学活动管理过程两大方面，主要介绍了幼儿园班级教学活动的含义及教学活动管理的意义，幼儿园教学活动的目标、内容、实施及评价。通过学习，使学生能够了解幼儿园班级教学活动的概念、特点、组织形式，熟悉幼儿园班级教学活动管理的意义和基本要求，掌握幼儿园班级教学活动管理的目标、内容、实施和评价及幼儿园班级教学活动实施和评价管理的方法。

拓展阅读

1. 邢利娅. 幼儿园管理[M]. 北京：高等教育出版社，2010.

2. 王雯. 学前教育管理学[M]. 北京：北京大学出版社，2014.

3. 朱家雄. 幼儿园教育活动设计与实施[M]. 北京：高等教育出版社，2015.

4. 张晓艳. 基于美国优质教学标准浅析新课改视野下我国幼儿园优质教学[D]. 西安：陕西师范大学，2009.

5. 黄秋燕. 幼儿园新教师教学活动中关键事件的研究——以南宁市为例[D]. 上海：华东师范大学，2013.

6. 李聪颖. 北京幼儿园实施项目教学的可行性研究[D]. 北京：首都师范大学，2012.

思考练习

1. 名称解释：班级教学活动管理、班级教学管理过程、教育评价。
2. 幼儿园班级教学活动有哪些特点？
3. 为什么要对幼儿园班级的教学活动进行管理？
4. 班级教育教学管理的包含哪些内容？
5. 哪些文件明确规定了当前我国幼儿园教育的总目标和年龄阶段目标？你对目标体系清楚吗？
6. 班级教学活动管理过程是否有理论依据可以遵循？存在哪些主要环节？
7. 幼儿园班级教学活动评价有哪些功能？

第七章　幼儿园班级游戏活动管理

教学目标

1. 了解幼儿园班级游戏活动的内涵、意义和分类。
2. 熟悉幼儿园班级游戏活动管理的必要性和原则。
3. 领会幼儿园班级各年龄班游戏环境创设的内容。
4. 掌握幼儿园班级各年龄班游戏活动的观察与指导。

名人名言

儿童早期的游戏，不是无关重要的。它是非常严肃的，而且是具有深刻意义的。儿童早期的各种游戏，是一切未来生活的胚芽。

——[德]福禄倍尔

案例导读

游戏对幼儿来说不仅是一种娱乐，更是一种让幼儿面对现实世界，促进幼儿学习、成长和发展的有价值的活动。湖北省武汉市某幼儿园某班教师为了鼓励幼儿养成良好的行为习惯，将“奖励机制”与区域游戏挂钩，所谓“奖励机制”就是根据幼儿在园的表现情况给予积分，然后幼儿可以用积分兑换进区活动的资格，积分一周清零。比如1个积分可以进入固定的“图书区”、“美工区”，2个积分可以进入“小医院”、“小厨房”，3个积分可以进入“建构区”、“表演区”等，如果积分为“0”那么就没有自主选择区域活动的资格，只能看着别人玩。

分析： 案例中积分兑换活动区资格，字面看上去“兑换”给予了孩子“自主选择”的权利，用“奖励机制”督促班级孩子养成良好的习惯，实际上会剥夺部分孩子游戏的权利。这个班经常出现的现象会是表现越棒(越能达到老师要求)的孩子积分越多，自主选择游戏的权利越大；反之，得不到积分的孩子就失去了游戏的权利，忽视了幼儿的感受，带给孩子更多的是不愉快的体验。

建议： ①教师要给予孩子自主选择游戏的权利。游戏面前人人平等，任何一个孩子都应有游戏的权利，而不是“因人而异”。因此需要教师合理利用“奖励机制”、游戏活动因材施教。②教师应积极创造条件，鼓励、支持孩子的游戏。游戏是游戏者自发的令人愉快的活动，在游戏中幼儿没有心理负担，不用担心游戏之外的奖惩，是轻松的、自由的、快乐的，不受“游戏规则”之外的约束。

第一节　幼儿园班级游戏活动概述

“什么是游戏?”众家纷纭，许多学者基于各自的研究角度对游戏概念做了不同的阐述：德国教育家福禄培尔认为，游戏是幼儿潜在本能的表现。德国学者席勒认为，游戏更多是享乐，是多余生命力摆脱了外部需要的自由表现，愉快是从游戏中得来的。苏联心理学家艾里康宁认为，游戏是在真实条件之下，借助想象，利用象征性的材料，再现人与人的关系的活动。美国心理学家加维认为，游戏是由内驱力所策划的一种快乐的活动。我国学者华爱华认为，只要符合非真实性、内在动机、过程导向、自由选择与积极情绪这五个特征就可视为游戏。刘焱认为，游戏是游戏者能动地驾驭活动对象的主体性活动，直观地表现为幼儿的主动性、创造性和独立性活动。黄人颂认为，游戏是幼儿喜爱的、主动的活动，是幼儿反映现实生活的活动。在《教育大辞典》中，游戏被定义为“适合幼儿年龄特点的一种有目的、有意识的通过模仿和想象，反映周围现实生活的一种独特的社会性活动”①。

以上理论都是从成人的角度去看待或定义游戏，实际上幼儿才是游戏的主人，那么孩子是如何定义“游戏”的呢?他们的回答是“玩”、“自己可以随便玩”。爱玩是孩子们的天性，游戏是他们本能的行为和主要学习方式，是让孩子们有自主选择的权利，可以自主调控、想象创造反映现实生活的愉悦活动，而不是“教师要求”进行的活动。

---

① 教育大辞典编撰委员会. 教育大辞典：第2卷[M]. 上海：上海教育出版社，1990：218.

一、游戏活动的内涵

“游戏”是幼儿与周围环境相互作用的基本形式，作为“人的活动”，幼儿的游戏活动有如下基本内涵：

(一)游戏活动是幼儿有目的、有意识、积极的反映活动

伟大的教育家乌申斯基曾指出：游戏就是活动，这种活动的性质是自觉的、有意识的、有目的的。幼儿出生以后，就生活在丰富多彩的现实生活中，他们在与人交往的过程中认识了许多事物，学到了许多知识，积累了许多经验。幼儿为满足自己生理和心理方面的需要，以语言和行动的方式把现实生活中获得的知识、经验以及印象等内容通过游戏反映出来。在游戏中幼儿能积极地构思，自主选择游戏内容，确定游戏主题、角色，发展游戏情节，实现他们自己的想法和愿望。

(二)游戏活动是幼儿主动的、自愿的、愉快的活动

幼儿期正处在身心迅速发展时期，他们的思维能力、想象能力、语言交往能力和活动能力有了一定的发展，他们对周围的事物感兴趣，对活动感兴趣，尤其在游戏活动中表现积极、主动，在游戏活动中他们能实现自己的愿望，从成功和创造中获得愉快的体验。正如心理学家柳布林斯卡娅所说：“正是这种把以前获得的印象组合成新的创造物的可能性，正是这种对自身力量的考虑，是游戏使幼儿产生巨大愉快的源泉。”游戏不仅符合幼儿生理和心理发展的需要，也能给幼儿带来极大的快乐和满足。

(三)游戏活动是幼儿的主要活动

游戏是幼儿最喜欢的活动。他们每天除了吃饭、睡觉、盥洗等活动以外，大部分时间都在游戏，他们的学习、劳动都离不开游戏，他们做的每一件事都带有游戏的色彩。对于他们来说，游戏就是生活，而生活就是游戏，正如伟大教育家马卡连柯所指：“在童年时期，游戏是一桩正当的事，幼儿甚至在重要工作的时候，也应当经常做游戏。幼儿对游戏非常爱好，应当满足这种爱好，不仅应当使幼儿有游戏时间，而且还要把游戏渗透在幼儿的整个生活里。幼儿的整个生活也就是游戏。”这就是说，游戏在幼儿生活中占有重要地位，游戏是幼儿的主要活动。

二、游戏活动的意义

游戏是孩子的最爱，不仅是游戏特点所致，更是因为游戏活动符合幼儿身心发展的需要。幼儿需要游戏，在游戏中能获得积极的体验。游戏活动对幼儿的意义主要体现在以下几个方面：

(一)游戏活动能满足幼儿身心发展的需要

游戏能促进幼儿身体发展，适合各年龄班幼儿身体发展的需要。在游戏中幼儿身体各器官处于积极的活动状态，其中种类不同、活动量大小不一的游戏活动不仅促进幼儿的神经、心脏、骨骼、肌肉、消化等的发育，还可以发展幼儿的基本动作。

虽然幼儿身体和心理方面已有一定发展水平，如能独立行走、用语言与人交往等，但由于他们知识经验贫乏、能力有限，不能很好地满足他们探索世界的需求。幼儿园以游戏为基本活动，通过游戏活动能使幼儿通过想象、扮演各种角色、进行各种探索活动，让他们获得更多生活体验、生活经验以及情绪体验，从而促进幼儿身心和谐发展。教师应充分认识这一客观规律，重视幼儿园班级游戏活动。

(二)游戏活动能满足幼儿社会交往以及自我实现的需要

游戏是幼儿与人交往的媒介，在与成人或同伴的交往中体验并获得人际交往经验。在与人的相互作用中，他们学会尊重他人，也希望他人尊重、认可自己；在游戏中，通过自主与环境互动以及对物品的支配或占有的方式获得积极的情绪体验；在获得成功的体验中，实现自我价值，获得成就感，满足自我实现的需要。

(三)游戏活动能丰富幼儿生活体验以及认知

游戏活动能开发幼儿的大脑，培养感知觉、注意、记忆、思维、想象能力等。任何一种游戏都需要幼儿进行智力活动，游戏活动给幼儿创设了多样化的情境，在不同情境中会产生多种多样的问题，促使幼儿主动解决面临的各种问题，以保证其游戏顺利进行。这就促使幼儿的思维活跃起来，有力地促进幼儿的注意力、记忆力、思维能力和想象力的发展。

游戏活动能反映幼儿的生活经验及其认知水平。幼儿在游戏中时刻运用已有经验摆弄或是探索，不仅有助于巩固、加深其知识，更有助于幼儿获得新的认知经验。幼儿在游戏中通过操作丰富多样的玩具或材料，认识、掌握各种物体的性能和用途，并借助游戏活动了解事物之间的相互作用、因果关系等，获得多方面的新体验。

(四)游戏活动能促进幼儿形成良好的行为品质

游戏活动有助于培养幼儿各种良好的行为品质。一方面，幼儿通过扮演角色学习各种角色的良好行为，例如妈妈、老师、警察、医生、司机等具有榜样性行为的角色。幼儿模仿这些角色的同时，潜移默化地受到这些榜样言行举止的影响，获得待人接物的体验；另一方面，游戏有助于幼儿养成坚毅的意志，在游戏中幼儿为了达到目的，会约束自己行为，努力地克服困难。针对幼儿的年龄特点，巧妙借助游戏进行个别教育，还能在游戏中调动幼儿的自主性、积极性，使其在愉快的体验中自觉地改善自己不当行为，进而形成良好的性格。

（五）游戏活动能促进幼儿艺术以及创造力的发展

在游戏活动中，幼儿感受着生活中美好的事物，欣赏着艺术作品美感，以他们的审美观体验着音乐与美术的活动，这些都能增进幼儿艺术细胞。在游戏中幼儿能根据自己想法，用语言、动作的方式表达他们对艺术的独特体会。置身游戏活动中，他们表现美、创造美的积极性越大、潜能越强，这些都有助于幼儿审美能力及创造力的发展。

综上所述，游戏对幼儿各方面发展都有着积极影响，是促进幼儿体、智、德、美全方面和谐发展的助推剂。在幼儿园班级中，教师应充分利用游戏活动引导幼儿发展，注重因材施教，积极做好班级游戏活动的管理工作。

三、我国幼儿园游戏活动的分类

长久以来，幼儿园一线工作者习惯于按照教育作用对幼儿园游戏进行分类，受苏联学前教育学的影响，把幼儿游戏分为创造性游戏（角色游戏、结构游戏、表演游戏）和有规则游戏（智力游戏、音乐游戏、体育游戏）（见表 7-1），不同种类的游戏活动对促进幼儿发展都有着不同的价值。

但这种游戏分类有利有弊，在实践中需要恰当地认识和使用。比如就第一层分类而言容易造成误解，创造性和规则性都是游戏的重要特性，不能说创造性游戏不具有规则特性，也不能说有规则类游戏中不具有创造性；第二层分类比较细化，虽然游戏对幼儿来说应该是整体的、综合性的，但第二层分类在一定程度上可以满足成人研究或实践的需要，因为当游戏活动分类后，作为不同类型的游戏，它们之间确实又有区别体现。

表 7-1　依据教育作用的游戏分类体系

<table>
<tr><td rowspan="7">幼儿游戏</td><td>第一层</td><td>第二层</td></tr>
<tr><td rowspan="3">创造性游戏</td><td>角色游戏</td></tr>
<tr><td>结构游戏</td></tr>
<tr><td>表演游戏</td></tr>
<tr><td rowspan="3">有规则游戏</td><td>智力游戏</td></tr>
<tr><td>体育游戏</td></tr>
<tr><td>音乐游戏</td></tr>
</table>

因此，本章从幼儿园管理及实践角度出发，并考虑到幼儿园一日生活作息表中的区域游戏活动、户外游戏活动、集体教学活动（包含教学游戏活动）、生活活动（以游戏方式），借鉴以上第二层进行分类，将幼儿园班级游戏活动分为角色游戏、结构游戏、表演游戏、智力游戏、体育游戏等，下面详细介绍：

①角色游戏是幼儿根据自己的兴趣、愿望，通过模仿、想象扮演角色创造性地反映其生活(如生活环境、生活体验和生活感受等)的游戏。

②结构游戏是幼儿利用各种结构玩具或结构材料(如积木、积塑、泥、沙等)构建物体形象，反映现实活动的一种游戏。

③表演游戏是指依据故事等文学作品的情节内容，运用语言、动作、表情来扮演某一角色的游戏形式。

④智力游戏是根据一定的智育任务设计的、以智力活动为基础的一种有规则的游戏。让幼儿在生动有趣的游戏方式中体验愉快的情绪并增进知识，发展智力。

⑤体育游戏是根据适宜的体育目标设计的，由身体动作、情节、角色和规则组成的一种活动性游戏。

除了上述游戏外，还有语言游戏、数学游戏、美术游戏、音乐游戏、娱乐游戏等。这种分类，便于教师了解游戏的教育作用与目的，能指导教师有意识地选择各种游戏组织活动，充实幼儿一日在园生活。希望读者在借鉴这种分类时，不要在实践中片面地看待游戏，不能过于强调教育的结果，而应重视游戏活动的过程性。换言之，不能仅仅将游戏视为学习的工具，还应该重视幼儿在游戏活动中积极的情绪体验。

资料链接

幼儿园以游戏为基本活动的实现①

幼儿园以游戏为基本活动不仅要求教师要科学合理地安排幼儿的一日生活，给幼儿提供各种游戏机会，而且要求教师要具备发现、分析、指导等方面的意识和能力，变幼儿被动的学习为主动的需要。即要求在幼儿园的一日活动中，使各种活动都带有游戏的精神，加强教育教学计划和一日活动中的游戏性因素。

(一)生活活动

在幼儿生活活动中，用贴近幼儿生活的、满足幼儿身心发展水平的方法来组织活动，让幼儿每天都有愉快的情绪体验。首先，以多种形式的游戏充实进幼儿园的一日生活活动之中，尽量减少不必要的集体行动和过度环节，减少和消除消极等待的现象。如在组织幼儿洗手、上厕所、吃点心、进餐等环节，对等待的幼儿或已经完成的幼儿，教师可以用一个手指游戏或经典的民间游戏来和幼儿一起玩，这样不仅可以使幼儿保持良好的情绪，在和同伴的相互作用中分享经验，获得发展，而且还有助于引导幼儿建立良好的生活常规。其次，可以将幼儿的生活活动变成游戏活动。常规性的生活环节、单调枯燥的说教、生活习惯的单调训练与强化等，经常起

① 张娜. 幼儿游戏与指导[M]. 武汉：武汉大学出版社，2015：80-84.

不到明显的效果，而且使得幼儿觉得日常生活兴味索然。通过游戏的方式，这种状况就会大为改观。幼儿在游戏中积极主动地丰富生活经验、培养良好的习惯、发展生活能力、学习与人相处，最大限度地保证了幼儿园生活教育的实效。

(二)教学活动

在对幼儿的教学中，尽可能地将教学活动游戏化，将教学与游戏这两种互为补充的形式整合起来，模糊游戏与教学的界限。要做到这一点，教师首先要把幼儿游戏的自主权还给孩子。在幼儿园的游戏中，幼儿才是游戏的真正主人，游戏的主动权应由教师转向幼儿。只有这样，幼儿在活动中才能主动积极地参与、才能体验到愉快的情绪、才能展开自主探索。其次教师试图融合的游戏不仅要适合幼儿的发展水平，而且要与教学活动相匹配。实践中，虽然教师为幼儿提供了操作、探索的机会。但有时由于环境或材料的限制，游戏的难度低于或超出了幼儿的发展水平；有时游戏任务和内容又偏离了教学目标、内容，一个活动被生生地分成两个或几个活动，幼儿在其中获得的经验和过程体验不是完整统一的，而是零散的、分割的。这样的活动形式表面看是幼儿在自主学习，但实质上却是一种时间的隐形浪费。

(三)游戏活动

要保证幼儿每天有适当的自主选择和自由活动的时间，每天安排自由游戏时间段，给幼儿以机会和许可。游戏本身能够引发幼儿积极主动地学习和活动，游戏中幼儿思维活跃、精神放松，善于发现和解决问题。教师要善于观察和发现幼儿游戏活动中的教育价值，及时以适当的方式作出应答，给予支持和引导。但是我们不应该把目光仅聚焦于此，而更应该将游戏彻底地还给孩子，让他们充分地体验和表达，不给游戏附加任何知识学习目的。游戏让幼儿从体验的意义上成为真正完整的、自由的人。因为它们与幼儿的情感和精神建立了直接的关联。

第二节　幼儿园班级游戏活动管理

一、幼儿园班级游戏活动管理的必要性

(一)幼儿拥有充足游戏机会的保证

游戏时间是幼儿游戏机会的重要保证。游戏时间的长短影响着游戏的质量，且幼儿需要充裕的时间去探索和尝试。幼儿园班级游戏活动管理是每位幼儿拥有充足游戏时间和均等游戏机会的保证。

教师不仅要给予幼儿充分的自由游戏时间，还要以游戏的方式去组织教育教学活

动，尽可能充分利用一日生活中的各个环节开展自主游戏活动，真正使游戏成为幼儿园的基本活动。幼儿拥有充分的游戏时间，才能充分地寻找伙伴，挖掘材料，发展游戏情节，享受到探索游戏的快乐。

(二)幼儿身处适宜游戏环境的保证

幼儿园班级游戏活动的管理中包含了游戏环境的管理，游戏环境的创设要满足幼儿的发展需要，体现层次性，使每个幼儿都能在适宜的环境中获得发展。在游戏活动管理中，管理者要为幼儿提供有年龄层次的游戏材料，提供能诱发幼儿互动的游戏材料；利用环境丰富游戏情节，实现教育意图；合理规划游戏区；考虑幼儿之间的互动性，设置游戏空间等。只有班级游戏环境创设得好，才能有效促进幼儿在适宜游戏环境中发展。因此，幼儿园班级游戏活动的管理具有必要性，同时这项工作是使幼儿身处适宜游戏环境的保证。

(三)幼儿体验合适游戏内容的保证

“游戏活动具有不同的层次水平，不同层次水平的游戏需要具有与之相适应能力的幼儿参与。如果游戏内容超出幼儿的能力范围，幼儿就会在游戏中无所适从，不能驾驭；如果游戏内容处于幼儿能力水平之下，幼儿将会感到厌倦，消极对待。因此，教师应为幼儿提供适宜的游戏活动类型，提供适合幼儿做的事情让他们去做。”①游戏内容的选择是班级游戏活动的重要环节，做好幼儿园班级游戏活动管理，能使幼儿体验合适的游戏内容，因此幼儿园班级游戏活动的管理是必要的。

(四)幼儿获得适宜的游戏观察与指导的保证

幼儿园班级游戏活动管理中，包括对幼儿游戏活动的观察与指导方法的运用。幼儿在游戏活动中既不能对其放任自流也不能对其全权控制，要保证教师的做法对幼儿而言是适宜的、可取的，同时观察、介入、参与、指导等都需要讲究方式方法。幼儿游戏中表现出来的语言、动作以及人际交往等行为需要我们多加观测，找准介入时间给予适时引导。做好班级游戏管理工作，要求教师掌握观察、指导策略，明确自身在幼儿游戏中的地位、角色和作用，力求让幼儿在适宜的游戏观察与指导中获得真正的发展。

二、幼儿园班级游戏活动管理的原则

班级游戏活动管理原则对游戏活动开展具有重要的指导意义。幼儿园班级游戏活动管理有其特殊性，因为游戏不仅是一种促进幼儿发展的工具或手段，游戏更是一种精

---

① 邱学青. 给幼儿园教师的 101 条建议——游戏指导[M]. 南京：南京师范大学出版社，2011：34.

神。教师要成为幼儿幸福成长路上的支持者、陪伴者和促进者，势必要将游戏活动与幼儿的发展相融合。结合幼儿园班级游戏活动管理实践，笔者认为，以人为本原则、整体协调原则、寓教于乐原则、师幼互动原则、家园协同原则应该是幼儿园班级游戏活动管理中应遵循的基本原则。

(一)以人为本原则

以人为本原则即一切以幼儿的发展为本。以人为本的班级游戏活动管理，要充分考虑幼儿身心发展特点，尊重幼儿的身心发展特点和差异性，实现促进“最近发展区”的发展。在班级游戏活动管理中，无论一日活动中的区域游戏活动还是户外游戏活动等，都要为幼儿创设符合其身心发展水平的游戏活动内容和条件，让幼儿在游戏中探究、操作交往、学习，真正做到一切为了幼儿的发展。

(二)整体协调原则

整体协调原则指班级游戏活动管理是面向全体幼儿并涉及所有管理要素的管理，为的是保证全体幼儿的共同发展，而不是部分幼儿的超常发展，确保班级各种管理要素得到充分的利用。全面整体协调原则要求在进行游戏活动过程中，教师应面向全体，既照顾到全班整体水平，同时又照顾到个别，有针对性地加以引导，处理好一般与个别、统一与多样的关系，并将幼儿全面发展的理念贯穿到各类游戏活动之中。

班级游戏活动管理不只是人的管理，还涉及物、时间、空间等要素的管理。要贯彻整体性原则，必须平等对待每位幼儿，让每位幼儿都有参与游戏活动的权利和机会，使班级游戏活动资源的配置尽可能科学、合理，以减少矛盾、冲突，进而有效地促进幼儿的发展。

(三)寓教于乐原则

寓教于乐原则是指将幼儿发展与游戏活动相融合。《幼儿园教师专业标准(试行)》中指出“要重视游戏对幼儿发展的独特作用”，“引导幼儿在游戏活动中获得身体、认知、语言和社会等多方面的发展”。显然，游戏活动不仅是娱乐，更是促进幼儿学习、成长和发展的一种有价值的活动。因此，在班级游戏活动管理中，应让幼儿享有游戏的权利，获得游戏的时间保障，善于抓住发展契机促其全面发展。

(四)师幼互动原则

师幼互动即指发生在游戏活动中教师和幼儿之间的相互影响、相互作用的行为及过程。教师要关注幼儿的需要，关注幼儿游戏行为的意义，与幼儿建立积极有效的互动。树立科学游戏观是师幼互动行为的基础，提高教师对幼儿游戏行为的观察、解读能力是改善师幼互动行为的质量前提，教师对幼儿游戏指导策略的不断反思才能保证师幼互动有效和谐地持续发展。只有有效的师幼互动，才能更好地保障幼儿在游戏活动中获得有效的发展。

（五）家园协同原则

幼儿园班级游戏活动的有序开展离不开家长的支持和配合。家园协同原则要求教师要与家长之间建立经常性的双向沟通，家园双方随时互通信息，全面了解幼儿的发展情况，向家长宣传游戏活动的价值，并吸引家长真正参与到游戏活动环境创设和组织中，达到"去小学化"共识，提高幼儿游戏活动质量，形成合力，促进幼儿身心健康发展。

三、幼儿园班级游戏活动管理的内容

幼儿园以游戏为基本活动，教师的任务主要是通过观察幼儿的游戏了解幼儿，通过环境的创设和适当的介入指导支持幼儿的游戏，以更好地促进幼儿发展。因此，幼儿园班级游戏活动管理内容主要有：各年龄班游戏环境创设、各年龄班各类游戏的观察与指导。

总体来说，幼儿园班级游戏活动管理有着如下基本要求①：

①以游戏为幼儿基本活动，保证幼儿愉快的、有益的游戏和自由活动时间，根据幼儿的年龄特点、实际经验和兴趣，创设游戏环境，选择幼儿游戏内容。

②因地制宜，就地取材。为幼儿提供安全、卫生、有教育性的游戏材料和自制玩具。游戏材料应强调多功能和可变性。

③加强游戏过程中的观察，并采用直接指导、交叉指导、平行指导等方式给予幼儿适当指导。

④开展多种类型的游戏活动，保证建构游戏、角色游戏、表演游戏等创造性游戏与体育游戏、智力游戏、音乐游戏等规则性游戏间的平衡。

（一）各年龄班游戏环境创设

1. 游戏环境分类

从不同角度进行分类，游戏环境可分为物质环境和精神环境、室内环境和户外环境。

2. 游戏环境创设原则

根据游戏环境不同角度的分类，游戏环境创设可分为室内物质环境的创设、户外物质环境的创设以及心理环境的创设。因此，创设者不仅要统筹设计地面、墙面、天面的三维空间，还要合理规划利用空间位置，更要在选择物质材料进行创设的同时，不忽视幼儿的心理需求。总的来说，幼儿园班级游戏环境的创设要遵循以下原则：

---

① 王劲松. 幼儿园班级管理[M]. 北京：北京师范大学出版社，2013：68.

①安全性——避免幼儿在游戏环境受到身体的伤害，且心理也能处于舒适状态；

②多样性——为幼儿提供丰富的游戏材料以及可变换的游戏空间；

③教育性——让“环境会说话”，起到潜移默化的教育意义；

④适宜性——环境的创设要符合幼儿的年龄特点、游戏特点；

⑤趣味性——不仅是视觉上的童真有趣，更是心理上的乐此不疲；

⑥参与性——幼儿应是环境创设积极的参与者。

3. 各年龄班游戏环境创设的共性

幼儿园各年龄班幼儿的身心发展特点及游戏发展阶段的不同，决定了游戏环境应既有共性又有个性。相关研究表明，各年龄班游戏环境创设的共性主要表现在①：

①游戏环境的创设以幼儿的现实经验为基础，具有可变性。只有当环境适应幼儿的特点和需要，幼儿才会积极主动地去适应环境，在与环境的交互作用中获得发展。

②游戏环境的创设以幼儿的操作为基础，具有可操作性。创设环境的目的，是为了促进幼儿在与操作材料的互动中更好地发展。

③游戏环境的创设要满足幼儿的发展需要，体现层次性。幼儿与幼儿之间是有差别的，发展的速度是不一样的，游戏发展的阶段在同一年龄段的幼儿身上也是有差异的。

4. 各年龄班游戏环境创设的差异性

在游戏环境的创设中，幼儿园不同年龄班幼儿的经验和发展水平有差异，因此不同年龄班环境创设重点是不同的，应该体现出年龄要求的层次②：

①小班游戏环境的创设要求简单、相似的主题区域多，主要围绕“家”的经验来开展游戏。如创设“娃娃家”的活动区，对玩具材料的逼真程度要求较高，应提供种类少但数量多的玩具材料，使他们对已有经验进行回忆和巩固。

②中班游戏环境的创设要求有较为丰富的游戏区域，要求玩具材料多样化，应多加提供种类多且数量多的玩具材料，以满足幼儿在游戏中的需求，使缺乏交往技能的幼儿实现与同伴交往的愿望。

③大班游戏环境的创设要求与幼儿发展起来的认知能力及社交能力相符合，要求玩具材料的可变性高，应多提供种类多但数量相对少的玩具材料，满足幼儿与同伴交往合作的需要。

当然，在真正实践中教师无法完全预料到幼儿的动态发展状况，这就要求教师多关注幼儿的兴趣、经验及表现，进而根据实际情况不断适时调整。让幼儿在动态的、适宜的游戏环境中享受游戏乐趣，获得积极的体验，是幼儿园班级游戏活动管理的技巧所在，以此真正促进幼儿的发展。

---

① 邱学青. 学前儿童游戏(第4版)[M]. 南京：江苏教育出版社，2008：203.

② 邱学青. 给幼儿园教师的101条建议——游戏指导[M]. 南京：南京师范大学出版社，2011：68-69.

资料链接

“点心店”——各年龄班的材料提供①

在小班开展该游戏时，应该为幼儿提供成品的厨师衣帽、馒头、馄饨、面条等，还应提供做工好、颜色漂亮的餐具、逼真的用餐桌椅、买卖环境等，用形象有趣的环境去调动幼儿参与游戏的积极性。幼儿将满足于对这些材料的操作、摆弄，当幼儿能完成把点心放到锅里煮、盛到盆里、端给客人这一系列对小班的幼儿来说颇具挑战性的动作时，他们会非常高兴地沉浸在游戏中。

中班的幼儿已经无法满足于重复的几个动作，他们的兴趣开始转向与同伴交往。应该提供给幼儿更具挑战性、创造性的环境，从丰富、深入游戏规则入手，引导他们自己设计点心牌、价目表，以避免“收银员”可能会记不住点心的价格的问题；拍摄或制作厨师制作点心的操作流程图，布置在厨房，规范“厨师”的操作程序；给“顾客”提供点心菜单，给“服务员”提供工作手册，以激发幼儿在游戏中产生较为复杂的游戏动作。此外，除了备用的现成点心，还可以提供制作材料，让“服务员”增加工作内容。

到了大班，游戏的重心又需要随着幼儿能力的增长进行进一步的调整。如增加每日新品推荐牌，鼓励幼儿每天推出一道自己创造的新点心，并形象地展示在推荐牌上；提供送外卖的小箱子、小车子，增加游戏间的交往机会；游戏材料也可以从单一的点心过渡到蔬菜、荤菜、饮料等，建议幼儿玩营养配餐服务游戏等。

从以上例子可以看出，为不同年龄段幼儿呈现的环境应是有不同侧重点的，其依据就是必须考虑幼儿的能力差别、心理发展水平的差异。只有适合幼儿发展水平的、对幼儿具有适度挑战性的环境才是有效的环境。

5. 合理规划游戏区

区域活动是指幼儿同在一定的时间段里，按照游戏的种类或性质，利用空间合理分划区域，组织幼儿开展游戏活动，以达到一定的教育目的。那么，如何合理规划区域开展游戏活动？

(1)合理调配动静区域

这里说的动静区域，包括两种含义。首先，幼儿园组织区域活动时，基本有两种特性的区域：一种是动态的、热闹型的，如表演区、建构区；一种是静态的、安静型的，

① 邱学青．给幼儿园教师的101条建议——游戏指导[M]．南京：南京师范大学出版社，2011：70-71.

如美工区、图书区等。这两种类型的区域应分开设置，使其互不干扰。其次，静态的区域是指那些相对稳定的区域，一般都固定在活动室的某个地方，不会经常变动。但如果活动室里的场地都固定不变，就会对幼儿游戏中的社会性交往产生一定程度的负面影响。因此要安排适当的动态区域(如“小餐厅”、“小超市”、“医院”等)以及流动的玩具材料(如小推车、私家车、小篮筐等)，促使区域游戏情节与其他区域中游戏情节之间、幼儿之间发生互动。

(2)充分利用空间设置

规划一个区域，首先要注意这个区域空间上下左右整个氛围的规划。如建构游戏区“美丽的高楼”，可以将建构区设在活动室的中间或一个角落，材料区和制作区设置在其周围，便于幼儿互相合作。同时，在每个区域的墙、窗户上布置有关高楼的图片、照片、幼儿的设计图等，引发幼儿创造、想象出其他设计图、建构物等，这些布置可以根据每次活动的发展而作相应的变换。其次，充分利用走廊过道，有条件的话也可以利用户外自然场地，将角色游戏、表演游戏区搬到户外，选择户外自然的材料和场地来创设游戏条件。再次，利用家具、隔离物等划分游戏区域时，家具、隔离物必须低于幼儿的视线，以便幼儿能看到环境中各种可以使用的材料。

(3)注意区域间的联动

区域内容可根据教学内容、幼儿兴趣等设置，但要避免区域间的割裂，区域之间应具有一定的联动性，使幼儿的经验、创造、交往在区域间的互动中得到丰富和发展。首先，注意区域物质空间的规划，如将“小餐厅”和“小超市”相邻设置，为在“小餐厅”游戏的幼儿创造到“小超市”买材料的机会，引发幼儿自由想象玩游戏。其次，注意区域内容的设置，根据游戏主题选择相关的游戏内容，分到各区域中。如“我的美丽假日”，则可将假日中的风土人情迁移到活动区中，“小餐厅”可融入异国风味美食，“图书区”中可添加异国、异乡的图片等。

(4)强调开放与安全

开放、安全的区域活动空间能够吸引幼儿自由选择、积极操作、大胆探索，使幼儿在安全、温馨的环境中体验到愉悦的情绪。因此，在设置区域时，首先要注意场地、材料是否安全、清洁，物品的摆放是否合理，区域之间是否会互相干扰，等等。其次，根据各个区域不同的特点，设置开放的、利于幼儿自主创造的环境。如将小班“娃娃家”装扮得亲切、温馨，就像幼儿想象中的童话“小窝”，而且可以和生活区结合起来，让小家里的“爸爸”、“妈妈”给“宝宝”穿衣服、扣扣子，在玩中培养幼儿的良好生活习惯。再次，既定的区域与待定的区域相结合。即教师虽然提供了满足幼儿兴趣和需要的环境，但有时仍会出现幼儿对既有的游戏区域不感兴趣的现象。因此，在游戏中可以辟出一两处场地作为自由区或备用区，投放一定的半成品或废旧物品，供幼儿根据自己的兴趣自由选择。最后，开放的场地也要与封闭的场地相结合。不仅要考虑为幼儿设计一个开放的、互动的游戏场地，同时也要适当提供隐蔽的空间，满足幼儿独处的需要。在开放的场地中留有适当的封闭空间，有助于明确区域之间的界限。

(5)考虑年龄特点

区域设置除了要根据游戏种类、性质等来规划外，还需要注意幼儿的年龄特点。小班幼儿处于独自游戏、平行游戏的高峰时期，缺乏生活经验，游戏主题单一，情节简单，幼儿间缺少交往，主要与玩具发生作用，或是与同伴进行相同或相似的游戏。所以，小班幼儿游戏区域一般可设置2~3个“娃娃家”，投放相似的、一定数量的玩具。中班幼儿的象征性思维已有了发展，游戏区域的设置要特别注意能促进幼儿间的交往与合作。区域之间尽量不用隔离物，涉及游戏中的家具、用具，可以用拖拉玩具箱以物代物，来适应中班幼儿游戏中频繁换场的特点，不断丰富游戏情节。大班幼儿游戏经验相当丰富，游戏主题新颖，内容丰富，处于合作游戏阶段，能按自己的愿望主动选择并有计划地游戏，并在游戏中增强解决问题的能力。所以，尝试让幼儿自主安排规划游戏空间和设置区域，可以有如下做法：

①将游戏材料分类，用箱子或藤筐等装好，敞开放在幼儿能取放到的地方。幼儿可以根据游戏的需要自由地选择游戏场地、游戏材料等。

②提供塑胶泡沫拼板、大颗粒积塑、拖拉箱等，让幼儿根据自己的游戏主题和情节发展拼接或摆放需要的物件，协商每个主题的场地位置和互动频率。

③在幼儿分工合作创设区域环境遇到困难和纠纷时，让幼儿学会协商、求助、调整等创造性地解决问题。

④结合游戏的评价，让幼儿不断研究自己在游戏中创设情境的合理性和有效性。

(二)各年龄班各类游戏的观察与指导

观察是人获得信息的主要途径。幼儿的游戏行为是幼儿发展水平的反映，观察幼儿游戏是解读幼儿游戏行为的关键，也是指导幼儿游戏的基础。对幼儿游戏的观察就是成人对幼儿游戏中自然表现出来的表情、语言、动作、交往、使用操作材料等，加以记录并分析的过程。教师在游戏中的观察有两种：随机观察和有目的的观察。

1. 观察的方法

根据不同维度可以划分很多不同的观察方法，但在工作实践中常用以下三种观察方法：定点观察法、扫描观察法、追踪观察法。

(1)定点观察法

定点观察法，是指观察者选择某个区域进行一段时间系统、细致的观察，观察对象则是此区域内的所有幼儿或部分幼儿。这种方法比较适合教师了解某个区域幼儿游戏的全过程，从而掌握幼儿游戏的兴趣、水平、特点以及个体差异等。

(2)扫描观察法

扫描观察法，是指在固定的时间段里对观察对象依次进行轮流观察。这种方法用以帮助教师粗线条地了解全班幼儿的游戏情况。使用这种方法时，一般先设计好表格，并要保证所有的幼儿均在自己的视线范围内，每隔一段时间(如10分钟)，在表格内做记号即可。

(3)追踪观察法

追踪观察法，即定人观察法，是指选定某个幼儿作为观察对象后，观察对象走到哪儿，观察者就跟踪到哪儿，并进行系统、细致的观察。这种方法有助于教师了解个别幼儿的游戏状态，特别适用于个案研究。

2. 观察记录的方法

对幼儿游戏的所有的分析需要应用事实说话，而幼儿游戏的情形需要我们及时记录，记录的方式有很多种，幼儿园常用的有表格记录法和轶事记录法。

表格记录法就是把要观察的内容分门别类设计成表格的形式，教师一边观察幼儿的实际表现一边在相应的栏目内做出行为出现与否或水平差异的判断。

轶事记录法(轶事记录笔记与花絮)是教师常用的非正式观察法，记录可随着幼儿年级的变换，由不同的教师继续使用。教师可由记录中作推论，以增进其对幼儿人格特质及行为的了解，所以应只记录人格特质或适应行为，而不适于记录成就、创造力、智力或解决问题的能力等内容。有些会以孩子发展上的某些范围为主题，只记录与主题有关的行为。

(1)轶事记录

记录事件的故事性描述，是在事件发生之时或发生之后即马上记录事件的始末。通常是记载幼儿的游戏能力及表现的社会认知、学习及身体发展的情形。主要内容有：

①提供日期、时间、情境及基本活动的信息；

②记录主角行为及行为注解；

③保留整个情节的顺序；

④记载幼儿所说的话，保留整个对话；

⑤要尽量客观及正确记录。

(2)轶事花絮

假如幼儿在游戏时，老师不能来或来不及记载孩子所发生的游戏活动，那么老师可在游戏之后再回想，并做轶事花絮记录。这些事实发生之后的记载称为花絮。

轶事记录的要领：

①随时留意观察记录；

②对于孩子的行为能随时留意，保持敏锐的观察力；

③准备随时随地有可供记录的纸笔；

④先观察孩子一段时间，再随手作初步快速的记录，可利用一些代号快速地作记录，记录后趁着记忆犹新把资料重新整理完成；

⑤描述情境、地点、活动内容及目标幼儿的行为过程：在何时，有几个人，在那里做什么，目标幼儿怎么做或与其他人有什么互动，过程如何；

⑥依序描述行为过程。

根据事情发生的先后顺序呈现，才能看出行为当时的因果或相互影响的过程。不只注意目标幼儿说(做)了什么，也要留意是否他人也有些行为影响了目标幼儿。这有助于了解因果关系及行为动机，尽量能以客观、详细的句子描述，并对描述与说明（或解释）的内容区分清楚，哪些是客观的描述，哪些是主观的说明，利用“引号”或“颜色”来加以标记。宁愿多记，也不要因少记而错失了轶事的重点。对行为有影响的关键字句，应详细记录，有些对话若能完整地用引号写下更好。

⑦如果不是经常出现的行为则要作进一步的解释或推论，但决定行为是属于常见或不常见，则需要依据记录者敏锐的判断。

轶事记录的目的在于了解幼儿行为的产生以及相关的情景，而不仅是记录孤立的行为，记录时可以用五个“W”来记录：

Who——谁（游戏者）；

Whom——和谁发生行为语言互动；

When——哪天的哪一段时间；

Where——在什么地方，哪个游戏角；

What——有哪些动作、语言、表情、姿势、做什么事，或用哪些材料及怎样使用，等等。

案例分析

建构游戏观察记录

——搭建长江大桥之“建桥墩”

观察时间：2016.6.2。

观察地点：建构区。

观察对象：幼儿A（深蓝衣）、幼儿B（蓝白条衣）、幼儿C（红白条衣）。

年龄班：大班。

观察目的：了解A、B、C三个幼儿在建构游戏中获得了哪些发展，建构游戏水平如何。

观察记录：

B：做桥墩。（手里拿着一块矮大圆柱）

C：（拿着2个高大圆柱）

B：桥不要太高了，不要很高。（手里拿着矮大圆柱）

A、B、C在一起摆弄大圆柱。

B：我们只有6根柱子怎么办？（手里拿着矮大圆柱）

A：你能给我们两个吗？这样的柱子，我们的柱子不够。（A跑到别的幼儿那里借矮大圆柱）

B：给两个、两个、两个。(爬过来)

别的幼儿同意借给 A、B 材料。

A、B：谢谢。(一人拿一根矮大圆柱)

B：我们先搭这个。(把 4 根矮大圆柱并排放在一起)

A：(拿了较扁的棕方块)

B：粗的粗的粗的。(拿着一块粗的棕方块)

A：(把扁棕方块放下)

B 对 C 说：快点摆，别等我了，放在这个上面。(拿了一摞粗棕方块，并拿起一块侧立着放在矮大圆柱上)

C：我觉得横着最结实。(把第二个矮大圆柱上的粗棕方块横着放)

B：我觉得我们应该不用放这种正方块，那也有小正方块。(把矮大圆柱上的粗棕方块拿在手上放在地上，右手指着右侧，左手比划着)

B：周然，我们不如用这种正方块吧，用这种吧！(跑到篓子里拿了 3 块白方块放在并排放着的矮大圆柱上)

A：(将方块积木横放在圆柱体上)

B：竖着、竖着、竖着，不要横着。(又拿了 3 块白方块过来)

A：躺下去结实、结实。

B：(将积木横放，然后跑开拿材料)

A：(把白方块放在矮大圆柱上，并不断调整矮大圆柱之间的距离)

A：别挡！

B：(拿着一块长木块放在矮大圆柱上)

A：(继续调整矮大圆柱之间的距离)

B：我们的长度不合适、我们的长度不合适。(把长木板放在地上)我们必须……

C：(拿着一块长木板放在地上和矮大圆柱之间)

A：调开一点、调开一点、调开一点，想点办法行不行。

B：哎呀，又太长了，短短短。(拿着长木块放在矮大圆柱上)

A、C：(一起调整矮大圆柱的距离)

B：啊，把那边的正方块拿过来一下(B 拿着长木块)。啊，可惜，这边漏了一点(跑到另一头调整白方块的位置)，就这样子，嘟嘟再去帮我找这些材料。

A：(拿着长木板接着放在矮大圆柱上)。

B：应该还不够，你看，喂，长度再移、再移，都挨到那个了，哈哈，干什么呢？摆过来一点！(手上一直拿着长木板)

C：（调整矮大圆柱之间的距离）

A：（也跑过来一起调整）

B对A说：周然，你选一种，这种和那种。（去选择新材料，手上拿着小圆柱）

C：我觉得火车道要宽一点，汽车道才行。（C俯身对A、B说）

A：全部都是用这种，就这种。（手上拿着小圆柱）

B：好，这有两个小的，我们先把小的看看放在哪儿。（手上拿着小圆柱）

A：好。

B：然后我们用这种，拼在它两边，架着两边就行了，然后再把第二层弄上去。（手上拿着小圆柱）

B、C：（两人拿两个小圆柱，在长木板上摆放）

A：不要太长啦，乐乐！（叫B的名字）

B：那不是节约我们用这个吗？还可以给其他人用的。（B坐在地上边说边拿小圆柱往长木板上摆放）

A：（跪在地上拼搭）

B：（弯腰紧挨A，一手拿一个小圆柱）

B：我们不用拼这么密。（边说边将小圆柱的距离移动）

A：我还在改。

B：好。

A、C：（站在建筑物旁）

A：可以了。

B：扶好了，可以了。

C：（将手中的积木放进了蓝色玩具框内）

B：（拿起3块棕短木板递给A）是用这种。

A：（手中拿有一个粗棕方块、一块长板）

C：（扶着堆得高高的积木望着B、A）

分析： 这篇观察记录就是运用轶事记录方法，较为详尽地记录了游戏过程，不仅提供了日期、时间、情境及基本活动的信息，而且保留了整个情节的顺序，依序客观地记录了幼儿的言行，方便教师解读、评估各幼儿建构游戏的水平。

以“建构游戏自主性”为例分析各幼儿的游戏水平，不难看出“利用材料解决建构问题”要素中，幼儿A显示出一定程度的坚持，试图运用两种不同的方法解决某个问题；幼儿B高度地参与，并坚持用三种或更多的方法来解决某个材料使用的问题；幼儿C知道问题所在，也尝试过去解决，但解决问题的坚持性弱。

3. 各年龄班游戏观察的重点内容①

从幼儿能力发展来看，各年龄幼儿在游戏方面的表现是不同的。因此，在观察时各有重点。

(1) 小班

小班幼儿主要处于平行游戏阶段，满足于操纵、摆弄物品。对物品的需求是别人有的，我也要有，对相同物品要求多，矛盾的焦点主要在幼儿与物品的冲突上。因此，小班观察的重点在幼儿使用物品上。

(2) 中班

随着认知能力的发展、生活经验的丰富、游戏情节较小班丰富，中班幼儿处于角色的归属感阶段，虽然选择了一个角色，但想做多个角色的事情，想与人交往但尚无交往技能，处于人与人交往出现冲突的多发期。因此，观察的重点应该是在幼儿与幼儿的冲突上，不管是规则上的、交往技能上的，还是使用物品上的。

(3) 大班

随着生活范围的进一步扩大及能力的增强，幼儿不断产生新的主题，新主题与原有经验之间的不和谐而产生冲突，幼儿运用已有经验在现有的基础上去创新，成为游戏观察的重点，同时幼儿间相互交往、合作、分享、解决矛盾也成为游戏观察的另一个重点。

4. 观察分析及反思

教师在观察过程中以及做好观察记录后应该进行观察分析与反思。教师的观察分析及反思应建立在了解该年龄段幼儿心理特点基础之上，不仅要了解幼儿的游戏水平、游戏动机、游戏需求，还要能挖掘游戏的教育价值，旨在通过游戏促进幼儿的发展。教师通过观察发现游戏中的问题，进而深刻分析游戏现象、水平，通过反思、调整找出应对措施。

案例分析

观察时间：2015 年 5 月 28

观察地点：华中科技大学附属幼儿园小三班建构区“我是工程师”

观察对象：兜兜

观察重点：幼儿是否能想办法解决搭建“建筑”过程中的问题

观察记录：

兜兜和垚垚一同在建构区用同一种长方形积木“横竖”垒高，兜兜这次在

① 邱学青. 给幼儿园教师的 101 条建议——游戏指导[M]. 南京：南京师范大学出版社，2011：128.

“高塔”上面横着摆放了积木，高兴地说了句“哇噻”，接着又竖着摆放了一块积木。兜兜看见苗苗拿着书在垚垚的垒高作品旁边走动，他拉了拉苗苗的衣服叫她：“走开，不要动!”兜兜等了一会儿苗苗，见她离开后又高兴地回到自己的作品旁，横着摆放了一块积木，这次兴奋地跳了起来，接着又竖着摆了一块，继续欢呼雀跃。这时引来了旁边俊俊的关注，同时俊俊摸了一下三角形积木，兜兜也顺手拾起三角形积木，准备搭在“高塔”的最上面。这时动动想摸兜兜的“高塔”但被兜兜推开了，等动动不再有摸的举动后，兜兜就想进行封顶之作。但他似乎身高不够，就向垚垚寻求了帮助。“高塔”封顶之后，不料被嘟嘟碰倒了，“高塔”被毁灭掉，兜兜很生气。没一会儿，兜兜又开始了新的搭建，但没达到上次“塔高”的一半，积木就自己倒了。这次兜兜笑了起来，又重新开始搭建。

观察分析：

卡罗琳·帕特(Harriet Johnson)通过多年有系统的观察和记录，将幼儿积木搭建水平分成搬运、堆积、搭桥、围拢、模型与对称、早期表征及进一步表征这七个阶段。兜兜正处于水平2——堆积，也被称为重复垒积木阶段，即幼儿将积木垂直或者水平地堆积起来。不同的幼儿在垒积的过程中表现也不一样，有些幼儿会一直垂直搭建，直至积木倒塌。有一些幼儿会非常仔细地将积木排列，并努力将搭建的结构弄直。不管幼儿是如何搭建的，他们在发展到下一阶段前都会重复水平或垂直堆积，并享受其中成功的喜悦。

观察发现：

兜兜在垒高过程中，每一次的成功让他高兴不已，他害怕他的杰作被其他小朋友们毁掉，想精心保护他的作品，于是在搭积木过程中会想办法去除威胁。每当小朋友们想触摸他的作品时，他就极力保护自己的作品，把那个小朋友推开。当封顶时，他够不着，很机灵地寻求了同伴的帮助来完成杰作。当作品被小朋友推倒后，他生气了一段时间，就从头再来。当自己的作品搭到一半时自然倒塌，能不以为然地从头再来。

区域游戏之建构游戏一直都是最受孩子们喜欢的一种游戏，孩子们喜欢来建构区的原因很多，在这里孩子们已然成了最伟大的发明家、工程师，可以充分地享受成功后的喜悦。建构游戏不仅能很好地培养幼儿的构造力、空间想象力、动手操作能力，而且能发展幼儿的社会交往能力、语言表达能力、解决问题的能力等。

反思与调整：

(1)图示是潜移默化的指导。我们可以通过墙面图示的方式为幼儿提供必要的游戏支持，提醒他们不要破坏他人的作品，告诉他们与同伴友好交往的方式等。

(2)引导要循序渐进。为小班幼儿提供积木搭建水平3的图示(搭桥)，供幼儿提升搭建水平。

(3)做中玩，玩中学，鼓励幼儿自主完成作品。在幼儿建构技能熟练的基础上，教师可转换角色，将引导者、合作者的角色转换为游戏的协作者、支持者。幼儿能自己独立完成的，教师不要代替他们去做，只是支持幼儿主动探索学习，发挥协同制作的作用。

(4)教师可以成为幼儿建构游戏的观察者和欣赏者。将指导重点放在幼儿的自我创造上，教师应鼓励幼儿充分发挥想象力将生活经验运用到建构游戏中来，引导他们学会团结互助的共同建构。在这个阶段为了增强建构游戏的趣味性和情节性，教师要及时地评价幼儿的作品，鼓励幼儿运用各种建构技能表现所要搭建的物体。

(5)"干预三要素"的反思。即反思是否需要干预、什么时候干预以及如何干预。例如，兜兜够不着高处时不用提供支持，因为"向同伴寻求帮助"也是幼儿游戏水平的体现；当兜兜推小朋友以免毁坏其作品时，教师可以及时地用教师的身份或者以同伴的身份进行干预，告诉他如何更好地保护自己的作品；当兜兜因杰作倒塌而心情不好时，也可不干预，等待幼儿心情的自我恢复。

5. 教师在游戏推动过程中的行为和语言指导

(1)行为指导方式

教师在游戏推动过程中的行为指导包括为幼儿提供丰富的游戏材料、合理布置游戏场地、运用肢体语言给予幼儿反馈、亲自进行动作示范四个方面。

①为幼儿提供丰富的游戏材料。有研究表明：为幼儿提供丰富的材料，让他们在自由选择的条件下进行游戏，能促进其社会性的发展。所以，教师一方面要为幼儿提供丰富的游戏材料，另一方面还要根据游戏的进展情况及时添置新材料，以促进游戏情节的发展。如"我爱表演"的游戏区里，教师及时投放了魔术箱、帽子等，孩子由原来单纯的歌舞表演，增添了变魔术等新的玩法，花样也更丰富了。

②合理布置游戏场地。教师期望幼儿产生什么行为，朝着什么方向发展，可以通过合理布置游戏场地来达到目的。例如，如果教师希望减少幼儿的跑动及粗大动作的游戏，可用分隔物或家具把开放的空间阻隔起来，把喧闹的游戏区域和安静的游戏区域分开。再如，如果有的区域没人光顾，可通过变换场地等方式吸引幼儿，也可同孩子们一起规划、设计、安排场地。

③运用肢体语言给予幼儿反馈，即教师利用动作、表情、眼神等身体语言对幼儿的游戏行为作出反馈。如对幼儿在游戏中表现出的良好品质、创造性行为，教师可以用点头、赞许的目光、欣喜的表情甚至拍手等表示肯定；对幼儿不遵守游戏规则的行为，教师可用手势、摇头或面部表情等表示否定。

④亲自进行动作示范。规则游戏由于有玩法及规则的限制，必须在学会后才能玩。因此，教师要给幼儿作适当的示范、讲解，帮助他们掌握玩法，理解并掌握规则。在创造性游戏里，如表演游戏，教师可以在小舞台上向孩子们进行示范性演出，不仅能激发起幼儿的表演欲望，而且能将各种表演技巧展现给幼儿，供幼儿模仿。此外，教师还可与幼儿一同表演，表演里面就隐含着示范。

(2)语言指导方式

在具体介入幼儿游戏的过程中，教师通常会伴随着一定的语言指导。根据教师运用语言进行指导的目的和方式不同，可将教师的语言分为七大类：

①询问式语言。教师根据幼儿游戏情节的发展需要，发现幼儿需要帮助或有指导的必要时，有目的地设置问题情境、提出有针对性的问题。这种语言表面看来是在问问题，实则是把幼儿面临的问题描述出来，摆在幼儿面前，帮助幼儿拓展思维空间，让他们以自己的方式去寻求解决途径，从而促进游戏情节的发展。如“这么大的萝卜该怎么变小呢?”“警察的工作是不是只抓坏人呀?”

②建议式语言。教师观察幼儿在游戏中的行为表现，当发现幼儿在游戏中情节发展有困难或停滞不前时，教师用一两句简单的建议性提示，帮助幼儿明确想法，促进游戏顺利开展。有些建议式的语言也可以询问的方式出现，其与询问式语言的不同之处在于它不仅提出问题，还给予具体的暗示。如：“这样试试……”“我觉得如果放在旁边会更好。”

③澄清式语言。对于游戏中一些幼儿不明白的事情，或幼儿模仿了一些不良现象，教师不去随便评价，而是通过语言引导幼儿加以讨论、澄清，帮助他们形成正确的价值观。如在“娃娃家”游戏中，“爸爸”、“妈妈”因为“矛盾”要“吵架”，教师可以引导幼儿：“爸爸、妈妈一有矛盾就要吵架吗?爸爸、妈妈吵架了，小宝宝该有多伤心啊。有没有其他的解决办法?”再如，有的“员工”在“超市”买东西，不给钱就走了，“超市”的“收银员”一定要让他交了钱再走，有的幼儿却说：“员工买东西是可以不给钱的。”教师可就此引导大家讨论：“员工买东西是不是就不用给钱?”等等，以此帮助幼儿梳理经验。

④鼓励式语言，即在幼儿游戏中，教师用激励式的正面语言对幼儿表现出的创造性及正向的游戏行为和意志品质如自觉遵守规则、克服困难、坚持游戏等加以肯定并提出希望，以强化幼儿正向行为的出现，如“某某小朋友自己想办法解决了问题，真能干!”针对幼儿在游戏中出现的某些不良行为习惯和违规行为，教师也可运用此法，即不直接指出幼儿的不足，而是用激励式语言把希望幼儿出现的行为要求提出来，以促进幼儿良

好行为习惯及规则意识的形成，如“售货员叫卖的声音如果再大些，我们就听得更清楚了”。

⑤邀请式语言。对于游戏中的弱者或无人问津的区域，教师可以运用邀请式的语言来带领幼儿进入游戏情境，提高幼儿游戏的兴趣和愿望。如“你愿意和我一起去图书角看会儿书吗？”“你可以帮我理发吗？”等。

⑥角色式语言。当幼儿在游戏中遇到情节进展方面的困难时，教师以角色身份参与到幼儿的游戏中，并以该角色的口吻对幼儿进行一定的语言引导。此法不仅会使游戏情节得以丰富，还会使幼儿感到亲切和平等，如“我是来帮忙的，有什么我可以做的吗？”

⑦指令式语言。当幼儿在游戏中严重违反规则或出现攻击性行为时，教师应立即用行为和语言加以制止，并明确告诉幼儿这样做的后果，以约束幼儿的不良行为，保证幼儿在游戏中的安全和健康。如“你不能把积木扔到小朋友的头上，这样会很疼的！”这类语言通常伴随着垂直式介入法而出现，也可能严重干扰游戏甚至使游戏停止。所以，若非十分必要，应尽量少用。

以上游戏介入指导的方式及具体的行为和语言指导方法，教师需视幼儿游戏的实际情况加以灵活运用。无论采用哪种方式方法，均应始终把握一个宗旨：如果教师以恰当的方式与幼儿进行互动，就能促进幼儿的游戏。相反，如果教师控制游戏，基于教育目的而打断游戏，幼儿的游戏就可能受到破坏。

资料链接

同一游戏主题在不同年龄阶段开展的指导①

“小班幼儿不适合玩理发店游戏”，所以还没开展；“大班幼儿不喜欢玩‘娃娃家’了”，所以就撤了。难道小班幼儿真的不适合玩“理发店”，大班幼儿真的不喜欢玩“娃娃家”吗？答案是否定的，这些现象只能说明教师不能随着幼儿的成长而逐渐扩展和丰富游戏的主题及内容。下面以“理发店”游戏为例来说明同一游戏主题在三个年龄阶段的指导。

一、小班开展“理发店”游戏

小班幼儿处于独自游戏、平行游戏阶段；满足重复操作、摆弄物品，游戏主题单一，情节简单；没有角色意识；受社会性发展水平的制约，不会与同伴交往，看到别人玩什么自己也想玩什么，缺乏合作交往的技能。

① 邱学青．给幼儿园教师的101条建议——游戏指导[M]．南京：南京师范大学出版社，2011：253-255.

教师指导：

1. 以角色身份介入游戏

教师可以扮演理发师角色，通过询问："我是理发师，谁要剪头发?"等引起幼儿的关注，同时模仿着给幼儿理发。这样小班幼儿可以模仿教师的一言一行，逐步明确自己的角色、自己所要做的事情，可激发幼儿产生类似的游戏行为。

2. 提供种类少、数量多的游戏材料

同种类型的游戏材料数量要多，要能引起幼儿生活经验的回忆，因此梳头的梳子、剪刀数量应该多一些，以满足幼儿看别人梳头、剪头自己也想梳头、剪头的愿望。这可以避免幼儿为争抢梳子、剪刀而发生纠纷。

3. 注重游戏讲评

可以帮助幼儿了解怎样使用物品等技能，拓展幼儿的生活经验。如针对梳头、剪头发的行为，可以提问"你是怎样给好朋友梳头、剪头的? 你见过理发师剪头发吗? 理发师是怎样给客人剪头发的?"等，师生共同分享理发师梳头、剪头发的经验，为下次游戏做经验上的准备。

二、中班开展"理发店"游戏

中班幼儿处于联合游戏阶段；随着认知能力的发展、生活经验的丰富，游戏情节较小班丰富；处于角色的归属感阶段，虽然选择了一个角色，但想做多个角色的事情；有时想与人交往但还缺乏交往的技能，所以常常与同伴发生纠纷。

教师指导：

1. 以平行游戏引起关注

游戏中教师要注意观察幼儿游戏的情节及发生的纠纷。游戏时教师可以扮演理发师演示为客人洗头、梳头、剪头，再用电吹风吹头等正常的洗发剪发的顺序；还可以演示为客人烫发的一系列顺序。这一方面可激发幼儿产生类似的游戏行为，另一方面可加深幼儿对洗发、烫发顺序的了解，丰富洗发、烫发的经验，同样为幼儿下面的游戏开展做经验上的准备。

2. 注重材料的多样性

应提供能促进幼儿不断发展的丰富的游戏材料。可以在原来的基础上增加理发的护衣、卷发器、烫发的假发和电吹风等材料，利于幼儿游戏时进行经验迁移，产生洗发、烫发等游戏情节，促进理发店游戏的开展。

3. 注重游戏讲评

游戏之后的讲评讨论，可帮助幼儿梳理洗发、烫发的有益经验。如针对幼儿游戏中的行为，可以提问"今天你是怎样给客人烫发的? 应该怎样给客人烫发?"等，共同分享洗发、烫发的经验；有条件的话还可邀请真正的理发师来园和幼儿进行面对面的互动，理发师现场为幼儿理发，丰富幼儿理发的经验，促使幼儿养成爱理发的好习惯，还可以让幼儿了解周围人的劳动，培养热爱劳动人民的情感。另外教师还要针对游戏中发生的纠纷引导幼儿讨论，帮助幼儿学会进一步与同伴交往，解决简单的问题。

三、大班开展“理发店”游戏

大班幼儿处于合作游戏阶段。游戏主题新颖，内容丰富，还能处理较复杂的人际关系。他们的生活经验不断丰富、能力不断增强，具有与同伴合作、交往、分享的意识和能力，并且能在原有经验的基础上去创新、创造。

教师指导：

1. 以观察为主

大班幼儿具有一定的理发经验，游戏中已经产生洗发、烫发等游戏情节。教师通过观察可以了解幼儿之间的互动，了解幼儿的游戏需要，如小演员到“理发店”要求理发师把自己打扮得漂亮，客人要求理成这样那样的短发等。通过观察，教师可以了解幼儿游戏的种种意图，便于教师做经验、材料上的准备。

2. 注重材料的细节性

应提供能反映物体细节特征的材料，以满足大班幼儿的游戏需要。在观察的基础上教师可在下次游戏前增加漂亮的头饰（小花、小夹子）等，还可增加各种各样的发型图示（直发、短发、卷发）等。这些材料可以满足幼儿之间的互动，满足幼儿理成这样那样的发型等需求，促进游戏的深入开展。

3. 注重游戏讲评

这一直是教师指导幼儿游戏最重要的方面。如针对各种发型，提问“这是什么发型？你是怎么做的？你还见过什么样的发型？”等，共同分享幼儿之间有益的经验。通过讲评，理发店游戏进入高潮阶段，以促进幼儿各种能力的发展。

因此，同一游戏主题——理发店游戏既可以在小班开展，也可以在中班、大班开展，关键在于教师的指导。其实同一游戏主题也可以在同一年龄班进行指导。综合以上可以看出，教师的指导既有语言、角色的指导，游戏材料的提供，又有游戏讲评讨论等多种方式方法。各方面的协调统一才能达到共同促进游戏发展的目的。

6. 各年龄班各类游戏的组织与指导方法

接下来谈论各年龄班各类游戏的组织与指导方法，包括角色游戏、结构游戏、表演游戏、体育游戏、智力游戏的组织与指导，结合各年龄班幼儿的年龄特点，有针对性地介绍其组织与指导方法。教师对幼儿游戏的指导，对幼儿在游戏中的发展起着重大影响。教师只有选择好恰当时机，利用最得当的指导方法才能发挥游戏活动对幼儿的最大价值。

(1)角色游戏

角色游戏是幼儿根据自己的兴趣、愿望，通过模仿、想象扮演角色创造性地反映其生活(如生活环境、生活体验和生活感受等)的游戏。不同年龄班的幼儿游戏发展的水平、层次各不相同。如小班幼儿的角色游戏以模仿为主，而大班幼儿则以创造为主。教师要针对幼儿的年龄特点，有侧重点地进行指导，以求达到开展角色游戏的目的。

①小班幼儿角色游戏的特点及其指导要点。对于小班幼儿来说，他们认知水平较低，在角色游戏中通常不能完整地表现角色，更多的是由于材料影响而表现出某一角色的典型动作。换言之，小班幼儿的游戏直接依赖玩具，通常是他们身边有什么玩具就玩什么，离开了玩具，游戏也就停止了。他们正处于平行游戏的高峰期，喜欢和同伴玩相似的游戏，同伴之间交往较少。游戏活动中没有明确的主题，通常是不断重复某个动作，如模仿妈妈切菜、模仿医生打针、模仿司机转动方向盘等。小班幼儿的角色意识不强，通常在游戏活动中没有意识到自己正在扮演某一角色。

因此，给他们提供的游戏材料应具有真实性、可操作性，种类少且数量多，以保证每个幼儿都有玩具，避免为玩具发生争吵，同时满足幼儿在平行游戏中相互模仿的需要。教师可以角色身份参与到幼儿的游戏中，以游戏式语言指导幼儿，帮幼儿确定角色，挖掘生活经验，引导他们与同伴进行交往；以此为基础，继续引导幼儿稳定游戏主题，丰富游戏的内容、情节。

②中班幼儿角色游戏的特点及其指导要点。随着幼儿经验的增长、认知能力的增强，中班幼儿的经验比小班丰富，在角色的扮演上，中班幼儿有了较强的角色意识，游戏情节还比较简单，可根据幼儿的社会经验发展方向逐步、适当地丰富游戏材料种类，引导幼儿开展主题比较丰富的角色游戏。同时，中班幼儿正处于联合游戏阶段，与同伴合作游戏的意愿增强，但交往技巧仍比较欠缺，因此同种材料的数量可适当提供几份。其实同种材料数量的有限恰好可以为幼儿提供交往机会，帮助训练幼儿的交往技巧。

教师应根据游戏主题的需要，在成品玩具的基础上，增加半成品以及废旧物品材料的提供，以促进幼儿想象力、创造力的发展。在游戏时，一方面教师要引导幼儿设计游戏情节、分配角色；另一方面还要设法加深幼儿对角色的理解，如可以用语言来提示幼儿：“妈妈在做饭的时候都要干什么呀？她要买菜、摘菜、洗菜、切菜、炒菜……”也可以借助图示供幼儿了解角色、模仿角色。在游戏中，教师还要引导幼儿解决简单的纠纷，掌握交往技巧以及相应的规范。教师亦可就游戏中出现的问题引导幼儿展开讨论，让幼儿在讨论中寻找解决问题的方法，以进一步发挥他们的自主意识。

③大班幼儿角色游戏的特点及其指导要点。大班幼儿的认知经验进一步提升，能主动在游戏中反映多种多样的生活，想象力也得到较大的发展。大班幼儿的游戏内容丰富，主题也新颖多样，不仅角色增多还能反映比较复杂的人际关系。他们游戏的独立

性、计划性以及合作性都增强了，处于合作游戏阶段的他们喜欢并且善于和同伴一起玩游戏，他们能够按照自己的意愿主动选择并有计划地玩游戏，游戏规则也更加复杂，解决问题的能力也更强。

因此，教师应多加培养幼儿独立游戏的能力，如开展新游戏主题的能力，游戏组织、计划能力，游戏中主动解决困难以及纠纷的能力等，要鼓励他们解决问题时的进步，为他们提供种类较多的游戏材料，并注意材料的开放性。针对大班幼儿，教师应更多地使用提问式语言、建议式语言指导幼儿的游戏，教师还要关注幼儿的合作游戏水平，引导幼儿在游戏中展开更多、更深入的沟通交往。另外，在评价环节，应给予幼儿更多表现机会，培养他们分析问题、解决问题以及评价游戏的能力。

知识链接

幼儿角色游戏的指导步骤如图 7-1 所示。

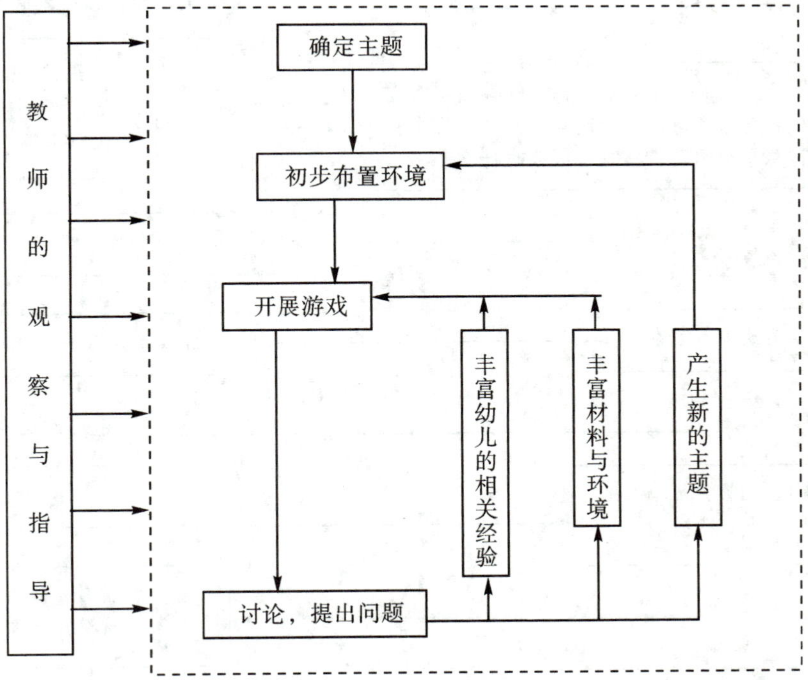

图 7-1　角色游戏的指导步骤①

① 刘焱. 儿童游戏通论[M]. 北京：北京师范大学出版社，2004：500.

案例分析

中班角色游戏“我的厨房”组织与指导

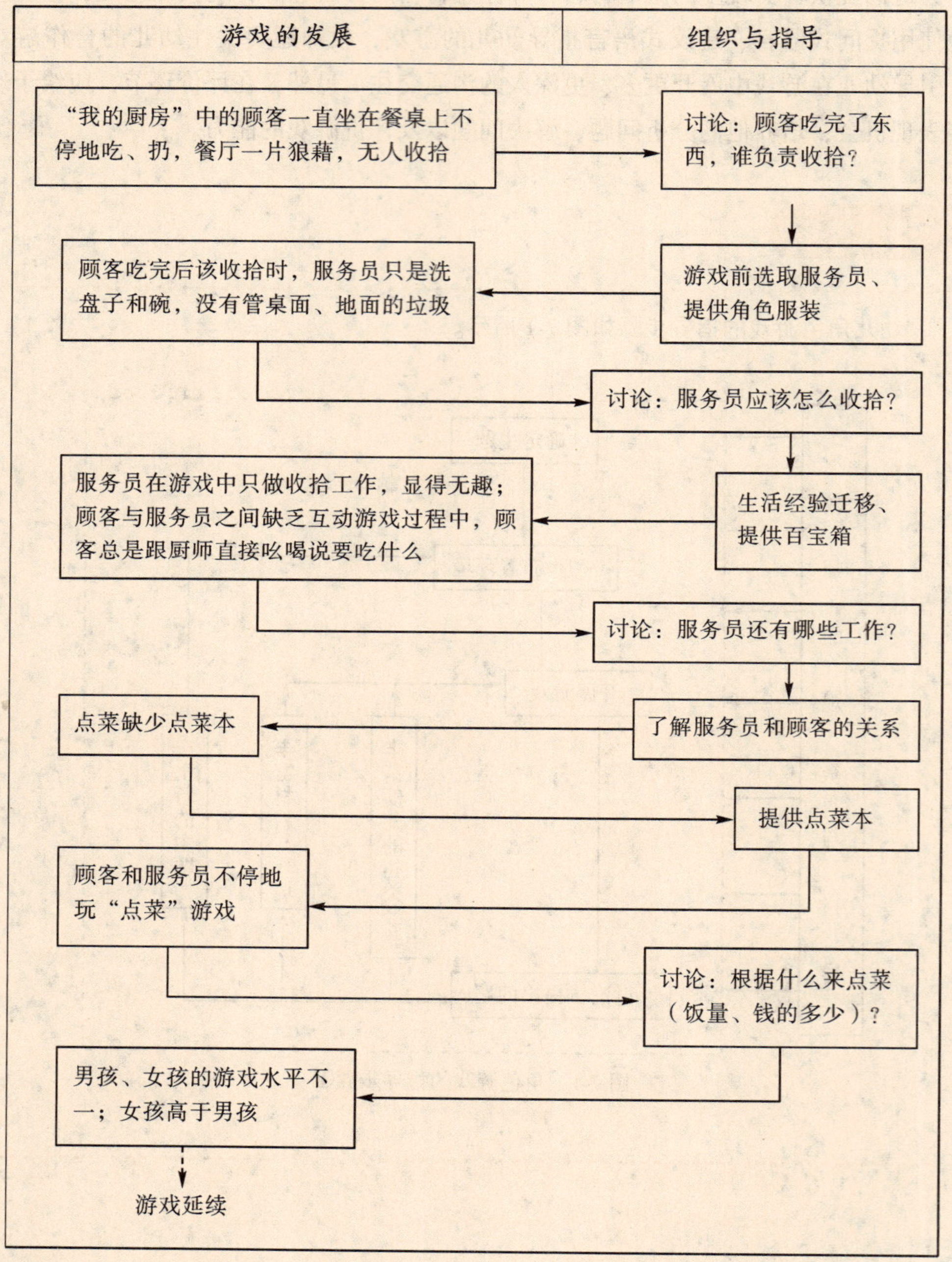

（2）结构游戏

结构游戏，又称为建构游戏，是幼儿利用各种结构玩具或结构材料（如积木、积塑、泥、沙等）构建物体形象，反映现实活动的一种游戏。幼儿建构技能的发展大概经过这几个阶段：非建构技能（把材料单独当作玩具）——平铺、堆高——架空——围合——模式（对称、平衡等模式）——为别的游戏而建构①。不同年龄段结构游戏指导要点如下：

①小班幼儿结构游戏的特点与指导。小班幼儿进行结构游戏没有目的性，没有计划地摆弄结构元件。当有人问幼儿搭的是什么时，幼儿才会思考自己的建构物是什么，并根据想象告诉你。在结构游戏中他们对建构的动作感兴趣，喜欢将物品垒高，然后推倒，享受如此不断重复的乐趣。在小班后期结构游戏慢慢有了主题，但他们还不会利用结构玩具开展游戏。

小班幼儿应学会认识结构材料（知道其名称，如积木、积塑；认识结构材料的大小、颜色、形状），学习平铺、延长、围合、盖顶、加高、增宽等建构技能，识别上下、中间、旁边等方位，会用材料建构简单的物体等。

教师可多采用游戏的口吻激发幼儿的兴趣。开始时可以让每人有一份结构玩具各自玩，使孩子在游戏中互不妨碍，并建立最初的常规。当教幼儿学习认识各种结构元件和建构的基本技能时，教师可以边示范边讲解，供幼儿了解建构的方法、顺序及难点，鼓励幼儿在模仿的基础上尝试独立搭建，同时还要引导幼儿给作品命名，帮助他们慢慢明确建构目的，还应让幼儿养成爱护玩具的习惯等。

②中班幼儿结构游戏的特点与指导。中班幼儿能独立建构一些较为复杂的物体，也能按主题进行建构，他们进行结构游戏时目的已经比较明确，并且初步具有计划性，还能围绕结构物进行游戏以及独立地整理玩具。他们不仅对操作过程有兴趣，而且也关心建构成果。

可以指导中班幼儿学习“架空”等建构技能，尝试使用多种类型的材料（包括辅助材料）进行建构。中班幼儿应能认识高低、宽窄、长短、前后等，教师应引导幼儿逐渐关注物体的细节，增加游戏的情节、内容，发展幼儿的创造力和想象力，还可以通过图示让幼儿按照建筑的平面结构分解图进行建构。教师可利用参观等活动，增加幼儿对常见事物结构造型方面的认识；既要鼓励幼儿独立进行建构，也要组织幼儿进行集体建构，引导幼儿在结构游戏分工、合作；鼓励幼儿独立地、主动地发表建构成果评议，促进幼儿的语言表达能力发展。

③大班幼儿结构游戏的特点与指导。大班幼儿进行结构游戏时目的更明确，计划性更强。他们已经掌握了许多建构技能，在建构活动中开始追求结构的形象，希望自己的作品与众不同，愿意挑战自我；他们的合作意识以及集体观念也逐渐增强，能与同伴合作建构。

在建构技能上，大班幼儿在建造物体时应比中、小班幼儿更为精细、匀称，物体的

① 雷湘竹. 学前儿童游戏[M]. 上海：华东师范大学出版社，2012：220.

结构应更加复杂、具有创造性。可以指导大班幼儿利用对称、平衡等原理来建造模型，发展各种建构技能；还要进一步引导大班幼儿注重所要建构物体的细节特征，做好计划（协商、确定主题、讨论建构步骤和方法、分工合作、确定建构规则），增强建构的目的性，开展创造性的建构游戏。教师可采用语言提示帮助幼儿掌握新的建构知识或技能，重点指导幼儿运用新的建构技能实现自己的创作。在活动过程中，教师需要支持幼儿的建构活动，为他们提供材料，不断鼓励幼儿，必要时帮助他们克服困难，与幼儿一起完成建构任务。

(3)表演游戏

表演游戏是指依据故事等文学作品的情节内容，运用语言、动作、表情来扮演某一角色的游戏形式。幼儿园不同年龄班的表演游戏有着各自的特点，幼儿的表演水平也呈现出显著差异。因此，教师对不同年龄班幼儿的表演游戏指导要点也应有所不同。

①小班幼儿表演游戏的特点及指导要点。

小班幼儿对表演游戏非常有兴趣，都乐意参与表演，有时候多人表演同一个角色，几乎很少有幼儿会当观众，幼儿间的相互交往很少；他们缺乏角色意识，往往只表演自己印象深刻的情节，其语言、动作都不太连贯，有时还会用自己的语言表达作品，具有一定的创造性；有时是想到哪儿演到哪儿，缺乏连贯性。

教师应为小班幼儿选择有趣、简短的故事作为表演游戏的内容。由于小班幼儿动作发展比语言发展得快，因此在表演游戏中，小班幼儿适合动作表现性强、对话内容简单的情节，教师可以根据本班幼儿的表演水平对表演故事进行适度改编。教师应注重培养幼儿游戏的兴趣，重在幼儿表演时能体验到游戏的快乐，对小班幼儿表演游戏的指导切不能操之过急，不能为了“演”而演。教师应为幼儿创设轻松自由的表演环境，多鼓励幼儿，重在让幼儿体验到表演过程中的快乐、有趣，再帮助幼儿进一步提高表演游戏的水平。

②中班幼儿表演游戏的特点及指导要点。

中班幼儿语言和动作发展较小班幼儿明显提高，在表演游戏中能独立分配角色，但语言、动作的表现还不够生动，角色之间还不能进行很好的互动；游戏的目的性差，有时对自己喜欢的情节会随意更改，忘记原本的目的，需教师提醒才能坚持游戏主题。中班幼儿的表演游戏以动作为主要表现手段，很难根据不同角色进行转换，他们的观众意识也还没有完全形成，仍是以集体表演为主。

教师为幼儿选择的故事还是应有简短的对话、重复的动作，而且场景不可过多，尽可能集中，便于布置道具。学期初创设环境进行活动区规划时，可以为中班幼儿设置一个表演区，舞台大小不作要求，但要保证幼儿至少有 30 分钟游戏时间。为中班幼儿提供的材料以 2~4 种为宜，避免材料种类过多对幼儿造成干扰，而且所提供的材料要简单易操作。在游戏开始阶段，教师可帮助幼儿做好分组工作，为幼儿讲解角色更换原则，再让幼儿自主选择角色。此年龄段幼儿间协调角色的意识及能力仍较弱，有时会因各种问题(如角色问题)导致游戏中断，教师不要急于干预幼儿的游戏，要耐心等待幼儿协商、讨论，再引导幼儿解决问题。在游戏过程中教师可以观众者身份观察幼儿的游戏，必要时参与幼儿的游戏，适当做出示范，以提高幼儿的角色表现意识。

③大班幼儿表演游戏的特点及指导要点。

与中班幼儿相比，大班幼儿已经能够独立完成角色分配任务，他们在表演前能先理解故事的内容、情节发展，游戏的目的性、计划性相对增强，语言和动作的表现力也更加丰富，角色之间的交往、合作水平提升了许多，还能根据故事准备道具，且已经有了一定的观众意识。在投放头饰后，大班幼儿会积极地选择头饰并迅速形成角色认同，在扮演角色时能注意表演时的语气、语调与日常语言动作的区别；在表现力方面，大班幼儿能够根据自己的理解塑造角色以及调整对白与动作，而不是简单地再现故事，但是他们驾驭语言、动作、表情等的表现能力仍然有限，其表现技巧仍有待提高。

教师在表演游戏的最初阶段，除了提供时间、空间以及种类较多的游戏材料外，应尽可能少地干预大班幼儿的表演游戏，以促进幼儿主体性以及独立性的发展。游戏过程中，教师要及时给幼儿提供反馈，如何塑造角色可作为教师反馈的重点，指导幼儿学习运用语气、语调以及夸张的动作、生动的表情来塑造角色等，目的在于提高幼儿表现故事、塑造角色的能力。这类经验的提升，教师可以巧妙运用集体讨论、观摩借鉴多媒体资料等方式来丰富幼儿的表演经验，使他们获得更为丰富的游戏体验。当幼儿对游戏的现有角色、情节已经理解，且愿意丰富其内容的基础上，教师可以多加启发、鼓励幼儿运用想象，创造性地表现文学作品中角色的言行。

知识链接

几个游戏的区别①

1. 表演游戏区别于歌舞表演

歌舞表演（如幼儿时装秀等）缺乏故事情节，因此不能算是真正的表演游戏。表演游戏是幼儿以故事为线索展开的游戏，且活动中幼儿可以按自己的理解加以创造。

2. 表演游戏区别于角色游戏

表演游戏与角色游戏同属于象征性游戏，都通过角色扮演来进行游戏，但还是在很多方面有所不同：

（1）主题和内容的来源

表演游戏的主题和内容主要来源于故事，包括文学作品和幼儿自己创编的故事；角色游戏的主题和内容来源真实的生活经验。

（2）结构性与规则

表演游戏的结构和规则性更强，虽然幼儿在游戏中有一定的自由进行创造，但游戏的基本框架已事先被故事所设定。

① 雷湘竹. 学前儿童游戏[M]. 上海：华东师范大学出版社，2012：223-224.

3. 表演游戏区别于故事表演

在幼儿园开展的故事表演一般是巩固故事教学的手段，用来帮助幼儿进一步复习故事，这种活动往往在教师新授故事活动后开展，教师希望幼儿通过表演故事中的角色，进一步强化记忆故事中的情节、角色的对话和动作。往往教师会帮助幼儿分配角色，让幼儿轮流进行表演，表演严格按照故事的情节和语言进行，有时甚至由教师或教师事先训练好的幼儿表演给其他幼儿看，往往直接参与活动的幼儿较少，幼儿的积极性很难调动。

表演游戏虽然游戏的主题和内容也来自故事，但幼儿可以自由地根据自己对故事的理解，增减故事的情节或改编故事。当幼儿熟悉了故事后，能自由地进行表演或幼儿在故事表演时有一定的创造空间时，故事表演也就转化为表演游戏了，从表演游戏的整个过程来说，熟悉故事是开展表演游戏必不可少的一个环节。

4. 表演游戏区别于戏剧表演

戏剧表演的落脚点在表演，是面向观众的活动，为观众而表演，表演要严格按照原有的脚本进行，有规定的程序和规则。

表演游戏落脚点在游戏，其表演不强调面对观众，可以按自己的理解来表演，有一定的自由，幼儿可以创造性改编脚本，是幼儿自己的活动。

表演游戏在幼儿园以多种形式呈现，依不同的标准划分为不同类型：

(1)根据故事的来源进行划分

由于表演游戏是幼儿根据故事的内容来进行表演，根据故事的来源进行划分有：生活故事表演游戏、童话剧、歌舞剧等，这些都是幼儿园主要的表演游戏类型。

(2)根据使用的游戏辅助材料进行划分

不借助辅助材料，自己直接充当故事中的角色进行表演的；借助辅助材料代替故事中的角色进行表演的，如玩具表演、各种纸偶、木偶等的表演、影子表演等，当使用这些辅助材料进行表演时，往往要由真人在背后进行对话或独白，且用一些小型玩具或材料进行表演时，幼儿往往一个人操纵几个玩具或几个幼儿操纵几个玩具在桌面上进行表演。因此，这种表演游戏也被人称作桌面表演游戏。木偶戏的木偶可以分为布袋木偶、提线木偶、棍杖木偶和手指木偶等几种形式，有些木偶表演无论是材料的制作还是操纵进行表演都比较困难，更需要教师的指导；而影子表演游戏在幼儿阶段主要的是手影表演游戏，幼儿可以自己创编或结合一些现成的故事进行表演。

使用辅助材料进行表演游戏对幼儿的要求更高，尤其幼儿一个人进行游戏时，需要替代几种角色进行对话，需要的转换能力更强。

(4)智力游戏

智力游戏是根据一定的智育任务设计的，以智力活动为基础的一种有规则的游戏，让幼儿在生动有趣的游戏方式中体验愉快的情绪并增进知识，发展智力。

智力游戏由游戏的目的、构思、规则和结果四个部分组成。智力游戏的目的是根据一定的智力训练任务提出的。游戏的构思也即玩法，它是根据游戏的目的和特点设计的，是对幼儿在游戏中的动作和活动的要求。智力游戏的构思由多种多样的与智力活动有关的动作组成，如看看、听听、摆摆、放放、找找、想想、猜猜等。智力游戏的规则是对构思的要求和约束，它从属于游戏的任务，在游戏中起指导、组织、调整幼儿行为的作用，以保证游戏目的的实现。恰当的游戏规则可以提高游戏的趣味性和刺激性，促使幼儿在游戏中积极努力。智力游戏的结果是游戏目的实现的程度。良好的游戏结果，可使幼儿获得满足和愉快，并能激发他们继续游戏的兴趣。

智力游戏灵活简便，教师在组织游戏时可以采用集体、分组和个别游戏相结合的方法，考虑幼儿的个别差异，使每位幼儿在智力游戏中都能得到发展。一定的玩具和材料是智力游戏必要的物质保证。教师应尽量使每位幼儿都有游戏材料，可以根据游戏内容发动幼儿或家长共同收集或者制作游戏材料，让幼儿都有操作体验的机会。

智力游戏有许多种类，教师在选用智力游戏时，应“根据活动目的按类择取或设计，同时要充分考虑幼儿的生活经验与接受能力，既要符合幼儿智力发展的水平，又要照顾到幼儿智力发展的个体差异”①。另外，游戏设计时要保证难度适宜，还要能循序渐进，不断向幼儿提出新的挑战。一个好的智力游戏应该是：游戏目的明确，玩法新颖，内容多变并逐步提升难度，规则简单易行，能够调动幼儿的积极性。

①小班幼儿智力游戏的特点及指导要点。小班幼儿的智力游戏比较简单，多是利用玩具材料进行的，游戏内容易于理解，并且容易完成，游戏方法简单具体，游戏规则也不复杂，游戏开始时对全体参与者几乎是同一要求。

教师首先要选择玩具、操作材料以及游戏方式用以激发幼儿游戏的兴趣。小班幼儿智力游戏的玩具和操作材料应该种类简单、颜色鲜明、形象生动。在游戏时，教师用自己的兴趣感染幼儿，讲解可与示范相结合，力求生动、简明和形象。同时，在游戏过程中还需要不断提醒幼儿遵守规则。

②中班幼儿智力游戏的特点及指导要点。中班幼儿智力游戏的动作逐渐多样化，游戏规则更多带有控制性，游戏中除运用具体实物和教具外，还增加了一些语言的智力游戏和竞赛的因素②。

中班幼儿在进行智力游戏时，仍需教师对游戏的玩法和规则进行讲解、示范。在游戏中，教师应注意观察他们对游戏玩法的掌握情况以及遵守游戏规则与否。对遵守规则的幼儿应给予表扬，鼓励幼儿遵守游戏规则，在规则中体验游戏的趣味性。一般说来，大部分中班幼儿已能独立地玩熟悉的游戏，教师只需在必要时给予指导，在体验游戏时可以鼓励幼儿争取好的游戏结果。

③大班幼儿智力游戏的特点及指导要点。大班幼儿智力游戏的任务以及内容都比较复杂，要求幼儿在游戏中完成较多的活动，其动作难度较高，常常是一些相互联系、而

① 杨枫. 学前儿童游戏[M]. 北京：高等教育出版社，2012：142.

② 杨枫. 学前儿童游戏[M]. 北京：高等教育出版社，2012：141.

又迅速连贯的动作。游戏规则也更加严格，幼儿不仅要要求自己遵守游戏规则，而且通常要迅速、准确地执行游戏指令。

此外，大班幼儿对活动强度高的智力游戏(如棋类)更感兴趣，也喜欢参加带竞赛性的智力游戏①。教师一般只需用语言讲解游戏内容、规则等，要求幼儿独立进行游戏，严格遵守游戏规则，努力争取好的游戏结果，并能对游戏结果进行自评。

(5)体育游戏

体育游戏是根据适宜的体育目标设计的，由身体动作、情节、角色和规则组成的一种活动性游戏。

幼儿园的体育游戏主要有自主体育游戏和体育教学游戏两种形式，它们都离不开教师的组织和指导，只是组织指导的内容和任务有所不同。

①自主体育游戏的指导。适合于幼儿生理特点的体育活动可以提高幼儿的免疫力、适应力，增强幼儿的体质，有益于身体健康发展。一般要保证幼儿每天有两个小时的在园户外活动时间，而且在户外体育活动时间里有专门的幼儿自主游戏时间。幼儿自主游戏时，教师的观察和指导同样必不可少。

第一，提供丰富、安全的活动器械。教师要注意经常检查玩具的安全性，避免安全事故的发生。除幼儿园准备的固定器械外，教师还应为本班幼儿投放一些小型的运动器械，如飞盘、套环、沙包以及自制玩具等，需要注意材料投放的层次性，满足不同能力幼儿的需求。如在投掷区的投篮活动中，篮筐有高低、大小之分，呈现出难易层次。

第二，帮助幼儿建立规则意识。自主游戏也需要有规则。在幼儿的自主游戏中教师的限制不宜过多，但要帮助幼儿建立规则意识，鼓励他们建立自己的游戏规则，并在游戏中自觉遵守。例如，玩大型运动器械时，应按秩序轮流进行，不能争抢；轮流换游戏角色等。

第三，观察幼儿游戏，适时介入指导。教师应观察幼儿的游戏，为幼儿提供适时的帮助和指导。教师介入指导应把握恰当的时机，尤其是发生安全隐患时教师应及时制止；幼儿在游戏中遇到困难时，教师要及时介入并进行指导。

②体育教学游戏的组织和指导。体育教学游戏的组织指导工作包括游戏的选择、游戏前的准备、游戏的组织和教学、游戏中的指导以及游戏的结束五个环节②。

第一，游戏的选择。游戏的选择要注意循序渐进，由浅入深、由易到难。幼儿年龄越小，选择的体育游戏的内容、动作、规则应越简单，游戏时间越短，运动量越小。随着幼儿年龄的增长，选择的内容、动作、规则应逐渐复杂，游戏时间也随之增加，运动量相应增大。安排体育游戏时，前一个游戏应是后一个游戏的基础，后一个游戏又是前一个游戏的发展和提高，它们之间应有联系。

第二，游戏前的准备。游戏前，教师要在了解全班幼儿体质、能力、性格、品德等情况的基础上熟悉游戏的内容，领会游戏的教育作用，掌握游戏动作，明确游戏规则，

---

① 杨枫. 学前儿童游戏[M]. 北京：高等教育出版社，2012：142.

② 杨枫. 学前儿童游戏[M]. 北京：高等教育出版社，2012：121-124.

考虑怎样组织和教会幼儿游戏，提出什么要求，注意哪些问题等。

在游戏前要准备好所需的教具、器械或玩具等，并检查器械、场地是否安全卫生；注意察看一下幼儿的服装是否符合所进行体育游戏的要求，如衣服不要过长、腰带不宜过紧、身上是否带有不安全物品等。此外，教师还要重视游戏前的准备活动，例如热身运动，使幼儿的身体由相对平静的状态逐渐过渡到活动状态。

第三，游戏的组织与教学。

a. 集合：组织幼儿游戏时，教师应使用一定的方法使幼儿集合起来，在游戏现场排成所需要的队形。

b. 讲解和示范：新游戏的教学活动是从教师的讲解开始的。教师向幼儿介绍游戏的名称、方法、动作要求、交替信号和规则等，帮助幼儿了解游戏方法。教师讲解的语言要生动形象、简明扼要、富有感染力，易被幼儿理解和接受。对于某些比较复杂的动作可以做慢动作示范，并在游戏前让幼儿加以一定的练习。复习游戏时，教师只需要用更简短的语言提示游戏的重点内容与要求，补充或说明游戏的规则和方法即可。

c. 分队(组)、分角色：合理地分配角色，能充分发挥幼儿的积极性和主动性，有利于游戏的顺利进行。玩新游戏时，一般多用指定法分配角色。小班一般是教师担任主要角色，以利于掌握游戏的时间和情节的发展，同时教师还可起到教育和示范的作用。待幼儿熟悉游戏后，可请能力强的幼儿担任主要角色。在中、大班，教师应根据具体情况，针对幼儿某方面的特点，有目的地分配角色。如让体质好、反应快、奔跑能力强的幼儿担当主要追捉者，可使全体幼儿积极奔跑起来。又如适当地让个别不好动的幼儿担当主要角色，给他一定的任务，以培养其活泼好动的性格。

对于复习游戏，教师可灵活地确定游戏角色，以调动幼儿游戏的积极性。教师应注意不要只让少数能力强的幼儿担任主要角色或游戏中的组织者。

第四，游戏中的指导。体育游戏要取得良好的效果，关键就在于教师的指导。

a. 把握适当的活动量。活动量是指在体育活动中，幼儿所承受的生理负荷量。教师一般根据幼儿在游戏中的精神情绪和完成动作的情况来判断活动量的大小。调节游戏活动量的方法有如下几种：增加或减少游戏的组数和参加活动的人数，扩大或缩小游戏的场地范围，延长或缩短游戏的时间和休息时间。教师应根据幼儿游戏的具体情况来选择调节活动量的方法。需指出的是，幼儿的疲劳现象在一定程度上是正常的，没有一定的疲劳就不可能增强体质，但也不能造成过度的疲劳。

b. 提醒幼儿遵守游戏规则。教师在介绍游戏的玩法时，应强调游戏的规则。值得注意的是，规则是为游戏服务的，是可以根据情况变通的。有时候只要我们稍把规则调整，不仅可以维护正常的秩序，保证活动的顺利进行，还可以提高学习效率，促进幼儿的自主发展。

c. 注意幼儿身体姿势和动作的正确性。身体姿势正确与否直接影响骨骼的生长发育，影响良好且端正的体态的形成。同时，正确的姿势能够提高动作的质量，达到锻炼的目的。因而不论进行什么游戏活动，都应使幼儿保持正确的身体姿势。对小班幼儿，可用亲切的口吻说明姿势正确的意义，引起幼儿的注意。在竞赛性游戏评定胜负时，也可以对幼儿在游戏中身体姿势的正确与否进行评价。

d. 注意安全。在游戏过程中，教师应该既要让幼儿玩得尽兴，又要保证安全。为此，教师要随时检查场地器械、场地是否安全，察看幼儿使用器械是否正确。同时，教师要在游戏中给幼儿以必要的保护与帮助，尤其对体弱、胆小和动作迟缓的幼儿，更要加强保护和帮助。

第五，游戏的结束。掌握好体育游戏的结束时机是十分重要的。结束游戏的最佳时机应是：幼儿虽未感到充分满足，但已有适度疲劳，或虽未产生适度疲劳，但幼儿已感到满足。体育游戏结束时，教师应及时讲评，肯定优点，指出存在问题和改进意见，提出希望。

知识链接

教师在组织和指导幼儿游戏中的任务详见图 7-2。

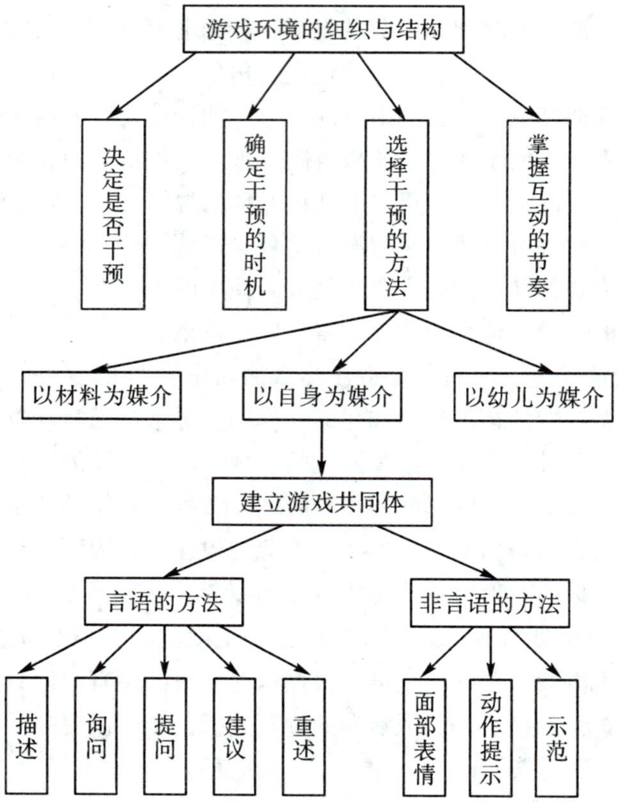

图 7-2　教师在组织和指导幼儿游戏中的任务①

① 刘焱. 儿童游戏通论[M]. 北京：北京师范大学出版社，2004：385.

本章小结

幼儿园班级游戏活动管理不仅是幼儿拥有充足的游戏机会、身处适宜游戏环境的保证，还是幼儿体验合适游戏内容、获得相应指导的保证。通过本章内容的学习，学习者在理论上和实践上可以对游戏活动的内涵、意义、分类有较全面的认识，明确班级游戏活动管理的原则、内容，同时了解游戏环境创设要求及方法、各年龄班各类游戏的观察与指导策略，形成科学的游戏观。

拓展阅读

1. [英]莎曼，等. 观察儿童[M]. 单敏月，王晓平，译. 上海：华东师范大学出版社，2008.
2. [美]约翰逊，等. 游戏与儿童早期发展[M]. 华爱华，等，译. 上海：华东师范大学出版社，2006.
3. 刘焱. 儿童游戏通论[M]. 北京：北京师范大学出版社，2004.
4. 张馨予. 幼儿游戏活动的支持和引导[M]. 北京：中国轻工业出版社，2012.
5. 张娜. 幼儿游戏与指导[M]. 武汉：武汉大学出版社，2015.
6. 张俊. 关于共享游戏区的创设和指导的行动研究[D]. 北京：首都师范大学，2014.
7. 王雪莉. 幼儿园科学探究性游戏文化建设的实践研究[D]. 苏州：苏州大学，2013.
8. 关少英. 幼儿园创造性游戏活动中的教师指导研究[D]. 福州：福建师范大学，2007.

思考练习

1. 收集一所幼儿园的一周活动计划表，分析其中游戏活动的类型设置和时间安排，思考当前我国幼儿园游戏分类和实施的现状及利弊。
2. 观察记录一段幼儿园的游戏活动，判断其是否是真正的游戏？分析并给出理由。
3. 观察记录一段幼儿园的游戏活动，分析其促进了幼儿哪些方面的发展？
4. 参观一所幼儿园，讨论游戏活动区的空间布局是否合理？投放的游戏材料是否合适？
5. 针对不同年龄段的角色游戏指导有哪些方法？

第八章　幼儿园班级安全管理

教学目标

1. 了解幼儿园班级安全管理的内涵和意义。
2. 熟悉幼儿园班级安全管理的制度。
3. 领会幼儿园班级人员安全意识管理的内容。
4. 掌握幼儿园班级安全管理的四大事项。

名人名言

教人要从小教起。幼儿比如幼苗，培养得宜，方能发芽滋长，否则幼年受了损伤，即不夭折，也难成材。

——陶行知

案例导读

小调皮在厕所闯祸①

一天如厕时，几个男孩正在小便池前排队，忽然调皮的东东跑进来，在队伍后面一推一挤，几个男孩像多米诺骨牌似的整排向前倒去，最前面的文文站立不稳，额头一下碰到了小便器上方的冲水阀，额头青肿起来。老师立即带文文到保健室进行了检查处理，幸好孩子的伤不重。经调查，孩子碰到的小便器

① 天跃图书工作室．幼儿园的 50 个安全管理问题[M]．福州：福建教育出版社．2015：7-10.

冲水阀刚好是完好的，而旁边那个小便器的冲水阀的圆头前几天掉了还未修好，一小截铁柄露在外面，真是不幸中的万幸。

案例建议：

(1)加强班级教师的安全意识和工作责任心。教师应严格遵守岗位工作细则，不能存有“就一会儿，不会有事”的侥幸心理；班级教师应随时关注幼儿表现，任何时间段都要保证全体幼儿在视线之内，发现不好的苗头及时处理；对调皮的幼儿要特别关注，除了提出要求和教给幼儿方法外，还应注意督促和检查，经常提醒幼儿注意安全。

(2)班级设施设备必须保障安全。防患于未然，对于暂时未能维修的破损设施，班级教师应采取临时措施，如用布等材料把损坏的部位包裹起来，把不安全因素降到最低。

(3)引导幼儿具备安全意识。创设潜移默化的教育环境，运用生活环境中常见的标记和图示，让幼儿明确如厕时的正确行为。

第一节　幼儿园班级安全管理概述

一、班级安全管理的内涵

安全管理是贯穿于班级一日生活的重要工作，主要是指保障幼儿的安全，包括身体安全和心理安全。《幼儿园教育指导纲要(试行)》也指出：“幼儿园必须把保护幼儿生命，促进幼儿健康放在工作的首位，应密切结合幼儿的生活进行安全教育，提高幼儿的自我保护意识和能力。”“幼儿园要重视在日常生活中向幼儿进行安全教育，使幼儿掌握一些基本的安全常识，培养幼儿自我保护的意识和能力，要和家长密切配合，共同做好幼儿安全教育和保护工作。”可见，班级的安全工作是幼儿园班级工作的重中之重，它不仅关系到班级各项工作的开展，更关系到幼儿身心健康的安全发展。

二、班级安全管理的意义

班级安全管理是幼儿教师每日工作的重中之重，也是各项活动顺利开展的前提，换言之，班级安全管理是所有工作的前提和保障。

(一)班级安全管理是幼儿健康成长的前提

幼儿身心发展水平较低，诸多方面需要教师的提醒和保护。比如说，幼儿的骨骼柔软、肌肉发展不够健全，容易发生脱臼、骨折，同时幼儿的好奇心、探索欲望强烈，但是自我保护意识淡薄，因此幼儿的自我保护能力难以保障其自身安全，需要教师努力将安全隐患降到最低。教师一方面要注意提醒幼儿相互之间不疯闹，另一方面，要保证每个幼儿都在教师的视线范围之内，密切关注幼儿，避免幼儿受到意外伤害，尽力保障幼儿的健康发展。只有保证班级安全管理工作的顺利开展，才能促进幼儿的健康成长。

（二）班级安全管理是各项活动顺利开展的保障

教师在开展各项活动之前，保证班级幼儿安全是前提，若没有安全的环境，幼儿的身心会受到伤害，他们将无法参与到正常的一日活动中，甚至班级的运转都会受到不良影响。只有为幼儿创造安全的物质以及心理环境，才能保障幼儿身心愉悦地参与到一日在园的各项活动之中。

（三）班级安全管理关系到班级保教质量

在班级安全管理中，做好一日生活中的安全教育，让幼儿掌握一些基本的安全常识以及培养幼儿自我保护的意识和能力，并和家长密切配合共同做好幼儿安全教育和保护工作。由此才能保障幼儿正常参与到教育教学活动中，并有利于提升班级的保教质量。

三、班级安全管理的制度

有关安全的规章制度是幼儿园班级安全管理的重要手段。幼儿园班级安全管理工作有其特殊性，既有对不同个性的幼儿进行安全管理，又有对教师以及家长朋友进行的安全管理；既有对人的管理，又有对物的管理等。这就需要教师要有多种能力，如要有预见性，要有发现安全隐患、解决安全危机、面对安全意外、避免安全事故发生的能力，使班级安全工作不断完善改进。不仅需要班级教师、家长、幼儿知晓并遵守，还需要班级他人一起配合、服从管理。

知识链接

幼儿园安全管理制度①

1. 建立健全幼儿安全管理网络，成立幼儿园安全管理领导小组，下设工作小组，明确各小组的职责。实行分工合作、责任到人，并把安全工作要求列入各岗位职责中。

---

① 幼儿园各项安全管理制度［EB/OL］［2017-06-25］. http://www.5ykj.com/Article/cygwgzzd/89224.htm.

2. 幼儿园要注意房屋、场地、玩具、用具及运动器械的使用安全，定期检查，及时维修，避免触电、砸伤、摔伤、烫伤，预防异物入耳、鼻及气管以及火灾等重大事故的发生。

3. 保健员必须妥善保管幼儿的药品，病儿服药时，必须仔细核对药名、药量、幼儿姓名按时给幼儿服药，不准吃错药。保健室药品标签清楚，不得存放、使用过期的药品，消毒药品专人管理。

4. 认真贯彻卫生防预部门下达的有关食品卫生的规定，严把食品的进园关和食品入口关，严防食品中毒事件的发生。

5. 对幼儿加强安全教育，各班根据实际通过游戏、儿歌、故事、角色表演等教学活动对幼儿进行防拐骗、绑架等自我防护意识的培养，开辟专栏定期向幼儿及家长宣传安全知识，在幼儿园有危险的地方张贴醒目的安全警戒标志，提高幼儿的安全意识和自我保护的能力。

6. 工作人员进行卫生保健知识的业务学习。每学年开展有针对性的安全培训工作，加强幼儿园突发事件应急救助培训及演练（如消防演练等）。加强教职工的职业道德教育，对幼儿坚持正面教育，严禁态度粗暴、动作生硬、体罚或变相体罚，杜绝因上述原因造成的事故。

7. 幼儿园组织的各项活动都应以幼儿的安全为第一要素，进行认真细致的事先准备、对场地进行全面考察，考虑周详。严禁带幼儿到有危险的地方开展活动。

8. 幼儿来离园严格实行安全接送，并由门卫加强管理，防止幼儿出大门走失，禁止外来人员来园玩耍。外来人员来访的一律要求实行登记。坚持规范使用"代接条"，凡幼儿呼不出称谓者及未成年人不得带幼儿离园。

9. 严格现金管理制度，支票财务章按规定分开保管，现金保存不超过 2000 元。教职员工也应妥善保管好自己的物品。

10. 下班后，各班教师要负责关好门窗，整理好教室内的物品。及时关灯，电视、电扇、饮水机等电器插头应拔下。门卫或值班人员要做好安全巡查工作，严防各类事件的发生。

11. 每月进行安全检查并有记录。实行安全事故及时上报制度，发生一般事故做好记录，幼儿园内发生重大伤害事故后，应在 2 小时内及时向上级主管部门汇报情况，并报当地的有关部门。不得漏报。

第二节　幼儿园班级安全管理的内容

本节重在帮助一线工作者做好班级安全管理工作。幼儿园班级安全管理，班级人员首先要树立安全意识，进而做好班级各类事项的安全管理，如做好班级安全环境创建、了解班级活动安全流程、熟悉班级安全应急预案、掌握家园安全共育等。

一、班级人员安全意识管理

安全意识先于安全行为的产生，在一定程度上支配着安全行为。作为幼儿园班级安全管理要务，需重视教师以及幼儿的安全意识管理。教师的安全意识管理包括防患未然意识、对幼儿安全教育意识、安全应急意识以及自身情绪管理意识；幼儿的安全意识管理则包括3~6岁幼儿安全教育目标以及安全行为习惯培养的途径。

（一）班级教师安全意识管理

班级是幼儿园的基层单位，承担着落实保教工作的责任。保教人员应把幼儿安全问题置于首要地位，不仅要加强本职工作的责任感，强化自身的安全意识，还要认真细致地做好安全工作，尽力避免意外事故的发生。保教人员定要认真学习各项安全制度，且保证严格执行；还要明确各岗位安全工作的内容，并时刻警惕各环节可能出现的问题；对制度执行情况还要进行定期自查；坚持熟悉各项安全应急预案。

作为保教工作者，除了具备“防患未然”以及对幼儿“安全教育”意识外，还应具备“安全应急”意识。作为密切接触幼儿的班级教师而言，不仅要了解可能会伤害到幼儿的突发事件的常见起因，做好突发事件的预防工作，还要掌握应对突发事件的种种措施，倘若“防不胜防”地发生了意外，面对突发状况要能将幼儿的伤害降至最低。

在此，值得一提的还有教师的自我情绪管理意识，也许有些教师在繁杂的工作中会产生一些消极情绪，但也应控制好自己的情绪，以免不良语言或行为对幼儿心灵或身体产生不良影响。

案例分析

远离语言“虐待”①

球球今年三岁多，上幼儿园已经近一年了。球球是个性格活泼好动、比较淘气的孩子，但她聪明、善良，也有些胆小。初上幼儿园，经过了一段时间的磨合，总算慢慢适应了新生活。

一天，园长经过走廊，突然听到两个小朋友在聊天，A女孩子：“心心，我告诉你，小徐老师说要把球球赶出去。”接着，一阵尖锐的声音传来：“球球，

① 天跃图书工作室. 幼儿园的50个安全管理问题[M]. 福州：福建教育出版社，2015：204-206.

你今天是怎么回事？你看，你裤子怎么又穿反了，这么笨，等会妈妈来接你，你不准走。”可怜的球球当场就哭了。听见哭声，园长走进教室，发现小球球钻进角落里。就问发生了什么事，球球说：“徐老师不让我回家，说我笨，我钻进这里就安全了。”“球球，那你还喜欢徐老师吗？”“喜欢，很喜欢，可是我有点害怕，我不想上幼儿园了。”随后球球的哭声由小变大。

分析：教师应尊重幼儿的人格，保护幼儿的幼小心灵。对幼儿来说，所谓的尊重就是让幼儿对自己充满自信，尊重对幼儿来说意义非常之重大。可是在现实生活中，一些幼教工作者往往在不经意中给幼儿的心灵造成了伤害，即对幼儿的“心理虐待”。幼儿园教师职业是非常特殊的，工作特别繁琐，加之班级里多几个所谓不太“听话”、不合教师心意的孩子，教师即将情绪发泄到孩子身上，对其恐吓、威胁，用语言伤害孩子幼小的心灵。教师情绪的不恰当宣泄，源于教师缺乏情绪管理意识，有待教师群体重视。

（二）班级幼儿安全意识管理

教师有责任和家长一起培养幼儿的安全意识，可以在一日生活中渗透安全教育，也可以借助专门的教育教学活动进行引导。依据《幼儿园教育指导纲要（试行）》、《3~6岁幼儿学习与发展指南》、《中小学幼儿园安全管理办法》等相关法律法规，各年龄班安全教育目标为①：

1. 小班

①初步了解五官的功能，知道保护五官的方法，不将危险物品放入口、鼻、耳中；

②不要、不吃陌生人的东西，不跟陌生人走，不让陌生人触摸自己的身体；

③离园时拉着家长的手，不乱跑，不在幼儿园内逗留、玩耍；

④上下楼梯时不推搡拥挤，靠右边一个跟着一个上下；

⑤知道自己的姓名以及家长的姓名、电话；

⑥不做危险动作，如不爬窗、不跳楼梯、不玩门、不从高处往下跳等；

⑦不玩插座、电器，懂得玩火、玩水的危害；

⑧不随身携带刀、牙签等锐利的器具；

⑨不拿玩具和同伴打闹，不抓、咬、打同伴；

⑩活动、游戏时要遵守规则，有序活动，不相互追逐、打闹；

⑪外出活动时要听从教师的安排，不离队，要远离窨井、水井、变压器、建筑工地等危险区域；

⑫靠右边走路，不在马路上玩耍，不自己过马路；

---

① 陶金玲，许映建．幼儿园班级安全管理[M]．北京：中国轻工业出版社，2014：87-89.

⑬受到伤害时要及时告诉教师或家长；

⑭不随便逗玩猫、狗等动物；

⑮不喝生水，不吃腐烂、变质、有异味的东西；

⑯不乱吃药，不碰开水，不玩刀、剪刀或其他尖锐器物，会正确使用剪刀；

⑰不在楼梯上玩耍，不独自乘坐电梯；

⑱知道发生火灾时要镇静，听从成人指挥。

2. 中班

①记住自己的姓名、家庭住址、父母全名及工作单位，知道在遇到危险时拨打紧急呼救电话；

②独自在家时，不随意开门；

③不触摸电器的开关、插头，更不可将手指、别针、回形针等放进插座，以免触电；

④不攀爬登高，不在阳台、窗边以及楼梯口嬉戏，避免发生坠楼和滚落楼梯事件；

⑤吃东西时先征得成人同意，不随便捡拾东西吃，不边吃边跑；

⑥不玩清洁用品和杀虫剂，捉迷藏时不躲在柜子、箱子内；

⑦不独自进浴室玩水，不在浴室内推、拉、打、跳，不随意开启热水龙头；

⑧不用塑料袋或棉被蒙头，不把绳子绕在脖子上，也不把花生、纽扣、弹珠等小东西放进鼻孔或嘴里，以免吸入；

⑨不可开启煤气开关，不用手触摸明火。教给幼儿火灾或煤气泄漏的自救、求救、逃离方法；

⑩学会爱惜玩具、与同伴分享玩具，不与同伴争抢玩具，以免因抢夺玩具受伤；

⑪了解消防栓、灭火器的用途，知道幼儿园的安全通道出口，养成在公共场所注意观察消防标志和疏散方向的习惯；

⑫知道报警电话：110、119，掌握报警电话的拨打方法；

⑬不轻信陌生人的话，未经允许不跟陌生人走，不让陌生人触碰自己的身体；

⑭不反锁房门，不玩煤气、炉火、打火机、开水壶、饮水机、药品等危险物品；

⑮不独自过马路，不在马路上逗留、玩耍，过马路时应遵守交通规则，右边走路；

⑯到野外活动时不随便采摘花果、抓捕昆虫，不尝食野生瓜果，以防中毒；

⑰初步了解雷电的危害，知道雷雨天不在大树和屋檐下避雨；

⑱初步知道台风、暴雨、地震的危害以及简单的自我保护方法。

3. 大班

①在活动或游戏时听从教师的安排，遵守纪律，有序活动，避免互相追逐打闹，不远离集体；

②不拿玩具和同伴打闹，不抓、咬、攻击同伴；

③上下楼梯靠右边走，不从楼梯扶手往下滑，不做爬窗、扒窗、跳楼梯、玩门、从高处往下跳等危险动作；

④外出散步或活动时要听从教师的安排，不离队，要远离窨井、水井、变压器、建筑工地等危险区域；

⑤懂得玩火、玩电、玩水的危害；

⑥了解消防栓、灭火器的用途，知道幼儿园的安全通道出口，养成在公共场所注意观察消防标志和疏散方向的习惯；

⑦知道自己的姓名、园名、家长姓名、单位、家庭住址、电话，紧急情况时会使用各种报警电话；

⑧不轻信陌生人的话，未经允许不跟陌生人走，不让陌生人触碰自己的身体，懂得只有家长、医生、护士才能触摸自己的身体，如果陌生人触摸自己的身体，要懂得拒绝或尽快逃离；

⑨不反锁房门，不玩煤气、炉火、打火机、开水壶、饮水机、药品等危险物品；

⑩不乱动煤气、药品、化学品、化妆品、消毒剂、杀虫剂、农药等有毒物品，不乱吃药；

⑪到野外旅行或活动时不随便采摘花果、抓捕昆虫，不捅马蜂窝，不尝食野生瓜果，以防中毒；

⑫不玩火，不宜进入厨房，不玩耍火柴、打火机，懂得玩火的危害性；

⑬不动暖瓶、开水、饮水机，不玩水，不扭动自来水开关，不在湖、河边玩耍、打闹；

⑭不触摸、玩耍正在运转的电风扇等电器产品，不触摸插座。不用湿手触摸电源开关，不随便乱动电器设备；

⑮懂得节约用电、安全用电，做到随手关灯，及时关闭电视；

⑯不把铅笔、筷子、冰棍、玻璃瓶或尖锐的东西拿在手里或含在嘴里到处跑，避免扎伤自己或他人；

⑰不把塑料袋当做面具套在头上，以免引起窒息死亡；

⑱初步知道台风、暴雨、地震、雷电的危害以及简单的自我保护方法。

知识链接

对幼儿进行安全教育，培养幼儿的自我保护能力①

幼儿安全行为教育包括两个方面内容：①预防性安全行为，即在日常生活中表现出来的旨在保护自身生命的安全行为，如不把异物放进口鼻中，安全用电，知道玩火、玩电、玩水的危害性，不携带危险物品，防拐骗，外出遵守交通规则等；②安

① 王劲松. 幼儿园班级管理[M]. 北京：北京师范大学出版社，2013：50-51.

全自救行为，即在出现意外灾害时能沉着应对，学会自救避险，如拨打急救电话、火灾自救、地震避险等。

安全教育不能光说不练，除了加强幼儿安全意识的教育外，重点应该放在幼儿安全行为的训练上。

幼儿安全行为习惯培养的途径有以下几个。

1. 在游戏中有意识地学习

如在角色游戏玩“娃娃家”中，老师可有意识地发展出“不给陌生人开门”、“不要吃陌生人的东西”、“不跟陌生人走”等游戏情节；或组织开展“红绿灯”游戏，让幼儿掌握“红灯停，绿灯行”、“行人要走在人行道上或斑马线上”、“过马路要看红绿灯”等有关规则。在体育游戏中，可以通过“抓尾巴”、“大风和树叶”等有趣的游戏，增强幼儿躲闪、呼喊等快速反应能力。在情境游戏中，师幼可共同创设一种模拟意外或灾难的特定情境，让幼儿设想、体验身临其境时的正确应对方法。例如，创设一个“火场逃生”的场景：某处发生火灾了，旁边有水、毛巾、被子、衣服、门、窗等多种物品，幼儿当场进行保护自己的逃生演练。

2. 在一日生活中自然渗透

让幼儿明确一日生活中各个环节和各项活动的具体要求，如入园——不带小刀、扣子等危险物品进园；进餐——安静进餐、细嚼慢咽，不说笑(以免呛着)；睡眠——正确睡姿，不把杂物带到床上玩，不含着东西睡觉；行走——行走时抬头挺胸，手前后自然摆动，学会靠右行走，不猛跑(以免碰撞、摔倒)；游戏等活动——遵守游戏规则和集体纪律；离园——有序活动，静待家长，安全返家等。此外，还可进行专题或渗透性的安全教育活动——知道日常生活中的安全行为，如在使用剪刀等危险性工具时，要注意教幼儿掌握操作技能、要领：将剪刀交给别人时，要把剪刀的尖端握在手掌心，将剪刀柄递出去，以防刺伤别人，剪刀用完后要合好，放归原处。不能拿着剪刀乱跑。不准幼儿玩弄电源插座、插头、电线，不能玩火柴、打火机等。不能随便吞吃非食物的东西，不把钱币、玻璃球等小东西含在嘴里，放在鼻子里。

3. 在演习中实践

开展常态化的模拟演习活动，如防地震、防火灾、防台风等。通过组织模拟演习活动，教育幼儿在突发情况下如何保护自己，逃生时避免混乱和人踩人等；如地震时听到警报声，要听从老师的指挥，有序地下楼，逃生时不扭头向后看，要快速跑到平坦的广场，远离高楼等建筑物；也可针对恶性伤害性的“恐怖事件”进行相应演练。经过多次的模拟演练，幼儿自救的意识增强了，自救动作也会更迅速。

二、班级安全管理的事项

接下来阐述的班级安全管理的事项：班级安全环境创建、班级活动安全流程、班级安全应急预案以及家园安全共育。

（一）班级安全环境创建

班级环境是指在园内对不同幼儿的身心发展产生影响的物质和精神要素的总和，即班级环境可分为物质环境和精神环境两大类。不言而喻，班级安全环境创设也分为物质环境安全和精神环境安全两大规划内容。

班级安全环境的创建作为一种隐性安全教育课程，具有潜移默化的教育功能，润物细无声地影响着幼儿身心健康的发展。

1. 物质环境安全规划

幼儿一日活动要用到班级的各项设施，教师要把设施、设备、玩具、教具、操作材料等物质材料的安全和卫生要求放在首位①②：

①班级环境的创设一方面要注意设备设施、玩具器材、操作材料等摆放位置是否安全、适宜，另一方面还要注意提供的材料是否容易使幼儿受伤；

②班级应当采用坚固性比较好、不宜破碎、无锐边利角、无毒、无害、无细小零件脱落的材料，使用前应先将这些材料进行清洗，设计制作要尽可能做到轻巧、美观，易保持清洁、可清洗、可消毒；

③区域投放的材料要符合卫生要求，定期更换、清理、消毒，让幼儿在活动时有安全感和舒适感；

④幼儿活动的场地应平整，避免有凹凸；

⑤要关注安排的活动场地是否狭小、拥挤，活动时是否会互相干扰，场地周围是否有破碎的玻璃、铁钉等；

⑥定期检查教育活动场所、安全设施，如栏杆、门窗、桌椅、玩具等是否安全，发现损坏迹象，即刻停止使用；

⑦要注意脱落在教室地上的回形针、大头针等小物品；

⑧危险物品如工具刀、剪刀、消毒剂、洁厕液等要摆放在幼儿看不到、摸不着的地方；

⑨药物要妥善保管，避免幼儿接触；

⑩教师发现园内的教学设施存在安全隐患时，要及时汇报，让幼儿远离危险设施，避免幼儿在危险的条件下活动。

---

① 王劲松. 幼儿园班级管理[M]. 北京：北京师范大学出版社，2013：47.

② 陶金玲，许映建. 幼儿园班级安全管理[M]. 北京：中国轻工业出版社，2014：55-56.

总之，应防微杜渐，将安全隐患消除在萌芽中。

知识链接

班级常见安全事故隐患①

1. 消毒柜、热水瓶摆放在孩子能拿到的地方。

2. 幼儿园走道摆放活动区，未留出安全应急通道，影响孩子在紧急情况下的疏散。

3. 日常生活活动中的安全问题常见：擦伤、划伤、摔伤、抓伤、咬伤、跌伤、骨折、脱臼、吞入异物等。

4. 插座未放置在插座专用盒中，幼儿触手可及。

5. 教师未发现班级电线老化。

6. 教师给幼儿服药时，未核对姓名与剂量。

7. 用过的剪刀未及时收藏好。

8. 送开水、送饭的路线是幼儿经常活动的地方。

9. 幼儿衣袋中的利器、小物品未及时收去。

10. 幼儿午睡时，教师擅自离开或打瞌睡。

11. 教师或幼儿胸前戴了别针或指甲留得太长。

12. 活动前未检查幼儿的衣着、鞋带。

13. 活动前未检查运动器械。

14. 课桌椅上的钉子松动脱落。

15. 建筑物转角处及家具棱角尖硬。

2. 精神环境安全规划

在班级安全环境创建中，教师应当考虑环境对幼儿的心理影响，提供尽可能丰富的物质条件外，还应提供和谐、平等的心理环境。教师所营造的良好精神环境，不仅有助于幼儿形成安全感、信赖感，还有助于幼儿养成活泼、开朗、自信、自主的性格特征，利于幼儿身心的健康发展。

幼儿作为班级中的一分子，需要一个充满心理安全与心理自由的环境；教师作为班级建设者，应当为幼儿营造温馨的班级氛围，让幼儿能切实感受到教师的关爱、集体成员的尊重、小伙伴的喜爱。

因此，教师在创设优良班级精神环境的过程中应起到调节、指引作用：引导幼儿和

① 王劲松. 幼儿园班级管理[M]. 北京：北京师范大学出版社，2013：47.

教师建立轻松、和谐的师幼关系；引导幼儿与幼儿间建立相互信任、团结、互助的同伴关系；教师还应与同事、家长建立和谐、平等的协作关系；进而营造自由、和谐、健康、安全的班级氛围，让幼儿在温馨之家中轻松愉快地生活、游戏和学习。

(二)班级活动安全流程

尽管班级一日工作繁杂、琐碎，然而安全工作应有机渗透到幼儿一日活动各环节之中。班级活动是保教活动的总和，可以相对划分为生活、运动、游戏、集体教学等活动，是幼儿和保教人员共同经历的、家长参与的活动过程。教师应遵循安全流程，为幼儿提供安全、丰富的一日生活环境，满足幼儿多方面发展的需要。在此，班级活动安全流程包括生活活动安全流程、运动活动安全流程、游戏活动安全流程、集体教学活动安全流程和大型集体活动安全流程五部分。

1. 生活活动安全流程

生活活动包括：入园、饮水、盥洗、饮食、如厕、睡眠、离园等活动。教师应根据幼儿生理和心理发展的需要，建立科学的生活常规。活动前，教师应进行安全教育，确保幼儿生活活动安全，在活动中随时要进行安全提醒，并能处理好突发事件。

(1)入园

入园环节存在的安全隐患首先是晨检不细致，其次是让幼儿独自入园以及家长未和教师进行交接。此外，小班在入园环节中最易发生安全事故。因此，班级教师应加强入园的晨检及幼儿交接工作，与家长做好有关物品和幼儿情况的交接工作。入园活动结束时，借助晨间谈话及时了解幼儿状况，交代一日活动安排，过渡环节会激发幼儿参加下一活动的积极性，保证幼儿积极、愉快地参与到一日活动中。

知识链接

入园小贴士①

1. 保育员

(1)做好安全防范工作。用煤炉取暖的幼儿园，煤炉周围要设立安全牢固的防护罩；

(2)室内外清洁做到“六净”：地面、桌椅、门窗、玩具柜、口杯架、毛巾架保持干净；

(3)做好当日餐巾、口杯、洗脸巾的消毒工作，口杯、洗脸巾定位使用；

① 陶金玲，许映建. 幼儿园班级安全管理[M]. 北京：中国轻工业出版社，2014：105-106.

（4）准备好当日足量的、温度适宜的、安全的饮用水（400~600 毫升/人），做好早餐准备。

2. 家长

（1）确保幼儿不带危险物品入园；

（2）主动让幼儿接受保健人员的晨间检查；

（3）与老师交接接送卡和晨检牌后方可离园；

（4）若需委托幼儿园喂药，应主动填写好“委托服药登记表”（服药者姓名、性别、年龄、班级、药品名称、服药计量、服药方法）交保健人员；

（5）主动向保健人员和当班教师报告幼儿的特殊情况，尤其是身体的不适。

3. 教师

（1）观察幼儿身体、情绪和精神面貌；

（2）查看幼儿的晨检牌，检查其是否携带不安全物品，是否按要求带齐当日所需用品；

（3）有针对性地向家长了解幼儿的情况；

（4）组织提前入园的幼儿自愿有序地进入活动区活动，观察、了解幼儿活动的情况，适时提供材料，创设、调控活动环境；

（5）清点幼儿出勤情况，并做好记录，及时与未到园幼儿的家长取得联系，了解原因。

（2）饮水

保证班上随时有饮用水，保证每位幼儿饮水量为 400~600 毫升；饮水装置应放在安全适宜的位置，且保证水温冷热适宜，避免幼儿烫伤；饮水装置定期清洗消毒，幼儿饮水杯每天清洗并消毒一次。

在饮水环节，教师应组织、指导幼儿有秩序喝水，帮助新入园幼儿接水，中、大班幼儿则在教师的组织指导下安全有序取水；让幼儿愿意定时饮水，需要时能主动喝水，且不喝生水，喝水时不说笑、打闹；教师还要注意当幼儿剧烈运动后稍作休息后再喝水，饭前、饭后半小时内少饮水，以免幼儿身体不适等。

（3）盥洗

对于非寄宿制的幼儿园而言，盥洗包括洗手、漱口等。盥洗环节最易存在的安全隐患是盥洗组织不当，且在盥洗活动中最易发生安全事故的是小班幼儿。因此，教师必须规范活动组织行为，保证幼儿有秩序地盥洗。教师可将正确的盥洗方法、爱清洁、遵守秩序、不疯闹等内容用图示、简单的文字、童谣等易于幼儿接受的方式呈现在幼儿盥洗处，并提醒幼儿遵守等。

案例分析

无奈的洗手环节①

午餐时间快到了，康老师忙着进行餐前准备并嘱咐幼儿："现在每个人都去洗手，谁先洗好，等会儿吃完饭后给他玩新的玩具。"当幼儿从盥洗室回来后，康老师忽然发现蓉蓉的小手黑乎乎的，一摸，两只小手居然是干的，康老师不由得大声说道："你怎么不洗手？"话还未说完，康老师扫视了教室的各个角落，发现有不少座位是空着的。康老师来到盥洗室门口，才发现一群幼儿还在水龙头前，有的在吹泡泡，有的在把水往镜子上泼，而有的则在相互泼水，康老师生气地喊道："谁让你们这样做的？！"

分析：监督力度不足，会影响幼儿的安全及习惯养成。幼儿在洗手的过程中，教师应及时督促幼儿，一方面，提醒幼儿正确洗手，养成良好卫生习惯；另一方面，及时的监督也有利于保障幼儿的安全。在案例中，有的幼儿在盥洗室相互泼水，这样的行为要是没有被制止的话，将会使地面积水，很容易导致幼儿摔伤。

(4)如厕

教师组织、指导幼儿有秩序地如厕，避免拥挤和打闹，培养良好的如厕习惯；如出现遗尿的幼儿，不得进行批评和嘲笑，要安抚幼儿的情绪，及时帮助幼儿处理、换洗、清洁衣服；观察幼儿大便情况，如发现异常，及时与家长联系并做好记录；督促幼儿便后用肥皂、流水洗手；提醒幼儿如厕后不要在厕所逗留；还要保持厕所清洁通风，保证厕所干燥、卫生、无异味等。

(5)饮食

饮食环节最易存在的安全隐患主要有食物过烫和餐后追逐打闹，且事故多发生在小班。教师可在进餐前摆好桌椅，做好桌面消毒工作，播放优美舒缓的轻音乐，指导幼儿有秩序地入座；中大班幼儿可指导值日生分发餐具；餐前餐后半小时不做剧烈运动，进餐前后15分钟内适宜组织安静活动，以免胃部不适；还应提醒幼儿细嚼慢咽、不高声喧哗、不偏食、注意坐姿以及在用餐时间内进餐(中、大班不少于30分钟，小班不少于40分钟)，不催促幼儿用餐，以免发生噎食等。

① 莫源秋，韦凌云，刘揖建．幼儿常规教育指导手册[M]．北京：中国轻工业出版社，2013：224-225.

（6）睡眠

午睡环节最易存在的安全隐患首先是无人监管，其次是睡前组织不当、午睡检查少、起床秩序混乱，且事故多发生在小班。因此，教师需全程巡视看护：睡前谨慎按照服药记录给幼儿服药（相关人员签字），注意观察服后情况；排除环境中的危险因素（幼儿携带的异物、灭蚊器的安全等）；引导幼儿保持睡房安静，在床铺前有序地穿脱衣裤、鞋袜等；观察幼儿睡姿，纠正不良睡姿；若发现幼儿神色异常应及时报告与处理。

（7）离园

离园环节最易存在的安全隐患首先是教师与家长对幼儿的交接不到位，其次是离园教师组织不到位以及教师之间交接工作不到位，且离园安全事故多发生在小班。因此，教师必须规范离园的组织活动行为。

知识链接

离园小贴士①

（1）稳定幼儿的情绪，安排适宜的离园前活动：教师或与幼儿进行简短的谈话，小结当日活动情况；或交代次日活动的准备和要求；或组织幼儿开展小型安静的自选活动等。

（2）热情接待家长，查验接送卡：委托他人持卡接幼儿的，还需电话与幼儿父母核实；陌生人和未带接送卡者，一律不得放行。注意观察幼儿是否跟随家长离园。

（3）当幼儿在园内发生突发事件时，教师必须第一时间主动与幼儿家长联系，客观地汇报幼儿的相关情况，积极主动地争取得到家长的理解与配合，保留好相关资料，做好相关记录，妥善处理善后事宜。

（4）对于过了离园时间家长还未到的情况，要安慰好幼儿，不得让幼儿独自等待，更不得对幼儿表现出一些抱怨的言语和情绪。

（5）待所有幼儿离园后，检查好水、电、门、窗的安全，做好清园工作。

2. 运动活动安全流程

幼儿园一日活动中的运动活动包括早操、体育活动、户外活动等。教师应根据本班幼儿的动作发展情况科学组织运动活动，不仅要把握幼儿的运动量、时间、强度和密度，还应循序渐进，并要确保幼儿在运动活动中安全。运动活动中幼儿容易发生安全事故，教师应在活动前仔细检查活动场地、活动器械，细致地排除安全隐患，不忘对幼儿进行安全教育；在活动中随时对幼儿进行安全提醒，以确保幼儿活动安全，还要能处理

① 陶金玲，许映建．幼儿园班级安全管理[M]．北京：中国轻工业出版社，2014：117-118.

好突发事件。

本节以早操活动和户外活动为例，介绍一些安全注意事项：

(1)早操活动

早操环节最易存在的安全隐患首先是活动器材不安全，其次是活动场地不安全、活动空间狭小和活动组织不当①。早操环节，小班和大班发生安全事故的可能性比中班高。

教师应在活动前仔细检查活动器械和活动场地的安全性，并组织幼儿有序进行活动，避免跌伤、撞伤、踩踏等事故发生。操节应适合幼儿年龄特点，保证幼儿活动量适中，活动部位全面，时间适宜(小班为15分钟，中、大班活动时间为20分钟)。

这一环节中值得教师注意的事项有：

①教师应在早操前进行相关的安全教育，提醒并检查幼儿是否做好操前准备工作，衣服、鞋子是否穿好；

②排队前行时，不能让小班幼儿一个拉着一个的衣服走；

③随时观察幼儿早操情况，不仅要观察幼儿情绪，还要随时提醒幼儿注意安全，及时处理幼儿的安全意外或身体不适等突发事件。

(2)户外活动

《幼儿园工作规程》中指出："幼儿户外活动时间在正常情况下每天不得少于2小时。"户外活动类型丰富，可以是散步、集体游戏、体育活动，还可以是幼儿自由游戏等。户外活动环节最易存在的安全隐患是活动秩序混乱、监管出现盲点，活动器械不安全。大班幼儿体能最强，常常是户外活动安全事故高发班级，小班幼儿自我保护能力最弱，也常是高发班级。

户外活动前，教师需检查活动场地、活动器械、幼儿着装，保证活动自如，并进行相关的安全教育。每次户外体育活动结束后，及时清点人数，评析本次活动情况。

这一环节中值得教师注意的事项有：

①活动前做好准备活动，体育活动前做好热身运动；

②活动中观察幼儿的动作及行为(面色、呼吸、出汗、动作的协调性、有无危险动作等)；

③活动后做好放松整理工作，提高幼儿的自我保护意识；

④合理利用户外活动场地，保证幼儿活动空间充足且安全；

⑤控制好幼儿运动量，注意动静交替，防止突然运动或剧烈运动造成的拉伤、扭伤等身体不适。

3. 游戏活动安全流程

游戏活动主要指幼儿自发、自主、自由的活动，包括区域活动。游戏活动的意义深远，游戏活动中的安全需要保障。除了教师匠心独运选材外，为幼儿提供的游戏道具、

① 陶金玲，许映建. 幼儿园班级安全管理[M]. 北京：中国轻工业出版社，2014：120.

自制玩具等操作材料应安全、卫生。游戏活动环节中活动材料不安全、活动空间狭小、活动材料不足以及教师组织指导不当都将成为安全隐患。活动前，教师应进行安全教育，强调游戏规则，在活动中能随时进行安全提醒确保幼儿活动安全，并有处理突发事件的技巧。

这一环节中值得教师注意的事项有：

①保证游戏活动的空间充足，满足幼儿游戏需求。小班以角色区为主，设置 3~5 个活动区；中班以结构区为主，设置 5~7 个活动区；大班以益智区为主，设置 6~8 个活动区。

②游戏材料数量充足，种类丰富，避免幼儿发生争抢；

③做好区域活动的组织与实施，提出进区规则及注意事项；

④时刻环视幼儿游戏动态，发现危险行为要及时介入；

⑤注重幼儿规则意识和秩序感的培养。

4. 集体教学活动安全流程

集体教学活动应特别强调活动材料、活动空间的安全性以及活动组织的科学性。每一领域的教学活动，都需考虑到活动秩序，以及所提供的动手操作材料是否充足，是否能保证幼儿有充分活动的机会。

这一环节中值得教师注意的事项有：

①根据本班幼儿的实际需要和已有经验，制订切实可行的活动计划；

②活动前向配班老师讲明需配合的事项；

③活动前帮助幼儿从上一活动中过渡到此环节，做好身心准备；

④根据活动类型设置便于幼儿活动与交流的空间、位置；

⑤教态亲切自然，尊重、亲近、赏识幼儿，保持融洽的师生关系。

5. 大型集体活动安全流程

班级大型集体活动有：园内外亲子活动、节庆活动、运动会、园外参观游览活动等。组织大型集体活动，必须采取有效措施保障幼儿活动安全。

知识链接

园外参观游览活动安全流程①

参观游览活动包括春游、秋游以及参观博物馆、海洋馆、动物园等。教师在组织园外参观游览活动前，进行细致的安全考察工作，对幼儿进行安全教育，确保幼儿活动时的安全；在活动中随时进行安全提醒，严防幼儿走失、交通事故等发生。

① 陶金玲，许映建. 幼儿园班级安全管理[M]. 北京：中国轻工业出版社，2014：133-134.

1. 活动前

邀请志愿者或家长成立临时安全管理小组，明确所负担的安全职责，制订安全应急预案，配备相应设施，并进行桌面应急演练；有针对性地对幼儿进行参观游览安全教育，增强幼儿的自我保护意识；加强对教师、家长等进行安全意识的教育，要求把安全管理贯穿于本次园外参观游览活动的全过程；要求车辆单位选派能自觉遵守交通法规、驾驶经验丰富、技术熟练的驾驶员和车容、车况、安全性能好的车辆为园外参观游览活动服务；把园外集体活动委托给有资质的旅行单位，并要求旅行单位为此次活动购买保险；幼儿穿着适宜，服装和鞋应方便运动；出发前清点幼儿的人数、工作人员的配备情况等，告知幼儿参观的地点内容和注意事项；检查幼儿的衣袋有无食品或尖利的不安全物品。

2. 活动中

组织幼儿有序上下车，不将头和手伸出窗外；到达参观游览地点后，要重新整队清点幼儿人数；再次进行安全教育，强调有关的参观要求及注意事项，要求幼儿不擅离集体；组织幼儿有秩序地排队行进，要求眼睛看着前面的路，不拥挤、不追跑、不打闹；安排三位教师带队，队伍的头、中、尾各一人，防止拥挤、踩踏等不安全事故发生；配班教师协助主班教师巡视幼儿的活动情况，发现问题及时干预；教师在每一次集合时要清点好幼儿人数，确保幼儿安全；要坚决杜绝可能的危险，必要时应立即终止活动；一旦有安全事故发生，及时施救，第一时间上报。

3. 活动后

组织幼儿排好队，并清点人数；再次进行安全教育，强调不擅离集体，提醒幼儿返回途中同样注意安全等；返回幼儿园后，再次整队清点人数，检查是否车上有遗漏的幼儿；教师注意观察幼儿参观游览后的精神状态，做好个别幼儿的观察记录。

节日庆典活动安全流程①

节日庆典活动包括六一幼儿节、毕业典礼等活动，一般以园内组织为宜，多为全园性活动。节庆活动组织应特别关注活动秩序的维持，严防踩踏事故发生，做到活动前进行细致的安全考察，并对幼儿进行安全教育，确保幼儿活动安全；在活动中随时进行安全提醒，并有处理突发事件的应对措施。

1. 活动前

教师熟悉场地，现场查看紧急疏散通道；提前发放通知，向家长说明活动的目的和具体时间，请家长做好活动前的准备工作；有针对性地对幼儿进行安全教育，带领幼儿到现场进行疏散演练，增强幼儿的自我保护意识；幼儿穿着适宜；清点幼儿的人数，进行安全教育，强调有关的活动要求及注意事项，要求幼儿不擅离集体；

---

① 陶金玲，许映建. 幼儿园班级安全管理[M]. 北京：中国轻工业出版社，2014：133-134.

出发之前，告知幼儿节庆活动的地点内容和注意事项；检查幼儿的衣袋内有无食品、尖利的不安全物品；组织家长在等候区等候，不可擅自将幼儿带离集体。

2. 活动中

组织幼儿有秩序地排队行进，走路时不要交头接耳，眼睛看着前面的路，要求不拥挤、不追跑、不打闹；安排三位教师带队，队伍的头、中、尾各一人，防止拥挤、踩踏等不安全事故发生；到达活动现场后，要重新整队清点幼儿人数；再次进行安全教育，强调相关要求及注意事项，要求幼儿不擅离集体，防止幼儿走失；提醒幼儿不随意奔跑、打闹，注意活动安全；注意观察幼儿，及时解决纠纷，让每个幼儿时刻处在教师的视野中；在每一次集合时要清点好幼儿人数，确保幼儿安全；要坚决杜绝可能的危险，必要时应立即终止活动；一旦有安全事故发生，及时施救，第一时间上报；全程关注现场秩序，严防拥挤、踩踏事故发生。

3. 活动后

严格遵守退场秩序，按活动预案退场。组织幼儿排队，并清点人数；再次进行安全教育，强调不擅离集体，提醒幼儿返回途中同样注意安全等；返回班级后，再次整队清点人数，防止幼儿走失；组织家长进行有序交接，与家长进行简短交流，告诫家长不可擅自将幼儿带离。

（三）班级安全应急预案

安全应急，在本书中是指采取某些行动以避免危险、危害、损失的发生，或当危险、危害、损失等紧急情况发生时采取应急行为以减轻事故后果。安全应急预案是指安全应急事件发生时教师应当采取的应急方法、步骤等。而安全应急事件在这里是指在幼儿园班级管理中，由于各种因素所导致的幼儿人身伤害的突发事件，具有不可预知性、突发性、偶发性、随时性、紧急性、滞后性等特征，若不能及时进行应急处理，或处理事件不当，还会导致更为严重的后果。

应对班级突发事件的发生，重在做好两方面的工作。一个是事前的预防，一个是事后的应急处理。但首要的还是要尽全力做好前期的预防工作，以达到防患于未然的目的。实践也表明，只要前期预防工作做得好，做得扎实，是可以有效避免和减少不必要伤害的发生。①

做好突发事件的预防工作，还须事先制订安全应急预案。根据幼儿园突发事件总的特点，可以制订如下多种安全应急预案②。

1. 火灾应急预案

①发现火灾后，须立即拨打 119 报警。在报警电话中，要说明以下情况：起火单

① 张富洪. 幼儿园班级管理[M]. 上海：复旦大学出版社，2012：86.

② 陶金玲，许映建. 幼儿园班级安全管理[M]. 北京：中国轻工业出版社，2014.

位、位置、着火物、火势大小、火场内有无化学物品及类型、着火部位、报警人姓名、单位及所用电话等，并派人员在醒目处等候接车；疏导无关人员远离火场，保持道路畅通，便于消防车辆驶入。

②报警同时，迅速切断配电间总电源，开启消防电源，打开应急照明设施和安全疏散标志。

③发生火灾时，要及时报告园领导，由园领导通知广播室，由广播室指挥相关人员立即行动，到达预定地点。园领导迅速到达现场进行指挥，并上报主管单位领导。园领导要沉着冷静指挥，组织人员分工合作，扑灭初起火灾，确保通信联络。

④全体教职人员应保持镇定，迅速依据任务分工和组长的命令担负起抢救工作，不可袖手旁观，等待消防人员前来抢救而延误时机。在消防人员到达前，由灭火行动小组尽力控制火势蔓延；灭火行动小组应分秒必争，迅速行动，找准着火点，果断扑救，抓住时机，不等不靠，为继续开展全面深入的扑救工作打下良好基础。

⑤若火场内有人员，则应用灭火器具减弱火势对人员的威胁，全力疏散、帮助人脱险逃生。疏散教师要顾全大局，严格控制下楼速度，以免造成挤压，疏散组成员应最后撤离现场。幼儿疏散时必须服从教师安排，按计划有序快步撤离，不得参与救火。消防人员抵达现场后，除参与抢救工作外，其余人员应迅速远离现场，以免影响或妨碍抢救工作的进行。无论园内何处发生火灾，疏散人员应撤到幼儿园操场安全地带，不得任意走动，更不得返回火灾区，应负责稳定幼儿情绪。

⑥对可能造成人员伤亡、发生爆炸事故、烧毁重要物资、形成大面积燃烧等影响全局的情况，应列为主要方面予以处理；扑救固体物品火灾，使用灭火器；扑救液体物品火灾，使用灭火器、沙土、湿的棉被等，不可用水。

⑦警戒人员要了解幼儿园的建筑格局及道路情况，迅速确定安全逃生的路线，以便疏导他人逃生，拦阻无关人员进入火灾现场。

2. 食物中毒应急预案

①就餐后，当幼儿出现呕吐、腹泻等现象时，带班教师要立即拨打 120 请求救助，并派专人在园门口等候，配合协助救助病人，尽快将幼儿送往医院，并向园长汇报。

②立即停止食堂的生产活动，向医院、教育主管部门和卫生行政部门报告，报告发生中毒的单位、地址、时间、中毒人数及死亡人数、主要临床表现、可能引起的食品等，以利于有关部门积极采取措施、组织抢救、调查分析中毒原因和采取预防方法。若怀疑有人投毒，则向公安机关报案。封存造成食物中毒或者可能导致食物中毒的食品及其原料、工具、设备和现场，以便卫生部门采样检验，为确定食品中毒提供可靠的情况。在此期间，严禁无关人员进入食堂，避免人为破坏现场。

③检查中毒源，了解幼儿进食量，全体教职员工细心观察园内每个孩子的身体情况，发现异常及时送救。配合卫生行政部门进行调查，按卫生行政部门的要求如实反映本次中毒情况，提供有关材料和样品。落实卫生行政部门要求采取的其他措施，销毁中

毒食品并进行相应的消毒工作。

④组织由保健医生、园内相关领导、骨干教师组成的陪护队伍，具体负责陪护事宜；稳定幼儿情绪，做好家长工作，保证幼儿园正常的生活秩序和工作秩序。

⑤及时向主办单位及当地卫生防疫部门报告有关处理情况，向媒体部门做出解释工作，把事态控制在最小范围。

3. 地震应急预案

强烈地震发生时，一般伴有隆隆的地声、地光及地面振动，从地震发生到房屋倒塌有几秒到十几秒的时间，此时要组织幼儿应急避险。

①听到地震警报后，处于教学楼内的教师应立即停止教学活动，组织幼儿将身体尽量缩成一团，迅速抱头、闭眼、躲在各自的课桌下，靠外墙的幼儿尽量往里靠。

②在操场或教室其他地方的幼儿在教师的组织下到室外合适的地方(如空旷场地或到疏散区)躲避。原地不动蹲下，双手保护头部。注意避开高大建筑物或危险物(如围墙、电线杆等)，千万不要回到教室去。

③当幼儿在寝室睡觉时发生地震，保育员与值班教师应要马上将幼儿喊醒，让幼儿迅速将枕头置于头上蹲在床头边或墙角，告诉幼儿不喊叫、不乱跑，保存体力。

④等到主震结束后，为了防止有较大的余震发生，全体幼儿在教师们的组织下立即进行有秩序的疏散，到安全的地方去躲避余震。疏散路线严格按照园内应急疏散预案执行。

⑤各班快速有序撤离，避免幼儿推挤。要有顺序地从就近楼梯下楼，下楼时要走楼梯内弯，不准在楼梯或走廊内互相拥挤，避免跌倒。

⑥疏散过程中，行动要迅速，但不要争先恐后、慌乱奔跑，迅速转移到指定位置。

⑦疏散过程中，可以用书包、双手等护头，以防被砸伤。

⑧等到疏散结束后，各班应立即清点人数。

4. 踩踏应急预案

①事故发生后，相关人员必须及时向园长和分管领导报告，经授权向上级有关部门报告。

②以最快的速度对受伤的教师和幼儿进行现场救护，送往就近医院治疗并通知家长。

③及时做好现场处置，保护现场，以便调查取证。

④及时调查事故原因，妥善处理并实事求是地向上级汇报。

⑤全面参与幼儿治疗，直至康复，与家长密切沟通。

⑥以适当方式向家长通报情况，制订有效的预防措施。

幼儿安全至上，生命第一，以预防为主，班级安全应急管理需要教师的重视及幼儿、家长的配合。班级安全应急预案可作为幼儿生命安全的“救生圈”，平常加强安全教育以及安全应急训练甚为重要。

资料链接

国家知道学校工作人员应急处理能力的重要性，因此加强了对中小学幼儿园应急疏散演练工作的指导，以提升学校应急疏散演练的组织和管理水平。教育部于2014年2月发布了《中小学幼儿园应急疏散演练指南》，指导全国各地的中小学幼儿园开展应急疏散演练。这种演练十分必要，教师们可以查阅学习，以备不时之需。

知识链接

幼儿园预防手足口病应急处理工作预案①

一、目的

为有效控制手足口病在我园的传播，杜绝传染源入园，切断传播途径，保护易感儿童，特制订此预案，规范操作，保障教工和幼儿健康，确保幼儿园各项工作正常开展。

二、工作原则

根据《中华人民共和国传染病防治法》、《突发公共卫生事件应急条例》、《学校卫生工作条例》、《消毒管理办法》、《学校和托幼机构传染病疫情报告工作规范(试行)》等法律、法规以及市卫生局、市教育局的有关规定，以幼儿园领导和相关部门负责人为主体成立传染病应急工作小组，务实、高效、科学、有序地预防和控制手足口病的传播。

三、职责分工

(1)组长：全园预防控制工作的第一责任人，负责组织领导，指挥协调。

(2)副组长：本园预防控制工作直接责任人，负责建立全园传染病控制制度，检查本园制度落实。

(3)保健医生：本园防控执行人，负责本园卫生保健检查、观察防治和全园宣传工作。

(4)食堂管理人员：本园食堂防控工作责任人，负责执行和检查本园食堂环境卫生和食品安全工作。

(5)班主任：防控工作班级责任人，负责检查本班传染病防控制度的落实，负责本班幼儿卫生常规的养成，负责向幼儿园保健室及时上报本班幼儿缺勤原因以及可疑

① 幼儿园预防手足口病应急处理工作预案[EB/OL][2017-04-15]. http://www.diyifanwen.com/fanwen/yingjiyuan/3012215.html.

或确认病例情况。

(6)生活老师：防控工作班级执行人，负责本班体弱幼儿以及服药患病幼儿的观察、护理和记录，及时检查、尽早发现可疑病例，负责本班环境卫生开窗通风和消毒工作。

四、预防控制手足口病具体措施

1. 保健室措施

(1)加强晨检。通过一摸、二看、三问、四查的方式，细致地观察每一个孩子的情绪与身体状况，重点检查幼儿有无发烧和皮疹。如发现有可疑症状的孩子，应立即通知家长带病儿到医院确诊；一旦确诊为手足口病，保健老师应及时上报区疾控中心。

(2)加大宣传。利用板报橱窗、幼儿园网站向家长进行有关宣教，培训班级保教人员加强消毒、检疫和观察，提高家长和班级保教人员的防范意识和防范能力。

(3)指导消毒隔离。指导班级保教人员加强班级各种物品的消毒；督促疑似或确诊病儿在家隔离治疗，痊愈后，凭医院证明、经保健老师检查，确认无传染性后方可进班。

(4)缺勤记录。每天负责记录各班因病缺勤幼儿名单，如果15天内发生13例或占全园幼儿18%的手足口病确诊病例，应及时上报应急小组组长，将关闭幼儿园2周。

2. 班级措施

(1)开窗通风。班级经常开窗通风，保持室内空气新鲜。

(2)加强消毒。每日消毒班级空气、毛巾、茶杯、门把手、水龙头、患儿玩具、被褥、厕所等，适当延长消毒时间(具体消毒方式见消毒记录表)。

(3)正确洗手。师生餐前便后都要养成正确洗手的习惯；保育员清扫和消毒时要戴手套，清洗工作(特别是处理幼儿大小便)后应立即洗手。

(4)检疫措施。班级一旦确诊有手足口病(特别是肠道病毒ev71感染)病例，全班幼儿必须检疫10天，检疫期间全班没有发病的幼儿可以正常入园，但本班幼儿不串班，班级不接收和转出幼儿，班级早晚独立护导。

(5)观察护理。在保健老师的指导下，班级老师每天中午注意观察每一位幼儿进餐时有无口腔疼痛、午睡前检查有无可疑皮疹，一旦发现有可疑症状的孩子，立即通知保健室。

(6)缺勤登记。检查班级幼儿出勤情况，有缺勤者及时联系家长明确原因，如为病假伴发热和腹痛、腹泻等胃肠道症状者，应及时送医院诊治并了解病情，尽快上报保健室。

3. 食堂措施

(1)个人卫生。食品加工人员应当穿戴整洁的工作衣帽，头发不露帽外；操作直接入口食品时应戴口罩；不留长指甲，不涂指甲油，不戴戒指；操作食品前，应用流水肥皂洗手消毒；不穿戴工作衣帽如厕。

(2)食品采购。食品采购点应设在证照齐全的正规食品生产经营单位(如菜场或超市),并索要相应的卫生许可证、营业执照、送货人员的劳动合同等复印件,确保食品来源的安全、卫生;不采购腐败变质、霉变及其他不符合卫生标准的食品。

(3)食品加工。各种食品原料在使用前必须洗净;荤菜、蔬菜应分池清洗;禽蛋在使用前应当对外壳进行清洗,必要时进行消毒处理;食品加工应生熟分开,按生进熟出流程严格操作;食品烹饪应烧熟煮透;带皮水果进班前要清洗和消毒。

(4)食品留样。每天烹饪好的食品留样一份,存放在冰箱冷藏保存48小时,并做好留样记录。

(5)餐具消毒。餐具的清洗、消毒、存放,必须严格按一刮、二洗、三冲、四消毒、五保洁的程序操作,防止餐具消毒后的再污染。每餐餐后及时清洗餐巾和餐具,餐前高压蒸汽消毒餐巾、远红外高温消毒餐具。

4. 家长配合

(1)个人卫生。饭前便后、外出回家后要用肥皂或洗手液等给孩子流水洗手,避免接触患病儿童;看护人接触孩子前、替孩子处理粪便后均要洗手,并妥善处理污物。

(2)进餐卫生。不要让孩子喝生水、吃生冷食物;幼儿餐具使用前后应充分清洗,有条件最好高温或用紫外线消毒。

(3)环境卫生。手足口病流行期间不宜带孩子到人群聚集、空气流通差的公共场所,注意保持家庭环境卫生,居室要经常通风,勤晒衣被。

(4)请假制度。如果孩子不能入园,应及时书面向班级老师请假;请假超过3天,应向园长书面请假,说明缺勤原因;如果孩子确诊为手足口病,务必及时告知幼儿园保健室。

(5)及时诊治。如果孩子出现发热、腹痛、腹泻和皮疹等相关疑似症状,应暂缓入园,并及时到儿童医院确诊。轻症患儿不必住院,宜在家隔离治疗、休息,以减少交叉感染;在家治疗的儿童,不要接触其他儿童,父母要及时对患儿的衣物进行晾晒或消毒,对患儿粪便及时进行消毒处理。

(6)提高免疫。适当锻炼身体,平衡膳食营养,增强抵抗能力;教育幼儿注意休息的同时,鼓励幼儿多饮温开水、多吃蔬菜和瓜果;膳食注意粗细搭配,保证幼儿摄入足量的、均衡的营养,增强孩子的免疫力。

知识链接

安全事故及时救治①

面对突如其来的安全事故,教师应沉着冷静,千万不能惊慌失措,在保证其他

① 陶金玲,许映建. 幼儿园班级安全管理[M]. 北京:中国轻工业出版社,2014.

幼儿安全的前提下，马上报告园领导。园领导应启动应急预案，充分掌握现场状况，决定紧急处理步骤，通知应急处理小组的成员就位。应急处理小组按照事先计划开展工作：立即查看伤情，并视具体情况采取措施及时救治，如伤情较重，应立刻组织人员、车辆将幼儿送往医院，共同参与救治过程。在救治过程中，如果家长未及时赶到，应遵照医生建议，为幼儿做一些相关的检查治疗。家长赶到后，教师应如实将检查结果、病历和治疗情况及时告知家长。

教师在进行救治时应注意以下几个方面：

(1) 教师应敏锐观察，发现幼儿受伤，均应第一时间送往医院治疗，尤其发现幼儿有眼红、极度疲倦或面部表情痛苦等类似生病症状时，应立即问明情况，送保健室或医疗机构治疗，防止幼儿生病或因嬉闹受伤害怕老师批评而隐瞒实情。

(2) 除少数皮外伤等明显轻伤由保健教师或校医治疗外，原则上所有受伤幼儿一律送往医院检查治疗，保健教师或校医切忌掉以轻心，自以为是，误判误治。

(3) 对脑部、眼部、胸腹部等要害部位受伤的幼儿，一律紧急送往医院诊治，并尽量选择靠近幼儿园的县级或县级以上公立医院。因为这类损伤属内伤，无法通过外部观察判断伤情，一旦延误医治，教师、幼儿园必然要承担相应责任；由教师亲自陪同受伤幼儿去医院医治。发现幼儿受伤，教师应立即报告幼儿园领导，请求领导调派人员，及时送幼儿到医院就医，切勿因等待延误治疗时间。

(4) 班级教师应知道园长、主任、财务负责人的电话，以便事故发生后，及时联系相关人员，解决决策和资金问题。

安全事故发生之后，班内其他幼儿即使是未受到伤害，也会因惊吓导致情绪紧张，教师或心理辅导员应及时对幼儿进行安抚，使其情绪尽快平静。

(1) 维持现场秩序，防止幼儿因惊吓过度发生后续意外。

(2) 对幼儿说明事件经过和性质，安抚幼儿情绪。

(3) 如有必要，可向相关部门请示放假。

幼儿园班级幼儿突发事件的紧急处理①

1. 流鼻血

将幼儿头仰起，举起幼儿与流血鼻孔相反方向的手，并用冷水轻轻拍打幼儿额头和出血侧鼻翼 10~15 分钟。止血后可用一小块纸巾轻塞进流血侧鼻孔，几分钟后拿掉。

2. 磕碰

(1) 青、肿、淤血：切不可用手揉伤处！应让幼儿试着慢慢活动，确认有无大碍。如无大碍可为幼儿伤处涂些芦荟胶或冷敷以去淤消肿。

(2) 伤处破皮：对伤处进行消毒。拿药用棉签蘸些碘酒或消毒水轻擦伤处进行消

① 张富洪. 幼儿园班级管理[M]. 上海：复旦大学出版社，2012：89.

毒，应从伤处内向外擦，避免细菌进到伤处引起伤口感染。

3. 摔伤(跌落)

切不可轻易移动幼儿！应边安慰幼儿边观察幼儿反应，若怀疑有四肢骨折应用硬板将伤处直直地固定，若怀疑有头颅、颈椎及脊柱损伤，切不可随意搬动，一定要平移，并拨打120，等待专业人员救护。

4. 烫伤

马上用冷水冲洗伤处20分钟左右。若衣物粘在伤处切不可撕扯衣物，要除去身上衣物但保留与皮肤粘连部位，然后用冷水冲洗，并拨打120。

5. 咬伤(蛇)

用布条或线绳扎紧被咬伤肢体部位，尽可能不让咬伤部位血液流通，并立即拨打120。

6. 吞入异物

将幼儿从身后抱住，双手握住用力顶其胃部，使气流将异物顶出，并拨打120。

7. 异物进耳

可用手电等照明用具照耳朵使异物(虫子)飞出；也可往耳朵里倒些许油，使异物滑出；及时就医。

8. 流血

遵循一捂二按三包方法：先将伤处捂住，再用力用手按住止血，之后用纱布包扎并送往医院。

9. 抽搐

马上找到手边任意硬物塞入幼儿口中，避免咬舌，将头侧向一边，以免异物吸入气管造成窒息，并用手指按掐人中，拨打120。

10. 人工呼吸

保持幼儿颈部通畅通气、平躺，确认口中无异物，用手捏住幼儿鼻子并往嘴里吹起1~2次，然后双手按压左侧胸部心脏部位25~30下，交替进行，并立即拨打120。

案例分析

"鼻腔异物"个案分析①

1. 背景

姓名：小乙　　性别：女　　年龄：3岁半　　年级：小班

时间：午睡前　　地点：本班教室

① 张仁贤，夏宇虹. 园内幼儿安全防护与救助[M]. 北京：中国轻工业出版社，2013：149-150.

2. 事件描述

小乙是一个漂亮文静的女孩，是本学期小班刚入园的新生。在别的孩子哭着闹着的时候，她爱独自玩耍，尤其喜欢活动区的各种玩具，乐于其中的角色扮演。这种不哭不闹的安静孩容易被老师忽视，事情就是这样的发生了。

到了午睡的时候，小乙小朋友不肯上床，在墙边磨蹭，不停地用手揉鼻子，老师就对她说："快来睡觉吧，怎么站着不动呢？鼻子怎么啦？"这时的小乙神情有些紧张，嘴巴张开在呼吸，从她的眼神里看出孩子很害怕，急于求助。老师意识到情况不对，赶紧扶住她的头，看鼻腔，边看边问，是不是放什么东西进去了？孩子点点头。

3. 事故处理

(1)教师在园处理

首先是观察判断：老师先让孩子面向窗户的方向坐着，然后把头抬起来，观察里面的异物，发现一粒东西在孩子鼻腔的里面，用肉眼能看见但是位置比较深，就想用手帮她挤压，可是又一想万一挤压到更深处怎么办？

其次是采取救助：老师就让孩子尝试自己擤鼻涕，如果异物在左鼻腔，就按住右鼻腔用力擤鼻，如果异物在右鼻腔，则反之。孩子擤了几下也没有出来，可能孩子有些害怕，擤鼻涕只是轻轻的，用不出力气来。于是老师马上叫保健医生过来帮忙，保健医生用电筒查看，发现异物不是很深，就用手指堵压无异物一侧的鼻孔，让孩子做擤鼻动作，孩子小，不会配合，这时保健医生就让老师抱住孩子，用手固定孩子的头，用镊子捏出鼻腔里的珠子，危险解除了。

(2)家长的沟通工作

老师的真诚是能够感染家长的。当这次意外发生后，老师要如实向家长反映事情的发生经过、处理的方法和最后结果。叮嘱家长回家观察孩子有何不适，如有鼻腔痛、红肿、黏膜水肿等症状可以涂抗生素软膏缓解。不同的家长有着不同的生活背景和文化层次，当老师换位思考，多站在家长的立场来看待问题、思考问题，就会去理解家长，有的放矢地寻找到谈话的契机，家长也就愿意和老师谈，听老师的话，有很多事情便可迎刃而解。以诚待人是不变的道理。老师也要向家长真诚地道歉得到家长的谅解。这样自己的心情可以放松，同时让家长感受到你的亲和力，很多隔阂也可以消除。同时家长从老师的真诚态度中看出老师教育的艺术性和老师的层次水平，从而尊重老师、支持老师、配合老师的教育，向幼儿进行必要的安全教育。最终达到更好的家园共育，促进幼儿健康发展。

分析：新生班级孩子的哭闹，容易让老师手足无措，往往关注那些哭的孩子，而不爱哭的孩子容易被忽视，小乙就是这样一个，难怪在新生家访时，孩子的妈妈就担心地问："我的孩子很乖，不像有的孩子会哭，这样的孩子老师是不是不管她啊？因为老师只会管那些哭闹的孩子。"家长的担忧不无道理。另外，班上的三位老师在关注或护理孩子上经验不足；在进购玩具时，要注意购买适合本班年龄段孩子的玩具，像有的玩具上用线或绳子穿起来的珠子，一定要检查其牢固性，并对玩具要进行定期安全检查。

如果老师发现孩子鼻腔内有异物，切勿紧张急躁，更不能严厉训斥孩子，以免孩子惊慌哭闹将异物吸入下呼吸道，形成呼吸道异物的严重后果。所以老师要首先冷静，耐心做好孩子工作，使其能够合作，马上和孩子确认是把什么东西塞了进去。如果孩子情绪有些紧张，老师要赶紧安抚孩子，告诉孩子别害怕，没关系的，老师马上帮忙把它弄出来。这时，老师还要安排好其他的孩子，请配班老师或者生活老师帮忙组织好其他幼儿，再把遇到危险的孩子带到方便安全的活动室或保健室处理。处理鼻腔异物的方法有：可用手指堵压无异物一侧鼻孔，让孩子做擤鼻动作，将异物排出；用棉花、纸捻刺激鼻黏膜，使孩子打喷嚏喷出异物；用镊子轻轻夹出异物。如上述方法无效，应立即送医院处理。要注意的是，在取异物时要固定好孩子头部，以免碰伤皮肤或鼓膜。实在取不出时，应速到医院处理。

(四)家园安全共育

家长参与安全教育与防护有利于幼儿的发展。有研究表明，"家长直接参与幼儿园安全防护与救助教育对幼儿有良好而持久的影响，家长参加幼儿园举行的各种各样的安全防护与救助活动，能够大大提高幼儿学习的兴趣和积极性"①。再者，家长是教师最好的合作者，是教师了解幼儿的重要信息源。

家庭是幼儿生活的另一个重要场所，安全教育的许多内容还有赖于幼儿在家庭生活中强化和巩固。幼儿许多行为习惯、安全意识的养成具有长期性，这就需要教师经常与家长联系，互通信息，以便及时采取相应措施正确引导幼儿，从而实现家园安全共育，更易做好班级安全管理工作。

---

① 张仁贤，夏宇虹主编. 幼儿园教师必备的事项能力：园内幼儿安全防护与救助[M]. 北京：中国轻工业出版社. 2013：140.

知识链接

家园安全共育方法与途径①

家长与幼儿园教育之间的合力大小取决于二者之间的关系。一般来说，班级方面对家园合力的大小和质量有较大的影响。因此，教师应当主动着手与家长合作，牢固树立家园合作的思想。

1. 因势利导法

通过制订个性化的家同合作方案，了解幼儿存在的主要安全问题，因势利导，实施个性化的解决方案。

(1)途径一：开设小型家长会

教师针对班级的不同情况和薄弱环节及时召开小型家长会，解决班级中不同的安全问题。

(2)途径二：家园共同制作“幼儿安全档案”

“幼儿安全档案”记载着孩子点点滴滴的成长轨迹，家长在其中的作用甚至超过了老师，因此家园合作制作显得尤为重要，如家长提供幼儿的原始资料、图片、文字，家长对活动的反馈，教师和家长之间的对话等，都可以作为资料保存。

(3)途径三：实施信息化的家园合作

利用现代化工具构建迅速和便捷的家园沟通和合作途径。

2. 资源整合法

在课程实施中发掘家长资源，做到资源整合

(1)途径一：帮助家长了解幼儿园课程内容，鼓励家长积极地参与。

通过网站、专题讲座、家园桥小报、信息快车等多途径引导家长了解课改的教育理念，认识到家庭中的教育优势，了解各自家庭中有哪些资源可为幼儿园教育所用。

(2)途径二：发挥个别家长的职业优势，聘请做临时教师

有些父母亲有职业上的优势，他们在专业领域上的知识是我们所不及的，因此聘请他们做临时老师，发挥他们的优势，使活动更具有科学性。

(3)途径三：发挥家长在安全主题活动中的引导作用

在主题活动平台中家长、老师、幼儿是合作者，是同伴，共同学习，共同进步。如家长与幼儿一齐收集资料，丰富知识经验，因为有了家长的带领，孩子会对活动更感兴趣，活动中的表现更有自信。

① 张仁贤，夏宇虹主编. 幼儿园教师必备的事项能力：园内幼儿安全防护与救助[M]. 北京：中国轻工业出版社. 2013：145-146.

(4)途径四：交流育儿经验，提高教育能力

为家长提供交流的平台，帮助他们在实践中提高教育能力。如利用家园联系栏或班级群中开辟交流园地，围绕一些热点问题展开讨论；对于一些普遍性的问题，可请有经验的“家长志愿者”作讲座。

3. 亲子活动法

在亲子互动中增强安全教育的合力：在亲子互动中家长可以亲眼目睹幼儿的学习生活情况，目睹教师辛勤的教导，增进幼儿、家长、教师之间的了解与情感，增强参与幼儿园安全教育的热情，充分发挥安全教育的合力和一致性。

(1)途径一：展示类活动

开展家长开放半日活动、安全防护与救助汇报演习等展示类活动。

(2)途径二：互动类活动

开展亲子运动会、亲子春游、秋游活动等互动类活动。

在新时期我们更加要重视家园合作的教育力量，这是班级安全管理工作能否顺利进行的关键，并且要随着时代的发展和教育的需要不断地改变与创新。

本章小结

班级的安全工作是幼儿园班级工作的重中之重，它不仅关系到班级各项工作的开展，更关系到幼儿身心健康发展，即班级安全管理是班级所有工作的前提和保障。通过本章内容的学习，可以在了解幼儿园班级安全管理的意义、内容及其重要性的基础上，掌握幼儿园班级安全管理中的注意事项，领会幼儿园班级安全管理中的技巧。明确幼儿园班级安全管理应先做好班级人员安全意识管理，进而了解班级安全各类管理事项，如做好班级安全环境创建、了解班级活动安全流程、熟悉班级安全应急预案、掌握家园安全共育等。

拓展阅读

1. 杨达. 幼儿教师必知的安全应急措施[M]. 南京：江苏教育出版社. 2012

2. 天跃图书工作室. 幼儿园的50个安全管理问题[M]. 福州：福建教育出版社. 2015

3. 张仁贤，夏宇虹主编. 幼儿园教师必备的事项能力：园内幼儿安全防护与救助[M]. 北京：中国轻工业出版社，2013.

4. 教育部. 中小学幼儿园应急疏散演练指南.

5. 白鹭. 幼儿园安全教育问题与对策研究——以重庆市三所幼儿园为例[D]. 重庆：西南大学，2009.

6. 李俊祺. 幼儿园安全事故分析与完善安全预防对策研究[D]. 长春：东北师范大学，2008.

7. 吕猛. 武汉市幼儿园安全教育的问题研究[D]. 武汉：华中师范大学，2013.

思考练习

1. 收集一所幼儿园的安全管理制度，谈谈该制度的涵盖要素有哪些？并结合幼儿园实际情况谈谈该制度在实施过程中存在的问题和改进建议有哪些？

2. 参观幼儿园的一个班级，思考和讨论班级环境创建是否合理，是否细致地考虑到安全性？并结合实践谈谈改进建议。

3. 收集一所幼儿园的流行疾病预防预案，请阐述其作用，并进一步思考和讨论该预案在实施过程中还存在哪些问题？

4. 结合本章内容，谈谈教师的自我情绪管理的重要性体现在哪些方面？

第九章　幼儿园班级的家长工作

教学目标

1. 理解班级家长工作的特点和意义。
2. 熟悉班级家长工作的内容和要求。
3. 掌握班级家长工作的途径和方法。

名人名言

“幼稚教育是一件很复杂的事情，不是家庭一方面可以单独胜任的，也不是幼稚园一方面可以单独胜任的，必须要两方面结合方能取得充分的功效。”

——陈鹤琴

案例导读

新学期初的一天早上，小刚被妈妈送到中班门口，新加入这个班的刘老师热情地迎过来，走到小刚面前笑着对他说：“小刚，早上好！今天是妈妈送你来的啊！”小刚妈妈没有直接回应刘老师的招呼，而是问道：“吴老师呢？”，刘老师答道：“在盥洗室呢？有什么事情吗？”小刚妈妈径直向盥洗室走去，刘老师一脸懵。后来从吴老师那里了解到开学前的家长会小刚妈妈没有来园参加，不了解现在班级老师的变动情况，想要从吴老师那里了解一些。当时刘老师会觉得小刚妈妈欠缺应有的礼貌，不信任自己，若直接问下刘老师是否是新来的老师，就明白情况了。

之后，刘老师考虑到家长的个性千差万别，有的家长情商高、好相处，有的家长可能内向或者警惕性强，在工作中会接触到各种各样的家长很正常，为了今后工作的方便，受过专业训练的老师要主动消除交流障碍。因此，一天下午小刚妈妈又来接孩子的时候，刘老师主动找她介绍了自己的学习经历和工作经历，交流了小刚在幼儿园的情况，向小刚妈妈表达了自己虽然是新老师，但是爱孩子的心和老教师是一样的态度，也强调自己虽然是新老师，可能经验不足，但有工作热情，是专业科班出身，有专业的理论知识优势等。自从这次沟通以后，刘老师发现小刚妈妈的态度产生了明显的改变，不再像第一次接触时那样没礼貌和不信任老师。

分析：幼儿园一个班级若有30个幼儿，他们的身后可能共存在180个家长(包含父母、爷爷奶奶、外公外婆)，这些家长的性格、教养、观念、为人处世风格等千差万别。因为孩子之故，幼儿园各个班级的教师势必要与家长们常打交道，教师们要主动、诚恳，体现出幼儿园教师的专业素养。上述案例中的刘老师作为一名新老师加入到一个既有的班集体，能主动地调整自己的心态，客观平和地理解个别家长的言行，并积极化解矛盾，达到良好的沟通目的，无疑是值得肯定的。大学生们将会去幼儿园实习、毕业后也会入职幼儿园教师岗位，作为新手，难免一时不被部分家长认可，还望端正心态，积极“亮剑”，主动呈现出自己良好的职业素养，争取工作的主动权。

第一节　幼儿园班级家长工作及其意义

1996年正式执行的《幼儿园工作规程》指出：“幼儿园应主动与家长配合，帮助家长创设良好的家庭环境，向家长宣传科学保育教育幼儿的知识，共同担负幼儿教育的任务。”2001年颁布的《幼儿园教育指导纲要(试行)》中指出：“家庭是幼儿园重要的合作伙伴。应本着尊重、平等、合作的原则，争取家长的理解、支持和主动参与，并积极支持、帮助家长提高教育能力。”这些政策规定的理论支点是：对孩子的教育不是幼儿园或家庭单方面的责任，它需要幼儿园教育工作者与家长结成同盟，互动支持，资源共享，共同实施对孩子的教育工作，实现家园共育。

一、幼儿园班级家长工作的含义

古人曰：“养不教，父之过；教不严，师之惰。”对于幼儿的成长发展来说，两者都是必不可少的。教育好幼儿既是幼儿教师的任务，也是家长的责任。而幼儿教育的成功与否，在很大程度上取决于幼儿园与家庭的联系，取决于家庭能否与幼儿园配合共同教育好幼儿。

幼儿园班级家长工作主要是指在班主任的带领下，班级教师集体面向幼儿家长所开展的一系列互动活动，目的在于形成家园共育的合力，更好地促进幼儿全面发展和达成班级的管理目标。在我国幼儿园的实践中，教师需要开展很多具体的家长工作。从内容上看，现行的班级教师与家长的互动主要可以划分为下列三个类别：

(一) 为家长提供方便和服务的活动

这一类家长工作是班级教师将家长视为服务的对象之一，教师有义务为家长们提供必要的服务。包括通过多种形式向家长告知幼儿教育的信息、通知等，满足家长对孩子在园生活和学习的知情权。日常工作中也需要满足家长的合理化要求，对家长提出的与幼儿在园生活有关的请求，给予必要的协助。

(二) 与家长分享先进的教育理念和方法

这一类家长工作是将家长视为教育的同盟者，承认家长在教育孩子方面的差异性，但同时也认识到家长是幼儿的第一任教师，家庭是幼儿的第一所学校，家长影响着幼儿的生活习惯、生活态度和人格发展。幼儿与家长之间存在血缘关系，且幼儿与家庭成员在时间与空间上有相较于幼儿园教师更为密切的接触，在幼儿的成长过程中，家庭教育是不可忽视且不可替代的重要一环。因此，幼儿园教师应该充分发挥家庭教育的优势，向家长宣传科学的教育理念和教育方法，争取使家长理解幼儿园的教育目标和思路，并积极配合，让家长这一重要的教育力量充分发挥作用。

(三) 请家长参与班级的管理活动

这一类家长工作是将家长视为为幼儿创造良好成长环境的共同利益者，视家长为合作伙伴，开放办园，欢迎家长进入班级管理环节中，给予家长监督权，共同将班级管理好。除了幼儿园有家长委员会外，很多班级都有类似于家委会的小组，这些家长热心参与班级活动，也有能力提供良策，协助班级教师开展丰富多彩而且具有教育意义的活动，促进班级良好风气的形成，也有助于提高班级管理水平和质量。

上述三类活动的划分是相对的，有的在实际工作中可能存在一定的交叉之处，因为家长、教师等人的活动往往也存在多重目标，不宜机械理解。

二、幼儿园班级家长工作的特点

在幼儿园班级场域开展的家长工作，与全园性的家长工作，关联性很高，很多方面是同步的。然而，因其适应面较小，仅针对某个班级，班级幼儿也有不同的年龄特征，所以班级的家长工作相对来说具有自身的特点。

（一）针对性强

以班级为单位开展的家长工作，一定伴随着鲜明的年龄特征。比如，小班与大班应该差异明显。小班初期的幼儿刚从家庭进入集体生活，存在适应的问题，家长也对孩子在幼儿园的生活牵肠挂肚，这一时期，小班教师们与家长们的沟通一般围绕着孩子的情绪、生活事项、健康情况而展开。大班的孩子很适应幼儿园集体生活了，家长们也基本上不担心孩子在幼儿园班级生活的适应问题，可能更多地关心孩子的性格品行、学习游戏、智能发展等方面的表现，沟通的内容明显会与小班不同。此外，班级家长工作的内容，完全可以针对大部分家长的需要而选择，并有针对性地实施。

（二）频率高

班级教师对本班幼儿的家长开展的家长工作，可谓频率极高。正常工作日里，从早上接待幼儿入园就开始与家长互动，接送中的简单交谈也是家长工作的形式之一，每天将班级的教学内容张贴于门口供家长们了解，也是家长工作，此外，通过 QQ 群、微信等途径向家长们发布信息，同样是在开展必要的家长工作。除了这些零星的互动之外，还有计划开展的家长开放日、家长会、家长工作坊、家长义工进班级、亲子活动等。可以说，当前幼儿园班级管理任务中，很大一部分任务涉及家长工作，其频率极高，形式多样。

（三）情感特征明显

人是有感情的，班级教师与本班幼儿家长在日复一日的家园共育过程，能增进对彼此的了解，增加合作教育孩子的共情之心。所以在班级日常的互动过程中，教师们要用心地为家长着想，以诚相待，以真情换家长的真心，对全班孩子的家长要公正公平，赢得大家的信赖和尊重，真正结成教育幼儿的良好伙伴。

（四）计划性与灵活性相统一

与其他所有的管理事务相似，在每个班级开展家长工作，同样要求有目的、计划。一般以一个学期为周期，参考幼儿园园务计划中的家长工作部分，在与全园的安排不冲突的前提下，各班也应该制订一个简单的家长工作计划，并按照计划有条不紊地逐一落实。当然，计划往往明确的是一些较大的工作方面，还有很多日常性的家长工作，需要灵活地开展，即使是计划中的较大事项，也可能会因大环境的变化而需要调节，所以强调既要有计划，也要注意保持必要的弹性，灵活多样地开展家长工作。

资料链接

中班下学期家长工作计划

中三班(2015.2)

一、情况分析

本班经过一年半时间家长工作的积累，取得了一定的成绩，家长们的育儿观念和行为发生了明显的改变。部分原先对幼儿在园表现无所谓的家长，变得积极向老师询问孩子在园的生活和学习情况；家长们对我们班已开展的主题活动、活动区活动和我班的早期阅读特色活动都有了一定的了解，也给予了老师许多配合。家长对于一些不太明白的事能主动电话联系教师，请假制度也执行良好。另一方面，本班仍然有很大一部分幼儿家长工作繁忙，以祖父母带孩子居多，导致许多幼儿存在依赖性强、自理能力较差、在家不午睡等一系列不良习惯，影响到幼儿在班集体中活动的开展质量。针对上述情况，加强家园合作显得非常重要。

二、目标

1. 对不同层次的家长有针对性地联系和沟通，力争让每位家长都能关心孩子在园的情况，让家长满意放心。

2. 根据教学活动的需要，请家长务必关心家园栏，关心孩子每天的学习内容，并给予必要的配合，促进班级教育活动顺利开展。

3. 请家长献计献策，共同商讨教育良方。

4. 根据家长的需要，提供便利服务。

三、措施和要求

1. 开学前电话联系每位幼儿家长，了解幼儿假期生活情况和健康状况。

2. 做好新生家访工作，了解孩子的生活习惯和兴趣爱好。

3. 利用接送时间，与家长简单了解幼儿在家情况，反映幼儿在园表现，与有需要的家长商讨可行的教育方法。

4. 四月份开展家长座谈会，向家长们汇报本班的教育工作和幼儿的发展情况。

5. 五月份随全幼儿园安排家长开放日。请家长们来班里实地看孩子真实的日常集体生活活动，并听取家长的建议。

6. 随幼儿园整体，安排六一儿童节家园同乐会。

7. 做好学期末的各项工作。

四、具体的工作安排

三月份：

1. 请家长做好报名交费工作。

2. 请家长开学送幼儿时带好幼儿的被褥等生活用品。
3. 周末请家长带幼儿去户外游玩，感受春天的气息。
四月份：
1. 请家长和幼儿共同利旧利废制作游戏和锻炼器械。
2. 召集班级家长开一次座谈会。
3. 安排一次小组家长活动，特别提醒部分家长注意孩子的个人卫生。
五月份：
1. 第二周举行一次家长开放日。
2. 提前告知家长六一儿童节需要家长来园及准备事项。
六月份：
1. 庆祝"六一儿童节"，家园同乐会。
2. 做好期末的家访工作。
3. 学期结束时，写好每个幼儿在园情况汇报表。

三、幼儿园班级家长工作的意义

在幼儿园班级开展形式多样的家长工作，具有多重意义：

(一)促进家长提升科学育儿的能力

现代社会，由于社会变化速度快，生活节奏快，年轻的父母一般会面临工作繁忙与子女的相处时间越来越少的现实矛盾，甚至为数不少的家庭，出于现实的需要，把幼儿交由爷爷奶奶或亲戚教养。许多家长或监护人自身工作和生活压力较大，同时在儿童观、教育观等方面也存在一些问题，难免在教育儿童方面效果不佳。

幼儿园是对3~6岁幼儿实施保育和教育的专门机构，班级是幼儿园的基本单元，班级里的教师是专业的幼儿教育人员，幼儿教师工作的专业性决定了其在幼儿教育策略与方法上相对于家长具有更高的权威性。通过必要的家长工作，班级教师可以对幼儿家长的教养方式和教育观念有所了解，并有针对性地对家长家庭教育中存在的问题给予科学性建议，尤其是对少数表现特殊的幼儿，教师可以与家长协作，从而提升家长科学育儿的能力。许多班级教师会采取多种方式方法向家长宣传幼儿园教育的正确理念，或集体进行或个别指导等，家长若参与这些活动，将对幼儿教育知识有更多的了解，认识到家庭教育的重要性，也能提高部分家长科学育儿的自觉性和责任心。

(二)有利于促进幼儿身心健康发展

一方面，家庭和幼儿园是3~6岁幼儿最主要的生活和学习环境，家长与教师结成教育同盟军，有利于保持对孩子教育的一致性。班级教师通常接受过较长期的专业训练，他们是家长之外，每天与幼儿相处时间最长的成人。她们对于班级内幼儿应有的发展状况十分清楚，较容易发现幼儿在身心方面的发展是否存在滞后现象，当发现有不良苗头时，可及时与幼儿家长沟通，共同商议解决策略，从而保证幼儿的身心健康发展。

另一方面，幼儿园师资方面一直存在男女比例失调的问题。虽然现在有些高校学前教育专业采取各种措施吸引男性学生报考，一些幼儿园在待遇和实际晋升机制上对男性幼儿园教师有所倾斜，但由于种种原因，幼儿园男教师数量仍严重不足。然而儿童心理的研究表明，儿童人格的健全发展既需要来自女性教师的影响，男性的作用也同样不可或缺。幼教行业女性一统天下的现状容易导致儿童人格的片面发展，如男孩易出现女性化倾向，阳刚之气不足等。而如果男性家长能够积极参与到幼儿园班级教育活动中来，将很大程度上减轻女性师资过剩所造成的不利影响。

(三)有利于整合家长的专业优势提高班级教育活动质量

一个班的幼儿家长往往有着各自不同的经历，从事着不同职业，知识结构也迥异，调动家长参与班级活动的积极性，利用家长多元的专业优势，就能够较好地填补幼儿教师在各领域的盲区，帮助班级完成教学活动。孩子们在部分爸爸妈妈的教导下，开展领域学习活动，能很好地调动幼儿的学习兴趣，从而提高班级教育活动的质量。当前，我国各地的幼儿园已形成了家长义工进班级课堂的趋势，常能在各地的幼儿园看到医生、消防员、警察、运动员等职业的家长进班带孩子开展一些教育活动，特别受幼儿和教师们欢迎。

在这方面，瑞吉欧教育一直走在前列。家长作为志愿者在不同方面协助幼儿园班级对幼儿实施教育，比如当医生的家长来班级向幼儿讲述保持良好卫生习惯的重要性，从事科学实验工作的家长来指导幼儿的科学实践活动，向他们普及简单而有趣的科学知识。华德福幼儿园课程中，家长参与度也很高。在重视传统文化传承的教育理念下，每当遇到例如端午这样的节日，幼儿家长就会来园协助班级老师共同完成“我帮爸妈包粽子”这样的亲子互动教育活动。

通过家园合作，家长参与到幼儿园班级的日常教学中来，不仅能为幼儿教师提供很好的与家长沟通的机会，而且还能增进教师与家长、孩子之间的感情。

(四)有利于教育一致性原则的实现

苏霍姆林斯基曾说：“儿童只有在这样的条件下才能实现和谐、全面的发展：两个教育者——学校和家庭，不仅要一致行动，向儿童提出同样的要求，而且要志同道合，抱着一致的信念，始终从同样的原则出发，无论在教育的目的、过程上，还是手段上，都不要发生分歧。”《幼儿园教师专业标准(试行)》在专业维度上对幼儿园教师提出了“与家长有效沟通合作，共同促进幼儿发展”的要求。《幼儿园教育指导纲要(试行)》指导要点中则明确指出：“社会学习是一个漫长的积累过程，需要幼儿园、家庭和社会密切合作、协调一致，共同促进幼儿良好社会性品质的形成。”我国著名幼儿教育家陈鹤琴先生也曾说过：“幼儿教育是一种很复杂的事情，不是家庭一方面可以单独胜任的，也不是幼儿园一方面能单独胜任的，它必定要两方面共同合作方能得到充分的功效。它的成功注定这个孩子的未来。”无论是教育家所强调的，还是幼儿教育政策规定的，都显示出保持家园教育的一致很重要性。

然而，现在的很多家长将希望单方面寄托于幼儿园，认为孩子的教育只在幼儿园里进行，离园之后，家庭对孩子产生影响就不属于教育了，只是自然的生活了，认为“树大自然直”。这些想法有一定的偏颇，幼儿园的教育与家庭教育都十分重要，不可割裂，两者应该保持一致，以便于幼儿养成良好的人格和行为习惯。

一般地，幼儿园班级教师会倾注大量心血去培养幼儿的生活习惯，一日常规中各个环节规范都对幼儿良好习惯的形成有着潜移默化的影响。譬如，在区域活动中，幼儿将学会与他人合作和分享。而在家中，一些家长过于溺爱自己的孩子，好吃好玩的东西都只给他一个人，遇到自己家孩子和别家孩子发生矛盾就不分缘由地站在自己家孩子这一边，使幼儿园社会性培养的作用大打折扣。又比如中餐环节，幼儿园教师会指导孩子有序排队取餐，尽量不挑食、不剩饭，吃完后餐具要自己摆放到指定区域，养成良好就餐习惯。而幼儿在家时，许多家长只要有菜上桌就给予孩子先吃的特权；只要是孩子爱吃的菜就拼命往孩子碗里夹而不注意膳食的营养搭配；孩子吃饭时注意力不集中，导致饭还没吃完就凉掉；孩子不愿意再吃，家长便将剩饭倒掉，等等。这些行为都很不利于幼儿良好习惯的养成，使得孩子在学校一套，在家里又是另外一套，有时还会对教师产生不满情绪。

通过家园合作，家长会对幼儿园的教学工作及教育目标有更深了解，能够更积极地配合教师的工作，以保证教育一致性的实现，最终有利于幼儿的全面发展。

第二节　幼儿园班级家长工作的内容与要求

幼儿园班级家长工作的意义明确，既必要也可行。那么班级家长工作要围绕哪些内容开展呢？幼儿园班级家长工作内容庞杂，涉及范围广，既包括幼儿园主动为家长提供的教育支持与帮助，又包括家长向幼儿园寻求的教育咨询与帮扶。基于家长与幼儿园班级教师是幼儿发展的合作伙伴关系，班级的家长工作内容，一般围绕着双方协作，共同服务幼儿发展而开展一系列活动，班级积极利用家长资源开展幼儿教育，家长主动积极参与幼儿所在班级的教育活动，为幼儿的健康成长提供支持。归纳起来，幼儿园班级家长工作的内容涉及以下几个方面，本节在逐一提出班级家长工作内容的同时，结合每一条内容，也阐释相应的基本要求。

一、向家长宣传正确的幼儿教育观念

幼儿园教育是有目的、有计划地培养人的集体教育活动，与家庭教育的个别化养成教育存在很大的差异。家长的知识背景五花八门，部分家长对幼儿教育的认识不足，因

而参与幼儿教育的积极性不高，甚至出现不配合的状况。为了更好地实现幼儿园班级的保教目标，教师应积极向家长宣传正确的教育理念，争取家长的理解和支持。

(一)向家长宣传国家对幼儿园教育的基本主张

教育部修订颁布的《幼儿园工作规程》中指出，幼儿园的工作应当遵循贯彻全面发展的教育理念，综合组织健康、语言、艺术、科学、社会各领域的教育内容，促进幼儿德智体美等各方面全面和谐发展。幼儿园是根据国家的教育目标与要求，受上级教育部门的指导与监督，结合社会对幼儿发展的要求而展开的有目的、有计划、有组织的，以促进幼儿身心健康发展为宗旨，注重实施保育和教育相结合的原则的教育机构。幼儿园教育具有正规性、目的性、计划性、整体性等特征。

许多家长不是专业的教师，他们不清楚国家对幼儿园教育的规定，对幼儿园教育理念的不了解、不理解和不支持，可能导致家长在思想上和行为上出现了与幼儿园教育行为相左的现象发生。教师们要积极向家长宣传幼儿园的教育理念，通过多种形式，向家长宣传幼儿园的办园宗旨、保教目标、游戏化特征、保教结合的特点等，获得家长的理解与支持，这是幼儿教育工作有效开展的重要保障。思想是行动的先导，只有家长认可并支持幼儿园的教育理念，才会从思想上转变对幼儿园教育的看法，行动上支持幼儿园及班级组织开展的各种工作。通过此类宣传，逐步降低部分家长对幼儿知识学习方面的关注度，转变为关注孩子的全面发展。比如期待在家长接幼儿时，从询问“老师今天有没有教你们新知识?”转变为“今天你在幼儿园玩得开心吗？为什么?”

案例分析

入园一个月来，牛牛妈妈一直十分关心牛牛在幼儿园的状况，每天牛牛吃什么，吃了多少，今天老师教了什么新知识，回到家里都会一一询问牛牛及老师。最近，幼儿园针对本园幼儿的状况开展了一系列的健康教育活动。王老师考虑到本班大部分幼儿在平衡能力方面有待加强，特意针对本班幼儿的状况调整了本班的健康教育安排，在班级里设计了各种线型，利用各个空闲时间让幼儿练习。星期三早上，牛牛妈妈一大早就来到幼儿园找到王老师，并且吵着要让牛牛转班。她吵着说：“您每天都带着我的孩子沿着线走来走去，什么也学不到，这是在浪费我孩子的宝贵教育时间。”

分析：这个案例中，牛牛妈妈缺乏对幼儿全面发展的理解，片面地追求幼儿在知识方面的积累，忽视孩子在体、智、德、美诸方面的全面和谐发展。家长的这种导向若得不到纠正，会导致牛牛的日常生活和学习安排倾向于小学化方向，不利于孩子的童年快乐和全面发展。当然，继续持有这种想法，家长也不会配合幼儿园班级教师的工作。

（二）向家长介绍幼儿园和班级的文化和特色

幼儿园文化是一所幼儿园在长期教育实践中形成的一种特有的价值观念及承载这些价值观念的活动形式和物质形态，其核心内容隶属于幼儿园的精神层面，包括办园思想、教育理念、价值观念、全体教职工的行为意识等。幼儿园文化是一所幼儿园个性、特点、风貌的集中展示。

家长送自己的孩子进入一所幼儿园，有必要了解该幼儿园的传统、文化和特色。这个工作园长可以做，班级教师也可以做，让家长们了解和熟悉幼儿园的理念、文化、办园特色等，获得家长的认可，既有利于幼儿园各种工作的开展，又有利于争取到家长对幼儿园工作的配合支持和积极参与。家园合作，形成教育合力，可以更好地促进幼儿的健康发展。

当然，若本班级也形成了一定的班级文化、班级特色，那么更是应该向家长们介绍清楚，争取他们的理解，以便于家长们今后在工作中支持和配合。

（三）明确幼儿园教育和家庭教育的关系

幼儿园和家庭是幼儿生活的两个重要的场所，幼儿园教育和家庭教育在教育形式和教育效果上存在很大的区别，做好幼儿园班级家长工作，必须向家长介绍幼儿园教育和家庭教育的区别，使家长知晓幼儿园教育的独特之处和家庭教育的重要性，做到有的放矢。可以与家长一起讨论如下话题：什么是幼儿园教育？什么样的幼儿园教育质量优良？何为家庭教育？家庭教育与幼儿园教育有什么区别与联系？通过思辨和看实际案例，提高家长们对幼儿教育的认识水平。

幼儿园教育的内容具有基础性、启蒙性等特点，内容涵盖范围广，一般涉及健康、语言、艺术、社会、科学等五大领域。作为幼儿园教育的补充，家庭教育贯彻于个体一生的发展历程，是影响幼儿发展的重要因素。家庭教育一般以潜移默化的方式进行，不受时间、地点的限制，自由灵活，连续性强，教育氛围宽松自由。

幼儿园教育和家庭教育是影响幼儿发展的两大教育方式，两者在教育上应该互补互促，共同为幼儿的全面和谐发展服务。幼儿园班级教师，必须积极向家长宣传幼儿园教育的优势及其与一般家庭教育的不同之处，获得家长的理解和支持；也要向幼儿家长强调家庭教育在幼儿发展过程中的不可替代性，提高幼儿家长对家庭教育的重视程度；充分利用各种途径，为家长顺利进行家庭教育提供必要的服务，帮助家长解决家庭教育中存在的困惑与问题。

二、向家长传授科学的教育幼儿的方法

促进幼儿健康成长是幼儿教育者和家长的共同愿望，《幼儿园工作规程》指出：“幼儿园应主动与家长配合帮助家长创设良好的家庭环境，向家长宣传科学保育教育幼儿的

知识，共同担负幼儿教育的任务。”通常幼儿园班级家长工作的内容多为召集家长召开家长会、进行常规的家访、通过家园联系栏与家长联系等。这些工作是十分必要的，但是仅仅做好这些工作，就家长工作内容来说过于狭窄。为更好地促进幼儿的发展和幼儿教育工作科学高效的运行，开展幼儿园家长工作，向幼儿家长介绍关于幼儿身体发育、心理发展、智能发展、社会性教育方面的知识，帮助家长解决教育中的困惑与问题，是做好幼儿园家长工作的重要要求。

(一)向家长普及幼儿身体发育方面的知识和方法

幼儿的身体发育遵循着一定的生理学规律。家长们有必要端正对孩子的养育态度，掌握科学的育儿方法，知晓关于幼儿身体发育方面的必要常识等。幼儿园班级教师应积极发挥专业引领作用，帮助家长完善家庭教养环境，培养孩子良好的生活和卫生习惯，提高育儿的水平。

1. 生活习惯

生活习惯是在长期反复的生活活动中逐渐形成的一定的规律，包括饮食习惯、睡眠习惯、学习习惯、卫生习惯等。幼儿时期是各种身体器官发育最快的时期，也是良好习惯养成的关键期，在此阶段养成的生活习惯一般会伴随幼儿一生的发展。教育部颁布的《幼儿园教育指导纲要(试行)》及《3~6岁儿童学习与发展指南》中均对培养幼儿良好生活习惯提出了明确具体的教育要求。教师应向家长宣传关于培养幼儿良好生活习惯的意义及具体做法，保持幼儿在园及家庭生活中习惯的一致性。

2. 饮食习惯

良好的饮食习惯是确保身体健康的重要前提。俗话说，病从口入，强调的便是饮食方面的卫生、健康和习惯等很重要。幼儿生长发育过程中的营养大部分来源于日常饮食，好的饮食习惯对幼儿的身体和智力发育影响重大。幼儿园班级教师，要通过多种方式向家长普及幼儿饮食习惯方面的要求，介绍幼儿园班级集体中进餐前、进餐中等环节对幼儿基本的卫生要求和具体的做法，以及幼儿良好饮水习惯、科学进食习惯的养成方法等，要求家长在家给予必要的配合。

3. 幼儿身体发育的基本规律

幼儿年龄小，身体的各个器官发育不成熟，外部因素对其成长影响明显，细心、科学的照料是幼儿健康成长的重要保障。幼儿园班级教师应向家长传授关于幼儿卫生学、健康教育等方面的知识，帮助家长熟悉幼儿身体发育的基本规律，让家长熟悉不同年龄阶段幼儿身体培育的重点，以便更好地家园合作，共同促进幼儿的健康成长。同时，也能增加家长对班级教育工作的理解与支持，方便幼儿教育工作的开展。

4. 常见疾病的预防与救治

儿童出生后，身体的基本结构虽已发育完善，但是由于生理和心理的不成熟，对外界环境的适应能力差，对疾病的抵抗力弱。佝偻病、营养性贫血、肥胖症、各种五官疾病、皮肤疾病日渐成为危害幼儿健康成长的重要因素。因此，幼儿的健康成长离不开成人精心的呵护与照料。幼儿家长在幼儿的成长中扮演着重要的角色，掌握常见的疾病预防与救治的科学方法是做好家长需要具备的重要素养。通过讲座、宣传手册、班级宣传栏等方式积极向家长宣传有关幼儿常见疾病的预防与救治的科学方法是幼儿园班级家长工作必不可少的工作内容。

(二)幼儿心理健康方面的家长工作内容

当今，心理健康概念已深入人心。现实生活中，有不同程度心理疾病的孩子也多见，是值得家长和教师们重视的现象。幼儿心理健康的重要特征是社会适应良好、拥有适度的情绪反应、与正常幼儿发展标准相一致的发展水平。一般情况下，幼儿心理健康可以从认知、情绪、行为、人际关系及社会性水平等方面衡量。

1. 向幼儿家长宣传幼儿心理健康方面的知识

帮助家长树立科学的幼儿教育理念，掌握正确的幼儿教育方法是幼儿园班级教师不可忽视的重要内容。与一般成人不同，幼儿的年龄小，心智发育不成熟，容易受到各种心理疾病的困扰。向家长传授关于幼儿心理健康方面的知识和教育方法，可以有效预防幼儿心理疾病的发生。同时，针对存在心理问题的幼儿，丰富的心理健康方面的知识有助于帮助家长判断、引导幼儿走出心理误区，促进幼儿身心健康成长。

2. 明确家长在促进幼儿心理健康方面的重要作用

家长的爱与陪伴是幼儿保持良好情绪状态的重要因素。由于生活压力增大、社会节奏加快，家长陪伴幼儿的时间不断被压缩，亲子共处的时间越来越短，对幼儿情绪情感的变化缺乏必要的观察，长此以往，导致幼儿不良情绪长期积压，严重影响幼儿的心理健康。开展幼儿心理健康方面的家长工作，幼儿园应积极帮助家长明确自己在幼儿心理健康方面的重要作用，向家长宣传自信、勇敢、乐观等优秀心理品质对幼儿成长的重要意义。

3. 向家长普及幼儿心理疾患方面的知识和矫正对策

相比于受过专业教育的幼儿教育者，幼儿家长对幼儿常见的心理健康问题缺乏系统的认识，也缺乏科学的应对策略。班级教师可以在专业医生的指导下，向家长普及幼儿心理疾患方面的知识和矫正对策，包括：心理疾病的预防、常见的心理疾病的类型及典型特征、心理疾患的治疗机构、治疗一般程序、家庭的配合等。在开展班级家长工作时，教师们应向幼儿家长补上这一课，未雨绸缪。同时针对存在心理健康问题的幼儿，更应积极与家长沟通，协助和配合家长积极地对孩子进行治疗。

(三)帮助广大家长合理地看待幼儿的智能发展

促进幼儿智能的发展是指幼儿获得一定的知识经验、发展一般认识能力和特殊的能力，比如艺术类的能力、运动性能力等，这些是幼儿教育的重要内容。幼儿园和家庭在幼儿智能发展方面都担负着相应的责任，父母的教养观念是影响幼儿智能发展的一个极为重要的因素。幼儿园教师在了解本班幼儿家庭教育状况的基础上，应注意向家长宣传促进幼儿智能均衡发展的知识和做法，引导他们树立正确的教育观念，需要时还应针对个别家庭教育中存在的问题与困惑，介绍或传授具体方法。

由于社会竞争激烈，许多家长想让自己的孩子“赢在起跑线上”，为此部分家长让幼儿提前接受读、写、算、英语等方面的知识；有的家长认为幼儿园每天开展游戏活动是浪费时间；在农村地区的一些幼儿园，甚至有家长将幼儿园是否教授幼儿文化知识作为衡量幼儿园教育水平的一个评判标准。这些需求，在一定程度上，催生了少部分幼儿园教育小学化。为了纠偏，幼儿园教师应采用积极有效的方法，帮助家长了解幼儿智能发展的规律，明确游戏是幼儿学习的重要方式及其对幼儿智慧和品行发展的积极作用，对幼儿园的教育教学形成正确的认识和理解，配合教师一起，促进幼儿的发展。

（四）培养幼儿的亲社会行为

所谓亲社会行为是指幼儿在社会交往中所表现出来的谦让、帮助、合作和共享等有利于他人和社会的行为。亲社会行为是人与人之间形成和维持良好关系的重要基础。幼儿社会性行为不仅能帮助幼儿获得良好的社会关系，同时对幼儿形成良好的个性品质有积极的作用。

家长在培养幼儿的亲社会行为方面责无旁贷，同时家庭教育在这方面的差异也存在。因而，帮助家长了解关于幼儿亲社会行为的知识，培育良好的社会性行为的教育方法，是幼儿园班级家长工作不可或缺的重要内容。

案例分析

“李老师，成成他推我”朵朵面带不悦地边走边说，来到老师的面前。又一起孩子之间的小纠纷，应该常见，幼儿之间不小心而产生的摩擦，但是告状对象又是成成，这就值得好好对待了。开学以来，班级里几乎一小半的幼儿都向我告过成成的各种状况，跟别人抢图书、抢玩具、经常动手打人、集体活动的时候有意无意地把别人绊倒在地……针对成成在幼儿园与别的小朋友的交往行为总是带有攻击性的特征，老师觉得有必要与成成的妈妈好好交流一下。某一天成成妈妈来接孩子时，老师特意请她坐下谈谈，结果很让老师吃惊，这位妈妈非但不为自己孩子的行为感到意外，意识不到自己孩子行为后果的严重性，反而认为老师对她的孩子有偏见。作为一名年轻的幼儿园教师，亲眼看到家长在育儿态度方面的个别差异，让老师深深感到做好家长工作任重道远。

老师进一步耐心地安抚成成妈妈的情绪，客观地说了一些成成的优点，表明老师对她儿子没有偏见。不过，成成的攻击性行为问题集中出现，教育者不应视而不见，告知家长也是为了一起找找原因，想想办法，帮助孩子改正。这样家长的态度得以缓和。之后，加强与成成家长联系，通过一段时间双方的共同关注和教育，成成攻击性行为的确减少了很多。

三、吸收家长的意见提高班级管理质量

家长是重要的教育资源已成为教育工作者广泛认可的观点，幼儿园班级各项工作的开展离不开家长的理解与支持。因此，通过多种途径吸收家长的意见，改进班级管理的质量，也构成班级家长工作的重要内容。众人拾柴火焰高，幼儿家长中不乏教育背景优越，见识广博之人，通过引进家长意见，集中家长智慧，方便班主任和教师们更清楚地了解幼儿家长对教育的诉求，了解本班管理中的问题，从而进一步完善管理行为，提高班级工作的效果。

随着现代通信技术及家长素养的提高，家园联系的途径更加多元化，家长参与幼儿园班级管理的方式也随之发生了诸多变化。幼儿园班级家长工作的方式也应与时俱进，随时代的发展不断创新，提高幼儿园班级家长工作的质量与效率。在吸收家长的意见改进班级管理的质量层面，重点是搭建家长参与班级管理的平台，畅通信息沟通方式。

(一) 建立班级家长委员会制度

可以仿照幼儿园家长委员会的组建程序，建立班级的家长委员会。吸收家长的意见，让家长参与幼儿园班级管理，是幼儿园班级家长工作的重要途径和基本内容。幼儿园班级工作“麻雀虽小，五脏俱全”，班主任要将班级家长委员会建设落到实处，视为班级家长工作的重要任务来抓。

一般做法是：在全园每个班有一名全园性的家长委员会委员的基础上，以这名家委会委员为核心，在班级内部再组建一个小型的家委会。这名家委会委员通过适当的途径、程序，选举出几位能代表班级家长的意愿、关心幼儿教育、责任心强的家长组成班级家长委员会。在班主任知情的前提下，建立班级家长委员会制度，发挥好班级家长委员会作为班级与家长之间沟通的桥梁作用，有利于建立和谐的家园关系，达到良好的家园共育目的。

知识链接

幼儿园家长委员会章程一例①

一、指导思想

为了切实加强幼儿园班级与幼儿家庭的有机结合，更好地实现家园共育，促进幼儿的健康成长，全面实现幼儿教育的目标，成立家长委员会。

二、入会条件

1. 热爱幼儿，热心幼儿教育，愿意为幼儿的成长和发展贡献力量。
2. 有先进的教育理念，思想素质优良，能对其他家长起到积极的引导作用。
3. 有良好的人脉资源，较强的影响力和号召力。
4. 有较好的沟通能力，能及时与幼儿园和家长进行有效的交流。

三、入会程序

1. 每个班班主任推荐，园委会考核审批，每个班聘一名家委会委员。
2. 园委会向家长发出邀请函，家长签字同意。
3. 园委会向家长颁发聘书，聘期一般为一年。

四、家长委员会委员职责

1. 随时接受幼儿园的邀请，参与研究和制订幼儿教育的有关计划方案，商讨和解决幼儿教育中的矛盾和问题，协调幼儿园与家长、社会的各种关系。
2. 及时反映家长和社会热心人士对幼儿园工作的意见和要求。
3. 积极配合并带头贯彻执行幼儿园制订的各项决定。
4. 努力完成幼儿园委托的各项公益事业。
5. 及时评价幼儿园和班级老师的工作，肯定成绩，指出问题，提出解决办法，推动幼儿园工作的顺利开展。

五、退会

1. 孩子升入小学就读的，家长可提出退会要求。
2. 孩子转入其他幼儿园就读的，家长可申请退会。

(二)家长义工参与班级教育活动

所谓家长义工是指家长利用自身的资源，坚持自愿、无偿的原则为幼儿教育开展短暂的支持活动，包括家长授课、家长利用空闲时间为幼儿园所做的各种无偿服务等。随着家园关系的进一步发展，家长义工已成为很多幼儿园家长工作的特色之一，班级教师

① 幼儿园家长委员会章程[EB/OL].[2017-09-10]. http://www.unjs.com/youjiao/wenan/20111017092324_703948.html.

应积极拓展教育资源，吸纳家长参与班级的教育活动，提高教育活动质量，发挥家长在幼儿教育中的重要支持作用。幼儿园班级家长工作应积极利用此种方式，改进班级管理的质量。

（三）利用家长开放日，深化家长对班级工作的监督

家长开放日是幼儿园开展家长工作的重要形式，家长通过开放日深入了解幼儿园的教育理念、教学方式、教学活动等，直接看到幼儿在园表现及教师工作情况，深化对幼儿园教育工作的认识，增进与教师之间的情感联系，有益于家园配合教育。对班级来说，通过开放日，工作中的一些问题会暴露在家长们面前，班级可向家长广泛征求意见，共同寻求解决的办法，把班级建设得越来越好。幼儿园吸收家长意见改进班级管理的质量的方式和途径多种多样，存在很大的弹性空间，利用家长开放日深化家长对班级管理工作的认识是幼儿园班级家长工作的重要内容，幼儿教师要认真对待每一个家长开放日。

（四）畅通家长意见的反馈渠道

幼儿园班级家长工作的最终目标是利用家园合作共同促进幼儿的发展。畅通家长意见的反馈渠道，吸纳家长意见改进班级教育工作，是幼儿园班级家长工作的内容之一。吸纳家长的建设性意见既可以改善班级管理中存在的不足，又可以调动家长参与幼儿教育的热情与积极性。

当前，幼儿园班级管理中，家长与教师沟通信息的渠道是多元化的，如电话、QQ群、微信群、幼儿园网络平台、来园和离园时的交谈、家园联系册、家访、家长会、家长委员会等。这些是最常见的与家长沟通的途径，幼儿园班级管理者应保持这些渠道的畅通，全方位听取家长的建议，发挥家长在班级管理工作中的重要作用。

值得注意的是，上述家长意见的各种反馈渠道有各自的优点与不足。例如，召开家长会，一般是全班幼儿家长同时参加，人员数量多，时间一般不太长，难以让每一个家长的意见与建议都可得以表达，这就需要教师综合运用其他的途径方式，获得尽可能多的家长补充的意见。因此，班级教师不仅要灵活、综合地运用多种信息沟通方式，还要创新方式，畅通家长意见反馈渠道，广纳家长意见和建议，改进班级管理的质量。

四、家长与教师合作共同营造和谐育人氛围

幼儿园作为正规的学前教育机构，存在很多家庭教育无法替代的优势，但这并不意味着幼儿园可以代替家庭单独实现培养人的任务，家长在幼儿成长中肩负着重要作用。家长对幼儿的教育是连贯的、随时的、潜移默化的，具有天然的优势，有时家庭对幼儿的强烈影响甚至会抵消幼儿园的教育影响。家园合作，共同促进幼儿健康发展是幼儿教育的必然选择。幼儿园班级家长工作的重要内容之一是教师与家长合作共同营造和谐的

育人氛围，具体包括：

(一)针对有需要的家庭提供必要的帮助

为家长服务，是幼儿园的双重任务之一，针对本班存在困难或需要帮助的家长提供必要的帮助，是幼儿园班级教师的经常性工作内容。

我国幅员辽阔，各地区经济发展水平、人文观念差异不一致。许多城乡存在大量的留守幼儿家庭、随迁幼儿家庭和其他的弱势群体幼儿家庭。这些幼儿家庭背景复杂多样，仅仅依靠家长自身的教育力量，难以取得预期理想的幼儿教育目标。针对此种情况，幼儿园班级管理者应积极发挥幼儿园对幼儿教育的主导作用，本着平等和尊重的原则为需要帮助的家庭提供必要的帮扶。例如，发动家长之间结队帮扶、招募志愿者开展有效的志愿者服务、本班教师精准个别照顾等。可以利用志愿者，针对本班的留守儿童给予长期的关怀与照顾，日常生活中定期组织志愿者到留守儿童家中进行家访，了解其困难和疑惑，及时给予解答和帮助。在重大节日、幼儿生日等有特殊意义的日子，对他们进行特别的关心，尽量减少因父母陪伴的缺失而带来的不良影响。又如，对需要心理疏导的幼儿，教师可以密切与其家长联系，向家长直接提出就医检测等要求，教师本人积极参与矫正，有效地帮助家长解决各种教育难题。

当前幼儿园教育实际中，在农村地区，上述需要特别关注的幼儿呈现增长趋势，尤其是鉴别幼儿心理健康的需求逐渐增多，这对广大班级一线的教师提出了新的要求和研究课题，需要幼儿园教师们掌握一定的幼儿心理健康知识和有效的指导能力。

(二)家长共同参与幼儿园班级的大型节庆活动

大型节庆活动是幼儿园班级教学计划的重要组成部分，成功地举办这类活动不仅是完成教学计划、教学要求的需要，更是丰富幼儿在园生活的重要途径。六一儿童节、毕业庆祝等大型活动需要大量的人力、物力的支持，而幼儿园班级一般只有两位教师和一个保育员，每当大型节日来临时，班级教师不仅要维持本班正常的日常生活管理和教学活动，同时还要准备节庆活动，常常加班加点。这时候家长委员会若适时发挥作用，共同为活动出谋划策，提供协助。这样既能减轻教师们的工作压力，同时也能体现班级民主管理的理念，增添家长参与班级活动的机会，发挥家长的主动性和创造性；对幼儿来说，也是个好的激励。

家长的智慧是幼儿园班级管理的重要支持，一方面家长可以为班级的大型节庆活动提供建议和帮助，另一方面家长积极进入班级集体中，与孩子一起参加活动，对培养良好的亲子关系也十分有利。邀请家长参加幼儿园班级组织的各种大型节庆活动，调动教师和家长双方的智慧与力量，营造和谐的育人环境，是幼儿园班级家长工作的常规内容之一。

综上所述，幼儿园班级家长工作的内容涉及面广，内容繁多，本节的分类介绍只是遵循一定的思路对内容进行的梳理。因为人的教育工作本身是一个整体，家长工作也是由人操作执行，因而内容难免存在一定的交叉或者遗漏之处，需要客观地、辩证地看待。

第三节　幼儿园班级家长工作的策略

幼儿园教师群体中年轻的女教师占比较大，其中为数不少的年轻教师在与家长打交道时不自信、缺乏经验，这些体现为缺乏家长工作的策略或艺术，属于方法层面的问题。有必要将众多家长工作策略进行条理化，帮助教师们将感性经验提升到一个有内在逻辑的理性框架中来。

一、幼儿园班级家长工作的指导思想

(一)关爱幼儿

真诚地关爱班级里每一个幼儿，是班级家长工作的出发点，也是将教师与家长们连接起来的最重要的中心点。每一个孩子是每一个家庭的宝贝和希望，也应该是班级老师心中、眼中和口中可爱的孩子。当孩子真切地感受到了来自于教师们的爱护时，孩子是有反应的，家长也能知道。当家长知道了自己的孩子在班级能得到老师们的爱时，家长内心会感激，同时会向教师们释放友好之意。这种环环传递的真情实感，既能很好地营造和谐友爱的班级文化氛围，也能为班级的家长工作顺利开展提供良好的基础。

(二)尊重家长

平等对话、真诚沟通，是做好家长工作的基础。让家长了解幼儿园教育目标，这是体现家长在幼儿教育中的主体地位，实现家园沟通，达到共同教育的基本条件。因此，幼儿园教师要多与家长沟通，知道并理解家长的育儿理念和教育方法。老师不仅要尊重幼儿家长的想法和合理要求，还要在与家长进行平等的对话、交流的基础上帮助家长解决困难。当有需要家长帮助的时候，不要以命令的方式去要求家长做任何事情，也不要以一种高高在上的姿态去处理家长工作，这样才能够取得家长对老师的信任、理解和支持，也增进了家长对幼儿园工作和教育的了解，为以后的家长工作做好铺垫。如果家园之间存在一定的距离和各种不协调，教育效果必然受到影响，一定达不到家园共育的目的。

(三)方便家长

幼儿园教师应该树立为家长服务的思想。在家园沟通问题上，要时刻谨记“服务”

二字，把家长作为平等的合作伙伴，真心实意做家长的朋友，耐心倾听他们的意见，并切实帮助家长解决在育儿过程中遇到的问题。平时，幼儿园老师应该及时地向家长传达本班当前阶段的教学计划以及教学要求，方便家长了解幼儿的教育情况。如果幼儿有什么情况也一定要向家长及时通报，或者给家长提一些建议，让家长做到未雨绸缪。这样不仅能让家长感觉到老师的良苦用心，也让家长知道老师的辛苦付出。如果家长有什么要求，只要是合理的、不过分的，老师都应该为家长提供条件，尽力满足家长。

（四）要求家长

幼儿园教师要学会利用家长资源，在必要的时候让家长配合并实施教师的教育要求，成为幼儿教育的支持者与配合者。当家长逐步了解了幼儿园环境教育的实质后，可在开展环境教育主题活动中根据需要对家长提出配合的要求。比如，在开展废物利用这一主题时，可以让家长与孩子一起收集废旧材料，然后让幼儿动手制作成一件件“精美的小物品”赠送给家长；在“种子的秘密”活动主题中，要求家长参与种子的收集、种植与资料查找的工作，和孩子一起体验种子发芽的过程，使家长对新的教育观与策略有了真实的感受；在“垃圾的分类”与“宝贵的水”活动主题中，要求家长不仅自己要严格地进行垃圾分类、节约用水、一水多用，同时还要督促自己的孩子，做到相互监督，最后养成一种自觉的行为。通过这些活动不仅让家长参与了幼儿教育的过程，增进了幼儿与家长之间的沟通，也可以帮助老师减轻一定的教学压力。

案例分析

一天下午外出开会时，我（班主任）接到一通怒气冲冲的电话。电话是一位家长打来的。原来他的女儿今天一放学，书包和衣服没拿就急匆匆地冲出教室跟爸爸回家。路上小姑娘一句话也不说，一副闷闷不乐的样子，爸爸看了觉得不对劲，就问女儿在幼儿园发生了什么事情，是被老师批评了，还是被小朋友欺负了？女儿什么也不说只是摇头。回到家爸爸觉得女儿身上味道怪怪的，脱下女儿裤子一看，原来大便拉在身上了。于是爸爸打电话给了F老师（两年教龄的青年教师，我的配班老师），想跟老师打个招呼——女儿胆子小，什么事情都不敢说，希望老师多关心一下。可没想到接到电话的F老师听了家长的话说：“我不知道，下次大便要对老师说。”家长听了很恼火，打电话给我说：“孩子在幼儿园出了什么事，老师竟然说不知道，太不负责了！你们幼儿园老师怎么当的？”听了家长的反映，我马上安抚家长，表示一定会查清楚事情的缘由，给家长一个答复，并在今后的工作中多加注意。第二天我找到了同事F，该教师一脸无辜地对我说：“昨天你不在，我一个人忙死了，真的没注意到，我接到他的电话很害怕，不知道该怎么解释①。”

分析： 在幼儿园，家长工作是幼儿教师整体工作中很重要的部分，它对教师的知识、能力及经验的要求很高。有些教师年龄小缺乏经验，在遇到问题时会有害怕和退缩心理。所以，幼儿园教师应该提升自己沟通解决问题的能力、反思能力和抗挫能力。家长工作是细致、耐心、持久的工作。即使面对家长的不信任、不理解，也要以诚相待，遇事首先反省自己的不足，用宽容的心态给家长解释，这样才能更好地争取到家长的信任。

二、幼儿园班级家长工作的基本途径

我国幼儿园管理实践中，开展家长工作的具体方式是多种多样的。对这些方式加以概括，大致分为两大类：个别方式和集体方式。

（一）集体的家长工作途径

幼儿园家长工作的集体方式是指针对幼儿家长群体开展工作的方式。幼儿园家长工作中的集体方式有其重要意义，它可以弥补个别方式一对一、范围小的不足，在面对家长集体开展工作时，针对带有共性的问题，提出统一要求，布置统一任务，收到大面积解决问题的效果。家长工作中常用的集体方式有：

1. 家长委员会

幼儿园应善于发挥家长组织的作用，调动广大家长的积极性，支持、协助做好幼儿园各项工作。可以从家长中选派代表组成家长委员会，作为幼儿园与家长联系的桥梁。这样一方面可以及时听取家长有代表性的意见或建议，又可以加强家长之间的联系，帮助幼儿园做好家长工作。家长委员会应当成为民主管理幼儿园的一种组织形式。现今各地全园家长委员会模式已十分成熟，在这种好的背景下，班级也兴起设立班级家长委员会或家长工作小组，协助班主任开展班级的家长联系工作，从而形成完善的组织网络。班级的家长委员会应积极参与班级的管理，与班主任共同商议工作计划，并监督检查执行，对各项工作起监督协助作用。此外，还可以以家长委员会的名义定期或不定期地举行各种活动，如开展有关教育问题的研讨会、家教经验交流会、推荐好书目，安排有意义的团体活动等，也可以组织和利用家长资源，帮助班级解决一些具体问题。

2. 家长会

家长会是幼儿园普遍采用的一种家长工作方式。家长会的内容大多是向家长报告工

① 改编自：幼儿园家长工作案例及反思[EB/OL]．[2017-08-01]．http://www.oh100.com/a/201208/145837.html.

作计划、教育目标，汇报教育成果及向家长提要求等。在规模上，家长会有全园性的和分班召开的。一般来讲，除了全园性活动需要面向全体家长外，大多数情况下，以分班召开家长会为宜。因为它更具有针对性，便于听取家长的意见和要求，便于教师与家长共同探讨幼儿发展与教育中的问题，从而形成双向交流。在时间上，除了学期初和学期末定期召开家长会外，平时各班可根据情况和家长要求，举行不定期的家长会，具体内容也可以多种多样。在形式上，家长会应不拘一格，若能开得生动活泼，往往效果更好。针对幼儿园家长会的实际情况，当前应注重研究如何提高家长会的实际效果，但是幼儿园老师应该注意准备家长会的内容，不要把家长会只是当完成幼儿园任务的一项工作。在这方面，很多幼儿园的经验是值得效仿的。

小贴士

如何开好家长会?

1. 提前3天左右通知家长召开家长会的时间、地点及准备；

2. 会场座位摆放要便于相互交流；

3. 家长会上教师要熟悉会议的流程及发言的内容，尽量脱稿，避免“照本宣科”，使会议正式而又亲切；

4. 家长会要避免教师“一言堂”，教师可以鼓励家长交流育儿困惑、介绍育儿心得等，增加一些互动性，也可以通过一些小游戏，如“击鼓传花”等，激发家长发言的热情。

3. 家长开放日

幼儿园可利用节假日或其他时间定期或不定期地举办家长开放日活动，请家长来园、来班观看或参加活动，如庆“六一”、迎“元旦”等，邀请家长和孩子同台演出、共同活动等。幼儿园组织家长开放日活动，可以使家长直观地了解幼儿园的教育内容和教育方法，直接看到幼儿在园表现及教师工作情况，增进对幼儿园工作的了解，增进与教师之间的情感联系，有益于家园配合教育。开放日活动也为扩大幼儿的社会接触提供了良好机会和条件。对幼儿园来说，通过开放日，工作中的一些问题会暴露在家长们面前，幼儿园可向家长广泛征求意见，共同寻求解决的办法，把幼儿园办得更好。为使家长开放日活动有成效，真正通过开放日活动促进幼儿园工作水平的提高，幼儿园应提前将活动日时间通知家长，以便更多的家长提早安排好工作和生活，按时参加活动。另外，幼儿园举办家长开放日的重要目的是向家长征询办园的意见、建议，所以家长开放日的一切活动都要实事求是，不作花样文章，不搞形式主义，不要怕出丑，也不要怕人挑毛病，要将真实的工作情况展示给家长。应该看到，家长开放日活动既是对幼儿园工作基本功的考验，又是幼儿园一个很好的学习机会，所以实事求是、追求实效是非常重要的。

4. 班级宣传栏

班级宣传栏是每个班级自己办的，内容是根据本班具体情况进行操办的。内容主要是介绍本月或本周班级活动计划、教养内容以及近期孩子的成长与进步情况，还可介绍幼教新观念、新理论，家教好经验，保健小知识等。文章一般应短小精悍，可由教师编写，也可从报刊摘录剪贴。家园联系栏还可张贴家长的意见和要求。班级宣传栏一般设在家长接送孩子必经的地方，内容要经常更换。幼儿园除了办好班级宣传栏之外，还可自办园报或园刊。办报刊要紧紧围绕幼儿园教育目标，务求内容丰富，生动活泼，既可刊登教师的话，也可刊登家长的感受。

5. 庆典活动

当前，幼儿园普遍重视开展节日庆典活动，十分注重仪式感。六一儿童节、大班毕业典礼等是幼儿园的盛典，而且每逢我国的传统文化节日，甚至国外的一些适合儿童开展的节日，都成为幼儿园教师设计教育活动的素材，教师们往往充分利用这些节日元素办一些特色活动。传统的中秋节、重阳节、端午节都是我们对孩子进行传统文化教育的最佳时机，而节庆活动也正是我们与家长沟通交流、表达感恩情怀的良好载体。例如，在中秋节的时候，老师可以组织一个以中秋节为主题的“亲子美食品尝会”，提供中秋节的特色美食月饼、汤圆、桂花糕等。让幼儿在品鉴中国传统美食的同时，体验“中秋团圆”的传统文化。在重阳节的时候，老师可以组织幼儿排练精彩的节目，邀请孩子的爷爷奶奶、爸爸妈妈共同参加“孝亲”活动，让幼儿感受中华民族尊老敬老的传统美德。在端午节，幼儿园老师可以请奶奶们来园教孩子包粽子，请妈妈们来园给孩子讲屈原的故事。这些活动，能够打动家长们的心，激起家长和幼儿爱的情感。所以，每年的节庆活动都可以成为家园同乐、分享感恩的盛会，成为老师们传播传统文化教育的契机，也成为家长们期待的盛大庆典。

（二）个别方式的家长工作途径

个别方式是指幼儿园教师与幼儿家长一对一地联系开展工作的方式。在幼儿园家长工作中，个别方式具有重要的意义。它对于密切家园联系、实现家园同步、共同教育好幼儿有着重要的作用。因为每个孩子都有自己的个性特点，家庭情况、家长的教育观点与方式也各不相同，教师必须针对每个幼儿和每个家长的具体情况，有针对性地进行工作。同时，由于个别方式是一对一进行的，形式简单，便于操作，对时间、场所没有太多的要求，更容易适应家长的不同要求，具有很强的随机性和灵活性，只要教师和家长双方达成一致，便可随时开始。家长工作个别方式的具体形式有以下几种：

1. 家访

家访是家园联系的重要方式，是实现家园同步教育必不可少的环节。家访又包括幼儿入园前的访问与幼儿入园后的访问。幼儿入园前家访的目的主要是了解幼儿及其家庭的状况，便于以后有针对性地对孩子进行教育，做好家长工作。幼儿入园后家访有定期家访和临时家访两种。定期家访，是指教师在固定的时间如每学年或每学期对幼儿家庭做一次普遍的访问。临时家访则视需要和教师的时间而定。通过幼儿入园后的家访，教师可进一步了解幼儿家庭情况，可与家长共同研究幼儿发展中的问题，共同商量对策。

需要指出的是，家访曾是我国20世纪五六十年代幼儿园做家长工作的一种很好的形式，并在实践中形成了传统。但近些年来，由于种种原因，家访工作受到了很大影响，甚至很多幼儿园已完全放弃了家访工作。这种情况的后果是使幼儿园的保教工作失去主动权。所以有条件的幼儿园应尽力恢复并完善家访工作制度。

2. 接送中的交谈和约谈

接送中的交谈主要是指教师利用早、晚接送孩子的时间与家长进行简短的个别交谈。教师在家长接送孩子时与家长交谈是最简便、最经常的与家长互动的方式。这种交流虽然简短，甚至有时可能是三言两语，但它却能及时互通信息，使家长与教师得知近日乃至当天孩子在园或在家的情况，这种方式同样能够收到家园配合教育孩子的效果。

约谈是指教师有目的地预约个别家长进行的谈话。约谈的内容多为幼儿的个别情况，也可以是针对个别家长方面的原因，如家长对教师有误会或不满意等。当然更多是针对个别幼儿在园的特殊表现，老师认为需要与家长当面细致交流，分析原因，寻求解决之道。约请家长来园面谈是一种比较正规的有一定深度的交谈。一般来说这种方式不宜频繁使用，往往是针对幼儿在班级中出现了较严重的问题时才使用，如幼儿一个阶段频繁地产生攻击性行为、心理健康问题等。这种交谈有明确的中心内容，虽然主要是谈问题，不过出于正面教育的原则，大多数教师会先向家长汇报这一阶段孩子的发展、进步，再转向谈主题——出现的问题，听取家长的看法，与家长共同分析原因，商讨今后配合教育的措施。为此，教师在谈话前要做认真准备，包括汇集、分析孩子出现问题的资料，重点向家长询问的问题以及解决问题的初步方案。为减少家长在这种交谈时的拘束、紧张，教师应设法营造宽松的氛围，使家长轻松地参与交谈。

小贴士

如何有目的地与家长进行个别约谈？

(1)预约对教师不放心的家长，与其沟通教师对班级工作的付出、对幼儿发展的思考、对自身专业的提高等，使家长了解教师的专业能力，从而产生信任感。

(2)预约对幼儿生活不放手的家长，与其沟通班级孩子能力的现状，比较其孩子在班级中的发展水平，介绍科学育儿知识，鼓励其放手让孩子逐渐独立。

(3)预约“问题”幼儿家长，如幼儿有攻击行为、手淫、厌食、撒谎等现象出现时，教师要及时与其家长沟通，共同分析原因，寻找合适的解决策略。

(4)预约“进步”幼儿的家长，如幼儿有礼貌、谦让、乐于助人、遵守纪律、勇于发言等行为表现时，教师可以向家长介绍其具体表现，并鼓励其继续保持。

3. 家园联系册

家园联系册是实现家园经常联系的一种有效形式，它可以弥补家长因工作繁忙不能与教师经常交谈的不足。家园联系册灵活方便，传递信息及时，家长可从联系册中经常得知孩子取得的进步或存在的问题以及幼儿园对家庭教育提出的具体要求等。教师可以从联系册中获得幼儿园教育效果的反馈信息，了解幼儿在家中的表现，并了解家长的意见和要求等。家园联系册可以沟通教师与家长的思想，加深相互了解，在教育上取得共识。所以，家园联系册的内容应围绕具体的教育目标来写，具体并有针对性，不要宽泛，不能写成流水账，并注重反映孩子的变化与出现的新情况。幼儿教师还可以针对不同的对象书写家园联系册。如果是针对幼儿写，既可以针对每个幼儿特定的个别问题写，也可以针对孩子们共同存在的问题写，如每周的学习目标、季节变化的要求、幼儿的自身情况、孩子们身上普遍存在的问题等。如果针对家长写，则可以根据不同家长的情况写一些具体的建议，对推卸教育责任的家长及时给予告诫，对认真负责的家长给予赞扬与鼓励等。同时，使用家园联系册还应注意随时写，使家园联系本真正起到联系作用，而不是只在学期初或学期末才使用。

4. 网络媒体和电话沟通

少数幼儿家长工作流动性大，长期在外出差或外出学习等。教师可以用电话形式适时向家长汇报孩子的情况。这种做法不仅能密切家园关系，同时也能督促在外地的家长，关注孩子的发展并做好教育配合工作。

由于现在人们生活方式信息化、网络化，所以家园联系方式也应该跟随信息化的脚步。QQ、微信这两个聊天工具就可以很好地应用起来。幼儿园教师要坚持定时更新班级网页内容，如公布教学活动计划，把每个孩子的“作品、生活、学习”时的照片放在网上，让家长能更加主动、更加直接了解孩子的情况。同时也要发布涉及幼儿园的管理、教学、卫生保健工作的调整通知。教师能上网与家长互通信息，使家园联系更加快捷、频繁。利用 QQ 在网上留言向家长汇报孩子的成长情况。这种做法不仅能密切家园关系，往往也能促使一些不在孩子身边的家长仍能关注孩子的发展，起到配合教育的作用。同时幼儿园也应该创办自己幼儿园的微信公众平台，利用平台及时发布幼儿园的重要事件以及一些好的家庭教育或者家园合作的案例。家长通过浏览这些推送消息知道幼儿园的办园理念和教育活动，同时也可以学习家庭教育的方法，更新自己的教育观念，从而潜移默化地进行家园互动，实现家园共育。

三、创意的家长工作途径

(一)家长义工

家长义工是指学生家长会在工作之余志愿贡献出个人的时间及精力，在不计任何物质报酬的情况下，为学生健康成长和全面发展以及为学校教育教学管理提供无偿服务。

幼儿园引进家长义工，首先要健全他们的组织，保证家长义工工作的顺利进行。例如家长义工比较多的幼儿园可以成立家长义工委员会，让委员会和幼儿园共同制订家长义工章程。其次，丰富活动增强家长义工活动的时效性。幼儿园可以利用幼儿家长资源多、特长多的特点开展一些特色课程，如戏剧、舞龙、编织、剪纸等传统特色活动，种植、烹饪、养殖等兴趣特长类活动。由教师指导家长组织孩子进行特色活动，通过这些特色活动让家长义工广泛地参与到幼儿的教育教学工作中。最后，通过多方指导让家长义工的工作规范有序。幼儿园可以借助家长学校活动进行专门的指导，通过特色社团活动进行特色活动的教、学、练，也可以开展"菜单"式小课题研究等有效指导家长义工工作。在幼儿园中引进"工作坊家长会"适应了时代发展的需要，它是一项创新的家长工作方式。幼儿园班级里招募家长义工，让家长直接参与幼儿园的工作，不仅可以节约幼儿园的人力资源，有利于幼儿教育工作的透明化，也提升了家长对幼儿园的认同感，获得他们对老师工作的理解和支持，从而达到家园共育的目的。

(二)家长工作坊

工作坊是指以某个领域富有经验的主讲人为核心成立的团体，一般有 30~40 名成员组成该团体。该团体在主讲人的指导下通过活动、讨论等多种形式，共同探讨某个话题。它强调团体活动与深度体验，是在平等、民主、真诚、合作、共情的基础上进行的交流活动。幼儿园开展家长工作坊活动旨在根据家长们的兴趣、爱好及特长，通过体验式、参与式、互动式的活动模式，相互交流，相互促进。家长工作坊的流程主要有以下几点：①发现问题，确定主题；②面对问题，积极准备；③讨论问题，情感体验；④解决问题，交流分享。在幼儿园中引进"工作坊家长会"适应了时代发展的需要，它是一项创新的家长工作方式，对学校的管理、教师的教育是一种考验，也是实现家长有效参与学校教育的一个契机。

资料链接

今天妈妈来上课——漕泾幼儿园家长工作坊活动①

漕泾镇中心幼儿园

漕泾幼儿园家长工作坊是漕泾幼儿园家长工作的创新模式，是家长自由结伴、自发策划、自主组织参与幼儿园管理和促进幼儿发展的工作坊。2015 年 12 月 30 日上午 9:00，科学领域工作坊的家长在漕泾幼儿园多功能室为中一班的幼儿开展了"好玩的冰"的活动。

---

① 改编自：http://www.age06.com/Age06.Web/DetailForQX.aspx.

活动前，科学领域工作坊的“坊主”与其他成员进行详尽的计划，并向幼儿园管理人员提出需要配合的事项。之后由“坊主”——孩子的妈妈做了充分的准备，为幼儿上课，而工作坊的全体家长都参与了观摩。活动后，家长们又对本次活动进行了评析。在家长们积极地参与下，活动圆满结束，幼儿在活动中对冰的特征、冰块形成的原因以及让冰块融化的条件有了初步的了解。

家长工作坊活动很好地实现了幼儿园教育与家庭教育的并轨，让家长得以近距离接触幼儿园的园务管理和幼儿的活动，教育力量得以互动整合，让家长不再是幼儿园工作的配合者，而是成为了幼儿园工作的参与者。

（三）以家长资源为主的班级特色活动

家园沟通的根本目的在于充分利用家长资源，实现家园互动合作共育。这是幼儿园家长工作的出发点和归宿。“互动合作”是瑞吉欧教育取向的一个重要理念。瑞吉欧教育主张：儿童的学习不是独立建构的，而是在诸多条件下，主要是在与家长和教师、同伴的相互作用过程中建构的。在互动过程中，儿童既是受益者，也是教育资源的提供者。因此，在开展班级主题教育活动中，幼儿园就应该很好地利用家长资源，让家长参与教育活动，协助完成教学任务。可以利用节日、季节、家长资源等因素，让家长带着幼儿走出幼儿园去体验社会生活，感受季节变化，体验人文文化。例如，某幼儿园在中秋节的时候利用家长资源开展“快乐的中秋节”活动。幼儿园老师带领幼儿去本班一个幼儿家长开的超市去体验生活。老师把幼儿分成老板、员工、顾客、路人四种角色去开展活动体会中秋节的气氛和文化内涵。家长在一旁指导幼儿如何进行选购中秋节的商品，如何区分不同价位商品的差别，如何进行收钱等。每一项活动都可以让幼儿体会到工作的一丝不苟、父母的辛苦付出，让幼儿学会了合作、理解、懂得感恩。在各班的展示台上，也可以展示由家长和幼儿共同完成的作品，比如在家的时候，家长和孩子可以一起利用生活中无毒害的废旧物品制作小玩具模型。由于家长的参与，加深了家长与幼儿之间的感情。孩子的家长来自各个行业，有的家长有着较高的文化水平和阅历，让家长用各自的专长参与幼儿园的教育，可以使他们深层次地了解幼儿园并配合幼儿园的工作。

本章小结

幼儿园班级家长工作主要是指幼儿园班级教师集体面向幼儿家长所开展的一系列活动，目的在于形成家园共育的合力，更好地促进幼儿全面发展和达成班级管理的目标。本章主要介绍了通过熟悉幼儿园班级家长工作内容和要求，掌握班级家长工作的基本途径，如向家长宣传正确的幼儿教育理念和科学育儿方法、吸收家长的意见改进班级管理质量、家园共育共同营造和谐育人氛围等途径，更好地提升家长科学育儿的能力，从而促进幼儿身心健康发展以及改进班级的工作方法。

拓展阅读

1. 李惠英. 幼儿园班级管理[M]. 北京：高等教育出版社，2015.

2. 周红. 家园沟通中幼儿教师共情研究[D]. 南京：南京师范大学，2014.

3. 钟鸣. 幼儿园班级管理的策略研究[D]. 长春：东北师范大学，2010.

4. 王蕾. 家长开放日活动筹备研究[D]. 武汉：华中师范大学硕士论文，2016.

5. 刘芳. 幼儿园家长工作的问题、成因及对策研究[D]. 武汉：华中师范大学硕士论文，2006.

6. 李曼. 家长参与幼儿园课程选择[D]. 南京：南京师范大学硕士论文，2011.

思考练习

1. 结合实践活动，思考和讨论幼儿园班级家长工作的内容包括哪些以及体现了哪些重要性。

2. 参观一所幼儿园，收集该幼儿园开展班级家长工作的内容，探讨其是否存在科学性和有效性，并思考开展班级家长工作的内容和要求有哪些。

3. 结合实践，谈谈幼儿园班级家长工作的指导思想有哪些。

4. 结合实践探讨集体、个别以及创意的班级家长工作基本途径有哪些，并选择一个幼儿园班级进行观察记录，思考该班级的家长工作基本途径是否存在问题或创新之处。若有，请列举分析。

第十章 幼儿园班级文化建设

教学目标

1. 理解幼儿园班级文化的内涵，了解班级文化的构成。
2. 了解班级文化培育的途径，正确把握班级文化培育的理念。
3. 领会班级特色的内涵，初步掌握班级特色培育的过程。

名人名言

人性的发展，在孤独和隔绝中是不可能的。只有在儿童集体的内容丰富而形式多样的生活中才有可能；集体生活要具有应有的思想方向性，而同时也要反映出学生的动因、愿望和意向。

——[苏联]赞科夫

案例导读

班级是幼儿最早接触到的类社会性群体组织，班级文化是影响幼儿个体发展的最直接的环境，为了促进幼儿身心健康发展，培养良好的班级文化具有重要的意义和价值。一份研究显示，某市幼儿园小班的幼儿从家庭环境进入集体生活环境后，在适应过程中表现出：大多数幼儿以自我为中心，只顾自己，对他人的关爱和帮助比较少，缺乏集体互助意识。这种现象引起了班主任的关注①。因此，班主任教师采取了如下措施。

① 徐文静. 基于“关爱”的幼儿园小班班级文化建设与实践研究——以长春市 W 幼儿园(小班)为例[D]. 延吉：延边大学，2016.

首先，组织班级教师一起商议班级文化建设的方向。这个过程征求幼儿园园长、班级家长们的意见。案例中的小班，教师们选择了以“关爱”为核心，营造班级文化。并进一步设计出执行的方案计划，强调要根据小班幼儿的年龄特征选择培养的内容，坚持长期教育，才可能培养幼儿关爱他人的意识，帮助幼儿养成关爱他人的行为习惯，达到教育效果。

其次，向幼儿园园长们汇报本班文化建设的方案。班级不是孤立的，小班幼儿的关爱意识和行为的培养，一定也会延伸到幼儿园环境中。幼儿园理应给予必要的支持，包含恰当的环境条件、人员配合、现代教育技术、丰富的教育教学方式以及真实的生活情景等。比如利用生动直观形象的多媒体技术，向幼儿展示一些关爱小故事、小事例，结合幼儿的真实生活，抓住契机及时开展教育。

最后，注意形成关爱型班级文化一定需要家长们的配合。因此，班主任要将这一教育举措向班级家长委员会和全体家长通告，提出具体的配合要求等。

第一节　幼儿园班级文化概述

一、班级文化的缘起

“班级文化”(Class Culture)一词作为教育的微观现象，在20世纪20年代，作为教育社会学的分支——班级社会学的研究对象之一，被西方教育学者们重视，但西方学者并未曾提出这一概念，而是对与之有关的“隐性课程”(Hidden Curriculum)、“班级管理”(Class Management)、“班级布置”(Classroom Setting)、“课堂环境”(Classroom Environment)、“课堂氛围”(Classroom Climate)均有较多研究。我国学者对于班级文化也有不同的理解与定义。在此，所定义的“班级文化”包括以下的意思：第一，班级文化是校园文化中的亚文化，受校园文化和社会文化的影响；第二，班级文化是班级全体师生在一定规范下所创造的各种物质和精神财富总和；第三，班级文化是一种具体的生活方式。

二、幼儿园班级文化的内涵及其构成

幼儿园班级是构成幼儿园的基本单位，幼儿园班级文化是幼儿园组织文化的重要组成部分，体现着幼儿园组织文化的价值观念、情感态度、行为准则等，彰显着幼儿园的园所特色，成就幼儿园的特色品牌。建设具有自身特色的班级文化，也是幼儿园班级管理卓有成效的集中表现，能够反映教师的班级管理能力，是教师不断实现自身专业成长的有效途径。同时，幼儿是班级中的重要成员，在集体活动中逐渐实现自身的社会化，而每个幼儿又具有不同的个性特点，班级直接影响着幼儿的个性养成。因此，幼儿园班级文化的建设，是在整体促进幼儿全面发展的活动过程中，促进幼儿的个性化发展。

“一般而言，班级文化包括物质文化、制度文化和精神文化，如教室布置、班徽、班歌、班训、班风，班级规则、管理制度，班级目标、班级舆论、班级公平等。班级文化是各种文化要素相互整合的产物，是一个班级的灵魂。班级文化不是自发形成的，是班主任、各科教师和全班学生共同努力的结果。”①

因此，我们认为，幼儿园班级文化是以班级为单位，以幼儿园组织文化为背景，以班级成员(主要指教师和幼儿)为主体，由班级成员的一切行为创造的群体文化，可以集中体现为精神信念、价值观、习惯、态度、制度规范、班风班貌等。具体来说，幼儿园班级文化的构成主要从以下几个方面探讨：

(一)班级物质文化

班级物质文化是幼儿园班级文化的外在物质形态，主要指以物质为载体，体现着相应的教育观念、教育态度、教育方法等。比如，我们常说的“使幼儿园的每一面墙壁都会说话”，是通过班级环境创设发挥教育的作用，使班级文化的内涵在物质环境中得以渗透并滋养着成长中的每个幼儿。

(二)班级精神文化

班级精神文化通常被看作班级文化中的核心文化或灵魂文化，其他文化的衍生和发展皆是源于精神文化。班级精神文化主要是被班级成员所认同的价值观念、情感态度、道德规范等，深入班级成员的内心，反映在班级成员的行动中。班级精神文化主要体现了班级具有自身个性特色的班风班貌、精神氛围、一致的价值观念、促成协同的行为规范，良好的班级精神文化有助于培养幼儿的集体意识和团结合作的精神。一般认为，班级精神文化的形成，需要处理好以下几个关系：师幼关系、幼幼关系、师师关系、家园关系。因此，幼儿教师应协调好各方面关系，为幼儿营造一个安全、平等、和谐、自由的精神环境，使班级成为幼儿心灵的“港湾”，使幼儿在班级中自由发展。

(三)班级制度文化

幼儿园班级制度是保障班级有秩序、有效率运转的机制，班级制度文化主要是由班级制度管理体现出来的班级文化，表现为班级的规章制度、行为规范、行为习惯等。班

---

① 卢家楣，戴胜利，徐雄伟等. 班级管理技能(高等师范院校现代教师教育丛书)[M]. 上海：上海教育出版社，2012.

级制度文化的建设应以精神文化为核心，体现精神文化的要求，通过制度的教育功能，使班级成员从思想上认识到精神文化的实质。班级制度主要是对幼儿在班级活动中的常规管理，《幼儿园教育指导纲要(试行)》中提出："建立良好的常规，避免不必要的管理行为，逐步引导幼儿学会自我管理。"因此，培育良好的班级制度文化，有利于规范和引导幼儿的行为，激发幼儿的规则意识，促进幼儿的社会适应，培养幼儿良好个性品质的形成。在建设班级制度文化时，不能忽略的是，教师首先应遵循幼儿园的工作制度要求，以自身的行为规范给幼儿做榜样。

(四)班级行为文化

班级行为文化主要指班级成员在长期的实践活动中，由常态性的、一般性的行为所反映出来的价值观念、情感态度等理念和精神，是班级精神文化的动态体现，是制度文化的实践基础。班级行为文化主要体现在教职工的组织与管理班级行为的艺术和习惯上，体现在反映了幼儿园班级保教方式和教育理念的幼儿具体行为上。其中，教师在班级行为文化建设上起着至关重要的作用，教师的教育观念和教育能力决定了教师的教育行为水平，而教师的教育行为直接影响着幼儿的具体行为，并对幼儿的行为进行组织与管理。

三、幼儿园班级文化的特点

幼儿园班级文化是幼儿园组织文化在班级中的渗透，反映了幼儿园的办园目标和教育理念。同时，根据不同的班级情况，班级文化又呈现"百花齐放"的特色，主要有以下特点：

(一)教育性

班级文化的建设最终是为了促进幼儿园教育目的的实现，教育性是其主要特征。通过调动师幼双主体的积极性和主动性，建设具有凝聚力的班集体，使幼儿在参与班级文化建设的过程中学习与发展，获得身心的健康成长。

(二)独特性

班级文化的建设以幼儿园组织文化为背景，若某幼儿园以"环保教育"为特色文化，则班级文化的建设多以"环保教育"为中心，如利用废旧材料和自然材料进行班级的环境创设，教学活动开展环保教育的主题。但每个班级情况各异，教师应根据实际情况进行班级文化的建设，使得班级文化具有独特性。如中(二)班开展"环保小卫士"的户外活动，大(三)班开展"环保服装秀"的主题活动等。

(三)稳定性

班级文化是在教师和幼儿长期的共同努力下逐渐形成的，并渗透于教师和幼儿的价值观念、行为方式中。稳定的班级文化，有助于教师有序地组织与管理活动，有助于养成幼儿良好的行为习惯。如若朝令夕改，则不利于建设具有凝聚力的班级文化，班级活动容易出现混乱，幼儿不能适应频繁的规则变化。因此，班级文化在一定时期内具有稳定性。

（四）开放性

虽然班级文化在一定时期内具有稳定性，但班级文化也不能是机械不变的。根据班级实际情况的变化，班级文化应及时发展，适应新的需要，时刻保持其自身的合理性。

四、幼儿园班级文化的功能

良好的班级文化，能够使教育如流水无痕，潜移默化，使教师和幼儿如沐春风、共同成长。良好的班级文化建设，通过优美的育人环境、轻松愉快的文化氛围、有条不紊的制度引导、日渐养成的行为习惯，充分发挥教育的隐性功能，滋润教师和幼儿的心灵，充实教师和幼儿的精神，养成幼儿独立、自信、勇敢、诚实、合作等良好的品行。

（一）凝聚功能

建设良好的班级文化，有助于增强班级的核心凝聚力，培养幼儿的集体归属感和安全感，使幼儿在熟悉和信任的环境中自主活动；有助于增强幼儿的班集体意识，使幼儿认识到个体是班级中的一员、班级由个体组成；有助于培养幼儿的集体责任感和荣誉感，使幼儿能够主动遵守集体规则，为了实现集体的价值追求而共同行动。

（二）导向功能

班级文化反映了班级成员一致的价值观念、情感态度、行为习惯等，良好的班级文化对班级成员的具体行为起着导向作用。首先，教师的工作制度，引导着教师的行为规范，使教师的教育行为符合班级文化的价值观，以实现最终的幼儿园价值目标。其次，幼儿是活泼好动的，是好奇好问的，是具有不同鲜明个性特点的，而幼儿园是幼儿第一次接触并融入社会的开端，良好的班级常规有助于引导幼儿尽快适应集体、融入集体，帮助幼儿建构对世界的认识。

（三）激励功能

良好的班级文化，能够满足班级成员的需要，使得班级成员都能最大限度地自由活动。教师在轻松愉快的班级文化氛围中，能够精神愉悦地工作，在促进幼儿健康成长的同时获得自我价值的实现。而幼儿在这样的氛围中，能够获得最大程度的自主发展，养成生活和学习的独立性，在规则的引导下与他人和谐共处，养成良好的性格和品质。

第二节　幼儿园班级文化的培育

文化是人类社会特有的现象，是人类在社会实践过程中所创造的物质财富和精神财富的总和。人类生活在文化之中，通过不断的实践活动创造文化，同时文化也影响人的行为和发展，改变着人类。班级是幼儿最早接触到的类社会性群体组织，班级文化是影响幼儿个体发展的最直接的环境。为了促进幼儿身心健康发展，培养良好的班级文化具有重要的意义和价值。

一、班级物质文化的培育

培育幼儿园班级物质文化，首先应从幼儿生活的班级环境入手。创设良好的班级环境，营造活泼愉快的文化氛围，有利于幼儿身心自由发展，能够激发幼儿学习与探索的主动性，引发幼儿与环境的积极互动，有利于幼儿身心自由发展。所以，根据幼儿的发展水平和兴趣需要，教师应为幼儿创设温馨和谐的班级环境，如布局合理的活动区、整洁卫生的盥洗室、安静舒适的寝室、与主题活动相呼应的墙面布置以及班级走廊等。创设的班级环境首先应是安全卫生的，更重要的应是具有丰富刺激、能够吸引幼儿并且能够促进幼儿发展的，环境也不是一成不变的，班级环境应适时地、动态地满足幼儿的发展需要，使幼儿时刻感受到丰富多样的物质文化。

例如，在以“环保教育”为特色文化的幼儿园中，各班级都有意识地、充分合理地利用废旧物品来进行环境创设，积极渗透环保教育的理念。此外，邀请幼儿与家长参与利用日常收集的废旧物品进行玩教具材料的制作，也充分调动了幼儿的主动性，使幼儿在活动中学习。对教室的环境布置，注重教师和幼儿的共同创设，使幼儿在创设中体验参与环境管理的乐趣，激发潜在的环保意识。利用废旧物品来装饰教室，幼儿在教师的帮助下把一次性纸盒、塑料瓶等做成漂亮的吊饰、挂饰，如用瓶盖做成风铃、用旧挂历做成小风车。在室内墙面上布置环保教育方面的内容，如雨滴形成的自然过程，开设专栏展示幼儿“我和环保”的故事照片集，使幼儿不仅在观察中学习，更在实际行动中深入理解。设置班级的植物角和动物角，使幼儿在观察植物的生长过程、了解动物的生活习性中，逐渐培养幼儿喜爱动植物、保护动植物的情感态度。① 再如，采用体现小班幼儿“关爱主题”的墙面布置“我来照顾你”、“向日葵妈妈和宝宝”、“豆宝宝一家亲”以及门口的“关爱小达人”公告栏，还有激发幼儿关爱动植物情感的植物角(小植物的秘密)等。从环境的创设中折射出以“关爱”为主导价值观的小班班级文化的价值取向。②

教师在进行基本环境创设时，应注意以体现幼儿园组织文化的大环境为背景，结合本

① 赵瑞桃. 幼儿园环保教育研究——以武汉市 A 园为例[D]. 武汉：华中师范大学，2014.

② 蔡懿. 培育幼儿园小班“关爱型”班级文化的行动研究[D]. 上海：上海师范大学，2013.

班幼儿的实际情况，创设具有班级特色的物质环境，使幼儿切身感受到独特文化的气氛。

案例分析

树立班级代言形象确定班级文化目标①

1. 确定班级名称和吉祥物，提高班级凝聚力

按照传统的惯例，班级的名称以年龄段和班级数量确定，比如小一班、中二班等。这样虽然比较清楚，但缺少了童趣。取一个好听又有意义的班级名称，再确定一个相匹配的吉祥物，能大大增强一个班级的特色。以本班为例，我们的班级名称为“豆豆班”，以黄色的小豆豆卡通形象为我班的吉祥物。为了让豆豆形象深入幼儿心中，我还创编了一首班级儿歌《我是一颗小豆豆》。每个幼儿都会念，在各种重要的活动场合，都会以此作为集中幼儿注意力的必杀技。这三者结合，幼儿便有一种自己是班级一分子、班级是一个大家庭的感觉，从而提高了班级的凝聚力。

2. 创造与班级吉祥物相适宜的环境

以班级吉祥物为基础，从主题墙到班级活动区，对班级环境围绕吉祥物的形象进行设计。以我班为例，在班级门口的两扇门上粘贴豆豆吉祥物形象，并附上“豆豆欢迎你”字样，让幼儿来到班级就有一种回家的轻松愉快的心情。班级的主题墙是幼儿的活动照片和活动作品板块，都以“小豆豆”的形象以及口吻进行理念解读，方便家长和幼儿浏览时观看理解。

分析：案例中的老师为了让幼儿尽快地融入班集体，给班级起名“豆豆班”，并用小豆豆可爱的卡通形象为主题进行环境创设，十分有效地吸引了幼儿的注意力，使幼儿倍感亲切、有趣，能够迅速投入到班集体的活动中来，逐渐萌发班集体的意识。案例中，教师将温馨和谐、团结合作的“家”的文化理念，通过班级名称、班级吉祥物和班级环境这些外在的看得见、摸得着的物质传达给了幼儿，培育了具有自身班级特色的物质文化。

二、班级精神文化的培育

(一)树立正确的教育理念，建立平等宽松的师幼关系

幼儿园班级精神文化的培育，首先需要思考培育什么样的精神文化以及什么样的精

① 丁晓燕. 幼儿园班级文化建设的探索与研究[J]. 新课程学习(上)，2014(10).

神文化才是良好的、适宜幼儿发展的。要解决这个问题，必须先解决教师的价值观问题。教师要形成正确的教育理念，树立正确的儿童观、教育观、教师观等。教师必须正确认识幼儿，认识到幼儿是独立的个体，具有主观能动性和个性特点。在集体活动中，有意识地激发幼儿的自主性，引导幼儿自主学习、独立思考、自我管理。遵循幼儿的身心发展规律，关注幼儿的个体差异。特别是教师应尊重幼儿的人格，平等对待每一个幼儿，关心幼儿，了解幼儿，满足幼儿生理及精神的合理需要，引导幼儿的自由发展。而教师能否将正确的教育理念转化为行动，是能否创设良好班级精神文化的关键。

目前，由于幼儿教师师资队伍良莠不齐，我们在幼儿园经常可以看到这样的现象：当教师正在组织集体活动时，有一个小朋友举手想要去厕所，老师不同意，要求幼儿"憋着"，结果幼儿尿了裤子，老师又反过来大声斥责幼儿。根据马斯洛的需要层次理论，生理需要是最基本的需要。而在幼儿园幼儿最基本的生理需要都没有得到满足，同时在其他幼儿面前斥责也伤害了他的自尊心，那么该幼儿在幼儿园感受到了什么样的精神氛围呢？不难看到，他会感到压抑、紧张、恐惧，以后即使有合理需要也不敢表达自己。在这样的精神环境下，他会逐渐疏远老师、畏惧老师甚至不再愿意上幼儿园。

上述现象只是个别幼儿园中诸多不良现象中的一例，还有更多的"冷暴力"甚至体罚正在发生。苏霍姆林斯基说："教师要像对待荷叶上的露珠一样，小心翼翼地保护学生的心灵。晶莹透亮的露珠是美丽可贵的，却又是十分脆弱的。一不小心露珠滚落，就会破碎不复存在。"我们应该知道，不管多么微小的伤害，都有可能在幼儿心里留下不可磨灭的心理阴影。且来看一看，多萝茜·洛·诺尔特在《学习的革命》中，是如何看待幼儿在生活中学习的：

《孩子们从生活中学习》

——多萝茜·洛·诺尔特

如果一个孩子生活在批评之中，他就学会了谴责；
如果一个孩子生活在敌意之中，他就学会了争斗；
如果一个孩子生活在恐惧之中，他就学会了忧虑；
如果一个孩子生活在怜悯之中，他就学会了自责；
如果一个孩子生活在讽刺之中，他就学会了害羞；
如果一个孩子生活在嫉妒之中，他就学会了嫉妒；
如果一个孩子生活在耻辱之中，他就学会了负罪感；
如果一个孩子生活在鼓励之中，他就学会了自信；
如果一个孩子生活在忍耐之中，他就学会了耐心；
如果一个孩子生活在表扬之中，他就学会了感激；
如果一个孩子生活在接受之中，他就学会了爱；
如果一个孩子生活在认可之中，他就学会了自爱；

如果一个孩子生活在承认之中，他就学会了要有一个目标；
如果一个孩子生活在分享之中，他就学会了慷慨；
如果一个孩子生活在诚实和正直之中，他就学会了什么是真理和公正；
如果一个孩子生活在安全之中，他就学会了相信自己和周围的人；
如果一个孩子生活在友爱之中，他就学会了这世界是生活的好地方；
如果一个孩子生活在真诚之中，他就会头脑平静地生活；
你的孩子生活在什么之中呢？

幼儿教师作为幼儿进入社会的启蒙老师，肩负着促进幼儿身心健康成长的重任。而幼儿园班级生活是幼儿进入社会生活的第一步，教师应帮助幼儿适应集体、融入集体，满足幼儿的情感发展需要，促进幼儿的性格特点发展，促进幼儿的社会化发展。幼儿教师应该深思："我班上的幼儿生活在什么样的精神环境中呢？"在幼儿园中，像"蹲下来讲话，抱起来交流，牵着手教育"这样的教育理念，不应该只是停留在墙上的宣传语，而应该是深入幼儿教师的心中，反映在教师的具体行动上。

树立正确的教育理念，是创设良好的精神文化的第一步。而在付诸实践中，许多幼儿教师表现出这样的无奈：自己并不是有意要斥责孩子或者对他们发火，他们有时候真的太不"听话"了，特别是一些调皮捣蛋的孩子，如果不严厉地"惩罚"他们，他们就不会"听话"。一些新手老师更是有这样的困惑：孩子们在面对温和的老师的时候容易吵闹、不听话，而严厉的老师一出场，孩子们就立刻安静、听话起来，似乎"严厉的方式"在管理幼儿时更有效，虽然这与宽松、和谐、愉快的精神环境背道而驰。

"关爱幼儿，尊重幼儿人格，富有爱心、责任心、耐心和细心"，这是幼儿教师的职业标准之一。所以，教师关心和爱护幼儿是毋庸置疑的，教师应用一颗母爱之心来帮助幼儿成长，很多幼儿也会把自己喜欢的老师当作"妈妈"。固然"严厉"的教育方式会令幼儿暂时听话，但容易使其感到压抑或焦虑。长此以往，孩子也会学会"察言观色"，用"乖巧"去取悦老师，学会虚假与伪装。而温和亲切的教育态度，会让幼儿喜欢老师，喜欢班级，能够真实地、勇敢地表现自己，有时看似"杂乱"，却正是解放了孩子的天性，益于孩子的情感和社会化发展。

只有做让孩子喜欢的幼儿教师，才可真正胜任孩子的精神成长导师一职。的确，谁都不能否认，孩子会因幼稚而冲动，会因淘气而莽撞，会犯错误，也会任性和固执，然而，这便是成长的过程使然。怕班级秩序乱、孩子不好管，以秩序和安全为借口的严厉乃至苛刻，只会暴露出现代教育的简单、粗暴、机械以及教育人性化的缺失。① 因此，幼儿教师应建立平等宽松的师幼关系，以亲切的态度对待幼儿，营造和谐的精神文化。

① 丁海东．"让孩子喜欢自己"是幼儿教师的基本职责[J]．教育导刊(下半月)，2011(5)．

案例分析

我们班有一个叫然然的小朋友，在任何活动中他都是最淘气的一个。作为实习老师，我还是对孩子们充满了热情。所以刚开始，我会一次又一次地提醒他，希望他能够认真参加集体活动，但他依旧我行我素，可久而久之我也不想说了。直到有一次我接待他入园的时候，他哭了，他说："林老师，我不想来幼儿园了，因为我淘气，老师不喜欢我，可是我又管不住自己！"他哭得特别厉害，我看着很心疼，我牵起他的手，让他跟妈妈说了再见。然后，我开始跟他谈心，告诉他林老师喜欢他，他有时候的表现也非常棒。这时，其他的孩子都午睡了，可是他却不想睡觉，他觉得很难过，我也觉得很难过，他难过的是他管不住自己，怕老师不喜欢他，我难过的是我确实那样做了，我之前不喜欢他，前两天确实想放弃，不想管他了。之后几天，每天早上他入园的时候，我都会跟他谈谈，他跟我拉钩，保证他会听话，我告诉他我相信他。虽然他有时候真的管不住自己还是会淘气，可我会时刻提醒他，做操的时候用眼神去鼓励他(之前做操的时候他从来不做，只是到处跑)，他会看着我的眼睛，然后心领神会地站在自己的位置上认真做操。开展教学活动的时候也是如此，更多的时候我会坐在他旁边提醒他认真听课，他也能够做到了。我发现，他开始信任我了，有什么事都来找我帮忙，我也很耐心地引导他找寻解决问题的方法。有一次，我在给女孩子梳头发的时候他跑过来告诉我说："林老师，我圣诞节的时候要送你一个扎头发的！"我看着他说："好啊！"

孩子的喜欢就是这么单纯，你喜欢他，他会加倍地喜欢你。现在的我经常会问自己，今天的工作中我有没有做到最好，当孩子秩序不好的时候我有没有发脾气，我有没有对淘气的孩子叹气然后视而不见……孩子是天真的，亦是聪明的，他能看出来老师是高兴还是不高兴，生气还是不生气，有耐心还是很烦躁，你所有的样子孩子都会看在眼里、记在心里。千万不要忘了，孩子喜欢模仿的特点！我觉得，要想成为一名合格优秀的幼儿教师，首先要做到的，那就是你必须要用你最大的耐心去对待孩子。

分析： 案例中的林老师一开始出于内心对孩子的喜爱，经历了幼儿教育工作的兴奋与热情。但幼儿园琐碎的工作也逐渐消磨了她的耐心，对于淘气的幼儿不再耐烦。而一个小朋友的真实感受震醒了她，她大惊失色地发现自己差点"误入歧途"，她感到非常羞愧。她知道，对待幼儿需要耐心，但是她却没有用耐心去公平对待每一个幼儿。幸好，她及时地发现了这点，并用自己的耐心帮助那个淘气的小朋友逐渐养成良好的学习和生活习惯。那个小朋友对她的喜欢也不言而喻，他也不会再为了不想来幼儿园而哭泣，不会再为了老师不喜欢他而难过。可见，林老师也在用自己最大的耐心，为每个孩子营造轻松、快乐的精神环境。

（二）帮助幼儿建立良好的幼幼关系

在幼儿园班级中，除了与教师的交往以外，幼儿都是在与同伴的交往中学习与发展的。幼幼关系是幼儿学习适应集体生活的重要人际关系，有利于幼儿情感、性格和社会化的发展。比如，学习与同伴友好相处的方法、学习解决争端的方法，体验共同探索的乐趣、一起吃饭和做游戏的乐趣、合作完成任务的乐趣，感受同伴的伤心快乐等。教师应为幼儿做好人际交往的榜样，创设积极的交往氛围，提供人际交往的活动机会，引导幼儿相互交流自己的思想感情，学会关心同伴，帮助幼儿建立良好的幼幼关系。

（三）建立友好协作的师师关系

幼儿园班级工作中，教师分配一般都是“两教一保”，即两名教师、一名保育员。两名教师工作一般分为主班老师和配班老师，主班老师负责一日活动的组织与开展，配班教师则配合主班老师开展活动。保育员的主要职责是保持环境卫生，照顾幼儿的身体健康工作。教师之间的关系直接影响着班级工作，同时也直接影响着班级的精神文化氛围。如果教师之间不能友好协作，则无班级文化可言。因此，幼儿教师应尊重信任同事，互相理解，做好本职工作，共同努力，建立友好协作的师师关系，带领和谐融洽的班级精神文化的建设。

（四）建立尊重合作的家园关系

家庭是幼儿的第一所学校，家长是幼儿的第一任老师，家园关系也影响着班级精神文化的建设。如果幼儿家庭的教育观念与幼儿园冲突，则会造成幼儿严重的成长困境。因此，幼儿教师应促进家园的沟通与交流，协调双方的教育观念，以期形成教育合力。在沟通交流中，教师应充分尊重家长，不要以专业人士的态度来要求家长，从为了幼儿教育的角度出发，赢得家长的信任和支持，建立尊重合作的家园关系。

拓展阅读

与家长沟通①

一、问题

在与家长建立合作关系时，口头的沟通技巧非常重要。

二、概述

在处理幼儿的问题，特别是有社交和行为困难的幼儿问题时，与家长的合作

① ［美］Laverne Warner & Sharon Anne Lynch. 幼儿园班级管理技巧150［M］. 曹宇，译. 北京：中国轻工业出版社，2011：130-131.

关系非常重要。教师和家长的谈话能促进一种积极关系的形成。

三、目标

做家长工作时，成为一名有效的口头沟通者。

四、技巧

在与家长进行沟通时，请考虑以下建议：

1. 第一印象很重要，第一次和家长见面时，应表现出你很尊重他们并把焦点放在幼儿身上。

2. 预先花时间建立与家长的合作关系是共同解决行为问题的第一步。

3. 如果需要更多时间与家长个别交流，可以安排一个大家都方便的时间。

4. 讨论幼儿行为问题时，隐私很重要。

5. 讨论幼儿行为问题时，征求家长的意见，了解他们对幼儿行为的想法。

6. 停下来，给家长说话的时间。如果你忙于倾诉，家长可能不想听了，也不愿做回应。

7. 倾听和倾诉同样重要。

8. 记住，眼神交流也很重要。

9. 意识到你的身体语言跟口头语言一样能传递信息。

10. 语调也同样能传递信息。

11. 如果家长提出要求或者谴责，不要有戒心，先倾听，再回应。

12. 用“我”的句式表达你对幼儿的关心，比如“当……发生时，我感到……”避免听上去像在责怪家长。

13. 对很多家长来说，他们不愿意公开讨论幼儿的问题：家长愿意私下批评幼儿。

14. 你并不总是对的，犯错也是正常的——但要勇于道歉。

五、有效班级管理的要点

1. 有时候，教师倾向于对家长说话时也把他们当成班里的幼儿，记住“换挡”，跟家长讲话要像对大人一样。

2. 当与家长交流幼儿的问题时，要意识到你并不总是能成功，你需要家庭的支持来改进幼儿的行为。有效解决问题是需要时间的。

三、班级制度文化的培育

首先，班级制度的建设，通常要以条文的形式固定下来或者是班级成员约定俗成的行为规范，比如幼儿的一日生活作息制度、区域活动的进区规则、教育活动时的纪律管理等，涉及幼儿园教育的方方面面，即进行班级的常规管理。

建设科学、合理、民主的班级制度文化，幼儿教师必须树立“以人为本”的管理理念。在班级管理制度制订中，以幼儿为本，尊重幼儿的身心发展规律和兴趣需要，充分调动和发挥幼儿的主动性，增强幼儿的“主人翁”意识，使幼儿参与常规的制订，懂得常规执行的意义，认识到常规是班级活动的内在需要。以正面教育的方式制定常规，使幼儿懂得“我们应该……才能使得活动顺利进行(才能使我们获得安全和快乐)”。规则应具体并使用通俗易懂的语言，小步骤进行，一次不要提太多和太高的要求，循序渐进，引导幼儿主动遵守常规，使常规内化为幼儿的文化素养，并成为其行为准则。

案例分析

喝水规则①

早上体育活动后，大家开始拿自己的杯子喝水。树岩小朋友站在饮水机的前面喝水，因为挡住了水龙头的位置，被另外一位小朋友撞了一下，把衣服都弄湿了，我于是告诉大家不要在饮水机前喝水了。现在，华麟小朋友又站在饮水机前喝水了，我走过去问：“华麟，你应该在哪里喝水呢?”“坐在自己的位置上喝。”“那你怎么站在这里喝?”没想到他的一句“在这里喝水方便呀”的回答使我一时无言以对。因为，现在不是规定的喝水时间，他是根据自己的需要来喝水的，而他的周围没有其他小朋友喝水，在这种情况下，为什么非要让孩子回到座位上喝水呢?

在接下来的活动结束后，又到了大家规定的喝水时间了。在喝水前，我跟大家讲了华麟的意见，请小朋友分析一下在哪里喝水更合理。正维说：“在饮水机前喝水很方便，而且不会因为端着水走路把水洒出来。”飞雨说：“不行的，大家都在饮水机前喝水，就没地方站了。”我说：“那我们去试一试。”由于华麟、芷君、全佑等几个小朋友站在饮水机前喝水，后面的小朋友因无法接水而急得大喊：“老师，我没办法拿杯子。”“老师，我装不到水了。”等大家喝完水以后，我问：“你们觉得这次喝水怎么样?”小朋友都说：“不行，太乱了。”“那你们觉得应该怎么样呢?”刘铭说：“在只有一个人喝水或人少时，我们可以站在饮水机前喝水，人多的时候就要回到座位上喝水。”

以前，我们只是机械地要求幼儿遵守常规，而且多数的常规是统一的、不可改变的，也很少考虑常规是否合理。这件事让我体会到，有许多时候，需要因不同的状况而制订不同的常规，让孩子共同讨论生活中的常规，参与制订常规，才能真正被幼儿接受并发挥常规的实效性。

(何妙玲)

---

① 李麦浪. 幼儿园教师治班之道[M]. 北京：中国轻工业出版社，2012：148-149.

分析： 案例中规则的制订，首先是源于何老师的细心观察，在幼儿的具体活动中产生的，但规则的机械化使其在具体活动中又出现了冲突。此时，她将问题摆在幼儿面前，引导幼儿讨论解决问题的方法，并通过实践来让幼儿自己检验方法的可行性。在这里，何老师的做法充分尊重了幼儿，相信幼儿有解决问题的能力，发挥了幼儿的主观能动性，使幼儿参与制定规则，并通过实践帮助幼儿了解规则建立的意义，理解自己的行为和集体行动之间的关系，最后共同制定了合理的"喝水规则"。

我们必须明白，常规的建立是为了班级活动有序地进行，必须切合实际，考虑幼儿的具体活动情况。规则应该是稳定的，保持一贯性，从而培养幼儿良好的行为习惯，但也应该是灵活的，保持合理性，从而充分发挥规则的作用。规则应成为幼儿主动活动的保证，促进幼儿的身心健康成长。因此，班级制度文化的建设应遵循幼儿的身心发展规律，坚持幼儿的主体性，充分发挥幼儿的能动性，培养幼儿的规则意识，养成幼儿良好的行为习惯。

拓展阅读

走向有规则的自由①

——幼儿园班级文化建设的实践研究

要想使一个班级有好的面貌，使孩子能得到主动的发展，教师就必须掌握孩子发展的脚步，运用先进的教育理念来进行班级管理，让孩子走向有规则的自由。在制订班级常规的时候，请孩子一起参与，尤其是大班的孩子，他们已具有初步的自我意识，好奇心极强，喜欢参与探索性的活动，不喜欢按照大人的要求去做。在这个时期，作为老师应成为一个观察者和协助者，鼓励孩子自己去想，去讨论，去尝试，共同建立班级常规，帮助孩子从他律走向自律。由于亲自参与建立，孩子都比较容易接受和遵守这些规则。

1. 小小值日生，让孩子们人人参与管理

以小组为单位，每一组的成员都分别担任了星期一到星期五不同的项目。这样值日生天天换，这样就确保了人人参与、人人管理。这样的活动开展后，原本对同伴、对班级关注极少的小朋友也突然热情了起来。"小小值日生"让每个孩子主动了起来，使每一个孩子都有了自主管理的机会。

① 吴兴莉. 走向有规则的自由——幼儿园班级文化建设的实践研究[J]. 好家长，2014(11).

2. 小小监督员，让自我意识更彰显

在每个班级小小监督员的称呼不同，有的是孩子们崇拜的警察，有的是孩子们向往的班长，有的是孩子们喜欢的喜洋洋村长，有的是火车司机等，这些都是每周通过孩子们推选和自荐产生的，小小监督员提醒值日生，值日生提醒小小监督员，这样在相互提醒下，彰显了自我意识，保证了幼儿自主管理的质量。让个别自控能力较弱的幼儿，得以情境中角色的督促。

3. 自主时间，让自主活动更有序

为了做好幼小衔接，我们在活动中增加了课间十分钟的活动，让孩子们学会自主游戏；在“餐后自主阅读”中放权，让孩子来管孩子，效果出奇的好；在“好玩具分享”中让孩子们自由结伴，自由交换，井然有序，这一系列的自主，让孩子们充分地享受自我管理的乐趣。

4. 自我解决，提升自我控制

活动的参与和体验是提高幼儿自我控制能力的最好途径。在日常生活中，我们尽可能让孩子们学会自我解决问题，老师退一步，多一份等待给孩子，让他们学会解决问题，提高自我控制的能力。当孩子们之间发生争吵时，有意识地让他们去解决；在区域活动结束后，要多讨论“她这么做，我该怎么办”来提高幼儿的解决能力，进行专门性的自我控制能力的培养。

5. 奖励，让孩子们更愿意

教师要善于发现孩子们的表现，要经常及时地进行表扬，让孩子们模仿受表扬孩子的表现，这样幼儿的自主管理能力就会不断提高，自主管理将更主动。有效的幼儿园班级文化建设要求老师能达到在一定的规则和秩序下更好地尊重幼儿的个性，促进幼儿的发展，实现教师的“管”与幼儿的“自由”之间的平衡，只有具备这样的正确的理念和行为才有可能产生好的班级管理成效，才能为幼儿营造一个浸润式的生活与学习环境。

四、班级行为文化的培育

（一）树立教师正确的行为观念

在班级行为文化建设中，由于教师发挥着主导性的作用，因此，教师应树立正确的行为观念。这就要求教师具有先进正确的教育观念，尊重幼儿，平等对待幼儿，把幼儿看作一个独立的、有思想、有能力的人。跟随正确的教育观念的指引，教师在组织与管理幼儿的班级活动中，自然会以发挥幼儿的主体性为优先，着重引导幼儿的自主性管理，不会包办代替，不会过多干预，更多的是作为幼儿活动的观察者、引导者与支持者。

其次，作为一名合格的教师，应该具备较高的职业道德素养、专业知识和专业能力。其中，“学高为师，身正为范”，特别强调了幼儿教师的榜样作用。由于幼儿的年龄较小，身心尚处于初步发展阶段，自我控制能力较差，生活自理能力较差，情绪变化大，容易受他人影响，尚没有建立起自我的价值观念和道德观念，是非辨别能力差，爱模仿等。而在幼儿期这一关键的年龄阶段，教师对幼儿的影响不言而喻。所以，《幼儿园教师专业标准(试行)》中指出，幼儿教师应该“为人师表，教书育人，自尊自律，做幼儿健康成长的启蒙者和引路人”。这就要求教师时刻以身作则，为幼儿树立良好的榜样。

身边实例

西西今年上幼儿园中班了，开学初他们班换了一位新的班主任老师。据西西说，班主任老师很漂亮，她很喜欢西西，西西也喜欢她。作为西西的妈妈，我很高兴看到这样的现象。但是有一天西西在家的表现，却让我大跌眼镜。

那天周末，西西午睡起床后说要玩游戏，她是老师，要我当她的小朋友。这是她以前经常玩的游戏，她非常喜欢当老师表现自己，看到孩子优秀的表现我也很自豪，所以很乐意陪她玩游戏。只见西西搬出了几张凳子，又拿出了她的洋娃娃和小熊，分别摆在了凳子上，让我坐在了最后一张凳子上。做好准备后，西西笑着对我说要开始了，我也笑着对她点点头。这时，西西立刻换上了一副非常严肃的表情，认真地说：“小朋友们，今天老师要给你们讲一个故事，你们都坐好了！”我正等着西西的故事呢，却见西西走到小熊的面前，拿手指戳了下小熊的头，生气地说：“昊昊，要听故事了你没听到吗？你怎么还讲话？你今天没带耳朵吗？你要不要先回家去把耳朵带过来？”话刚说完，又转身对着洋娃娃说：“你笑什么？你看看你坐得什么样子，东倒西歪的，没吃饭吗？给我坐好了，快点！”说完又看看我，说：“老师就喜欢‘妈妈’这个小朋友，不讲话又坐得好，你看看你们有没有听故事的样子！”说完这一堆，西西终于开始讲故事了，中间还不时地戳一下个别的“小朋友”教育教育他们。

整个游戏中，我非常震惊：西西以前从不会这样指责别人！她一直是个活泼开朗、乐于助人、富有同情心的小女孩，以前讲故事的时候她会用形象的动作来表现故事，引人入胜，而这次我更多地看到了她对小朋友的批评。

我“战战兢兢”地陪西西玩完了游戏，游戏一结束，我赶紧问西西，我说：“西西，你怎么对小朋友这么凶啊？”西西不以为然地说：“我们老师就是这样的啊！我们老师可喜欢我了，有时候还让我当小老师，我这样做老师更喜欢我了。”“你当小老师也是这样啊，那小朋友不喜欢你了怎么办？”“不会，昊昊很不听话，本来我们就不喜欢他，而其他的小朋友都争着跟我玩。”“那老师为什么喜欢你啊？”“因为我长得漂亮呗！又听话又聪明！”

听完西西的话，我开始变得愤怒了：这个老师究竟带给了西西哪些坏的影响？我的孩子似乎正在严厉地苛责别人，并变得骄傲自负。她好像不再友善，喜欢对别人指手画脚，她把“听话”和“聪明”当成是评价自己的标准。我不敢想象，这样下去她会形成什么样的价值观？她会如何与人相处？

教育的特殊性在于，教育的对象是人，是具有鲜活生命、独立思想的人。幼儿不是被动学习的，他们一直在不动声色地学习。苏联教育家加里宁曾说过：“教师每天都仿佛站在一面镜子里，外面有上百双单纯而敏感、善于窥视教师优点和缺点的孩子的眼睛在时时盯着你。世界上没有任何人受到这样的监督，也没有任何人能对孩子有如此深远的影响”。① 幼儿教育的目标是注重养成幼儿良好的行为习惯和情感态度以及树立正确的价值观念，教师的重要作用不仅在于帮助幼儿了解世界、学习基本的知识技能，更在于帮助幼儿学会用自己的眼睛去看世界、去思考世界、去学会与这个世界和平相处。幼儿教育是水滴石穿、日复一日的教育，教师的一言一行都对幼儿有着潜移默化的影响。因此，教师应树立良好的榜样作用，用自己良好的品行去感染幼儿，真正成为“幼儿健康成长的启蒙者和引路人”。

(二)培养幼儿良好的行为习惯

教师在以身作则的同时，应有效地组织与管理幼儿的行为，培养、鼓励和支持幼儿的良好行为，预防和矫正幼儿的不适当行为(如攻击性行为、破坏行为等)，培养幼儿独立、自信、勇敢、诚实、合作等的良好品质。在面对幼儿的不适当行为时，教师应正面对待，切忌回避与放任、嫌弃和厌恶；坚持正面教育的原则，从热爱幼儿的态度出发；坚持规则引导，对幼儿的行为要求坚持一致性，不降低对幼儿的要求；学习有效的行为管理策略管理幼儿，对有特殊需要的儿童进行个别化的教育方案管理。通过组织与管理幼儿的行为，使班级文化渗透在幼儿的行为表现中，同时通过幼儿良好的行为习惯的养成，又促进了班级文化的建设。

第三节　幼儿园班级特色培育

一、幼儿园班级特色的内涵

随着素质教育、多元智能教育的发展，要求幼儿园的教育目标在着眼于幼儿全面发

① 田雪霞，谷英．浅谈教师言行对幼儿的影响[J]．改革与开放，2009(10)．

展的基础上，促进幼儿多样化、个性化、创造性的发展。这就需要幼儿教师思考班级特色的培育，以满足不同幼儿个性特长的需要，发展幼儿多样化的兴趣爱好，实现幼儿自主性、独立性等良好个性特征的培养，促进幼儿正确的自我认知发展。

特色是指一种事物区别于其他事物的显著特征，幼儿园班级特色主要是指在积极促进幼儿身心全面、和谐、健康发展的前提下，依托于幼儿园本身的资源和文化背景，根据本班幼儿的实际情况以及教师自身的优势或兴趣，在长期的教育教学活动中逐渐形成的班级特点。幼儿园班级特色一般是本班所特有的、显著优于其他班级的独特面貌。

在进行幼儿园班级特色培育中，首先必须明确和理解班级特色的内涵。幼儿园班级特色的培育必须遵循幼儿园根本的教育宗旨和办园理念，在实现共同的幼儿教育目标的基础上，分析潜在优势和存在问题，充分利用已有资源，进一步发掘和扩展自身的优质资源，从而形成优于其他班级的特色。班级特色绝不等于对幼儿特长的培养，切忌“为了特色而特色”、凭空臆想或生搬硬套。班级特色应该是生长于班级的整体发展中，是班级的优势发展，并带动班级的长期发展。因此，班级特色必须具有科学性与先进性、独特性与优质性、稳定性与创新性的特点。科学性与先进性决定了班级特色培育必须拥有正确的教育理念、特色内容、特色形式与方法；独特性与优质性强调了班级特色的主要特征；稳定性说明班级特色是在长期的班级教育教学活动中积淀形成的，并不是一蹴而就的，能够经受时间的考验；创新性则表明了班级特色螺旋式上升发展的特点，是班级特色可持续发展的保障。

幼儿园班级特色的培育，一般与班级文化的建设联系在一起。班级特色建设经常可以作为班级文化建设的突破口和切入点，形成具有本班特色的班级文化。因此，班级特色具体可以反映在班级文化中物质文化、精神文化、制度文化和行为文化等这几个方面。

首先，从班级文化核心的精神文化来看，班级特色反映了班级先进的教育理念和管理思想，体现了班级的独特精神风貌，从而引领班级的教育教学活动，并从教育质量和管理水平上领先于其他班级。其次，班级特色显著体现于物质文化中，特别是特色环境的创设，关系着班级特色活动内容的落实，并反映着班级的精神特质和教育思想。比如，以“环保教育”为特色的某一班级，环境创设多是以废旧物品(矿泉水瓶子、易拉罐、鞋盒、旧报纸等)和自然材料(石头、木头、树枝、树叶等)为主，体现了培养幼儿珍惜资源、爱护环境的教育理念。再次，班级特色也融入了制度文化中，比如以“音乐教育”为特色的某一班级中，以不同的音乐或歌曲来提醒幼儿下一常规活动的开始和结束，引导幼儿自觉地遵守规则、有序地进行活动。最后，班级特色的成果主要体现于行为文化中，比如以“早期阅读”为特色的某一班级，在长期开展早期阅读的实践活动中，班级中的幼儿形成了积极阅读的态度和兴趣，并衍生了“儿童剧表演”、“幼儿故事会”、“自制图画书”等活动，极大地拓展和丰富了幼儿的阅读行为。

班级特色的培育，不仅可以满足幼儿个性化的发展需要，同时通过对班级特色培育的研究，可以促进教师自身的专业发展，增强教师的核心竞争力，促进幼儿园师资队伍的建设。班级特色的发展，在促进班级发展的同时，也促进了幼儿园的整体发展，促进幼儿园整体教育目标的实现。

二、幼儿园班级特色的培育

在正确把握和理解幼儿园班级特色内涵的前提下，可以考虑从以下几方面进行班级特色的培育：

（一）确定班级特色培育的项目主题

教师在决定进行班级特色培育时，应进行班级基本情况的分析，把握班级特色培育的影响因素，从而找准班级发展的优势项目，确定班级的特色项目主题。

首先，班级基本情况的分析主要包括幼儿的情况和教师的情况两个方面。班级特色既然是班级所特有的，就必须从班级的实际情况出发，根据幼儿的身心发展特点和兴趣需要，教师自身的特长优势，或者班级亟待解决的问题，去选择适合本班班级的特色项目主题。比如活泼外向的班级，可选择表演类活动作为特色，而擅长音乐的老师可从音乐教育入手，需要解决幼儿集中注意力问题的班级则可考虑绘本阅读的特色主题等。

其次，把握班级特色培育的影响因素，必须考虑幼儿园的地域环境、文化及教育背景等因素。一般来说，不同地域环境都有着自身的地域特点，有着悠久的历史文化特色或者当代的时代特征。教师应该结合地域环境、文化特色，充分利用所在地域的已有资源，创建具有鲜明地域特点的班级特色。比如河南是中华五千年文明的起源，当地幼儿教师可结合本地的历史文化选择“国学”、“礼仪”、“书法”等教育作为班级特色；若结合地方民俗文化特色，可选择豫剧、剪纸、泥塑等教育作为班级特色；若当地有自然名胜、人文景观资源或鲜明的环境特色，比如河南信阳是著名的绿茶之乡，信阳毛尖亦是中国名茶之一，则教师可考虑以“茶文化”作为班级特色教育。结合当代的时代特征，比如由于某些地区的快速城市化使得人们出现诸多不适应，面对车水马龙，人们的表现更多为不知所措，交通安全意识和常识十分缺乏，则教师可以创建“交通安全教育”的班级特色。也可以从幼儿园的教育背景出发，结合幼儿园的特色文化，创设适宜的班级特色。比如以体育活动为特色的幼儿园，教师可考虑选择某一体育项目（拍皮球、丢沙包、跳绳、踢毽子、呼啦圈、武术等）作为班级特色。此外，家长资源、社区资源都是不可或缺的重要背景资源。

因此，教师在确定班级特色培育的项目主题时，需要综合考虑多方面的因素，以选择适宜的、可持续发展的特色项目主题。

（二）制订班级特色培育的阶段目标

培育班级特色并不是一蹴而就的，而是在长期的教育教学实践活动中积累沉淀而成的，班级特色具有长期性的特点。因此，在制订班级特色培育的总目标后，应根据阶段性的活动安排制订阶段性目标。

首先，班级特色培育的目标不是主观臆想，必须立足实践，从班级的实际情况出发，结合特色项目主题建设的可行性，提出长远的发展性目标。总目标应该具有一定的包容性，既能引领班级特色的长期发展，又能根据情况变化实现自我调整。在培育班级特色的长期实践中，按照时间顺序可划分为阶段性目标，也可称为近期目标，这一目标的制订应注意具体化、可操作化，这是总目标实现的基础。阶段性目标之间应该体现渐进性与层次性，不断深化与提升，以至实现总目标。

（三）决定班级特色培育的内容形式

班级特色培育的内容与形式，是实现班级特色培育目标的载体与途径。根据班级特色项目主题，决定班级特色的具体内容，选择适宜班级特色活动的形式。

首先，班级特色内容应注意与班级工作计划内容结合，在实现幼儿全面发展的基础上，促进幼儿的个性特长发展。其次，开展多样化的班级特色活动形式，能够激发幼儿的活动兴趣。如进行专门的特色教学主题活动，从内容上不断深化，从形式上提供保障，从而逐渐形成班级特色。在幼儿园实践活动中，比如创建“绘本阅读”的班级特色，通过在一周活动计划表中设计固定的“绘本阅读”教学活动，将特色活动与主题教学结合起来。另外，注意发挥一日生活教育的作用，将特色活动渗透于一日活动中。仍以“绘本阅读”为例，允许幼儿在自由时间能够自主阅读图书，比如餐前餐后、午睡前后、游戏时间等，以绘本为凭借物开展讲述活动，根据绘本故事进行角色表演游戏等。

（四）建立班级特色培育的组织机构

为了具体落实班级特色培育的计划，有必要建立相应的组织机构以明确分工、协作建设。首先，由于班级教师的专业能力及经验的限制，在提出班级特色项目主题建设以后，最好能由幼儿园具有较高科研能力及教学水平的专业教师组成的领导小组来加以引导、调控或审核，以提高班级特色建设的科学性与有效性。其次，教师是培育班级特色的关键人物，发挥着主导性的作用。而在教师中又分别有主班教师与配班教师，分别承担着不同的工作职责。在培育班级特色中，主班教师与配班教师应该讨论协商、协同意见、明确分工、落实责任，以共同促进班级特色的建设。

（五）准备班级特色培育的物质材料

班级特色的物质环境创设，是班级特色培育的物质基础。准备适宜的物质材料，创设具有班级特色的物质环境，营造浓厚的特色氛围，实现幼儿与材料、环境的主动互动。比如，在以美术为特色的班级中，教师在美工区投入了多样化的美术材料，其中除了常见的纸、笔、水彩颜料、油画棒等绘画工具，每种工具又增加了不同种类，如纸类又分别有素描纸、水粉纸、卡纸、宣纸、刮画纸等，笔类又分别有铅笔、水彩笔、毛笔、马克笔、木炭条等，以满足幼儿多样化的创作需要。另外，在墙面布置上展示幼儿的绘画作品，在玩具柜、玩具架上适宜的地方陈列幼儿的美术作品，通过成果展示营造浓郁的艺术氛围。

此外，在培育班级特色活动的长期实践中，注意根据特色活动的目标与内容，适时调整材料的投放及环境创设，保持材料的针对性、环境的动态性，有效激发幼儿的活动兴趣。

在如表 10-1 所示评估标准中，主要是按照班级特色培育的过程进行评价，而几个评估标准是班级工作中可见的显性因素，同时，教师不能忽略了对隐性因素的评价。班级特色的建设最终目的是为了促进幼儿的发展，首先必须考察是否促进了幼儿的全面发展，其次考察幼儿是否在兴趣爱好、个性特长等发面有突出表现。同时，考察教师在班级特色建设过程中，是否获得了专业性的发展。此外，还应考察班级特色是否促进了班级教育质量的整体提高，能否获得幼儿园及家长的一致认可。

表 10-1 幼儿园班级特色评估标准①

项目指标		具体内容	分值
一 理论支撑 10 分	1	创建的特色项目富有一定的理论依据、现实需要和教育价值，实践中具有可操作性	5 分
	2	积累起相应的特色项目理论资料，所创设的特色能根据教师能力、班级实际情况及幼儿的年龄特征	5 分
二 计划落实 14 分	3	特色创建主题明确，有比较清晰的近期和远期创建思路或计划	8 分
	4	把特色项目列入班级学期工作计划	6 分
三 环境建设 16 分	5	重视班级环境创设，做到净化、美化，特色氛围浓厚，整体和谐	10 分
	6	一日活动各环节中能充分培育和体现师幼的人文素养	6 分
四 课程开展 15 分	7	在日常教育教学中落实相应的课程或活动，时间保证	8 分
	8	注重活动后的反思与小结，有相应记录	7 分
五 家园联系 14 分	9	通过各种途径，向家长宣传本班班级特色，明确目的和意义	7 分
	10	密切家园联系，家长能主动参与到特色创建过程中	7 分
六 特色成果 31 分	11	特色展示活动在一定的区域范围内富有创造性和影响力，得到大家认可	7 分
	12	积累起丰富的文字、图片及影像等实践资料	10 分
	13	积极撰写班级特色相关的论文和案例	7 分
	14	有关特色项目的活动、经验、总结在园级及以上的教育行政部门组织的活动中获奖或在各级各类报纸杂志发表	7 分

① 张富洪. 幼儿园班级管理[M]. 上海：复旦大学出版社，2015：186-187.

三、幼儿园班级特色培育的注意事项

(一)班级特色绝不等于“特色班”或“兴趣班”

在培育班级特色的过程中，由于对班级特色内涵的理解偏差，许多幼儿园与教师将班级特色简单地等于“特色班”或“兴趣班”，或者由于部分缺乏科学儿童观家长的强烈要求，大肆举办名目繁多的各种班，比如舞蹈班、钢琴班、美术班、英语班、武术班、珠心算班等，导致幼儿疲于应付所谓的“特色班”或“兴趣班”，而无法真正地发现自己的兴趣爱好、促进自身个性特长的发展；导致教师重在进行“特色”或“兴趣”教学，而忽略了幼儿正常的教学活动；导致加重了家长的经济负担，更加重了家长虚荣与盲目攀比的心理负担，这一负担又进一步施加给幼儿，严重影响幼儿的身心健康。

因此，教师在培育班级特色时，必须正确把握班级特色的内涵。班级特色的建设必须遵循幼儿园最高的教育宗旨——促进幼儿的身心全面、和谐、健康发展，班级特色的目标与内容都不能与之相违背，如果为了追求“特色”而顾此失彼，则得不偿失。班级特色绝不等于“特色班”或“兴趣班”，特色应该是班级的优势发展，特色建设的核心应该是班级文化的建设，特色应该是物质文化、精神文化、制度文化和行为文化等班级文化的独特表现。班级特色建设与文化建设是联系在一起、密不可分的，如果忽视了特色建设的文化内涵，只注重于内容与形式的特色建设，则班级特色就会成为“空架子”和“噱头”，毫无生命张力可言。这样的班级特色也必然会经受不住时间的“拷问”，而不堪一击。

(二)班级特色不是片面地标新立异

班级特色具有创新性的特点，即表现为“人无我有，人有我新，人新我特”。但在培育班级特色的过程中，一些班级为了标新立异、突出特色，或在语句雕琢上煞费苦心，或望风而动追求新异，或照猫画虎凭空嫁接，做足了“特色”的表面工夫，陷入了形式主义的泥潭。因此，教师必须明确创新性是指与以往的常规教学工作来作比较，是常规教学工作上的创新，即使与其他班级是在相同特色理念的指引下，由于每个班的实际情况不一样，在内容、形式等方面依然可以有自己的创新。教师不需要为了与众不同，脱离班级的实际情况，去殚精竭虑。只有适合本班班级的特点，特色项目才能成为本班的个性特征、亮点与风景。

(三)班级特色成效不能只是显性的成果展示

在培育班级特色的过程中，我们经常会看到热热闹闹的班级特色活动开展，并通过各种特色活动成果的展示，引发家长的赞誉，宣扬特色活动的成效。比如幼儿方面，经常可以看到的幼儿绘画作品、泥工作品、剪纸作品等的展示，观摩到幼儿的故事表演、诗词朗诵、乐器演奏、舞蹈表演等。再如教师方面，可以看到特色项目的获奖、论文发表的数量等。这些成果展示，确实从显性方面反映了班级特色活动的卓有成效。但是，班级特色成效不能只是显性的成果展示，必须考虑幼儿的全面与个性化发展、教师自身的专业成长、班级的教育质量等隐性因素，结合班级的文化建设考察班级特色的内涵发展，增强班级特色的生命力。

本章小结

本章从幼儿园班级管理的软性因素入手，介绍班级文化的建设和班级特色培育。首先，在正确认识幼儿园班级文化的内涵的基础上，分析了班级文化的构成。其次，从班级文化的结构出发，提出创设班级文化的建议，并进行了具体的案例分析。最后，介绍了与班级文化联系紧密的班级特色，明确了班级特色的内涵，尝试培育班级特色，以期促进班级的优势发展。

拓展阅读

1. 卢家楣，戴胜利，徐雄伟，等. 班级管理技能[M]. 上海：上海教育出版社，2012.

2. 李麦浪. 幼儿园教师治班之道[M]. 北京：中国轻工业出版社，2012.

3. 卢妍宇. 班级文化建设研究[D]. 桂林：广西师范大学，2005.

4. [美]Laverne Warner & Sharon Anne Lynch. 幼儿园班级管理技巧150[M]. 曹宇，译. 北京：中国轻工业出版社，2011.

5. 赵瑞桃. 幼儿园环保教育研究——以武汉市A园为例[D]. 武汉：华中师范大学，2014.

6. 蔡懿. 培育幼儿园小班“关爱型”班级文化的行动研究[D]. 上海：上海师范大学，2013.

7. 丁海东. “让孩子喜欢自己”是幼儿教师的基本职责[J]. 教育导刊(下半月)，2011(5).

思考练习

1. 如何理解幼儿园班级文化？幼儿园班级文化的结构是什么？
2. 幼儿园班级文化的特点有哪些？
3. 创建幼儿园班级文化的意义有哪些？
4. 培育班级精神文化的途径有哪些？
5. 如何理解幼儿园班级特色的内涵？
6. 培育幼儿园班级特色的步骤有哪些？

参考文献

[1][捷克] 夸美纽斯. 大教学论[M]. 傅任敢，译. 北京：人民教育出版社，1984.

[2][美]Laverne Warner & Sharon Anne Lynch. 幼儿园班级管理技巧150[M]. 曹宇，译. 北京：中国轻工业出版社，2011.

[3][美]约翰逊，等. 游戏与儿童早期发展[M]. 华爱华，等，译. 上海：华东师范大学出版社，2006.

[4][苏]苏霍姆林斯基. 给教师的一百条建议[M]. 周蕖，等，译. 天津：天津人民出版社，1981.

[5][英]莎曼，等. 观察儿童[M]. 单敏月，王晓平，译. 上海：华东师范大学出版社，2008.

[6]周三多. 管理学原理与方法[M]. 上海：复旦大学出版社，1997.

[7]李季湄. 幼儿教育学基础[M]. 北京：北京师范大学出版社，2008.

[8]钟启泉. 班级管理论[M]. 上海：上海教育出版社，2001.

[9]郭毅. 班级管理学[M]. 北京：人民教育出版社，2002.

[10]白铭欣. 班级管理论[M]. 天津：天津教育出版社，2000.

[11]李学农. 班级管理(第2版)[M]. 北京：高等教育出版社，2010.

[12]林柏森，许晓菲. 班级教育管理新论[M]. 长春：吉林教育出版社，2012.

[13]林冬桂. 班级教育管理通论[M]. 广州：广东高等教育出版社，2008.

[14]邢利娅. 幼儿园管理[M]. 北京：高等教育出版社，2010.

[15]王雯. 学前教育管理学[M]. 北京：北京大学出版社，2014.

[16]唐淑，虞永平. 幼儿园班级管理[M]. 南京：南京师范大学出版社，1997.

[17]金晓梅. 幼儿园班级管理[M]. 武汉：华中师范大学出版社，2012

[18]张富洪. 幼儿园班级管理[M]. 上海：复旦大学出版社，2015.

[19]关青. 幼儿园班级管理[M]. 西安：陕西师范大学出版社，2013.

[20]李惠英. 幼儿园班级管理[M]. 北京：高等教育出版社，2015.

[21]王劲松. 幼儿园班级管理[M]. 北京：北京师范大学出版社，2013.

[22]李麦浪. 幼儿园教师治班之道[M]. 北京：中国轻工业出版社，2012.

[23]李希贵，等. 北京十一学校创新育人模式的探索学校转型[M]. 北京：教育科学出版社，2014.

[24]张作岭. 班级管理[M]. 北京：清华大学出版社，2010.
[25]赵春龙，王国昌. 幼儿园班级管理[M]. 长沙：湖南大学出版社，2012.
[26]郑航主编. 班级管理与学生指导[M]. 北京：北京师范大学出版社，2011.
[27]张莅颖. 幼儿园班级管理[M]. 北京：高等教育出版社，2010.
[28]莫源秋，韦凌云，刘揖建. 幼儿常规教育指导手册[M]. 北京：中国轻工业出版社，2013.
[29]邱学青. 给幼儿园教师的101条建议：游戏指导[M]. 南京：南京师范大学出版社，2011.
[30]陶金玲，许映建. 幼儿园班级安全管理[M]. 北京：中国轻工业出版社，2014.
[31]尹建莉. 好妈妈胜过好老师[M]. 北京：作家出版社，2010.
[32]天跃图书工作室. 幼儿园的50个安全管理问题[M]. 福州：福建教育出版社，2015.
[33]肖全民，刘揖建主编. 学前教育原理案例教程[M]. 杭州：浙江大学出版社，2014.
[34]徐慧主编. 幼儿教育心理实践活动案例[M]. 北京：高等教育出版社，2012.
[35]张娜. 幼儿游戏与指导[M]. 武汉：武汉大学出版社，2015.
[36]朱家雄，华爱华. 幼儿园环境与幼儿行为和发展的研究[M]. 北京：世界图书出版公司，1996.
[37]成丽媛，李佳，等. 美国幼儿教师资格及其认证方式简介[J]. 学前教育研究，2007(12).
[38]丁海东. “让孩子喜欢自己”是幼儿教师的基本职责[J]. 教育导刊(下半月)，2011(5).
[39]丁晓燕. 幼儿园班级文化建设的探索与研究[J]. 新课程学习(上)，2014(10).
[40]胡金姣. 对幼儿教师专业化发展的思考[J]. 学前教育研究，2009(8).
[41]吕武. 张博论学前混龄教育与我国农村教育发展[J]. 教育导刊，2010(7).
[42]田友谊. 无班级授课制：芬兰高中教育体制改革透视[J]. 外国中小学教育，2003(12).
[43]吴兴莉. 走向有规则的自由——幼儿园班级文化建设的实践研究[J]. 好家长，2014(11).
[44]谢秀丽，张加容. 走出幼儿园环境创设的误区[J]. 学前教育研究，1998(4).
[45]薛生. 丹麦幼儿园室内环境布置掠影[J]. 早期教育(教师版)，2007(11).
[46]杨伟鹏，霍力岩. 生态学视野下的幼儿园环境创设[J]. 幼儿教育(教育科学)，2013(4).
[47]虞永平. 幼儿园教学活动的评价[J]. 早期教育(教师版)2005(3).
[48]袁爱玲. 论幼儿园精神环境的营造与幼儿积极心态的形成[J]. 山东教育，2003(9).
[49]朱丽华. 幼儿园混龄教育的价值与实施[J]. 学前教育研究，2015(12).

[50]蔡懿. 培育幼儿园小班“关爱型”班级文化的行动研究[D]. 上海：上海师范大学，2013.
[51]黄志敏. 小班幼儿新入园分离焦虑研究[D]. 桂林：广西师范大学，2004.
[52]李曼. 家长参与幼儿园课程选择[D]. 南京：南京师范大学，2011.
[53]王蕾. 家长开放日活动筹备研究[D]. 武汉：华中师范大学，2016.
[54]徐文静. 基于“关爱”的幼儿园小班班级文化建设与实践研究——以长春市 W 幼儿园(小班)为例[D]. 延吉：延边大学，2016.
[55]钟鸣. 幼儿园班级管理的策略研究[D]. 长春：东北师范大学，2010.
[56]周红. 家园沟通中幼儿教师共情研究[D]. 南京：南京师范大学，2014.

图书在版编目(CIP)数据

幼儿园班级管理/王雯主编．—武汉：武汉大学出版社，2017.10(2020.1重印)
应用型学前教育专业系列教材/蔡迎旗主编
ISBN 978-7-307-19766-4

Ⅰ.幼…　Ⅱ.王…　Ⅲ.幼儿园—班级—学校管理—高等学校—教材
Ⅳ.G617

中国版本图书馆 CIP 数据核字(2017)第 246443 号

责任编辑：谢群英　　责任校对：汪欣怡　　版式设计：汪冰滢

出版发行：**武汉大学出版社**　(430072　武昌　珞珈山)
(电子邮箱：cbs22@ whu.edu.cn 网址：www.wdp.com.cn)
印刷：湖北金海印务有限公司
开本：787×1092　1/16　印张：18.75　字数：408 千字　插页：1
版次：2017 年 10 月第 1 版　2020 年 1 月第 2 次印刷
ISBN 978-7-307-19766-4　定价：40.00 元

版权所有，不得翻印；凡购买我社的图书，如有质量问题，请与当地图书销售部门联系调换。